Nem pátria, nem patrão!

FUNDAÇÃO EDITORA DA UNESP

Presidente do Conselho Curador
Mário Sérgio Vasconcelos

Diretor-Presidente / Publisher
Jézio Hernani Bomfim Gutierre

Superintendente Administrativo e Financeiro
William de Souza Agostinho

Conselho Editorial Acadêmico
Divino José da Silva
Luís Antônio Francisco de Souza
Marcelo dos Santos Pereira
Patricia Porchat Pereira da Silva Knudsen
Paulo Celso Moura
Ricardo D'Elia Matheus
Sandra Aparecida Ferreira
Tatiana Noronha de Souza
Trajano Sardenberg
Valéria dos Santos Guimarães

Editores-Adjuntos
Anderson Nobara
Leandro Rodrigues

FRANCISCO FOOT HARDMAN

Nem pátria, nem patrão!
Memória operária, cultura e literatura no Brasil

4ª edição
revista e ampliada

editora
unesp

© 2024 Editora Unesp

Direitos de publicação reservados à:
Fundação Editora da Unesp (FEU)
Praça da Sé, 108
01001-900 – São Paulo – SP
Tel.: (0xx11) 3242-7171
Fax: (0xx11) 3242-7172
www.editoraunesp.com.br
www.livrariaunesp.com.br
atendimento.editora@unesp.br

Esta nova edição revista e ampliada de *Nem pátria, nem patrão!* chega aos leitores no marco dos quarenta anos de sua publicação original pela editora Brasiliense (1983; 2.ed., 1984). Pela Editora Unesp, a obra teve uma 3ª edição revista e ampliada, publicada em 2002.

Dados Internacionais de Catalogação na Publicação (CIP) de acordo com ISBD
Elaborado por Vagner Rodolfo da Silva – CRB-8/9410

H264n
    Hardman, Francisco Foot
       Nem pátria, nem patrão! Memória operária, cultura e literatura no Brasil / Francisco Foot Hardman. – 4. ed. – São Paulo: Editora Unesp, 2024.
       Inclui bibliografia.
       ISBN: 978-65-5711-220-5
       1. Ciências políticas. 2. Memória operária. 3. Cultura. 4. Literatura. I. Título.

2023-3600   CDD 320
                                                                                   CDU 32

Editora afiliada:

Para a pequena Estela, que chegou
(2023)

À memória de Diva Foot Hardman
(1917-1999)

Sumário

Aos 40 anos de *Nem pátria, nem patrão!*:
   Lutar contra a desigualdade é lutar pela democracia   11
Prefácio à 3ª edição   15

Parte I – Nem pátria, nem patrão!

Introdução   27
   1 Instituições da classe operária e cultura   43
   2 A estratégia do desterro   71
   3 Sinais do vulcão extinto   121
   4 O impasse da celebração   155
Fragmentos de um posfácio   185

Iconografia   187

Parte II – Estudos afins

   1 Arquivo como resistência: para um fichamento dos anos 1970   215
   2 Lazer operário: duas visões   223
   3 História do trabalho e da cultura operária no Brasil pré-1930:
      um campo de estudos em construção   239
   4 Palavra de ouro, cidade de palha   253
   5 Poeira das barricadas: notas sobre a comunidade anárquica   265
   6 Em busca dos espaços operários   275

7 Os *senza patria*: imigrantes, classe operária e política
na Argentina (1880-1920)   293

8 Imprensa operária, espaço público e resistência: notas de leitura   305

9 Incêndios sublimes: figurações da Comuna no Brasil   331

10 Duas sobreviventes   365

Parte III – A luta continua!

1 Em que ano nós estamos? Em que ano nós estamos?   383

2 Memórias contra a história   389

3 Nós, que amávamos tanto a revolução: dos sonhos de 68 aos pesadelos
de 2018   399

4 A luta continua: três exemplos   407

5 Sonhos anarquistas: o SOS do Titanic ecoa pelos sete mares   413

Bibliografia   421

Os vulcões arrojam pedras, as revoluções, homens. Espalham-se famílias a grandes distâncias, deslocam-se os destinos, separam-se os grupos dispersos às migalhas; cai gente das nuvens, uns na Alemanha, outros na Inglaterra, outros na América. Pasmam os naturais dos países. Donde vêm estes desconhecidos? Foi aquele Vesúvio, que fumega além, que os expeliu de si. Dão-se nomes a esses aerólitos, a esses indivíduos expulsos e perdidos, a esses eliminados da sorte: chamam-nos emigrados, refugiados, aventureiros.

(Victor Hugo, *Os trabalhadores do mar*, s.d.)

Assim como as eras da história natural se tornam legíveis através dos estratos geológicos, assim certos períodos [...] se cristalizaram em sua memória em função de determinados lugares: um café, um trecho de calçada, a grade de um jardim, uma fachada fortemente iluminada pelo sol de três horas da tarde. Mais para frente lhe ocorreu [...] ver como se despertava em você essa mesma sensação de contato direto, quase físico, doloroso talvez, com algum elemento material do universo: uma superfície rugosa, compacta, lisa ou marcada pelo tempo ou pelo trabalho ou pelo simples uso, como se nessa limitada paisagem material, inexpressiva por si só, houvessem sido incrustados sentimentos, projetos humanos, como se tivessem reconstruído naquelas superfícies arenosas uma memória, como se essa matéria inerte tivesse sido humanizada por uma possível memória.

(Jorge Semprún, *Autobiografia de Federico Sánchez*, 1979)

Aos 40 anos de *Nem pátria, nem patrão!*: Lutar contra a desigualdade é lutar pela democracia

Aqui não é o Grito do Ipiranga, um dos primeiros *fake news* do novo Estado nacional-monárquico, em 1822. Aqui é, sim, o Grito dos Excluídos e Excluídas, após 29 anos de sua criação. Movimentos sociais, populares e sindicais caminham por mais de duas horas, em São Paulo, desde a praça Oswaldo Cruz até o parque do Ibirapuera. São milhares de pessoas. A cena se repete em 23 estados e 55 cidades, por todas as regiões brasileiras. Nenhuma palavra ou nota na grande imprensa corporativa. Apenas o jornal *Brasil de Fato* noticia e destaca essa tradicional manifestação, cobrindo o evento em tempo real e com a relevância merecida.

Esse é um bom exemplo, real, da enorme distância entre a presença dos "de baixo" e sua visibilidade para os donos do poder e os arautos do espetáculo midiático. Nossa pesquisa originou-se da necessidade de desvendar os sinais e as representações que as classes operárias imprimiram – no mais das vezes, anonimamente – ao longo da história do Brasil moderno e republicano. Sinais e representações que foram importantes elementos inovadores da nossa linguagem, cultura, arte e literatura. Vozes em geral silenciadas diretamente pela repressão ou indiretamente pela desmemória produzida como política de Estado ou artefato da indústria cultural.

Em 1983, a primeira edição deste livro concentrou seu itinerário no chamado período da Primeira República, mais exatamente entre 1890 e 1935, com um levantamento historiográfico de fontes da imprensa operária em grande parte inéditas e que constituem parte substancial do acervo do Arquivo de História Social Edgard Leuenroth (IEL-Unicamp). O novo personagem que ali despontava com força era a nova classe operária urbano-industrial. Com a predominância das correntes anarquistas, sobretudo anarcossindicalistas, grande ênfase foi dada à produção cultural própria, incluindo um jornalismo independente de alta qualidade informativa e original em sua linguagem e propósito educativo. Seguiu-se logo uma segunda edição. Na mesma esteira, organizamos, em parceria com nosso saudoso colega Arnoni Prado, o livro *Contos anarquistas* (Brasiliense, 1985), que despertou muito interesse entre os estudiosos da literatura brasileira. Sua edição ampliada, em 2011, que teve a incorporação fundamental da pesquisadora Cláudia Leal entre seus organizadores, trouxe também o registro de textos proletários escritos em italiano e espanhol, publicados na imprensa operária brasileira, a revelar o caráter internacionalista, desde sempre, dessas manifestações culturais (cf. *Contos Anarquistas: temas e textos da prosa libertária no Brasil, 1890-1935*, 2011).

Foi há pouco mais de vinte anos que pude rever e ampliar substancialmente os ensaios de *Nem pátria, nem patrão!*, com vista à sua terceira edição, saída em 2002, graças ao apoio da Editora Unesp. Nela, a segunda parte inclui dez "estudos afins", selecionados entre minhas produções vinculadas diretamente ao tema do livro, escritas ao longo das duas décadas após a primeira edição. O fato é que a emergência das lutas anticapitalistas mundiais na virada do século XX ao XXI aumentou significativamente o interesse e a atualidade da pesquisa sobre o passado das manifestações culturais libertárias e socialistas – como bem assinalou então Michael Löwy, na nota prefacial que gentilmente redigiu.

A história dos movimentos e revoluções sociais contemporâneos colocou-nos em face do dilema que separou, historicamente, movimentos libertários de perfil anarquista e movimentos socialistas ou comunistas de perfil partidário e institucional. Entre tantas reflexões que se têm feito a respeito, em especial no século XXI, chamo a atenção para a contribuição trazida por Olivier Besancenot e Michael Löwy em seu livro *Afinidades revolucionárias: Nossas estrelas vermelhas e negras. Por uma solidariedade entre marxistas e libertários* (2016 [2014]).[1] Pode-se lê-la como uma espécie de utopia, já que movimentos, sindicatos e partidos se encontram, em geral, muito afastados da ideia de buscar "afinidades" ou "solidariedades" entre

---

1 Edição brasileira pela Editora Unesp. (N. E.)

suas bandeiras e táticas. De todo modo, não devemos afastar o ideal dessa busca por pontes que aproximam. No enfrentamento de regimes fascistas, autoritários e totalitários, a aliança entre "horizontalistas" e "verticalistas" torna-se, como se viu em várias ocasiões, e até recentemente, uma necessidade imperiosa.

Todas as edições anteriores deste livro permanecem esgotadas há um bom tempo. Para esta quarta edição, que surge na passagem dos 40 anos de *Nem pátria, nem patrão!*, além de uma revisão detalhada de todos os seus capítulos, que contou com o trabalho sempre competente de Danielle Crepaldi Carvalho, tive o suporte técnico imprescindível da equipe coordenada pelo editor-adjunto da Editora Unesp, Leandro Rodrigues. Ela foi ampliada com cinco ensaios selecionados dentre a produção pertinente ao tema que apresentei e escrevi nesse último período.

Tantos espaços e tantos tempos: da utopia anarquista diante do mundo civilizado em ruínas, que já se prenunciava às vésperas da Primeira Guerra Mundial, às memórias de revolucionárias e revolucionários que enfrentaram e foram vitimados pela ditadura militar brasileira. Da notícia desses "arquitetos da ordem anárquica", na bela expressão de nossa saudosa colega Patrizia Piozzi, a esse exilado infatigável, Pietro Gori, um jurista libertário que tantos seguidores deixou, entre outros lugares, na Argentina e no Brasil. E, para não esquecermos jamais do interior, uma pequena nota à tradição de luta social em Sorocaba.

Além disso, a lembrança dos 50 anos de Maio de 1968 trouxe muitas iniciativas e convites. Participei de seminários a esse propósito em Belém do Pará, Londres e Campinas. A síntese dessas intervenções está na imagem de uma geração que tanto amava a revolução, e que se viu, afinal, premida entre os sonhos de 68 e os pesadelos de 2018. No Brasil, nos anos seguintes, a realidade aprofundou essa cisão.

Mas, de novo, a luta continua e se renova. E aqui não é o Grito do Ipiranga. Aqui é o Grito dos Excluídos e das Excluídas. As vozes passadas das e dos protagonistas de *Nem pátria, nem patrão!* ecoam aqui e agora. E os novos manifestantes pedem passagem por espaços que normalmente os excluíram, a começar por esse *Monumento às bandeiras*, de tantas memórias genocidas na história do Brasil. E reafirmam que "têm fome de quê", que "têm sede de quê": sua pauta é tão repleta de itens quanto o é a desigualdade social no mundo e em nosso país, em sua permanência e profundidade. Sem transformar radicalmente esse quadro, nada de democracia que possa ser digna do nome. É nessa tecla e toada que ofereço esta nova edição do livro, esperando que possa ajudar nas lutas que cá se travam.

São Paulo, 7 de setembro de 2023

Prefácio à 3ª edição

Publicado pela primeira vez em 1983, pela editora Brasiliense, *Nem pátria, nem patrão!* foi relançado em segunda edição ainda em 1984 e, antes do fim dos anos 1980, encontrava-se esgotado. Sua aparição e recepção acompanharam de perto o despertar dos movimentos sociais, em especial os operários, desde o final dos anos 1970, no longo e difícil processo de luta contra a ditadura militar. A reavaliação dos sentidos históricos e políticos de processos culturais vividos entre trabalhadores da primeira geração de uma classe operária urbano-industrial no Brasil, tema dos estudos que o compõem, fez parte do esforço coletivo de pesquisa que o tema da história social do trabalho encontraria, naqueles anos, em muitos centros universitários brasileiros, em especial nas áreas de história, ciências sociais, economia e comunicação. Tratava-se de buscar novas interpretações acerca do passado operário diante dos impasses daquele presente e, ao mesmo tempo, de constituir elos de resistência à dura repressão que se abatia sobre os meios intelectuais de esquerda na Universidade brasileira.

O projeto desta nova edição foi sendo adiado, seja pela gradual e melancólica extinção de uma das mais importantes editoras de expressão nacional do século XX no Brasil, inclusive por seu aporte ao pensamento crítico – a Brasiliense de Monteiro Lobato, Caio Prado Jr. e Caio Graco –, seja pelas urgências da vida universitária cada dia mais burocratizada, que atropelavam o desejo de proceder a uma ampla revisão e ampliação do texto impresso originalmente. Finalmente, neste entresséculos, defrontei-me em corpo a corpo com a versão impressa, tarefa que os que a viveram sabem ser muitas vezes tão ou mais árdua que produzir textos novos. Daí resultou a revisão dos capítulos nucleares de *Nem pátria, nem patrão!*, da Introdução ao Capítulo 3; o ensaio "O impasse da celebração", antes apêndice, foi agora definitivamente incorporado como Capítulo 4. As várias alterações feitas, bem como o acréscimo de toda uma segunda seção denominada "Estudos afins", reunindo dez textos escritos de forma autônoma em relação ao projeto original do livro, mas a seu tema vinculados de modo estreito, e que haviam saído à luz esparsamente em periódicos e livros, entre meados dos anos 1970 e o ano passado (afora alguns poucos inéditos), acabaram por justificar a mudança de subtítulo do volume em seu atual formato. De *vida operária e cultura anarquista no Brasil*, da primeira e segunda edições, optei por *memória operária, cultura e literatura no Brasil* na terceira edição, dado o relativo alargamento de temas e nexos históricos, políticos e culturais. Parte considerável dos estudos então agregados foi também, por sua vez, reescrita, refundida ou renomeada.

Muitas mudanças significativas ocorreram mundial e nacionalmente nessas quase duas décadas que separam as edições anteriores da presente versão, também bastante modificada. Se, lá na cena de 1980, nascia o Partido dos Trabalhadores, e a festa-comício que introduzia *Nem pátria* simbolizava um elo com tradições inventadas anteriormente pela classe operária, mas também com o mundo dos megashows populares e da telenovela, agora é o tempo triunfante dos marqueteiros (mesmo derrotados seguidamente, seguem arrotando fórmulas "neutras" de êxito eleitoral, aumentam seus cachês como craques do esporte votivo e cultivam o autoelogio midiático) e do *game* milionário de políticos convertidos em figurantes indiferenciados, subalternos e mercáveis da espetacularização generalizada e diluidora da política, em favor da fama pasteurizada na TV, aparentados a "artistas populares expressivos", mas em verdade já formatados na função substitutiva e desmobilizadora de toda grande mídia, reforçando, portanto, o conservadorismo que une, em fenômeno de caráter mundial, os donos das emissoras e veículos, das finanças e do poder de Estado. O que se projeta e aparece como exposição igualitária de partidos é na verdade o desfile de discursos esvaziados, a reboque de forças e personagens os mais retrógrados, esses sim os ganhadores do show.

O aspecto correlato desse processo é que a busca de *respectability*, outro tema importante nas tensões históricas de classe e nas guerras culturais entre visões de mundo contrapostas, que, naquela cena de 1980, confundia-se com a própria luta pela legalidade da representação política e sindical dos trabalhadores (fazendo paralelo impressionante com a história das práticas culturais dos anarquistas, que não buscavam a legalização, mas, ao mesmo tempo, necessitavam apoiar-se em códigos linguísticos e sociais de legitimação), redunda, agora, em *real politik* que subjuga todo o programa de transformação social e confronto ideológico à perspectiva de um próximo êxito eleitoral ao parlamento ou ao executivo, ficando a legitimidade confinada às aparências palatáveis da sensatez sensaborona dos "homens (e mulheres!) de bem".

O fato é que, se a crise do socialismo real e o desmanche do bloco soviético liberaram, de um lado, forças críticas antiglobalização inimagináveis até a explosão de Seattle, repondo culturas anarquistas e utópico-românticas no centro do furacão, de outro, ela acelerou a barbárie da mercantilização da política-espetáculo e da desagregação dos aparelhos estatais em redes mais ou menos associadas a novas máfias dos grandes negócios ilícitos, em cenário ainda mais desigual, centralizado pelo domínio imperial dos conglomerados financeiros, no concerto econômico-político-militar dos Estados nacionais mais poderosos.[1] As duas tendências antagonizam-se: em 2001, a oposição entre os encontros de Davos e Porto Alegre foi mais que emblemática.

No Brasil, porém, o confronto Porto Alegre *versus* privatização dos poderes e espaços públicos por velhas oligarquias mal renovadas continua no epicentro da vida nos planos nacional, regional e local. Certa arrogância olímpica mal disfarça sob retórica de modernidade o extremo arcaísmo com que se quer desqualificar o indiscutível êxito desse novo polo mundial das

---

1 Para uma visão crítica abrangente da crise dos movimentos socialistas no século XX, desde a Revolução Russa até o ressurgimento das políticas mais conservadoras nos anos 1990, tendo como cenário privilegiado a Alemanha, ver o romance de Tariq Ali, *Medo de espelhos* (2000). Saga ficcional extremamente bem informada historicamente, trata-se de uma visão impiedosa em sua ironia, mas grandiosa de humanidade na reposição da verdade dos sonhos utópicos das gerações precedentes de revolucionários. A propósito da espetacularização da sociedade de mercadorias, a contribuição mais radical e hoje "clássica", brilhante em vários *insights* antecipatórios, continua sendo o ensaio de Guy Debord, *A sociedade do espetáculo* (1967). Em 1999, Naomi Klein retoma e atualiza esse viés crítico na análise-manifesto *No logo*, no melhor espírito libertário da prática dos boicotes e sabotagens a produtos pelo antigo movimento anarquista, aqui repostos em tempos de Seattle, num cenário globalizado sob domínio das grandes corporações industrial-financeiras. Também inscritos num esforço de crítica radical ao "pensamento único" da ordem neoliberal são os instigantes ensaios de Boaventura de Sousa Santos, *Pela mão de Alice: o social e o político na pós-modernidade* (1995) e *A crítica da razão indolente: contra o desperdício da experiência* (2000). Cf. também o confronto entre o poder incorpóreo imperial *versus* as multidões, em *Empire*, de Antonio Negri e Michael Hardt (2000).

lutas anti-imperiais. Mas já é tempo de novos internacionalismos em choque. É tempo de desconfiar, mais que nunca, das políticas institucionalizadas em manobras publicitárias. É tempo de reafirmar culturas libertárias antiliberais, coletivistas e antiaparelhistas, neo-utópicas. É tempo de refundar utopias. Talvez *Nem pátria, nem patrão!* possa ressurgir numa nova conjuntura de espantos e começos, de fundação de espaços antifundamentalistas. Talvez a indagação de um passado operário mergulhado em sonhos perdidos e na ruína das comunas destruídas possa ao menos inspirar a visão do presente e das grandes recusas a serem reiteradas. E percebamos que tal passado não é lá tão remoto, mas pode despontar em cenas e ações atuais. A *alegria estuante* de trabalhadores livres por alguns instantes das cadeias do capital, imagem capturada da imprensa anarquista de início do novecentos que serviu de mote crítico a *Nem pátria, nem patrão!*, pode reemergir aqui e agora, por exemplo, na crônica da *alegria invisível* dos manifestantes de Porto Alegre:

> Os que foram a Porto Alegre experimentaram essa sensação estranha que é a de se reconciliar com o presente. O mundo pode ser outro, diziam. A novidade é que isso pode ser já. Não se trata de jogar as fichas no futuro, mas de perceber que o futuro pode estar começando. A alegria invisível talvez tenha a ver com isso... Não são os protestos, a consciência crítica, o movimento antiglobalização, não é nada disso que move aquela gente toda. É a alegria, e não há por que negá-la. É a alegria da gente que não sai no jornal e que está mudando o curso dos acontecimentos (Bucci, 2002, p.8).

Se a burocratização do sonho e do movimento é real, também verdadeira é a vontade de remover todos os especialistas em manipular a vida nua, todos os burocratas, demagogos e sábios do pau oco. Todos os intérpretes do Brasil exclusivo dos excludentes e abissal aos excluídos.[2]

* * *

---

2 Nesse sentido, é animador constatar certo renascimento da cultura anarquista mediante a revitalização de antigas entidades como o Centro de Cultura Social, em São Paulo, ou o nascimento de outras, como o Instituto de Cultura e Ação Libertária, em São Paulo, e o Centro de Estudos Libertários Ideal Perez, no Rio de Janeiro; o surgimento de novas editoras libertárias como a Achiamé, no Rio de Janeiro, e a Imaginário e a Conrad, em São Paulo; e de novas publicações como as revistas *Libertárias*, *Libertários* e *Verve*, esta última editada em 2002 como órgão do Nu-Sol (Núcleo de Sociabilidade Libertária), sediado na PUC-SP.

Esta nova edição não reaparece isoladamente, mas no rol de bibliografia hoje mais que representativa de uma área de estudos que se alargou e se diversificou enormemente desde os anos 1970. Da era heroica de criação do Arquivo Edgard Leuenroth, no Instituto de Filosofia e Ciências Humanas da Unicamp, em 1974, aos dias de hoje, quando o arquivo se converteu num dos principais acervos de referência internacional para pesquisas no campo da história do trabalho, vários programas de pós-graduação consolidaram suas trajetórias com resultados de qualidade, além de trabalhos autônomos de real valor. Na impossibilidade de mencionar aqui uma listagem exaustiva, devo referir antes de tudo a continuidade de pesquisas em história social, com particular interesse para o campo das culturas entre operários, desenvolvidas no departamento de história daquele instituto. Entre tantos trabalhos, destacaria a tese de Dora Barrancos, *Os últimos iluminados* (1993), orientada por Michael Hall, a propósito da divulgação científica entre trabalhadores na Argentina do começo do século XX (a mesma autora já havia estudado a educação anarquista no país vizinho em dissertação de mestrado feita em Belo Horizonte, na UFMG, em 1985: *Destruir é construir!*). Reconstrução minuciosa do cotidiano da greve de 1917 empreendeu Christina Lopreato na tese *O espírito da revolta* (1996), dirigida por Edgar De Decca e editada recentemente em livro (2000). Os rituais do Primeiro de Maio no Rio de Janeiro da República Velha foram pesquisados por Luciana Barbosa Arêas na dissertação *A redenção dos operários* (1996); e o jornal libertário *O Amigo do Povo* foi rastreado por Edilene Toledo em mestrado sobre "grupos de afinidade e a propaganda anarquista em São Paulo nos primeiros anos deste século" (1993), ambos sob orientação de Claudio Batalha.

Em outra vertente, no plano das biografias de militantes, cumpre ressaltar, ainda na Unicamp, a importância do estudo de livre-docência de Margareth Rago acerca da anarquista ítalo-uruguaia Luce Fabbri (Rago, 2001), bem como o mestrado de seu orientando Carlo Romani, que desvendou trajetórias de uma mitológica liderança em *Oreste Ristori: uma aventura anarquista* (1998). Quadro que se deve completar com a dissertação defendida por Rogério H. Zeferino Nascimento em João Pessoa, no mestrado de sociologia da Universidade Federal da Paraíba, em 1996: *O mestre revoltado: vida, lutas e pensamento do anarquista Florentino de Carvalho*. Já no âmbito da pesquisa em história oral sobre a trajetória de alguns antigos militantes operários, cabe mencionar a que Angela Castro Gomes coordenou, no Rio de Janeiro, junto ao Cepedoc da Fundação Getúlio Vargas (Gomes, 1988b). Quanto ao tema da política cultural no itinerário intelectual militante do anarquista e, depois, comunista Astrojildo Pereira, não há como dispensar a leitura do importante ensaio de Martin Cezar Feijó, recém-publicado e defendido inicialmente como doutorado em comunicação na ECA/USP (cf. Feijó, 2001). Já a imprensa operária inserida no contexto mais amplo do periodismo urbano na cidade de São Paulo foi objeto de alentada tese em história social defendida na USP pela professora da PUC-SP, Heloísa de Faria Cruz (cf. Cruz, 2000).

No Instituto de Estudos da Linguagem da Unicamp, além dos estudos continuados de Antônio Arnoni Prado, com quem colaborei em alguns projetos (cf. Arnoni Prado; Hardman, 1985; e Arnoni Prado, 1986), sublinhe-se o interesse do mestrado de Regina Aída Crespo, *Crônicas e outros registros: flagrantes do pré-modernismo (1911-1918)*, por mim dirigido e que pesquisou, entre outros periódicos, a revista libertária *A Vida* (1990); e, sob orientação do referido colega, a dissertação de Luiza Faccio, *Libertários no teatro* (1991), bem como o excelente estudo de Claudia Feierabend Baeta Leal, *Anarquismo em verso e prosa: literatura e propaganda na imprensa libertária em São Paulo (1900-1916)*, dissertação concluída em 1999 e que representa, sem dúvida, contribuição historiográfica inovadora sobre o tema.

No que concerne à obra de autores da chamada literatura social que mantiveram laços orgânicos com o anarquismo, é preciso referir os trabalhos de Letícia Malard e de Regina Horta Duarte, respectivamente das áreas de estudos literários e história da Universidade Federal de Minas Gerais, sobre o romancista mineiro e anarquista Avelino Fóscolo (cf. Malard, 1987; Duarte, 1991), que teve também há pouco redescoberto um romance social inédito, *Morro velho*, na vertente do canônico *Germinal* (Fóscolo, 1999). Já a produção literária anterior a 1930 do escritor Afonso Schmidt foi objeto da interessante tese de Maria Célia R. A. Paulillo, orientada por Antônio Dimas, em literatura brasileira, na USP em 1999, sob o título *Penumbrismo e participação social: Afonso Schmidt e a literatura paulista (1906-1928)*. Na área de história social da USP, merecem ser reportadas, entre outras, a tese de Flavio Luizetto, *Presença do anarquismo no Brasil: um estudo dos episódios literário e educacional (1900-1920)*, de 1984; a tese de Helena Isabel Muller, *Flores aos rebeldes que falharam* (1990), sobre o espírito utópico de Giovanni Rossi na criação da Colônia Cecília; e a dissertação de José Adriano Fenerick, *O anarquismo literário* (1997), que trata de romances anarquistas no Rio de Janeiro entre 1900-1920. Também no Rio de Janeiro, Bernardo Kocher e Eulália Maria Lahmeyer Lobo organizaram uma coletânea pioneira de poemas operários entre os anos 1890-1920 (Kocher, Lahmeyer Lobo, 1987).

No campo de arquitetura e urbanismo, ainda na USP, trabalhos orientados e/ou desenvolvidos por Phillip Gunn, Malu Gitahy, Ana Lanna e Hugo Segawa, entre outros, têm oferecido alguns ótimos aportes ao estudo da questão espacial nas classes operárias.[3] Na linha de análise da repressão do antigo sistema fabril, há vários estudos interessantes, entre os quais o de Domingos Giroletti sobre as indústrias têxteis mineiras oitocentistas do Cedro e Cachoeira, o de Elizabeth von der Weid e Ana Marta Bastos sobre a Cia. América Fabril e o de José Sergio Leite Lopes sobre a cidade-fábrica de Paulista, na periferia de Recife (Giroletti, 1991; Weid, Bastos, 1986; Leite Lopes, 1988). Fazendo contraponto a esse poder do capital, o projeto pedagógico do anarcossindicalismo foi estudado em trabalhos como a dissertação de Célia Benedito Giglio, *"A voz do trabalhador": sementes para uma nova sociedade* (1995), apresentada na Faculdade de Educação da USP. Ainda no plano de importantes pesquisas regionais, é preciso registrar a coletânea de textos da imprensa libertária no Ceará, organizada por Adelaide Gonçalves e Jorge E. Silva, e o detalhado estudo de Sílvia Petersen sobre as antigas associações operárias gaúchas (cf. Gonçalves, Silva, 2000; e Petersen, 2001).

Para além de pesquisas monográficas, entre trabalhos com perspectiva de mais amplo espectro, vale mencionar o relevante panorama de Angelo Trento sobre a imigração italiana, bem como o ensaio de Jacy Seixas em torno do tema da memória e do esquecimento na história do anarquismo no Brasil (cf. Trento, 1988, com nova edição em 2023; e Alves de Seixas, 1992). Ressalte-se, ainda, no campo da filosofia política, a tese de Patrizia Piozzi, *Natureza e artefacto: a ordem anárquica – algumas considerações sobre a gênese da ideia socialista libertária* (1991), defendida na USP e orientada por Maria Sylvia de Carvalho Franco.

---

3 Como exemplo, cito o belo ensaio de Hugo Segawa, *Prelúdio da metrópole: arquitetura e urbanismo em São Paulo na passagem do século XIX ao XX* (2000).

Todas essas indicações, longe de esgotarem o acervo de estudos atualmente disponíveis, atestam a consolidação de uma linha de pesquisa das mais férteis, espraiada por várias disciplinas de conhecimento e áreas do saber.

Para o preparo da presente versão, devo agradecer ao Fundo de Amparo ao Ensino e Pesquisa da Pró-Reitoria de Pesquisa da Unicamp pelos recursos que auxiliaram parcialmente no trabalho de digitação dos textos originais, escritos, boa parte deles, ainda na era da datilografia. A bolsa de pesquisa do CNPq viabilizou a continuidade de projetos paralelos e a aquisição de materiais bibliográficos e de papelaria indispensáveis a uma revisão como esta, que alterou bastante a composição do livro em suas aparições anteriores. Numa fase inicial de conversão do texto em arquivos no formato Word, contei com a colaboração de Marlene De Stefani, a quem sou grato. Para a revisão final, digitações adicionais e editoração do conjunto dos textos, foi de suma valia a atenta cooperação de Ana Edite Montoia, a quem renovo minha amizade. Na digitação e revisão da tradução do texto de Trotski, "A vodca, a igreja e o cinematógrafo", obtive o apoio de minha orientanda de mestrado Maria Rita Sigaud Soares Palmeira, cuja pesquisa a respeito das passagens do poeta surrealista e militante trotskista Benjamin Péret no Brasil culminou em excelente dissertação concluída no final de 2000: *Poeta, isto é, revolucionário*. Esse trabalho representou importante elo na minha retomada do espaço-tempo político e poético de *Nem pátria, nem patrão!*.

Armando Boito Jr., coordenador do Centro de Estudos Marxistas do IFCH/Unicamp, ao convidar-me para o Seminário Internacional Comuna de Paris, 130 Anos: 1871-2001, realizado em Campinas, em maio do ano findo, mal sabia que estava colaborando decisivamente para o desfecho deste processo de atualização dos fantasmas da memória operária, cujos riscos e equívocos assumo integralmente. A José Castilho Marques Neto e Jézio Hernani Bomfim Gutierre, que souberam fazer da Editora Unesp um marco de referência nacional e internacional no panorama das edições universitárias e que sempre apostaram no projeto de reedição revista e ampliada de *Nem pátria*, cobrando-me esse seu novo retorno ao público leitor, minhas escusas pelo atraso e minha gratidão pela confiança. Entre meus correspondentes internacionalistas das utopias renovadas, devo assinalar as amizades solidárias de Michael Löwy (Paris) e Roberto Vecchi

(Modena-Bolonha), que, em seu generoso e imoderado entusiasmo pela obra, forneceram-me impulso suplementar não desprezível a mais este engajamento editorial. Na nova seleção de imagens para a presente edição, contei com o apoio militante de Nildo Batata, da jovem geração do Centro de Cultura Social, entidade anarquista fundada em 1933 por Leuenroth e em pleno funcionamento na cidade de São Paulo; de Benê Trevisan e Osmar Mendes, do Museu Histórico de São José do Rio Pardo; de Ema Franzoni, do Arquivo Edgard Leuenroth; e, *last but not least*, de Flávia Carneiro Leão, do CEDAE-IEL/Unicamp. Igualmente, meu agradecimento a todos os editores ou organizadores dos eventos e publicações que deram origem ao corpo de textos da Parte II, "Estudos afins", cujos créditos encontram-se em nota ao final do volume. A bibliografia final condensa o conjunto das referências do ensaio principal e dos artigos anexos.

Rio de Janeiro-São Paulo, dezembro de 2001/julho de 2002

PARTE I

NEM PÁTRIA, NEM PATRÃO!

Breton e Trotski, México, 1938 (Schwarz, 1977).

Introdução

Começo pelo fim. Isto, em dois sentidos. Uma introdução é sempre escrita ao fim de um trabalho, última tentativa de dar conta das questões não resolvidas, derradeiro trajeto do discurso do pesquisador, que tenta ainda o risco de alinhavar os processos históricos por ele construídos. Além de iniciar no momento final de um trabalho, esta introdução será marcada definitivamente pelo discurso pessoal, pela primeira pessoa do singular, eu. Foge das minhas pretensões tentar aqui reproduzir um certo "proceder científico", tão tradicional quanto ilusionista, cujo ritual consiste em estabelecer "hipóteses de trabalho" que serão checadas no transcurso de uma prática científica, para se averiguar ou não sua *verdade*, capaz de transformá-las, nas páginas finais, em *tese* (legitimada pelas premissas de seu próprio discurso), enfim canonizável pela comunidade acadêmica, para sempre depositada no acervo de créditos, crenças e certezas da burocracia universitária, para sempre afastada da história e da vida dos homens.

Mas falei de dois sentidos do "começo pelo fim". Resta manifestar o segundo. Para contar um pouco da minha trajetória afetivo-intelectual em torno do tema deste trabalho, gostaria de ilustrar o tipo de acontecimento que moveu meu interesse com dois exemplos de uma longa história que teve início nos primórdios da constituição do proletariado como classe no Brasil. Diante de minha mesa, um volante, que me deixa um tanto perplexo:

"Viva o P.T."

Festa-Comício do
Partido dos Trabalhadores

Osasco – 9 Março (1980)
Presença de Lula – Jacó Bittar – Mané da Conceição

José Ibrahim – Henos Amorina – Senador Santilo
Deputados do P.T.

Barracas com Comidas e Bebidas
Circo e Brincadeiras infantis
Shows – Teatro – Exposições

Artistas:
Antônio Marcos – Regina Duarte
Bruna Lombardi – Eva Vilma
Beth Mendes – Xênia
Débora Duarte (e outros a confirmar)

Final com Baile-Forró
No Ginásio Prof. Liberatti
Presidente Altino – Osasco
Domingo – 9 de março – 9 às 19 hs.

– Vá e leve a família –

Ao olhar para esse anúncio, vieram à cabeça, inevitáveis, imagens de um passado muito mais remoto: os belos e vistosos anúncios de festivais operários, publicados com frequência na imprensa proletária anarquista, especialmente por volta de 1920 (cf. Capítulo 1). Claro, as semelhanças são névoas passageiras, firmando com mais vigor uma série de diferenças significativas, elementos esclarecedores e integrados à dramática história do proletariado no Brasil. Imaginemos, por um instante, o que os anarquistas criticariam nesse anúncio. Inicialmente, abominariam o próprio emissor do discurso, o Partido dos Trabalhadores e, nessa vertente, olhariam com demasiada suspeita a presença de senador e deputados numa festa operária. Quanto aos líderes sindicais, tudo bem, desde que fossem dirigentes de sindicatos livres e independentes, o que não é bem o caso. Nossos amigos anarquistas poderiam aceitar, não com muito bons olhos, a presença de uma penca de artistas pertencentes ao elenco da indústria cultural. Poderiam, talvez, após longa discussão, aceitar o fato, desde que fosse eficaz aos desígnios da *propaganda*. Como a atitude "tolerante" que tiveram, no passado, em relação a bailes, futebol e à presença de clubes esportivos em alguns dos festivais operários: essa *popularização* só se justificaria se estivesse subordinada à eficácia da doutrinação libertária. De qualquer modo, os anarquistas não trocariam seus próprios artistas amadores, membros dos grupos de "teatro social", operários-atores das próprias associações sindicais, pelos astros profissionais "televisados": prefeririam, certamente, os produtos de suas próprias agências culturais. Felizmente, para os anarquistas, em seu tempo não havia a concorrência desigual da televisão.

Finalmente, nosso bom anarquista, orgulhoso de suas bandas e orquestras compenetradas, de fina e rica tradição na musicalidade popular de raízes europeias, olharia intrigado e com ar de espanto reclamaria explicações: Mas o que quer dizer "Baile-Forró?!".

Duas tradições distintas, duas gerações da classe operária separadas por uma longa historicidade entreolhar-se-iam perplexas.

Esse discurso imaginário seria endereçado, certamente, aos emissores do anúncio, aos porta-vozes do PT, aos organizadores da "festa-comício". Festa-comício? Eis uma composição de termos que sintetiza uma preocupação comum a várias gerações de dirigentes do movimento operário, ciosos de penetrar o solo fértil da *classe*, de deitar raízes e possibilitar a integração do discurso revolucionário ao discurso cotidiano e elementar da classe. Não à toa os anarquistas tornaram-se versáteis na produção de "festas de propaganda" que tentavam aliar o prazer do entretenimento às tarefas de convencer o público da necessidade da "emancipação social". No Capítulo 1, analiso em pormenor a tensão permanente entre esses dois aspectos; expressão, em certo nível, da própria relação contraditória entre massas e direções. De qualquer modo, o anúncio que reproduzi aqui também está construído sobre a simultaneidade de planos e eventos (a qual aparece, inclusive, na variedade tipográfica que compunha o convite no volante original). Isso não é casual: por trás dessa múltipla forma do espetáculo, anuncia-se – pelo menos como previsão ou convite – a presença da classe operária, marcada no apelo à família trabalhadora, marcada no espaço de uma cidade operária, no único momento oficializado pelo Estado e abençoado pela Igreja como "tempo livre", curto intervalo em que o operário sai do laboratório de extração da mais-valia e localiza-se no território da *cidade*: o domingo. Barracas, comidas e bebidas, circo, brincadeiras infantis, *shows*, teatro, exposições, discursos políticos, comício: festa-comício, classe-direção.

Sem dúvida, entender as diferenças e, ao mesmo tempo, as intersecções entre as dimensões da classe, do movimento e da direção foi uma das preocupações centrais deste trabalho (Hobsbawm, 1974a). Não imputar à classe o que é mero produto das concepções de uma direção: eis um desafio essencial com que se defronta não só o pesquisador, mas também o militante do movimento operário. Num interessante artigo sobre a Revolução na Espanha, nos anos 1930, ao criticar as ambiguidades do Partido Obrero de Unificación Marxista (POUM), Trotski (1978b, p.111-4) lembrava que, costumeiramente, as direções políticas têm atribuído à *natureza* da classe operária as suas próprias insuficiências e incapacidade teórica e prática para compreendê-la e, com efeito, expressar sua energia represada em movimento revolucionário. Os trabalhos de Thompson, Hobsbawm, Perrot, Kriegel, Duveau, entre outros, têm manifestado, na historiografia mais recente do movimento operário, a preocupação em não se deixar levar pelas representações que as lideranças construíram sobre a classe que pretenderam dirigir. O peso que os fracassos da social-democracia e do stalinismo – para só ficar em dois exemplos cabais – imprimiram às novas gerações de historiadores e militantes explica, em parte, o cuidado, as dúvidas, mais que as certezas, e a atitude de desconfiança com que nos debruçamos a examinar discursos autoproclamados "operários", "revolucionários" e outros paradigmas da "verdade histórica".

No Brasil, o fluxo de pesquisas universitárias sobre os trabalhadores, como já assinalou Paulo Sérgio Pinheiro (1975), acompanhou de perto o refluxo do movimento operário ao longo dos anos de 1970. Minhas pesquisas começaram exatamente aí, em 1973, com um primeiro levantamento bibliográfico sobre o trabalho urbano no Brasil. Felizmente, o último momento desse sinuoso e desequilibrado percurso, com seus atrasos inevitáveis, acabou se reencontrando, nos quatro últimos anos (isto é, desde maio de 1978), com um novo e vital ascenso do movimento operário, indício mais claro de que o "tempo de tese" estava se esgotando, ou pelo menos alterando drasticamente suas características. Junto com aquela década, era necessário dar um fim a essa etapa: e cá estou. O leitor talvez já se tenha esquecido, mas eu relembro: dissera, ao iniciar, que começaria pelo fim, isto é, provocado pela sugestão de duas notícias contemporâneas. Resta tratar da segunda. Abrindo um jornal de março de 1980, as manchetes concentram-se na primeira greve geral, depois de dezesseis anos de silêncio, do porto de Santos. E lá, nos meandros do movimento, o repórter teve a sensibilidade afinada para captar o seguinte fragmento, significativo de uma certa época e de um certo espaço (especialmente àqueles que, como eu, são cativados pela atmosfera agitada e esfumaçada do trabalho no cais de Santos):

No sindicato dos operários portuários, localizado na zona de meretrício da cidade, uma multidão de pelo menos dois mil homens se comprimiu num enorme salão de reunião, discutindo os rumos da greve ou fazendo algazarra com copos plásticos de água. Na rua, grupos se divertiam com as prostitutas, de rostos bizarros e roupas extravagantes (*Folha de S. Paulo*, 18 mar. 1980, p.20).

Na greve, liberada a rotina do trabalho, concentram-se uma energia e um imaginário incontroláveis por qualquer discurso linear. Rosa Luxemburgo (1979) captou exatamente esse problema ao selecionar imagens trazidas dos relatos jornalísticos sobre a Revolução Russa de 1905 e o poderoso ascenso grevista que a precedeu. Michelle Perrot, analisando o movimento operário na França pós-Comuna de Paris, desenvolveu também o tema da greve como eclosão da festa, das fantasias, como carnavalização do cotidiano e exercício soberano (espontâneo e transitório) do direito à preguiça.[1] Dommanget pesquisou os rituais coletivos e a simbologia viva presente nas comemorações do Primeiro de Maio. Boris Fausto retomou essa temática na análise da greve geral de 1917 em São Paulo.[2] A greve, nesse sentido, surge como ponto nevrálgico de entrelaçamento entre os planos da *política* (universal) e da *cultura* (particular). Na história do movimento operário, desde o anarquismo até o marxismo, as direções sempre viveram a dificuldade da passagem do particular para o universal, em se tratando das lutas concretas travadas pelo proletariado diante de seus inimigos históricos. Era preciso estabelecer uma ponte dialética entre esses dois termos. De que maneira? Na resposta a essa questão, divergiram tendências, estratégias e métodos.

Na situação de encantamento produzida pelo espetáculo vertiginoso e alucinante do acontecimento revolucionário, Bakunin (apud Reszler, 1974, p.40), a propósito da Revolução de 1848, confessava:

> Era uma festa sem princípio nem fim... via todo mundo e não via ninguém, pois cada indivíduo perdia-se na própria multidão inumerável e errante; falava

---

1 Cf. Perrot (1974). Sobre o "direito à preguiça", apoio-me no genial e clássico opúsculo de Paul Lafargue, para cuja edição brasileira tive a ventura de escrever um prefácio, intimamente ligado às preocupações deste trabalho: cf. "Trabalho e lazer no movimento operário", em Lafargue (1980). (Ver "Estudos afins", II.) A edição francesa (1977) contém um interessante estudo introdutório de M. Dommanget.

2 Cf. Dommanget (1976) e Fausto (1976). Essa temática será retomada na análise do conto "Primeiro de Maio", de Mário de Andrade (cf. Capítulo 4, "O impasse da celebração").

com todo mundo sem recordar nem minhas palavras, nem as dos outros, pois a atenção era absorvida a cada passo por acontecimentos e objetos novos, por notícias inesperadas... Parecia que o universo inteiro estava invertido: o incrível havia se convertido em habitual, o impossível em possível, e o possível e o habitual em insensato!

Parece que o pensamento anarquista sempre encarou o seguinte dilema: ou submergir no desconhecido absoluto, representado pela espontaneidade anárquica e intraduzível das massas revoltas, ou, então, construir um ideal que captasse essa vontade ancestral e essa energia liberadora. Num dos polos, o risco de se dissolver na espontaneidade explosiva da matéria bruta, ainda não articulada em linguagem, ainda pré-discursiva, por isso mesmo irrecuperável para a história, situação intransponível de si mesma. No segundo caminho, a representação mítica de um universo comunitário, de um *espaço operário* perdido nos confins da lembrança, nas diatribes triunfalistas e sectárias, depositadas na prateleira de um arquivo tão pretérito quanto a reiteração profética do *avvenire*: passado heroico e anunciação do porvir igualam-se no seu distanciamento do presente. Trata-se de um certo percurso do *desterro* que procuro indicar no Capítulo 2. Quero adiantar, aqui, à guisa de advertência, que a "estratégia do desterro" não foi privilégio dos anarquistas na história do movimento operário. Iremos reencontrá-la em outras correntes políticas, de origem marxista por exemplo, especialmente entre aquelas marcadas pela experiência da derrota histórica.

A tragédia desse itinerário, porém, é muito mais complicada se olharmos para o outro lado da trincheira e, ali, depararmos com novas figuras, lado a lado com as classes dominantes, figuras de proa, nesse século XX, do sustentáculo de Estados burgueses e burocráticos. A história da transformação dos partidos tradicionais da classe operária, os PSs e os PCs, em aparelhos ossificados da ordem dominante recoloca o dilema anarquista numa perspectiva histórica ampliada pela experiência contemporânea da luta de classes: em outras palavras, trata-se de viabilizar uma estratégia revolucionária que, assegurando e ampliando a independência de classe do proletariado, evite, ao mesmo tempo, tanto o *autocondenar-se ao desterro* (repondo, nesse caso, a própria exclusão e isolamento imposto ao operariado, em determinado momento, pelas classes dominantes) quanto o *integrar-se efetivamente à ordem burguesa* (subordinando-se e legitimando o poder de Estado, pela colaboração de classes e da desmobilização das massas). Como realizar essa passagem sem perder a cabeça nem o corpo?

Nesse quadro de discussão, quero ressaltar a importância histórica (tanto atual quanto no contexto particular em que foram produzidos) dos artigos de Trotski escritos por volta de 1923 e reunidos em coletânea intitulada, na edição francesa, *Les questions du mode de vie* (1976), com sugestivo subtítulo: *a época do "militantismo cultural" e de suas tarefas*. Trotski acompanha a transição revolucionária na Rússia e estabelece a diferença entre o tempo *político* da época imediatamente anterior e posterior a outubro e o *tempo cultural* – num sentido amplo de construção de uma nova sociedade e de um novo *modo de vida* –, momento contemporâneo a seu escrito. Na verdade, em 1923, época do surgimento da Oposição de Esquerda, Trotski já vislumbrava os sinais de burocratização do Partido e de degenerescência do Estado soviético. Volta-se contra o *dirigismo inoportuno* em relação ao plano cultural, reafirmando a necessidade primeira de conhecer o modo de vida operário; para tanto, realiza minucioso inquérito junto às bases de massa do Partido bolchevique, nas fábricas e bairros proletários de Moscou, espécie de inventário das condições de vida, dos hábitos, dos valores e das concepções de mundo do operariado russo pós-Revolução. Trotski confessa a ignorância reinante nos quadros do Partido com respeito a esse tema e, para ele, isso não reflete apenas um deslize cultural, mas aponta para um problema político da maior gravidade. Desconhecer a dialética entre a *unidade social* e a *diversidade de formas* no interior dessa mesma unidade de classe do proletariado é desconhecer o ponto de partida.

Sempre que as direções resolveram meter o bedelho no plano da criação artística e da produção cultural, em nome dos nobres desígnios da "revolução ideológica" ou "cultural" e da propaganda socialista, o tiro saiu pela culatra, pelo menos do ponto de vista da liberdade de expressão e manifestação, do ponto de vista básico de uma *democracia operária*. Gramsci (1968), em outro contexto, desmontou com maestria crítica as propostas "ideológicas" no campo da arte, mostrando como seus resultados têm sido duplamente insatisfatórios, seja no domínio estético, seja no domínio político. Com efeito, também Trotski, em *Literatura e revolução*, critica com veemência as propostas de *Proletkult*, mostrando que por trás da "cultura operária" aloja-se um indisfarçável *populismo cultural*, tão ao gosto da pequena burguesia arrivista, petulante em sua mania de "levar a arte às massas", arrogante em seu didatismo, elitista e demagógica em seu discurso, que infalivelmente subestima a própria capacidade crítica e o espírito criador das massas. Nos anos de 1930, as apreensões de Trotski converteram-se em dura realidade diante do realismo socialista erigido em estética oficial, cristalizada e monótona reiteração do realismo burguês, agora com os sinais trocados, agonizante simbologia de culto à personalidade e deificação do Estado.

O realismo socialista levou às últimas consequências a ideologia de uma cultura proletária "autêntica". Paradoxalmente, tornou-se retrógrado e passadista, rejeitando como "decadentes" várias obras e criações estéticas que a humanidade conheceu no século XX, malgrado a era imperialista e o definhamento da civilização burguesa. O Estado "socialista", em vez de incorporar esse acervo e transformá-lo dentro de novas condições que dessem plena vazão à liberdade criadora, bloqueou por completo o livre desenvolvimento cultural das massas: por trás dos totens da cultura oficial imposta como manifestação de uma estética "popular-revolucionária", esconde-se a monolítica ideologia de autoidolatria do Partido único e da propaganda estatal.

Trotski, após a derrota e o desterro, quinze anos depois das *Questões do modo de vida*, manteve uma série de encontros com outro dissidente do stalinismo, André Breton, não famoso por isso, mas pelo "decadente e pernicioso" surrealismo. Essa confluência entre duas vanguardas, uma política e outra estética, daria ensejo em 1938 a uma série de textos e documentos: a trágica experiência com o stalinismo não poderia mais permitir quaisquer tolerâncias em relação ao intervencionismo estatal e partidário no domínio artístico-cultural. A radicalidade do pensamento de Trotski-Breton leva às últimas consequências o binômio liberdade/revolução: nenhuma concessão ao dirigismo pedagógico e doutrinário, liberdade total às manifestações da classe operária e de cada artista considerado individualmente. Assim, o discurso poético e o gênero lírico são tomados como mais *verdadeiros* esteticamente e, portanto, dessa ótica, como mais *revolucionários*, que a epopeia grandiloquente e impessoal da retórica do realismo socialista.[3] Vejamos dois trechos dessa discussão, o primeiro extraído do manifesto "Por uma arte revolucionária independente", escrito por Breton e subscrito por Trotski, e o segundo de uma carta assinada pelo último:

---

3 A propósito dessa questão, ver também Adorno (1962, p.53-72).

Se, para o desenvolvimento das forças produtivas materiais, a revolução deve erigir um regime *socialista* com um plano centralizado, para a criação intelectual ela deve, desde o início, estabelecer e assegurar um regime *anarquista* de liberdade individual. Nenhuma autoridade, nenhuma coação, nenhum traço de dirigismo!

A luta pelas ideias da revolução na arte deve começar uma vez mais pela luta em defesa da VERDADE artística, não no sentido de tal ou qual escola, mas no sentido da *fidelidade inabalável do artista a seu EU INTERIOR*. Sem isso, não existe arte... A criação verdadeiramente independente em nossa época de reação convulsiva, de declínio cultural e de retorno à barbárie já é necessariamente revolucionária por seu próprio espírito (apud Schwarz, 1977, p.126-46, grifos no original).

Essa perspectiva, sem dúvida, levou às últimas consequências a radicalidade de uma crítica que, após as trágicas experiências do socialismo no século XX, não poderia ser mais conivente, no plano cultural, com nenhuma vontade ou razão que não fosse a própria materialidade do desejo primordial de cada indivíduo: era a única forma, naquelas alturas, de replantar a verdade fundante da linguagem subterrânea das massas, de rearticular discursos e sonhos de um inconsciente coletivo que estivera aprisionado e emudecido pela desfiguração da história.

Nesse sentido, vários feixes de termos contraditórios articulam-se e movimentam-se nesse trabalho: classe/direção; tradição oral/linguagem escrita; discurso "popular"/discurso "erudito"; cultura/política; discurso da classe/discurso anarquista/discurso oficial dominante; vontade "espontânea"/projetos "dirigidos"; tempo de trabalho/tempo "livre"; "vida real dos homens"/representações ideológicas. Ao longo do texto e da exposição dos temas, a tentativa foi evitar, duplamente, tanto a identificação absoluta entre esses termos quanto sua mútua exclusão, pois ambos seriam procedimentos que acabariam por esconder a própria natureza contraditória dessas relações. Procurei, ao contrário, não sei se sempre de maneira feliz, indicar, ao mesmo tempo (dentro dos limites cronológicos de toda enunciação, de todo discurso que se constrói na sequência do tempo e espaço de sua escritura), a unidade e a negação em que estão determinadas historicamente as relações entre aqueles processos.

Penso que a questão da cultura entre as classes trabalhadoras só pode ser equacionada historicamente, já que os aspectos culturais não são apêndices nem complementos da história social das classes em luta, mas, ao contrário, elementos inerentes ao processo de sua formação e de seu próprio movimento. Por outro lado, fugiu de minhas pretensões reconstruir, de modo exaustivo, esse processo histórico, porque tal não era o objetivo do ensaio (aliás, esse seria um objetivo para vários ensaios): retornei à cena histórica, em diversos momentos, simplesmente para dar um conteúdo mais concreto e inteligível às questões tratadas ao longo dos capítulos. Evitei, assim, talvez correndo o vício de um certo historicismo (atitude até bem pouco exorcizada do convívio entre a comunidade de cientistas políticos, depois dos cortes althusserianos e dos recortes poulantzianos), uma abordagem meramente sincrônica ou estrutural dos problemas da "cultura operária". Tentei evitar, igualmente, um ponto de vista culturalista ou mesmo uma análise formal do discurso, tão ao gosto de certas correntes da antropologia ou da teoria literária com as quais não me identifico.

Entre as poucas obras – entre militantes operários e historiadores anarquistas – que têm tratado especificamente deste tema no caso do Brasil, é necessário assinalar os trabalhos de Edgar Rodrigues, em particular *Nacionalismo & cultura social* (1972), contribuição das mais valiosas nas fartas referências historiográficas que possui. Entre as teses universitárias, a pesquisa de Boris Fausto (1976), em especial na análise pioneira do que chamou de "subcultura" anarquista, foi de enorme relevância no estabelecimento inicial dos marcos de interesse em torno do tema. E, mais recentemente, a tese ainda inédita de Eric Gordon (1978) constitui, sem dúvida, o trabalho de investigação mais exaustivo sobre os aspectos culturais da prática anarquista no Brasil.[4] Esse historiador norte-americano examina, em detalhe, os vários modos, concepções e produções culturais daquele processo que caracteriza como "a luta contra a ignorância" – promovida pelas lideranças

---

4 Sobre os aspectos culturais, ver em especial o cap.IV e o V (p.177-276). A análise detalhada que faz da produção literária de escritores anarquistas (romance, poesia, teatro, crítica etc.) complementa e amplia, em muitos aspectos, referências contidas no cap.2 e no 3 desse volume (cf. cap.IV, "The struggle against ignorance"). A leitura que desenvolve do episódio da Colônia Cecília, entre outros exemplos, é bastante elucidativa do procedimento que, neste ensaio, denomino "a estratégia do desterro" (cf. cap.V, "Regeneration begins at home"). A conclusão da tese é uma muito bem centrada crítica ao nacionalismo como ideologia do Estado e de certas correntes das "esquerdas", recolocando de modo exemplar

ácratas, escritores dissidentes da ordem oligárquica e associações operárias. Além disso, pesquisa os elos existentes – na teoria e na prática anarquistas – entre a ética de "regeneração social" da humanidade e os aspectos cotidianos (familiares, educacionais, religiosos, costumes etc.) da vida operária.

Apesar desse inequívoco e indispensável manancial historiográfico, lembro, porém, que não adotei, na sequência do trabalho e em sua exposição, um discurso histórico tradicional (onde, aí sim, o historicismo poderia encobrir coisas mais importantes). Chamo de discurso histórico tradicional aquela narrativa objetivista e impessoal, linear e cumulativa, que parece ser completa e onisciente em relação aos fatos passados, acumulados, assim, numa memória inesgotável e numa fala que poderia, como a de *As mil e uma noites*, ser tão interminável quanto a duração eterna dos tempos. Com efeito, não é por acaso que esse discurso, apesar de parecer falar da história, aproxima-se da narrativa clássica das fábulas, contos de fada e romances de ficção (Barthes, 1970, p.35-50). Para desvelar possíveis sombras, quero ressaltar a desigualdade de tempos e planos que informaram a escritura deste ensaio e a revisão e montagem de sua unidade atual.

Das conclusões preliminares do projeto de mestrado (*História social e cultura operária: vida das classes trabalhadoras em São Paulo, 1889-1922*), resultaram alguns artigos, entre eles um cuja versão adaptada terminou por se incorporar como capítulo da obra coletiva *Brasil História: texto e consulta*, série editada pela Brasiliense.[5] Esse texto, escrito em 1976, serviu como uma espécie de matriz para o desenvolvimento posterior do trabalho, que culminou com a elaboração da dissertação de mestrado, apresentada no início de 1980 (Hardman, 1980). Os aspectos mais gerais dessa pesquisa, ou seja, aqueles relativos à situação da classe operária brasileira no contexto histórico de sua formação e das origens do movimento operário – uma visão

---

as relações dialéticas entre os aspectos nacionais e internacionais do movimento operário. Reafirma, nesse sentido, a "pertinência" do movimento anarquista na conjuntura política e na estrutura socioeconômica brasileira do período 1890-1920 e ressalta o legado de autonomia orgânica e independência de classe que esse movimento deixou ao proletariado, em que pesem a cooptação do corporativismo estatal pós-1930 e a política colaboracionista do PCB em face do Estado populista (cf. p.277-302).

5 Cf. Hardman (1979, p.275-98). Ver também, no mesmo volume, os capítulos de autoria de V. Leonardi, sobre as primeiras fábricas, origens do proletariado e da social-democracia no Brasil. No volume 4 da mesma coleção (*A era de Vargas*, 1981), há mais dois capítulos de minha autoria, sobre a repressão nas fábricas por parte da burguesia industrial e as transformações do movimento sindical a partir da Revolução de 30.

sintética e tematizada – acabaram servindo de base para um texto mais amplo, escrito em coautoria com Victor Leonardi e publicado em 1982.[6]

O presente ensaio representa uma continuidade desse trabalho e foi organizado a partir do núcleo mais específico da tese de mestrado, ou seja, os capítulos ainda inéditos e que desenvolvem a análise da questão cultural nos primórdios do movimento operário brasileiro. Tento apontar aí algumas características e alguns problemas da prática cultural da classe operária em formação, em sua dupla articulação com o discurso da "vanguarda" anarquista e com a ideologia dominante. Conforme já assinalei, a pesquisa evitou isolar a questão cultural do contexto em que foi produzida, isto é, o movimento operário e a luta de classes. Uma observação deve ser feita, nesse ponto, sobre a dificuldade de pensar homogeneamente, em termos identitários nacionais, uma classe operária tão heterogênea e tão díspar em suas expressões regionais. Esse é um obstáculo não só para o historiador, mas igualmente para partidos e organizações que pretendam aglutinar um proletariado disperso por oito milhões e quinhentos mil quilômetros quadrados. Claro, existe uma concentração considerável não só da força de trabalho, mas do próprio movimento operário e das questões que provoca. Mesmo assim, procurei, em todo o trabalho, nunca perder de vista o caráter nacional/internacional do proletariado como classe e não o circunscrever aos limites geográficos de uma região particular (mesmo que essa região seja decisiva do ponto de vista numérico ou do movimento de classe). Mas, ao mesmo tempo, certos processos específicos, como a atividade cultural ligada aos grupos anarquistas, foram analisados mais detidamente nas regiões em que se desenvolveram com maior nitidez (é o caso indubitável de São Paulo) e onde, por consequência, a documentação historiográfica é mais rica, apesar de ter indicado, também aí sempre que possível, elementos de comparação com processos, análogos ou diversos, ocorridos simultaneamente em outras regiões do país, e mesmo internacionalmente.

Acredito, contudo, que um dos riscos maiores do historiador que se volta para a chamada memória dos "vencidos" seja o de isolar a análise, parecendo tornar possível uma "história operária", tão pura quanto abstrata,

---

6 Cf. Hardman & Leonardi (1982) (segunda edição revista: São Paulo, Ática, 1991). A parte III ("Os segredos da fábrica") trata em detalhe das condições de vida do proletariado nascente. O cap.16, entre outros, introduz a questão cultural como aspecto pertinente do movimento operário.

porque afastada das determinações da luta de classes e fora de seu movimento real. Reconhecer a extrema fluidez e complexidade do processo de formação de uma classe como o proletariado numa sociedade capitalista com características históricas específicas como o Brasil não significa, em absoluto, uma "frouxidão" nas relações contraditórias entre as classes, nem uma "diluição" da luta de classes, que – como relembra Thompson com pertinência – preexiste e determina a própria maneira de existir das classes. Quando falamos em *processo histórico de formação*, evitando recair numa concepção sociologizante estática da luta de classes, ou mesmo numa visão heroica de um proletariado onipresente, própria de uma certa historiografia "militante", estamos justamente adentrando este domínio contraditório do *ainda não, mas já,* em relação à forma específica de exploração que define o *proletariado* (Thompson, 1978, p.146-50).

Os três capítulos que formam o corpo deste ensaio são de fabricação contemporânea a esta introdução, neste início de nova década, marcados pelo calor da hora, pela emoção de um tema por si só contagiante, conforme adentramos a sua complexidade, pelo desejo motivante de se debruçar sobre matéria histórica ainda tão pouco trabalhada e inesgotável em questões para o pesquisador. No Capítulo 1, retomo e aprofundo alguns elementos levantados em trabalhos anteriores. No Capítulo 2, desenvolvo o que pretende ser uma discussão crítica das contradições e problemas da "política cultural" anarquista no Brasil. E, finalmente, tento evidenciar os efeitos da presença cultural do proletariado e das correntes libertárias no intrincado panorama literário pré-modernista da sociedade brasileira, tema do Capítulo 3, que não pretende ser uma "conclusão final", mas simplesmente um epílogo transitório, como a própria vida dos trabalhadores e militantes que viveram o drama histórico de que pálida e fragmentariamente nos aproximamos nestas páginas.

A inclusão, aqui, como Capítulo 4, do artigo "O impasse da celebração", não foi casual. Seguiu sugestão de leituras atentas de alguns amigos. Na verdade, este texto foi escrito inicialmente em 1975, tentando esboçar uma análise literária e ideológica do conto "Primeiro de Maio", de Mário de Andrade; foi publicado posteriormente na revista *Almanaque* (Brasiliense, n.6, 1978). A versão que preparei para incluir neste volume está bastante modificada, em razão de elementos de avaliação teórica e interpretação literária que incorporei de lá para cá. Tentei, também, produzir um texto mais sintético. De qualquer forma, sua inclusão parece-me pertinente, pois é uma leitura que – centrada numa análise textual concreta – tenta apontar um pouco para o *outro lado* da temática trabalhada neste ensaio, em especial no Capítulo 3, tanto historicamente (o pós-1922 e os impasses estéticos e ideológicos do modernismo) quanto culturalmente (alguns "efeitos" da presença operária na "grande literatura"). Nesse sentido, é uma análise que complementa certos aspectos do Capítulo 3, além de indicar outras direções possíveis de pesquisa, em torno das mesmas questões levantadas ao longo de todo o ensaio.

Os capítulos nucleares e esta introdução foram revistos e atualizados, em detalhe, de sua primeira versão para a forma atual que assumem aqui. Tentei, ao máximo, fugir de cacoetes acadêmicos e escrever não apenas para iniciados, mas para um público mais amplo, já que o caráter interdisciplinar do trabalho poderá interessar estudiosos e profissionais não só da ciência política, mas também da história social, da literatura brasileira e da teoria literária, da sociologia do trabalho, da teoria da comunicação, das análises da cultura e da ideologia etc. O número muitas vezes excessivo de notas, para o que imploro a paciência do leitor, foi uma solução para tornar o texto mais "enxuto", a leitura fluente, sem prejuízo de referências e aprofundamentos específicos a cada tema, que podem servir, aqui e acolá, de pistas a quem mais interessar.

Finalmente, sem demagogia nem falsos didatismos, espero que o acesso crescente da classe operária à informação relativa à sua história encontre algo de útil neste volume. E que as críticas e polêmicas daí resultantes possam multiplicar, aceleradamente, a quantidade e a qualidade dos estudos exploratórios em torno do tema. Longe de esgotar a matéria, este ensaio tenta, apenas, descobrir algumas fronteiras de um terreno vastíssimo a ser trilhado. E, assim como hoje a palavra "greve operária" soa com um sentido muito mais denso e vivo do que em 1975 (ver Capítulo 4, onde esse termo aparece quase como uma abstração, símbolo de uma utopia distante no tempo e na memória), espero também que outras palavras e temas possam movimentar-se cada vez mais entre o discurso do escritor e a cultura e o cotidiano desses herdeiros contemporâneos da memória operária, reunidos no ABC ou espalhados em tantos mais espaços do país, tornando sua própria tradição fonte inesgotável e elo permanente da política atual.

São Paulo, 1980-1982

PELA PAZ DOS POVOS

Guerra á guerra! Grande conferencia e

MANIFESTAÇÃO PUBLICA

Como já foi anunciado, no dia 1º de Dezembro a Confederação Operaria Brazileira realizará a sua primeira manifestação contra a guerra.

E' preciso que o proletariado brazileiro e todas as pessoas que combatem o grande flagelo, que é uma mancha e uma deshonra para a moderna civilização, demonstrem nesse dia, mas de uma maneira visivel e pratica, o seu horror contra a guerra.

Os protestos platonicos de nada valem.

Só poderemos combater com eficacia a guerra, tendo a coragem de manifestar publicamente e em todos os terrenos a nossa decisão de não tomar parte nela senão para combate-la.

OPERARIOS !

Se deveras sois partidarios da paz e contrarios ás lutas fatricidas que dizimam os povos entre os quais deve reinar a harmonia e o livre acordo, deveis comparecer no dia 1º de Dezembro para tomar parte na manifestação da Confederação.

Sois, pois, convidados todos para a conferencia e manifestação que se realizará no dia

1º DE DEZEMBRO

A'S 7 HORAS DA NOITE NA

R. do Hospicio 144, sobrado

Anúncio da Confederação Operária Brasileira, Rio de Janeiro (*A Voz do Trabalhador*, 29 nov. 1908, p.1).

1
INSTITUIÇÕES DA CLASSE OPERÁRIA E CULTURA

A consciência de classe do proletariado não deve ser buscada numa abstrata e ideológica operação de separar a ciência e a ideologia, mas, concreta e *materialmente,* pode ser apreendida no exame das instituições criadas pela classe (uniões, ligas, sindicatos, jornais, partidos etc.) e nas relações mantidas por essas diferentes instituições com as classes dominantes, os setores sociais intermediários e o Estado. Isto é, a formação e o desenvolvimento das formas assumidas pelo coletivo da classe operária realizam-se no interior do processo da luta de classes.[1]

Numa aplicação concreta dessa abordagem, no caso da Inglaterra, o estudo de John Foster (1977, caps.5 e 6) analisa o desenvolvimento da burguesia e da classe operária no interior da luta de classes e das transformações trazidas pelo capitalismo industrial. O ensaio fixa-se na análise de três

---

1 Thompson (1978, p.146). Retomando as colocações de Thompson em relação ao conceito de classe, ao considerá-lo como categoria histórica e, portanto, indissoluvelmente vinculado à luta de classes (as classes não preexistem aos conflitos de classes, não possuem uma realidade independente desses conflitos mas, pelo contrário, formam-se em seu bojo), poderíamos lembrar duas utilizações viáveis: a) classe referenciada a um conteúdo histórico real, ligado diretamente à experiência concreta de seus membros, ao "modo de vida" de suas relações sociais, econômicas, culturais e políticas, às instituições criadas nesse processo; b) classe como categoria heurística ou analítica que objetiva organizar a evidência histórica, mantendo com esta, porém, uma correspondência apenas indireta. Esta segunda observação é importante, acredito, para evitar uma formulação empirista, ingênua e factual das propostas de Thompson. Ao retomar o sentido histórico elementar da noção de classe, Thompson polemiza tanto com a sociologia positivista e funcionalista de tradição norte-americana, zelosa em estancar o conceito de classe por meio de tabelas de estratificação e indicadores restritivos, quanto com o estruturalismo (metafísico e idealista, segundo o autor) de raiz francesa e comum aos trabalhos althusserianos.

cidades industriais britânicas, em especial Oldham, acompanhando, por exemplo, as mudanças nos "sistemas tradicionais e locais de autoridade", como as igrejas, escolas dominicais, sociedades de amigos (*the friendly societies*), os cafés (*the public houses*), as lojas de maçonaria, o movimento cooperativista etc. Foster enfatiza, em relação à consciência de classe do proletariado inglês, o duplo movimento contraditório da formação de laços de *solidariedade* e sua *fragmentação*, movimento histórico e descontínuo, resultante da própria luta de classes e de determinações econômicas estruturais (por exemplo, as transformações técnicas do trabalho industrial e os prenúncios de uma "aristocracia operária" nascida com o desenvolvimento do imperialismo).

Ainda nessa direção, o estudo de Martha Vicinus (1974) é bem específico e aproxima-se mais do tema da prática cultural da classe operária. *The industrial muse* trata da produção da literatura operária inglesa do século XIX, incluindo poesia e letras de música (*street ballads* e *broadsides*), a literatura como propaganda (por exemplo, na produção da União dos Mineiros do Carvão), a poesia cartista, os poetas autodidatas, a literatura dialetal do Norte etc. A autora considera que se configurou, pelo menos na primeira metade do século XIX, uma "cultura operária" baseada numa produção literária e musical muito característica e própria, criada e consumida pelos operários, vinculada aos temas concretos da vida das classes trabalhadoras nas cidades industriais e nas ruas dos bairros operários. Essa cultura de classe foi sendo transformada pelos veículos dos novos meios de comunicação: em 1890, praticamente desaparecera, sendo substituída pelas grandes casas de espetáculos de massa, de entretenimento e diversão, como foi o caso da expansão do *music-hall*, signo da decadência dos contornos de *classe* da antiga cultura e do caráter de *massa* das novas formas culturais.

A utilização do termo *cultura*, entretanto, envolve as contradições e variações de sentido que esse conceito adquiriu historicamente. É Raymond Williams (1979, p.18) quem observa, com justeza, a perplexidade do pesquisador diante do fato de que "os conceitos mais básicos – os conceitos, como se diz, dos quais partimos – não são conceitos, mas problemas, e não problemas analíticos, mas movimentos históricos ainda não definidos".[2]

---

2 Não pretendo resolver as várias tensões conceituais em torno da noção de "cultura" no corpo deste trabalho. Relembro apenas que "cultura", aqui, designará tanto as produções materiais

Nesse sentido, é importante lembrar, aqui, que os "fatos culturais" da classe operária não existem em si, aparecendo mediados pelo *movimento operário* (de que são parte integrante e constitutiva), ambos mediados e representados por sua vez pelos vários discursos históricos pesquisados e, finalmente, pelo discurso do pesquisador construído neste texto.

Além disso, é importante superar o mito da recuperação absoluta da "história operária", ou de sua reconstrução heroico-contínua, cronológica e integral. Retomando Gramsci (1974a, p.491-3), assinalo o caráter essencialmente descontínuo, desagregado, episódico e fragmentário da história dos grupos sociais subalternos, dada a posição mesma de subordinação vivida por esses grupos, a desigualdade da dominação de classes, a dialética da luta de classes e o papel permanente de *desorganizador* exercido pelo Estado.

***

No Brasil anterior a 1930, um dos elementos fundamentais na definição de uma relativa autonomia cultural da classe operária foi sua autonomia no plano associativo, principalmente sindical. E nesse processo, é claro, a presença significativa do anarcossindicalismo (pelo menos entre 1906 e 1920) teve um papel decisivo.

Antes disso, o mutualismo fora uma das primeiras formas de expressão de traços socioculturais distintivos de classe. Em regiões mais afastadas, como o interior de Minas Gerais, tive oportunidade de travar contato com essas formas embrionárias de uma simbologia própria do "mundo do trabalho". Os estandartes da União Operária Beneficente de Diamantina (1891), a galeria de retratos ovais e emoldurados de seus fundadores e primeiros dirigentes, os baixos-relevos neoclássicos talhados por algum antigo e anônimo operário-artífice, os versos fúnebres presentes nos Estatutos (verdadeira elegia à morte do operário), os ideais de "socorro mútuo" onde

---

ligadas ao campo das "artes" quanto sistemas ideológicos mais ou menos configurados, além de se referir, no que diz respeito ao movimento da classe, a um processo social constitutivo de práticas e relações distintas (apreendidas pelos discursos registrados na memória coletiva das associações de classe, imprensa operária, militantes e antigos membros da classe etc.). Nesse sentido, as associações de classe e instituições como o jornal constituem lugares privilegiados dos signos culturais de que tratamos.

intercala-se a solidariedade de raiz proudhoniana misturada a uma religiosidade impressa no emblema "Deus, Honra, Trabalho", são alguns dos componentes de um espaço social diferenciado, em que pesem as condições rarefeitas do trabalho assalariado ou semiassalariado numa região como o interior mineiro do final do século XIX.[3]

A recorrência de associações de tipo mutualista em cidades menores do interior ou em regiões de baixa concentração industrial onde, inclusive, não é raro encontrar sinais de sobrevivência e até mesmo entidades ainda em funcionamento, verdadeiros "fósseis-vivos" do sindicalismo (por exemplo em Caxias, no Maranhão ou em Floriano, no Piauí), indica a extrema complexidade de fatores que intervêm no processo de penetração do capitalismo, do Estado nacional-burguês e das formas de organização e controle que lhes correspondem. A permanência do mutualismo em localidades "remotas" oferece estimulante material para um exame exploratório em torno do conceito de "tempo histórico" no capitalismo e suas diferentes repercussões sobre as classes trabalhadoras: desde logo, nesta leitura, a riqueza surpreendente das formas reais de associação da classe operária deve afastar qualquer possibilidade de regresso à ótica da linearidade evolucionista.

Um pequeno estudo de Michael Conniff (1973) sobre associações voluntárias no Rio de Janeiro indica a extrema variedade de formas associativas populares ali existentes, em particular no final do século XIX. Antes que o padrão estatal do sindicato único por categoria se impusesse no pós-1930, era bastante heterogêneo o quadro sindical e associativo dos trabalhadores no Brasil. Foi nesse mosaico de instituições criadas e mantidas pelo próprio movimento da classe que se desenvolveram práticas culturais variadas e marcadas fortemente pela imigração estrangeira e pela diversidade étnica e nacional.

Os espaços dessas associações próximas dos bairros operários e fabris são elementos concretos gravados na memória da classe. Os salões de representação teatral e de bailes, além de servirem às conferências de propaganda e assembleias, fornecem pistas interessantes. Em São Paulo, destacavam-se

---

3 Cf. Hardman (1982b, p.57-61). (Ver "Estudos afins", X). Entretanto, é importante ressaltar que o mutualismo não foi uma tendência original do movimento operário brasileiro, mas sim um momento constitutivo da formação internacional do proletariado como classe. Uma breve síntese dos movimentos de ajuda mútua e do cooperativismo entre os operários europeus, nessa perspectiva, encontra-se em Henderson (1979, p.142-53).

o salão da Sociedade de Beneficência Guglielmo Oberdan (1889), na Rua Brigadeiro Machado, n.5, e o Salão Celso Garcia, pertencente à Associação das Classes Laboriosas (1891), na Rua do Carmo, n.23. Este último, fartamente citado na imprensa operária do período, mantém-se até hoje: no Salão, ainda se pode notar, como um vestígio pré-histórico, o estandarte "bordado a ouro fino e seda sobre damasco grená de primeira qualidade e onde estão simbolizadas como derivadas da Ciência e do Trabalho, a Agricultura, a Indústria, o Comércio, a Música, a Pintura, a Escultura, a Eletricidade, a Química, a Locomoção terrestre e marítima, enfim, tudo que de útil e belo preocupa a atividade humana" (Vargas, 1980).

Em outro exemplo sugestivo, podemos acompanhar os esforços dos antigos operários vidreiros da Cia. Santa Marina, em Osasco, para construírem sua própria cooperativa de produção, após a derrota na greve de 1909. As obras dessa "Vidraria Operária" chegaram a se iniciar e sua lembrança ocupa um espaço simbólico fundamental na memória da classe: "Era um majestoso edifício, todo construído com excelentes tijolos feitos pelas olarias de Osasco, com a argila vermelha das margens do rio Tietê. Essa construção, que deveria ser preservada como um monumento, um marco das lutas operárias, foi destruída pelo capital industrial..." (Werner, 1981, p.53).

O mutualismo foi virtualmente soterrado pela luta de classes: a classe operária, sob influência anarcossindicalista, desenvolveu as ligas de resistência e os sindicatos de ofícios vários; a burguesia, por intermédio do Estado e da Igreja, tomava iniciativas no campo da filantropia e do paternalismo assistencialista. As associações mutualistas sobreviventes são espécies de ruínas de um passado irrecuperável em sua totalidade. É o caso, por exemplo, das associações de socorro mútuo remanescentes de Salto e Campinas, no interior paulista (Hardman & Leonardi, 1982, p.302): ponto de encontro de velhos aposentados da Previdência, ponto de apoio para vereadores locais, sem condições de renovar seus quadros associativos, inexpressivas para as gerações atuais da classe operária, trampolim para a influência da Igreja ou de lideranças populistas. Ainda está por ser feita uma análise do destino dessas velhas associações, uniões e ligas operárias das primeiras fases do movimento operário no Brasil. A visão geral é de que foram destruídas e substituídas pelo sindicato corporativista do Estado. Porém, seria importante acompanhar como ocorreu concretamente esse processo de destruição, recuperando-se, com isso, um elo decisivo da história sindical do proletariado brasileiro. Somente a título de ilustração (indicando que aquela transição não foi linear, nem "pacífica", mas, ao contrário, aspecto crucial da luta de classes), num levantamento historiográfico da *Liga Artístico-Operária Norte-riograndense* (1904) pude verificar que um de seus principais dirigentes, o ex-ferroviário e ex-tipógrafo João Carlos de Vasconcelos, presidente da Liga em 1922, 1923 e 1926 e um dos líderes da greve geral dos ferroviários do Rio Grande do Norte (Central e Great-Western, 1920) aposentou-se como delegado regional do Trabalho.[4] Claro está que se poderá objetar, alegando tratar-se dum caso isolado. Muita pesquisa histórica, especialmente concernida aos anos 1920-1930, se faz necessária. A indicação serve ao menos para apontar a complexa e múltipla presença de caminhos na burocratização da vida sindical brasileira, rompendo com a autonomia operária anterior e inaugurando o controle estatal.[5]

Tal percurso, creio, não está isolado da questão cultural. Pois todas as evidências até aqui expostas indicam a simultaneidade (e provável correspondência) entre a burocratização do sindicalismo brasileiro, a emergência do Estado populista-autoritário e a massificação crescente da "cultura popular", sua transformação em "cultura de massas", acompanhando o avanço da indústria cultural e o monopólio dos meios culturais de comunicação.

---

4 Cf. Entrevista de Antonio Felix da Silva (presidente da LAONR) a Hardman, Natal, fev. 1979. Cf. também Silva, *Liga artístico-operária norte-riograndense – Fundada a 28 fev. 1904 – 75 anos de atividade*, Natal, 28 fev. 1979, datil. Cf. ainda Vasconcelos, *A Liga e a greve da Central em 1920*, Natal (RN), folheto, s.n., 1953.

5 Na cidade de Valença, no Recôncavo Baiano, pude constatar que a antiga associação mutualista beneficente e centro cultural dos operários têxteis da Cia. Valença Industrial, criada no final do século XIX, foi transformada em sindicato estatal da categoria, nos anos 1930; a nova estrutura oficial incorporou, inclusive, todo o patrimônio pertencente à antiga associação (prédio, instalações, móveis etc.). Entender essa transição como momento crucial da luta de classes e examinar os mecanismos ideológicos e de violência utilizados pelo aparelho de Estado é um trabalho ainda, em grande parte, a ser desenvolvido. Algumas indicações sumárias sobre o caráter e os rumos da luta sindical nos anos 1920-1930 podem ser confrontadas em Hardman & Leonardi (1982, cap.17): ver em especial o item "Anos 20: continuidade e transição" (p.354-9). Cf. também o artigo de Hardman (1981, cap.LXXXVII, p.103-12). Apoio-me também em Tocantins (s.d.). Ainda nessa mesma direção de análise teórico-política de transição sindical no Brasil, ver as recentes e interessantes contribuições do coletivo "Edgard Leuenroth", em especial os artigos de Eder Sader, "Do anarquismo ao comunismo (1900-1929)", e de Michael Löwy, "Do movimento operário independente ao sindicalismo de Estado (1930-1945)" (Löwy et al., 1980, p.11-51).

Aliás, essa é uma tendência que, apesar das diferenças de ritmos e de formas assumidas nacionalmente, verifica-se, mais cedo ou mais tarde, em escala mundial. O capitalismo monopolista e o advento do imperialismo liquidaram, com efeito, os últimos resquícios de sindicatos democráticos típicos de um capitalismo concorrencial: a burocracia sindical do Estado, dos quadros da aristocracia operária ou dos partidos tradicionais (sobretudo os PSs e PCs), iria se alojar com maior firmeza nos aparelhos sindicais.[6]

No plano da classe e das instâncias culturais, Foster, Vicinus e Hobsbawm acompanharam detidamente essas alterações no caso da Inglaterra, ainda na segunda metade do século XIX.[7] Na Alemanha, Buonfino (1975) analisou em minúcia a evolução da política cultural da social-democracia, que combinava um pedagogismo autoritário com o reformismo de massas. Na França, Dommanget (1977) aponta os elementos de um "lazer de massas" já tornado realidade nos anos 1930 sob os auspícios do Estado, que o retira definitivamente da órbita das organizações do movimento operário (conforme Lafargue vislumbrava o exercício do direito à preguiça, em 1880) para alojá-lo nas leis sociais e nas reformas jurídico-institucionais da época da Frente Popular.[8] Nos Estados Unidos, o rico espectro sociocultural da classe operária do final do século XIX, marcada por uma grande variedade étnica e nacional (como no restante das Américas) e por diferentes estágios de concentração fabril e submissão ao capital (Kuczynski, 1967, p.161-84), modificou-se radicalmente no século XX: o imperialismo, a guerra mundial e a crise de 1929 são algumas balizas das alterações que levarão ao *New Deal* e à criação de superagências sindicais nos anos 1930, como a CIO (Boggs, 1968, p.13-30). Em contrapartida, em Portugal, a luta do velho sindicalismo operário autônomo (de tradição anarcossindicalista e, em menor grau, socialista reformista) contra a intervenção burocratizada do partido stalinista no movimento e contra o corporativismo fascista

---

6 Trotski (1978a, p.101-9). Para uma análise histórica geral do movimento sindical europeu e norte-americano no século XIX, sua implantação e suas implicações políticas, ver a coletânea de Marx & Engels (1976a, em especial v.1: "Teoria, organización, actividad"). Para uma síntese sumária e factual da evolução internacional do sindicalismo, ver Lefranc (1974, em especial cap.III: "O sindicalismo perante os regimes totalitários", p.63-75).

7 Além de Foster (1977) e Vicinus (1974, p.239-63).

8 Retorno e comento essas considerações no prefácio à edição brasileira de Lafargue (1980). (Ver "Estudos afins", II.).

50 FRANCISCO FOOT HARDMAN

introduzido pelo Estado salazarista oferece, em traços gerais, elementos de análise comparativa muito esclarecedores em relação ao caso brasileiro.[9]

* * *

Há uma estreita relação entre o sentido *histórico* de definição da classe operária (implicando sua natureza histórica específica, suas formações ligadas a um certo tempo e a uma certa sociedade nacional) e a possibilidade de generalizações a partir de um quadro comparativo internacional (Thompson, 1978, p.147). Isto, em razão do caráter de anterioridade e de relativa universalidade do processo de *luta de classes* em relação ao próprio conceito de *classe*: a luta de classes, no capitalismo, assume formas nacionais específicas, ao mesmo tempo que acentua e prolonga seu conteúdo internacional.

Em relação, por exemplo, ao caso argentino, salta aos olhos a semelhança de padrões entre as manifestações socioculturais do movimento anarquista de Buenos Aires e de São Paulo. Buenos Aires, no início do século XX, era, como São Paulo, uma "cidade estrangeira". A presença do porto e a urbanização intensa acentuaram mais ainda a imigração (entre elas, a italiana), e o movimento anarquista conheceu lá um apogeu e uma influência certamente mais penetrantes que aqui: "Buenos Aires chegou a ser possivelmente a única cidade do mundo onde – além dos inumeráveis semanários, revistas e periódicos de aparição irregular – se publicavam em 1910 dois diários anarquistas com uma tiragem superior aos 15 mil exemplares".[10] As concentrações proletárias em bairros típicos e miseráveis (*conventillos*) e o surto industrial faziam de Buenos Aires o cenário privilegiado da luta de

---

9 "O movimento operário, o Sindicalismo como apareceu e como foi, ficaria desconhecido, oculto por detrás duns organismos corporativos que foram denominados de sindicatos e, como consequência dessa ocultação, os sindicatos nacionais (criados sob Salazar) parecem ainda hoje a muita gente como o início dum movimento qualificado dos trabalhadores. Não é de admirar que, desvinculado do movimento sindicalista, criado por imposição legal, o 'sindicato nacional' durante muito tempo apenas tivesse para os trabalhadores o caráter de uma agência de cotização, um encargo sem utilidade nem recompensa" (Santana, 1976, p.7). O autor dessa importante obra foi operário manufatureiro do setor de calçados e um dos grandes expoentes do anarcossindicalismo português: a primeira edição da obra é de 1931, momento decisivo na transição sindical.

10 Campo (1971, p.83). Para uma breve resenha comparativa da bibliografia sobre o movimento operário argentino e brasileiro, nessa fase inicial, apoio-me em trabalho anterior: Hardman (1982a, p.56-70). (Ver "Estudos afins", VII.).

classes na República Argentina. O movimento anarquista sempre celebrou a greve geral operária como o momento supremo de solidariedade, como uma forma adequada de "ginástica revolucionária" ou "escola de rebeldia". No plano cultural, a permanência do poeta e escritor anarquista Pietro Gori em Buenos Aires (1899-1901) foi muito importante.

Vale a pena levantar alguns elementos da agitada biografia política desse *"navigatore eterno ed eterno bandito"* (Gori, 1912, p.142). Anarcossindicalista, podemos observar sua expressiva figura numa foto tirada em Buenos Aires em 1900, onde posa solenemente com seus compactos bigodes, chapéu, terno e um elegante poncho: o desigual-combinado do internacionalismo revela-se nessa mistura cosmopolita de trajes (cf. p.69). Além da Itália, esteve em vários lugares da Europa, *vagabundeando*, como ele próprio gostava de dizer, e militando no movimento anarquista mundial. Teve participação decisiva no Congresso Internacional Operário Socialista de Londres (1896), onde se deu a cisão definitiva entre socialistas e anarquistas. Gori apresentou nessa ocasião um relatório como delegado de várias *trade-unions* dos Estados Unidos. Ele havia perambulado pouco tempo antes pela América do Norte, a partir de contatos feitos em Londres com as organizações sindicais dos EUA compostas por imigrantes italianos (ibidem, p.99-117). De Buenos Aires, Gori viajou até Montevidéu e Valparaíso. Deu várias conferências na Faculdade de Direito de Buenos Aires sobre os princípios anarquistas de organização sindical, participando com destaque no Congresso de Unidade Sindical com os socialistas, em 1901 (Campo, 1971, p.48 e 73). Entre suas obsessões, a julgar pelo número de escritos que dedica a esses temas, figuram o significado do Primeiro de Maio e os trabalhadores marítimos e rurais.[11] Advogado criminal de formação positivista, tinha muito estilo na oratória e na literatura. Seu manifesto, *In difesa di un ideale*, escrito e lançado em Buenos Aires em 1900, foi subscrito por 25 grupos, círculos e periódicos anarquistas da cidade, incluindo grupos de operários franceses, ingleses, alemães e italianos, o que sugere o cosmopolitismo portenho da época (Gori, 1912, p.123-31). Foi autor de vários poemas dramáticos, encenados com enorme frequência pelos

---

11 Gori (1912, p.13-28 e 184-90). Ver ainda, além do clássico *"bozzeto drammatico sociale"* Il Primo Maggio, os poemas: "Tempesta di Maggio"; "Il canto dei lavoratori del mare"; "Il canto dei lavoratori della terra" (p.19-20 e 56-61).

grupos de teatro operário de São Paulo e Buenos Aires: *Il Primo Maggio; Senza patria; Ideale*. Este último é um *bozzetto poetico*, cuja cena se passa a bordo do vapor *Vindice*. Os diálogos em verso entremeiam o tema do amor e do ideal anarquista. No clímax do drama, Roberto, o herói, declara "com entusiasmo" sua fé na utopia libertária. O tom profético e visionário era característico da literatura anarquista, se bem que o estilo de Gori apareça mais elaborado:

> *Ideale!...profondo*
> *cielo, pe'l qual s'innalzano le audacie ardue del mondo!...*
> *Qual'é a meta, il culmine? Chi sa? Via! Camminiamo*
> *su per questo infinito sentiero, combattiamo*
> *innanzi al sole, vindici, senza curar la schiera*
> *dela gente che irride, e che non ha bandiera.*
> *Noi vinceremo. E quando, da la vetta dei monti,*
> *vedremo il sol risplendere sui novelli orizzonti*
> *e del genere umano, non più greggie da soma,*
> *insino a noi giocondo giungerà l'alto idioma*
> *inneggiante a l'amore dopo l'odio e la guerra*
> *benedicente l'ampia patria dell'uom: la terra,*
> *e saliran le strofe di menti e cuori amici,*
> *e i canti de le spose, de le madri felici,*
> *e dei vecchi – saviezza!... e dei bimbi – tesoro*
> *di grandi occhi cerulei e di capelli d'oro,*
> *oh allor volto lo sguardo sul percorso sentiero,*
> *oscuri ma fatidici apostoli del vero,*
> *militi infaticabili d'una santa utopia,*
> *forse stanchi ed esanimi noi cadremo per via,*
> *ma in faccia all'avvenire gettando il gran saluto*
> *ci sentiremo giovani, fieri d'aver vissuto.*[12]

---

12 "Ideal!... profundo/céu pelo qual se elevam as árduas audácias do mundo!.../Qual é a meta, o ápice? Quem sabe? Vamos! Caminhemos/por esta trilha infinita, combatendo/diante do sol, vencedores, sem se importar com a multidão/de gente que ri, e que não tem bandeira./ Nós venceremos. E quando do cimo dos montes,/virmos o sol resplandecer sobre novos horizontes/e do gênero humano, não mais besta de carga,/chegar até nós o alegre e elevado idioma/enaltecendo o amor para além do ódio e da guerra,/bendizendo a imensa pátria

Num levantamento sumário na imprensa operária de São Paulo, pude encontrar referências às representações de *Ideale* em festas operárias de propaganda em 1905, 1906, 1912, 1913 e 1915,[13] número embora muito inferior às encenações do *"bozzetto drammatico sociale" Il Primo Maggio* (presença constante) e de *Senza patria* que indica, de qualquer modo, a importância da obra de Gori nas atividades culturais anarquistas de São Paulo e Buenos Aires, sem falar da Itália e outros locais, certamente.

Voltando ao paralelo portenho-paulistano, devo assinalar a impressionante homologia entre as festas operárias nas duas cidades, durante o mesmo período histórico. A título de exemplo, tomemos o anúncio de *La Protesta Humana*, de 2 de agosto de 1902, que apresenta o programa de uma festa libertária em Buenos Aires:

1. Hino de Carratalá, pela orquestra;
2. Discurso de abertura pelo orador Spartaco Zeo;
3. Drama em um ato de Palmiro de Lidia, intitulado *Fin de Fiesta*;
4. Conferência sobre o tema "Organização Operária" por um membro da FOA (Federación Obrera Argentina);
5. Discurso pela companheira Antonia Graziadio;
6. Drama em dois atos e um intervalo, de Pietro Gori, intitulado *Senza Patria*;
7. Discurso de encerramento pelo orador Bertani Orsini;
8. Hino dos trabalhadores, pela orquestra;
9. Baile familiar e rifa.
Entrada pessoal e rifa: $ 1.[14]

Em São Paulo, na mesma ocasião, o jornal *O Amigo do Povo* (22 nov. 1902, p.4) anunciava "uma grande festa *pro sciopero*", organizada pela liga

---

do homem: a terra,/elevar-se-ão as estrofes das mentes e corações amigos,/e os cantos das esposas, das mães felizes,/e dos velhos – sabedoria!... e das crianças – tesouro/de grandes olhos celestes e cabelos de ouro/oh, volto então o olhar para a trilha percorrida,/obscuros mas fatídicos apóstolos da verdade,/militantes infatigáveis de uma santa utopia,/talvez cansados e desalentados cairemos pela via,/mas diante do porvir lançado a grande saudação/nos sentiremos jovens, orgulhosos de ter vivido." Gori (1912, p.132).

13 Cf. *La Battaglia* n.51 (3 set. 1905); *A Terra Livre*, n.17 (27 set. 1906); *A Lanterna* (28 set. 1912); *La Battaglia* n.393 (13 abr. 1913); *A Lanterna* (10 jul. 1915).

14 *La Protesta Humana* (2 ago. 1902), apud Campo (1971, p.86).

de Resistência entre Tecelões e Tecedeiras de São Paulo, no salão Eldorado, que apresentava em seu "bello programa":

1. *Senza Patria*, drama de Pietro Gori;
2. *Sciopero*, poesia de Ada Neri;
3. *Fine de Festa*, drama (uma greve);
4. *Conferenza Sociale;*
5. Baile.[15]

A simetria de padrões manter-se-ia inclusive numa fase posterior, quando ocorreram alterações no modelo de festa anarquista. No ascenso do movimento operário que se deu a partir do final da Primeira Guerra Mundial (a greve geral de 1917, em São Paulo, pode ser comparada à "Semana Trágica" de Buenos Aires, em 1919), os grandes diários anarquistas passam a anunciar outro tipo de reunião operária. Com efeito, a tradicional *festa de propaganda* realizada em salões das ligas e entidades de classe foi substituída pelos *festivais, piqueniques* e *excursões* a lugares públicos, ao ar livre, patrocinados pelos jornais da imprensa operária. Em São Paulo, o padrão da "festa em salões" permanece no período 1902-1916. Em 1917, junto com o aparecimento de *A Plebe*, começam a surgir os primeiros anúncios de "festivais públicos", que se estenderão pelas décadas de 1920 e 1930. No Rio de Janeiro, a mesma tendência se verifica, por exemplo, no jornal *Voz do Povo*. Analogamente, na mesma época, o jornal *La Protesta*, de Buenos Aires, passa a convocar para "passeios populares". Por exemplo, em 30 de dezembro de 1924, o jornal anuncia:

Segundo Gran Pic-nic a beneficio de

'LA PROTESTA'

El Domingo 4 de enero

EN LA ISLA MACIEL (P.de los Pescadores)

Entrada 0,30 – Menores de 10 años no pagan – Viaje del bote 0,20

Ningùn camarada debe dejar de concurrir a este acto que,
como siempre, será um alto exponente de cultura y solidaridad
anarquista (apud Campo, 1971, p.54 – cf. imagem p.200).

---

15 *O Amigo do Povo*, n.16 (22 nov. 1902, p.4).

NEM PÁTRIA, NEM PATRÃO! 55

No Brasil, o padrão era, nessas alturas, similar. Posso lembrar o formidável exemplo do "imponente festival de construção civil", no Rio, coberto pela *Voz do Povo* (13.9.1920, p.1).[16] Outros exemplos aparecem em São Paulo com frequência: trata-se, na quase totalidade, de *festivais* em prol da fundação e manutenção de órgãos da imprensa operária: *A Vanguarda*, *Alba Rossa*, *A Plebe* etc. Claro que a transição não é tão esquemática: com o termo *festival*, surgirão anúncios de acontecimentos cujo conteúdo é o da festa de propaganda típica, realizados no tradicional Salão Celso Garcia.[17] Porém, a novidade dessa fase é o festival-espetáculo que converte a festa de propaganda – em que o aspecto doutrinário e educativo era mais ressaltado – em uma aparatosa gama de diversões populares e maciças – na qual o aspecto lúdico de entretenimento coletivo é o principal. Selecionei dois exemplos que considero modelares dessa nova forma e manifestação. Em novembro de 1920, em São Paulo, o jornal *A Plebe* convoca "todo o operário consciente" para o *Grande Festival* em benefício de *A Vanguarda* (jornal que sairia logo depois, em 1921). O acontecimento é "promovido por todas as organizações proletárias de São Paulo", tendo como cenário o Parque São Jorge. Inclui:

> Programa grandioso, constante de um match de futebol entre dois importantes clubs desta capital, entre os quais será disputada a taça *Proletária*; representações teatrais, canções típicas, regatas, natação, luta greco-romana, cinematógrafo, etc.
>
> *Bandas de música – Fogos de artifícios*
> *Bondes em quantidade.*[18]

Em setembro de 1919, um ano antes, *A Plebe* realizava, em prol da publicação diária de *A Plebe*, um *Grande Festival* no Jardim da Aclimação, tendo escolhido como data, por acaso ou não, a chegada da primavera. Vejamos o infindável programa:

> *Match de Foot-Ball* – será disputada a taça *Escola Moderna* em um emocionante match de foot-ball, entre os valorosos quadros de S. A. República e Saturno F. B. C.

---

16 Ver, aqui, Capítulo 4: "O impasse da celebração".
17 Cf., por exemplo, *A Obra*, n.9 (14 jul. 1920, p.10); *O Internacional*, n.22 (8.12.1921); *Alba Rossa*, n.21 (30 ago. 1919); *A Plebe*, n.81 (11 set. 1920, p.4).
18 *A Plebe*, n.88 (6 nov. 1920, p.4).

Corridas – serão disputadas corridas de bicicleta, a pé, em sacos de batatas, no lago, etc., pelos melhores *sportsmans* da capital e do Rio de Janeiro. Aos vencedores serão conferidas medalhas de ouro aos 1os, de prata aos 2os e de bronze aos 3os.

Exercícios de Ginástica – exercícios suecos, pulos de altura, saltos no cavalo de pau, etc.

Baile – grande baile no salão do jardim, com excelente orquestra e danças regionais com banda de música.

Representações teatrais – Comédia – verdadeira fábrica de gargalhadas, por um grupo de distintos amadores: canções e danças típicas por um rancho de tricanas portuguesas; hinos e recitativos por um grupo de crianças.

Exposição Zoológica – Será franqueada ao público a interessante coleção de animais existentes nas jaulas do jardim.

Tômbola – Sorteio de valiosos prêmios e leilão de prendas importantes.

Regatas e Natação – realizar-se-ão diversas corridas de botes e natação, conferindo-se medalhas aos três primeiros vencedores.

Cinematographo – serão exibidos belíssimos *films* ao ar livre.

Bonds em grande quantidade

Entrada 1$000/Os menores de 14 anos não pagarão entrada.[19]

Esse foi um dos poucos festivais a cuja realização *A Plebe* deu ampla cobertura. As notícias e os comentários sobre tais eventos são, em geral, mais escassos que os anúncios. Nesse caso, não: nas duas edições seguintes, o jornal dará grande destaque ao acontecimento, considerando que "nunca se realizou em São Paulo festival que maior entusiasmo despertasse entre a massa popular". A manchete diz: "O Grandioso Festival Proletário teve uma imponência excepcional". Os subtítulos da matéria enfatizam duas teses anarquistas lapidares, que serão comentadas adiante:

1. "Bela demonstração de ordem na organização espontânea."
2. "A alegria estuante aliou-se à utilidade da propaganda fecunda."[20]

A reportagem e a narração dessa notícia assumem a forma de um mosaico ou mural que revela, ao mesmo tempo, a utilização dos recursos do

---

19 *A Plebe*, n.9 (17 set. 1919, p.4).
20 *A Plebe*, n.14 (23 set. 1919, p.2).

discurso jornalístico (incorporando a vivacidade do movimento e abandonando a enfadonha linearidade doutrinária de outros momentos) e uma concepção de espetáculo como forma multifacetada, lúdica e livre nas suas *simultaneidades*. Nesse particular, seguindo a estrutura enumerativa do anúncio, a notícia, em seus intertítulos, fornece uma série riquíssima de *flashes* sobre o deslocamento da multidão nos vários espaços do festival (e do jardim).

> As barracas/As moças e as flores/As músicas/A parte esportiva/No Salão/ No palco/No lago/As feras!.../O trabalho espontâneo/A ordem/.[21]

Essa ordem especial, instaurada por um discurso de *classe*, expressa-se na própria multiplicação quase mágica de espaços, tornados frutos permitidos do trabalho espontâneo. Qual a ponte entre esse espaço construído e o resto da cidade? Naturalmente, o *serviço de bondes* "foi péssimo, como tudo que é Light: a ganância se alia à prepotência". Esse é o elo que reinstaura o conflito de classes, "a verdadeira sabotagem que a odiosa empresa pretendeu fazer à festa...". Segundo o jornal, a presença maciça do público, apropriando-se daquele espaço e do evento, foi a maior prova da derrota do "mundo exterior" das classes dominantes. Finalmente, se a *alegria estuante* e a *simultaneidade de atrativos* foi a marca do sucesso e a possibilidade mesma de montagem de um discurso apropriado de classe, a contrapartida foi o "*silêncio de ouro da imprensa...*" (isto é, da imprensa burguesa oficial), "apesar de constituir o fato a nota culminante do dia, da atração popular por ele absorvida."[22] A imprensa dominante é citada apenas no dia seguinte, na continuidade da matéria, quando a opinião de um cronista de *O Estado de S. Paulo* é ressaltada para confirmar – de forma insuspeita, portanto – a "ordem reinante durante a disputa, demonstrando a assistência proletária que não é a turba desorientada como a apresentam de quando em vez".[23]

Parece não haver dúvida de que o processo de conquista dos espaços públicos e ao ar livre por esse tipo de acontecimento foi um longo capítulo no processo de luta de classes e de posição de força do movimento operário.

---

21 Ibidem.
22 Ibidem.
23 *A Plebe*, n.15 (24 set. 1919, p.2).

A época da explosão dos festivais proletários (a partir de 1917) é a ocasião do grande ascenso mobilizatório do movimento. Havia condições favoráveis, isto é, a presença de uma massa popular ativa, de um público capaz de preencher e de se apropriar – provisoriamente – dos novos espaços: a força momentânea da classe e de seu movimento permitia que os núcleos libertários de propaganda procurassem e identificassem esses novos espaços. A "alegria estuante" era condição de uma "propaganda fecunda". Apesar da crítica doutrinária dos anarquistas ao baile, ao futebol, estes eram elementos incorporados na *forma-espetáculo* assumida pelas grandes festas operárias. Em fases anteriores (por exemplo, o intervalo 1902-1905), período de implantação das associações anarcossindicalistas, as condições de refluxo mobilizatório e a fluidez dos núcleos de propaganda tornavam mais restritas as possibilidades de uma prática cultural maciça e popular. Com efeito, a *festa de propaganda* era circunscrita aos salões da associação de classes e muito mais carregada no aspecto doutrinário, "educador" e ideológico. Sem pretender esquematizar em excesso, penso que a primeira forma (propaganda) estaria mais ligada a uma determinação dos núcleos diretivos, e a segunda (espetáculo), mais próxima de uma determinação da classe. O espetáculo de variedades, múltiplo e colorido, apresentado pelo festival proletário, revela mais a espontaneidade e a diversidade da própria presença da classe. A série de conferências entremeadas por um teatro militante era mais conforme à concepção da liderança anarquista, para quem a cultura era fundamentalmente *meio* de emancipação.

Mas a evolução dessa tendência foi muito mais complexa. Além das relações específicas entre os núcleos propagadores, o movimento e a classe, é necessário pensar na relação com a ordem dominante, ou seja, é preciso não ignorar a situação mais geral e determinante da luta de classes.

A relativa segregação e o confinamento do proletariado pela sociedade industrial capitalista foi um fato que acompanhou os primeiros passos da expansão da ordem dominante burguesa na Europa. Em 1845, Engels teceu um dramático quadro da situação da classe operária na Inglaterra, onde, além do óbvio processo de acumulação de miséria, ficava patente a segregação sociocultural e política da força de trabalho, seu confinamento geográfico nos bairros proletários. As questões nacionais não resolvidas, no caso das ilhas britânicas, reforçavam os mecanismos de exclusão por parte da burguesia.[24] A deterioração física e cultural da classe operária, a violência inerente às próprias relações econômicas do capitalismo não são fenômenos contemporâneos, tampouco circunscrevem-se às nações dependentes. É um processo que nasceu nas entranhas do sistema. A dilapidação da força de trabalho, em todos os aspectos da vida humana, é uma contradição presente desde os primórdios da produção capitalista de mercadorias. Engels (1974, p.123), em 1839, impressionava-se com a condição dos operários de uma localidade alemã:

> Em Elberfeld não se vê rastro algum daquele afã enérgico de viver que se encontra em quase toda Alemanha. É certo que a primeira impressão não parece justificar este juízo, porque todas as noites se podem ver alegres grupos de aprendizes que passam pela rua cantando. Mas suas canções são cantilenas vulgares, de baixa categoria que saem de gargantas inflamadas pelo vinho, e não aquelas canções populares alemãs de que tão orgulhosos podemos nos sentir. As tavernas estão sempre cheias, especialmente aos domingos. Fecham às onze e os bêbados vão afogar a embriaguez nalguma valeta. Os piores de todos são os carregadores. São gente totalmente degenerada, sem trabalho fixo nem domicílio permanente. Ao romper a aurora saem dos buracos, esconderijos onde passaram a noite – depósitos de feno, palheiros, valas de esterco, gonzos das portas.

Essa atenção para o estado de barbárie em que está colocada a condição de existência da força de trabalho é uma atitude comum a marxistas, social-democratas e anarquistas na história do movimento operário. O tema do alcoolismo, por exemplo, citado por Engels, é uma tônica da propaganda anarquista e será, mais tarde, enfatizado por Trotski, em 1923, na análise do modo de vida operário após a Revolução Russa.[25]

No Brasil, bem antes da "invasão" das ruas e dos jardins públicos pela classe operária, a segregação feita pela classe dominante chegava a níveis dignos da pré-história da cidadania. A questão social combinava-se com a questão nacional: o proletário, aos olhos do discurso dominante, tornava-se ameaçador por sua dupla condição de assalariado e estrangeiro. Em 1899,

---

24 Engels (1975). Ver, em especial, os capítulos: "A imigração irlandesa" e "Os resultados" (p.131-85).
25 Trotski (1976, p.66-72). (Ver tradução deste texto em "Estudos afins", Parte II).

no Rio de Janeiro, dez anos após a proclamação da república burguesa, um grupo numeroso de operários têxteis (cerca de três mil, segundo *Echo Operario*) foi proibido de entrar no Jardim Botânico. Diante da multidão impedida de penetrar aquele "lugar público", o diretor do estabelecimento, Dr. Barbosa Rodrigues, declara que a proibição se deve ao fato de "tratar-se de ladrões". Ezelino Quintella, diretor do Centro Socialista do Rio, escreve artigos e protesta no *Jornal do Brasil* contra esse ataque aos direitos civis dos trabalhadores, iniciando também um processo contra o diretor. Logo depois, o governo prende Ezelino, sob a duvidosa acusação de desertor. Recusam-lhe o direito de *habeas corpus* e, ao que parece, chegou a ser ameaçado de morte pelo diretor.[26]

A conquista dos lugares públicos pela classe operária foi um árduo percurso de seu movimento. Na interessante análise da presença da natureza na literatura operária inglesa do século XIX, Vicinus anota, além do impedimento material (dez a doze horas de jornada de trabalho restringiam o lazer e o contato com a natureza a um raro passeio dominical), o mesmo tipo de interdição que acabamos de relatar no caso do Rio de Janeiro. Com efeito, até 1847, data do primeiro *Public Park Act*, os prefeitos relutavam em liberar a utilização dos parques, porque esses espaços suspeitos poderiam dar ensejo a "comportamentos imorais". De qualquer modo, mesmo após essa data, manteve-se um policiamento ostensivo durante o dia e o fechamento obrigatório de seus portões à noite (Vicinus, 1974, p.150).

A social-democracia, pelo menos no período de apogeu da II Internacional, esteve mais inclinada a assumir o lazer operário como forma de liberdade, de extravasamento das fantasias e do desejo, de ritual coletivo pantagruélico. Paul Lafargue (1977), nessa tradição, que se mesclava com seu passado proudhoniano e anticlerical, foi um radical defensor da descontração e do descomprometimento no tocante ao livre exercício da preguiça. No Brasil, essa tendência mais "espontaneísta" de conceber o lazer operário

---

26 Cf. *Echo Operario*, Rio Grande, n.129 (1899, p.2), citado in Leonardi (1973, p.79). Paralelamente a esse conflito, percebe-se o desenrolar de um outro no discurso da direção operária, pois o artigo do jornal socialista, sugestivamente intitulado "Cá pelo Brasil", critica a massa de operários por não ter defendido Quintella. Mais uma vez, contrapõe-se a consciência do operário europeu à do operário nacional, em detrimento deste. E a "falta de educação", motivo tão caro ao pedagogismo social-democrata, é dada como causa daquela indiferença. O objetivo de *Echo Operario* é manifesto: "desejamos abrir-lhes os olhos [dos operários] à luz do socialismo".

teve, certamente, alguns ecos, apesar da fragilidade da social-democracia neste país.

Em 1896, por exemplo, na comemoração do primeiro aniversário do Centro Socialista de São Paulo, realizou-se uma bem concorrida "festa socialista", que incluía uma excursão de trem até a Cantareira, ingredientes rituais, como banda de música, bandeiras e estandartes, além dos discursos inflamados de reafirmação dos princípios social-democratas, sob a direção de Silvério Fontes (*O Socialista*, 11 out. 1896). Parece que aqui, muito antes dos festivais anarquistas, a fórmula "alegria estuante" + "propaganda fecunda" conseguia algum êxito. Se compararmos, ilustrativamente, as comemorações do Primeiro de Maio de 1904 em São Paulo (anarcossindicalistas) e em Porto Alegre (socialistas), fica bem clara a distinção de critérios e de concepções entre essas tendências. O aspecto lúdico do piquenique no Prado (Porto Alegre) ressalta o desenrolar de uma "celebração do trabalho" ainda nos limites da independência de classe, porque não patrocinada pelo governo ou empresários, ao contrário da já descaracterizada e populista "festa do trabalho" carioca, padrão este que se repete em Teresina, em 1906.[27] As comemorações porto-alegrenses são malvistas pelos anarquistas, principalmente pelo fato de "os socialistas democráticos ... terem o seu dia de festa santificado por uma enorme bebedeira".[28] Essa sobriedade puritana será expressa numa tradicional "noite de propaganda" no Salão Eldorado, em São Paulo, onde se revezavam os oradores a propósito do significado do Primeiro de Maio, entremeados pelo didático e reiterativo *Primo Maggio* de Gori.[29]

* * *

A segregação do proletariado pela classe dominante, a recusa em ampliar os estatutos da cidadania burguesa, determinaram, sempre, a necessidade de o discurso anarquista retomar o tema da *ordem* e recolocá-lo

---

27 Cf. *O Operário*, Teresina (PI), ano 1, n.9 (maio 1906, p.1). Sobre a assimilação do Primeiro de Maio pelo Estado e pela burguesia e sua transformação de dia de luta e mobilização em "efeméride do trabalho", ver Dommanget (1976, cap.XVI): "La fiesta del trabajo". Sobre os aspectos simbólicos e rituais, ver cap.XVII: "Aspectos, pasado y porvenir del 1º de Mayo". Cf. também Hardman & Leonardi (1982, p.320).

28 *O Amigo do Povo*, n.53 (maio 1904, p.1).

29 Ibidem. Ver também Hardman (1977, p.36-58).

em seus devidos termos de classe. Era necessário provar a supremacia da *ordem anarquista* (apoiada dialeticamente na "desordem" do não governo dos homens e na espontaneidade das massas) sobre a *desordem capitalista* (legitimada ideologicamente pelo mito da "ordem do trabalho" e do "progresso social"). Essa tematização seria uma constante na imprensa anarcossindical: por exemplo, a interrupção de uma festa operária de propaganda pela invasão policial (para a classe dominante, na sua política de violência, não havia interesse em diferenciar um espetáculo associativo de uma greve), em 1902, no Casino Penteado (São Paulo), foi denunciada como uma ação dos "mantenedores da desordem burguesa" que "vieram perturbar o sossego".[30]

Nesse sentido, a luta de classes exigia que se nomeasse o verdadeiro exército de invasores. Quem eram, de fato, os bárbaros? Assim, nessa representação, o discurso anarquista sempre constrói um mundo *civilizado* e de *equilíbrio* em suas relações com a classe operária. Um mundo que poderia constituir uma ordem mais perfeita e humana do que a farsa da desigualdade no capitalismo. Nesse momento, adentramos o interessante campo das relações entre o discurso dos dirigentes operários e a cultura dominante, marcados pela tensão dialética *separatismo/assimilação*.

Esse problema foi analisado com muita sensibilidade por Hobsbawm ao tratar da "cultura operária" na Inglaterra. Se, de um lado, é "o separatismo institucional da Inglaterra – na escola, na taberna, por toda parte – que acentua o separatismo cultural", de outro, "a cultura das classes hegemônicas é sempre, de qualquer modo, o modelo prático a que aspiram as classes subordinadas. É o único que elas conhecem". Hobsbawm localiza a necessidade, no interior da classe operária, que têm os "ambiciosos", a "aristocracia operária" e a "vanguarda consciente e militante", de adquirir *respectability* ante o conjunto da classe e os olhos da classe dominante.[31]

---

30 *O Amigo do Povo*, n.6 (21 jun. 1902, p.4).

31 Hobsbawm (1974b, p.243-6). Como ilustração dessa dialética entre separatismo e assimilação, anotava Engels em 1844: "a popularidade das conferências sobre assuntos econômicos, científicos e estéticos que frequentemente se realizam em institutos das classes trabalhadoras, em especial nas dirigidas por socialistas". E acrescentava: "Tenho-me encontrado, por vezes, com operários de casacos de fustão desapertados, que estão mais bem informados sobre geografia, astronomia e outros assuntos do que muitos membros instruídos das classes médias da Alemanha. Não há melhor prova da extensão que os trabalhadores britânicos atingiram na sua própria educação do que o fato das obras modernas mais importantes em

É importante ressaltar que a utilização dessa *respectability* poderá se dar em sentidos antagônicos, seja buscando a conciliação de classes, seja demonstrando as capacidades e o potencial de uma direção revolucionária. Nessa mesma linha de análise, Martha Vicinus (1974, p.225) aponta a deterioração da "cultura operária", na Inglaterra do século XIX, pelas limitações da literatura dialetal, à medida que

> os próprios escritores [operários] tendiam a aceitar os padrões da literatura oficial e julgar seus trabalhos através deles. Viam a si próprios como figuras menores em comparação com os gigantes da literatura inglesa e prescreveram para si e para sua produção dialetal um papel artístico e social limitado. Um segundo e mais sério problema, com ramificações em outras áreas da cultura da classe operária, foi a aceitação muito difundida da literatura dialetal entre todas as classes. Ela nunca se tornou uma forma de diversão de massa, controlada pelo poder político e econômico, como foi o caso do *music hall*, mas chegou a ter um público leitor de massa. Os autores escreviam repetitiva e simplificadamente a respeito de temas que não ofendiam ninguém, muito mais que a respeito das características singulares de sua própria classe.

Além dessa tensão entre o discurso dos dirigentes operários e a cultura dominante, uma outra qualidade de contradições se estabelece, mais subterraneamente, entre o discurso da *direção* e aquele da *classe*. Quanto a este último, o discurso da classe "em si", ele está para o pesquisador, em grande parte, irreparavelmente perdido, pois se integra à *tradição oral não registrada*, cujos sons, mergulhados na desordem dos dialetos imigrantes e refundidos na atmosfera do planeta, jamais conseguiremos distinguir. Esta é a avaliação de Emilio Franzina (1979, p.11-72) a respeito da história da emigração italiana de vênetos para a América. Os fragmentos localizáveis desse discurso restringem-se a cartas, diários e, no caso do Brasil, por exemplo, a depoimentos de história oral dos últimos sobreviventes daquelas gerações. A memória, nesse caso, é a única inscrição que resta da história social.[32]

---

filosofia, poesia e política serem, na prática, lidas apenas pelo proletariado" (apud Henderson, 1979, p.144).

32 Ver o recente e provocante estudo de Bosi (1979). De fato, a memória operária constitui um veio fascinante para a recuperação, do ponto de vista de uma psicologia social comprometida com a crítica do capitalismo, das microrrelações e tessituras do imaginário entre o mundo do

Os núcleos militantes do anarquismo, no Brasil, premiados pelo interesse da propaganda – pela busca incansável de *ouvintes* e de um discurso capaz de *persuadi-los* – sempre revelaram sua preocupação com a distância entre os cultos e os incultos, situação complicada ainda mais pelo analfabetismo e pela multiplicidade linguística trazida com a imigração.[33] A necessidade de propaganda em português era sempre ressaltada na imprensa operária. O desejo de superar a dicotomia entre as línguas nacionais e o internacionalismo presente levaram ao cultivo do esperanto. Essa pertinaz tentativa de chegar às massas conduziu, contraditoriamente, no que diz respeito ao discurso escrito (imprensa operária), à assimilação do parnasianismo, que era o tom e coro dominantes no universo da República bacharelesca e pré-modernista. Edgar Leuenroth (s.d.) chegou a intitular a apresentação de sua antologia inédita, *A poesia social na literatura brasileira*, como: "Umbral do Parnaso – da rebeldia e da esperança". Sabe-se, no entanto, que vários líderes anarquistas assumiram uma atitude de erudição e aperfeiçoamento em relação à língua portuguesa: foi o caso, por exemplo, de Neno Vasco, que, das páginas de *A Terra Livre*, desde 1905, levou um combate pela simplificação ortográfica contra a Academia Brasileira de Letras. Esta acabou adotando, em 1907, várias das propostas já assumidas pela redação daquele jornal dois anos antes (apud Rodrigues, 1969, p.210-2).

A procura de um discurso audível e eficaz é resultado da posição mesma daqueles que constituem (ou pretendem) a vanguarda ideológica e política de classe. Em outro contexto histórico e com perspectivas políticas bem diferentes, Trotski examinava as alterações e contradições ocorridas na língua falada russa, após a Revolução de 1917. Numa preocupação análoga à de nossos anarquistas, acreditava na possibilidade de uma transformação revolucionária da língua, eliminando-se os barbarismos e ranços do passado aristocrático e incorporando a clareza, o ritmo e a limpidez transparente da nova vida soviética. A mesma tensão entre a fala de um dirigente e as imperfeições da linguagem "vulgar" e popularesca observa-se também aqui (Trotski, 1976, p.98-103).

---

trabalho e a sociedade global. No âmbito da história social, os relatos operários podem servir à reconstrução de um painel sociocultural interessantíssimo sobre as origens da industrialização (ver, por exemplo, Plum, 1979a).

33 Sobre a persuasão no discurso político, ver Osakabe (1979). Sobre as dificuldades de propaganda em português sentidas pela imprensa anarquista, ver Hardman (1977).

Já que o discurso da classe é quase impenetrável – no que se refere à palavra escrita –, duas linguagens surgem como pistas interessantes na busca dessas marcas: a fotografia (ao lado do cinema, na medida do possível) e a música. Na fotografia, também se evidencia uma tensão permanente entre *solenidade* e *descontração*: a necessidade de *posar*, a busca de *respectability*, a utilização de ternos e chapéus, enfim, o desejo das associações operárias de "civilizar" o mundo marca o caráter solene. É o caso da clássica fotografia do Primeiro Congresso Brasileiro, para só citar um exemplo bem conhecido. O sindicato é um espaço valorizado como expressão de força e dignidade. A simbologia dos retratos emoldurados reforça essa instauração do solene. Entretanto, as fotografias de massas operárias, tiradas nas portas das fábricas, expressam uma disciplina imposta como parte da ordem e do regime de trabalho, pois essas fotos, na maior parte dos casos, foram tiradas por agentes da empresa que impuseram aí um claro significado: a força de trabalho amontoada em fileiras decrescentes contra uma das paredes do estabelecimento é parte integrante do patrimônio industrial. Claro está que a observação atenta poderá vislumbrar algum sinal de "desordem", ruído próprio da classe, nesse tipo de informação.

Fotos de outro teor, entretanto, são exemplares da manifestação do movimento próprio da classe. É o caso da excepcional imagem de um "bonde para operários" em São Paulo, em que um cão perambulando na rua faz contraponto com a algazarra estampada nas fisionomias dos alegres passageiros.[34] Em outro exemplo – a foto de uma assembleia de cigarreiros grevistas na Argentina, em 1904 –, o solene é invadido pelos ruídos característicos da classe (a prole), em meio aos signos clássicos do sindicalismo: entre trinta operários dispostos em três filas crescentes, sérios e compenetrados, encontram-se sete mulheres (cabelos presos, trajes brancos, colarinho, gravatinha e cinturão) e cerca de doze crianças (chapéus, bonés, paletós – mais largos que os corpos); o mais pequerrucho, com seus seis anos de idade, destoa do conjunto, vestindo uma camisolinha clara; ao fundo, na sala da associação de classe, um quadro de avisos, dois emblemas sindicais e, ao lado do velho relógio de pêndulo, um clássico retrato de Marx.[35]

---

34 Ver, neste volume, Capítulo 4, "O impasse da celebração", nota 5.

35 Cf. Gallo & Conde (1972, p.214-5), citado in Hardman (1982a).

É, sem dúvida, na busca da memória de um *espaço do trabalho* que reside uma das chaves histórico-culturais da classe.[36] E, além desse percurso, os espaços coletivos onde se efetivaram os laços de solidariedade de classe, representados pelas associações e instituições por ela criadas. Aqui, em meio ao universo fragmentário das representações sociais, é possível acompanhar o movimento da memória que constrói livremente uma *ordem* do novo, do singular, do verdadeiro e único, do justo, do diferente – enfim, uma ordem fundada num *momento histórico* cuja maior propriedade é o fato de ela ser *representável somente naquele espaço*.

Tal movimento é passível de ser captado pela musicalidade levemente descompassada da Corporação Musical Operária da Lapa (CMOL), entidade fundada por imigrantes italianos, em São Paulo, no ano de 1881, com o nome de *Lyra da Lapa*.[37] Não a música política, aquela dos hinos revolucionários, cujas melodias e letras retomam ora a tradição internacional (filtrada no parnasianismo tupiniquim da versão nacional da letra de "A Internacional"), ora as raízes folclóricas de um regionalismo sertanista (que acaba incorporando a visão do popular como pitoresco, tão ao gosto das nossas elites) – tendências essas presentes no opúsculo *Hymnos e canticos libertarios*, editado pelos anarquistas no Rio de Janeiro, em 1923.

---

36 Cf. Bosi (1979, cap.IV). Tratei também desse tema na análise literária de "Primeiro de Maio", conto de Mário de Andrade: cf. "O impasse da celebração", neste volume. Sobre a relação com os bondes da Light e seu itinerário pelas ruas da cidade de São Paulo, baseio-me na entrevista do Sr. Miguel (italiano), ex-motorneiro, concedida a F. F. Hardman e M. E. S. Boito em 9 out. 1975, em São Paulo, na sede da CMOL. Sobre a relação lúdica com as locomotivas (código cifrado de apitos entre os ferroviários), baseio-me na entrevista do Sr. João, ex-maquinista e membro do Centro Beneficente dos Empregados em Locomotivas da Cia. Paulista de E. F. (1901), concedida em Campinas, em junho 1976, na sede da Associação Humanitária Operária Campineira (1916).

37 Cf. Hardman, "Lyra da Lapa: acorde imperfeito menor", em Arnoni Prado (1986, p.150-61). (Ver "Estudos afins", X.). Cf. também o documento primário assinado por Victor Barbieri sobre a CMOL (s.d., datil., 3p). Na verdade, a existência de bandas e outros agrupamentos musicais entre operários não constitui um evento solitário na formação de classe. Ocorreu até com certa frequência, reunindo trabalhadores por fábrica, bairro, setor de produção ou nacionalidade, sendo uma atividade, no mais das vezes, vinculada à própria vida das entidades sindicais. Na Bahia, por exemplo, ainda no século XIX, assinalava-se a presença do *Recreio Musical União dos Chapelleiros*: "Foi fundada nesta cidade (Salvador) em 5 de fevereiro de 1885. Conta ela 125 sócios, sendo: efetivos, 59 e *dillettanti*, 66. O seu capital é atualmente de 3:970$000. Esta sociedade tem por fim ensinar e aperfeiçoar o ensino musical entre seus associados" (cf. Vianna, 1893, p.397).

Não, não é dessa música que agora falamos. Pois, nos hinos revolucionários, é ainda a direção que cria, é quem realiza a escritura das letras que se vão sobrepor a uma música de fundo: é, ainda, um discurso erudito musicado. Prenhe de parnasianismo:

> A pé ó vítimas da fome!
> A pé famélicos da terra!
> A ígnea Razão ruge e consome
> a crosta bruta que a soterra!

Ou então, a imagem pitoresca do cântico "Nhô-Procópio pacifista":

> se acabando puro o Brazi quasi intêro
> esse tipo de brazilêro
> que insina os moços a matá
> que arreserva os fios da gente graúda
> de co'a canáia miúda
> nos quarté se misturá (VV. AA., 1923, p.18).[38]

Não, não é dessa música que vivem os velhos operários da CMOL. Mas de uma simples valsa ou dobrado, de um samba-rural ou de uma marcha-rancho.[39] Aqui, nesse espaço, conversei em 1975 com o integrante mais antigo da corporação, o senhor Adelino Gonçalves, na época com 83 anos de idade, clarinetista desde menino, nascido em Ribeirão Pires, filho de imigrantes espanhóis e italianos, ex-mecânico das oficinas de manutenção ferroviária da "Cia. Inglesa" (antiga *São Paulo-Railway*). De nossa conversa, restou uma gravação, da qual selecionei o trecho seguinte, por considerá-lo significativo. Confundem-se, assim, a voz do senhor Adelino

---

38 Ver ainda, na mesma obra, "Sertanejo rebelde" (p.17). Vários autores têm enfatizado o caráter autoritário desse tipo de "transcrição" pitoresca da fala sertaneja, em seu toque bem-humorado e cordial.

39 Não se trata, nesse caso, de nenhuma tradição operária "pura". Pelo contrário, a presença musical operária refundiu-se, na verdade, com uma tradição popular muito mais ampla e variada, em que diferentes veios de manifestações sonoras anônimas e perambulantes inscreveram suas marcas culturais nas esquinas e ruas da cidade, reelaborando, por sua vez, as dicotomias rural/urbano, europeu/nacional, erudito/popular etc. Ver, a propósito, Tinhorão (1976).

e as notas esparsas de uma antiga valsa que ele cantarolava no meio da conversa. Pois, nesse momento e espaço determinados, com efeito, a voz do senhor Adelino e as notas dedilhadas na clarineta soam como uma só forma elementar de expressão do discurso da classe, que se mistura nas brumas da memória e da velhice, como as neblinas eternas de Paranapiacaba, no Alto da Serra, espaço que retém o relato:

> Já toquei em baile também. Agora, o baile é que é pior [*do que a banda*]. Passa a noite inteira lá feito louco. Mas é bom, né?...
>
> Só que a gente [da orquestra] fica num lugar alto. O soalho é como esse, mas é... três, quatro vezes mais do que isso de comprimento, de tamanho... Daí a gente começava a tocar, daí o pessoal começava a dançar, tirava as moças, ia dançando.
>
> [ensaia um trechinho na clarineta]
>
> ... prá dançar, prá baile, prá tocar na rua também serve.
>
> Sempre gostei [de tocar].
>
> [toca um fragmento de valsa na clarineta e depois reproduz o texto cantarolando]
>
> ... Tá certo... Com isso [o fato de ele tocar na orquestra dos bailes operários de Ribeirão Pires e Paranapiacaba] eu não ia dançar. Lá uma vez ou outra, disfarçado... porque o resto [do pessoal da orquestra] não gostava... E assim eu deixava o clarinete lá e ia dançar...
>
> A música é coisa boa!...
>
> Os bailes lá no Alto da Serra? Lá era bom!... Dava prá dançar bastante. Mas lá o salão era grande. O salão ia como daqui lá naquela casa, lá. Largo assim!... Tinha uma largura! Mais um, mais um pouco, mais um tanto como daqui ali ... mais largo do que isso... Era grandão. A Companhia que fez, a Cia. Inglesa... Foi ela que fez aquilo... E os empregados iam. Ia família também. Ficavam sentadas lá no banco. Se eu queria dançar, eu chegava lá e pedia prá ela, prá ela dançar, ela saía... Não, era vestido, com vestidos bem vestido, bonito, as moças lá, mulher, os homens também...
>
> Nunca, nunca tinha encrenca, nunca tinha nada. Sempre ia bem.[40]

---

40 Entrevista de Adelino Gonçalves a F. F. Hardman e M. E. S. Boito em 17 out. 1975 (gravação em São Paulo, na sede da CMOL).

Pietro Gori, Buenos Aires, 1900 (Gori, 1912).

Itália Fausta (Fausta Polloni) atuando em *Blanchette*, São Paulo, 1905 (MIS, 1975).

2
A ESTRATÉGIA DO DESTERRO

O final da fala do operário Adelino, que acabamos de ler, restitui um espaço marcado pela harmonia das relações humanas, por uma nova ordem relativamente positiva e equilibrada: "Nunca, nunca tinha encrenca, nunca tinha nada. Sempre ia bem". Na permanente tensão entre o momento particular e "espontâneo" da cultura e o momento universal e "dirigido" da política, tentaremos, aqui, nos aproximar da ordem estabelecida pelo discurso anarquista e debater em que medida essa ordem anárquica identifica-se ou afasta-se dos personagens reais que pretende expressar: os explorados e oprimidos.

Desde logo, é importante anunciar que o *desterro*, levado às suas últimas consequências pela defesa intransigente da "cultura operária" nas concepções anarquistas, encontrava bases sólidas nas condições reais de existência da força de trabalho proletária no Brasil. Havia uma situação concreta, marcada pela necessidade de ampliação do exército industrial de reserva, de intensificação da exploração capitalista e de consolidação do capital industrial nascente, que determinavam o incremento da mais-valia absoluta, o isolamento e segregação sociocultural e até geográfica da massa proletária pela burguesia. Era necessário fixar esse proletariado oriundo da imigração, assegurar sua manutenção e reprodução como força de trabalho "pura" e barata. José Sérgio Leite Lopes analisou em pormenor o sistema de *servidão burguesa* representado pelas *vilas operárias*, processo comum na Europa, durante a fase de proletarização maciça dos trabalhadores rurais e de instalação de um regime fabril de produção.[1] No Brasil, nessa primeira fase, houve uma proliferação de vilas operárias nos espaços contíguos à fábrica, nos terrenos sob domínio da empresa, especialmente em regiões do interior, em áreas próximas da zona rural, onde inexistia um mercado de força de trabalho plenamente configurado. Mas, além de regiões menos capitalizadas, como os estados do Nordeste, o sistema de vilas operárias chegou a ser utilizado com frequência, pela burguesia industrial, em grandes fábricas do setor têxtil de São Paulo e do Rio de Janeiro.[2] Nessas cidades, essa forma de "aprisionamento" do proletariado correspondia à segregação étnico-espacial a que estavam condenados os bairros proletários.

O que a massa dos *senza patria* teria como contribuição, numa pátria de bacharéis e oligarcas, a não ser sua própria *presença*, por si só portadora de um sentido revolucionário e, por isso mesmo, tão incômoda e arriscada aos olhos das classes dominantes e seu Estado? Assim, para a burguesia, o proletariado não existe como *classe*: esta seria a designação que lhe conferiam os agitadores. O proletariado será desterrado pela ideologia dominante combinada à repressão férrea, inexistindo como parte da "realidade nacional": não se trata ainda da tão decantada exclusão política; a exclusão, aqui, é *anterior* ao mundo da cidadania e dos direitos políticos, é sociocultural, é ampla e indiscriminada. Excomunga-se o proletariado, como *raça de bárbaros*, do convívio no espaço e no tempo dos *civilizados*; trata-se de uma exclusão do direito de vida além de sua reprodução mecanizada como força de

---

1 Cf. Leite Lopes. *Fábrica e vila operária*: considerações sobre uma forma de servidão burguesa. São Paulo: Cedec, 1979 (Mimeogr.). Incorporado depois a seu livro *Mudança social no Nordeste*, 1979.

2 Além do setor têxtil, outros setores organizaram-se nesses moldes. É o caso do antigo complexo industrial de Caieiras, município da periferia norte da Grande São Paulo, pioneiro nas experiências do coronel Rodovalho na produção de cal, cerâmica, papel e extração de cantaria, ainda no século XIX. A partir de 1890, a Cia. Melhoramentos adquiriu aqueles empreendimentos, exercendo um controle praticamente monopolizador do uso do solo naquela área, bem como da força de trabalho que vivia confinada nos terrenos da empresa, no sistema de vilas operárias. Em 1900, a empresa contava cerca de 250 operários (a quase totalidade, estrangeiros) e 1.000 moradores em sua "Villa" (Cf. Pazera Junior, 1982, cap.3). Várias dessas antigas vilas operárias sobreviveram até os dias atuais, especialmente em regiões menos capitalizadas, onde o setor têxtil tradicional preservou características de grandes núcleos fabris relativamente isolados, de propriedade familiar e com traços semirrurais: no Nordeste, por exemplo, é o caso da fábrica de Fernão Velho (subúrbio de Maceió), da fábrica Santa Cruz (Estância, interior sergipano) e da fábrica da Passagem (Neópolis, Sergipe, às margens do Rio São Francisco).

trabalho. Tudo o que o proletariado foi *realmente*, além de força de trabalho "pura", ele arrancou-o a duras penas na luta de classes; e, para o discurso burguês, era necessário, a todo momento, extirpar essas lutas e conquistas como obras de malfeitores estrangeiros "disfarçados" de operários.

Nesse sentido, no discurso da burguesia, a classe operária não teria existência à parte, mesmo como força de trabalho viva. Na verdade, ela será transformada em peça do acervo capitalista, elemento inanimado e morto de seu patrimônio, lado a lado e indistinguível no parque de máquinas, técnicas, edifícios e terrenos. A inversão será completa: animado será o maquinário fabril, a energia hidráulica que o movimenta. Os operários pertencerão ao domínio do capital, capazes de trabalhar somente na medida em que se tornam habitantes daquele mundo, frutos do próprio engenho industrial. Essa formulação transparece, com maior evidência, nos anúncios industriais dos grandes complexos fabris do setor têxtil, no período estudado. Por exemplo, num ilustrativo anúncio do grupo Rawlinson, Müller & Co., proprietário da fábrica de tecidos Carioba, próxima à cidade de Americana (SP), o único ser movente é a cachoeira que fornece energia à fábrica, além dos bem instalados fusos e teares. Os operários não são apresentados na produção, mas no lugar de seu esquecimento deliberado pela memória burguesa e de seu aprisionamento pelo controle do capital: a *vila operária*, composta não de operários, mas de "150 casas higiênicas".[3] Nessa operação era preciso, com efeito, *higienizar* a paisagem criada pelo capital fabril, transformar a sujeira perniciosa do trabalho vivo em peça reluzente do trabalho morto.

O esquema repete-se, com poucas variações, nas construções ideológicas do discurso burguês. Em outro monumental anúncio da famosa Fábrica Votorantim, já em 1922, a referência à vila operária enfatiza não seus moradores reais, mas meramente a criação do gênio empreendedor capitalista. A vila é um apêndice bem-sucedido na coleção de peças acumuladas pelo capital e na hierarquia das funções técnicas da produção:

> Nas proximidades da fábrica foi construída a *Villa Operária* onde estão *localizados* os operários, e onde existem, além de *casas modernas, grandes e bem construídas para gerência, administração e Mestres*, diversos grupos de *bons pré-*

---

3 Cf. Capri (s.d.) (ver anúncios industriais ao final).

dios operários no total de 440, todos iluminados a luz elétrica; e prédios próprios para divertimentos (teatros), igreja, campo de esporte etc.

O *número de casas operárias da Villa vai ser aumentado consideravelmente.*[4]

Como não poderia deixar de ser, a foto que ilustra esse texto mostra um grupo de casas operárias, ao longe, diluídas na paisagem campestre dos domínios de Antonio Pereira Ignácio. O texto do anúncio, longa apologia em quatro folhas desse industrial, desemboca na foto de "um dos detalhes mais belos do MONUMENTO DA INDEPENDÊNCIA", completando, assim, magnificamente, tanto sua operação de converter o produto do trabalho vivo em fetiches do museu capitalista de mercadorias quanto a transformação dos assalariados em suportes da nacionalidade (cf. p.118).

Para que essa conversão fosse realizada com a maior eficácia ideológica possível, isto é, garantindo desde o berço a reprodução passiva da força de trabalho como apêndice do patrimônio capitalista, a Igreja desempenhou um papel muitas vezes decisivo; um dos melhores exemplos do tipo de intervenção da Igreja Católica no controle social do operariado nesse período talvez seja o da Vila Operária Maria Zélia, pertencente ao grupo Jorge Street até 1925, quando foi adquirida por Nicolau Scarpa. Aqui, o paternalismo católico, de pesada tradição autoritária, aliou-se aos abençoados desígnios do capital. No álbum editado pelo Cotonifício Scarpa depois da transferência de propriedade, fartamente ilustrado, encontraremos um verdadeiro arsenal ideológico montado pela Igreja na Vila Operária. Completa-se, aqui, um ciclo da concepção burguesa em relação à massa proletária: bárbaros e gentios à espera da santíssima cruzada cristã que os resgataria do inferno selvagem para o paraíso civilizado das engrenagens fabris. Catequese que tentava garantir, pois, a passagem da barbárie à civilização pela via da passividade do rebanho, da ordem e paz no trabalho, evitando o pecado que traria para o progresso do capital qualquer ovelha desgarrada. Nesse sentido, o anticlericalismo dos grupos anarquistas era plenamente compreensível: a imagem de "vampiros sociais", destinada aos clérigos, ganhava em *A Lanterna* contornos de dramática verdade, dada a função da ideologia católica.

---

4 Cf. *Livro de Ouro commemorativo do Centenário da Independência do Brasil e da Exposição Internacional do Rio de Janeiro (1822 a 1922-23)*, 1923: ver, na parte final de Publicidade, p.XCVI-XCIX (grifos meus).

Vejamos alguns exemplos dessa sacrossanta obra evangélica na Vila Maria. Aqui, também, os feitos da Igreja são vistos como frutos abençoados e dependentes do deus-capital. A *Cruzada Eucarística*, por exemplo, é apresentada como "um meio eficaz de conservar as virtudes da pureza, da obediência, da docilidade etc. nos corações das crianças que Nosso Senhor tanto ama. Crescendo dentro desse ambiente, os meninos de hoje serão os honestos operários de amanhã". O arsenal, como já se viu, é extenso, acompanhando as crianças operárias desde a creche até a idade adulta: jardim da infância e grupo escolar, dirigidos pelas pias irmãzinhas da Imaculada Conceição; grupos de catecismo, missões de Vicentinos, União de Moços Católicos; Filhas de Maria, Liga Católica "Jesus, Maria, José", que se apresenta para fazer o bem do capital, revelando a teia de santos que enredava toda a família operária:

> O operário, principalmente, o lar obreiro, precisa de um exemplo eficaz de virtude e trabalho. Nada mais apropriado do que o oferecido pela Sagrada Família – Jesus, Maria, José.
>
> Operários que foram eles sempre resignados dão à grande classe trabalhadora magnífico exemplo de conformação com a vontade da Providência na dor e na alegria. Esta inspirada ideia atraiu a simpatia de 80 homens de boa vontade que formam o batalhão da Liga Católica.
>
> Aí, encontram paz para seus corações, muitas vezes, angustiados.
>
> É um salutar bálsamo a religião, sobretudo, para a classe sofredora, que se sente feliz junto aos operários de Nazaré – Jesus, Maria, José.

As fotos que acompanham o texto – e suas legendas – são, também, extremamente didáticas. O prédio escolar é mostrado vazio, em vista exterior, com os necessários adjetivos de *higiênico e elegante*. Nas fichas dos alunos do jardim e grupo escolar, além de detalhadas informações físicas e biológicas, interessantes para a preparação de uma força de trabalho mais sadia e produtiva, encontra-se espaço para as seguintes *observações pedagógicas*: atenção; memória; inteligência; comportamento. O que seria escrito nesse espaço? Podemos, de longe, imaginar. Assim, a rede ideológica fábrica-Igreja-família-escola estava monoliticamente fixada sob a batuta do capital. Que se completava com uma fanfarra de operários, montada no melhor estilo da banda militar, com fardamento e demais ingredientes, pois se reconhecia que "após o trabalho é preciso recrear o espírito".

Numa das raras fotos em que aparecem figuras humanas, vemos uma criança debruçada sobre o bebedouro durante o recreio do jardim da infância. Descalça, olhando para a câmera entre curiosa e assustada, parece desconhecer o já programado percurso a ela reservado (cf. p.194). Eis um raro momento em que a sensibilidade do fotógrafo captou uma imagem viva, em movimento, da existência proletária *anterior* à sua representação e represamento pela ideologia burguesa. Numa outra foto, um grupo numeroso de crianças brinca em roda; a legenda, entretanto, denuncia a linha pedagógica que se esconde por trás da imagem: "As borboletas mimosas saltitam no pátio interno do jardim da infância" (cf. p.195).[5]

A metamorfose ideológica, invertendo as leis da natureza, tentará transformar as borboletas mimosas nas lagartas ordeiras do regime fabril. Ou, como disse o patrão J. Abdalla anos mais tarde, durante a greve de Perus em 1962: "Eu sou a lâmpada e os operários, as mariposas; uma a uma virão até mim e eu as destruirei."

***

A luta de classes determinava, portanto, uma desigual concorrência entre as agências ideológicas montadas pela burguesia e os meios culturais precários organizados pelas associações operárias sob orientação anarcossindicalista. Sobre esse processo, nada mais ilustrativo que acompanhar a reação do anarquismo, no Brasil do começo do século XX, à penetração do cinematógrafo e seu uso eficaz pela Igreja. O tema foi recorrente, ao que parece, na história do movimento operário: em 1923, Trotski, também combatendo os males da ideologia religiosa e do alcoolismo entre a classe operária russa, sugere o cinematógrafo como solução alternativa, em razão de seu poder de galvanização do público pela magia visual e sonora de imagens em movimento, pela criação de um ritual e de um espetáculo: nesse caso, era ainda o Partido e o Estado que deveriam centralizar a divulgação

---

5 Todas as citações referentes à Vila Maria Zélia foram extraídas do álbum ilustrado editado pela Sociedade Anonyma Scarpa, sobre o Cotonifício e a Vila, em São Paulo, por volta de 1925 (a edição que consultei estava mutilada e não foi possível obter a citação bibliográfica completa).

desse novo instrumento na cultura das massas operárias; Trotski via com otimismo, naquelas alturas, a possibilidade de o cinema vir a derrotar as influências da Igreja e da vodca.[6]

No caso do Brasil, as próprias origens artesanais da atividade cinematográfica, pelo menos em São Paulo, estiveram de início intimamente ligadas aos imigrantes italianos, incluindo-se aí, necessariamente, membros da classe trabalhadora (Galvão, 1975). Além disso, pesquisas recentes, coordenadas por Cosme Alves Netto no Rio de Janeiro e Jean-Claude Bernardet em São Paulo, têm revelado a presença da classe operária como tema e objeto da filmografia brasileira, em especial na trajetória dos primeiros documentários e cinejornais produzidos entre 1898 e 1930.[7] Contudo,

---

6 Cf. Trotski (1976, p.66-72). (Ver tradução desse texto em "Estudos afins", II.). De fato, ao longo do artigo, Trotski parece oscilar entre uma proposta didático-pedagógica e "dirigida" – para o cinema – e uma perspectiva mais ampla, ao concebê-lo como forma de liberação do desejo e do imaginário das massas populares, como instrumento de mero lazer e diversão, tecnicamente poderoso. Com efeito, essas duas concepções parecem alternar-se no conjunto do texto. O termo "cinematógrafo", aqui, pode ser visto como indicador de um certo encantamento do dirigente bolchevique diante das maravilhas de uma invenção original, materializada num artefato da técnica moderna: ele ainda contempla, perplexo, a magia que aquela pequena máquina é capaz de criar sobre um pedaço de pano branco.

7 Por exemplo, entre 1899 e 1901 ocorrem os registros mais antigos de três filmes rodados pelos irmãos Alfredo e Pascoal Segreto, sobre os *Círculos operários italianos* de São Paulo e Rio de Janeiro (reuniões e desfiles) (Museu de Arte Moderna, 1979, p.7-10). Em maio de 1917, alguns cinejornais já apresentavam cenas de "um grande comício operário" no Rio de Janeiro. Ocorre, também, o registro filmográfico de piqueniques e festas operárias organizadas por algumas fábricas, como as "Festas dos Operários da Casa Auler & Cia." (Rio de Janeiro, 1911) ou o piquenique anual dos empregados da Cia. Calçados Clark, em Santos, nos anos de 1927 e 1928, contendo "chegada à praia José Menino, baile ao ar livre, corrida: o vencedor, aspectos dos bondes etc.". No plano do universo simbólico-cultural, algumas referências são interessantíssimas, como o documentário de Annibal Requião (Curitiba, 1911), intitulado: "Entrega do Estandarte à Seção de Ginástica da Sociedade de Operários Alemães". Quanto ao processo de trabalho no interior da fábrica, são muitas as referências à produção de documentários patrocinados pela própria empresa, com evidente cunho ideológico e publicitário, como o filme *Fabricação de chapéus* (1913), cujo anúncio diz: "Filme cedido pelo Sr. Alberto Rodrigues, proprietário da chapelaria Alberto (São Paulo). Mostra o conforto e as garantias que cercam os operários" (Bernardet, 1979). Tanto o trabalho de Bernardet, como o levantamento pioneiro coordenado por Cosme Alves Netto, da Cinemateca do MAM-RJ, contém registros de documentários do trabalho industrial em setores como o têxtil, o ferroviário, o mecânico, o hidrelétrico, o de cigarros, a mineração, o de alimentos etc., além de temas conexos relativos às exposições industriais, à imigração e à colonização, aos portos, à mecanização da agricultura e às revoltas, como a dos marinheiros, em 1910, ou a do Contestado. As produções localizam-se não só na Região São Paulo-Rio de Janeiro, mas também no Paraná, no Rio Grande do Sul, em Minas Gerais, na Bahia (setor fumageiro de

rapidamente, as salas de projeção iam se transformando em lugares de grande popularidade, frequentados por toda a sociedade paulista: anúncios regulares de espetáculos cinematográficos e de novas salas de projeção publicados no jornal *Folha do Povo*, a partir de 1908, indicam os primeiros embriões da comercialização do cinema.[8] Nesse sentido, a reação anarquista ante o uso do cinematógrafo pela Igreja Católica era compreensível: revelava, a um só tempo, a preocupação em renovar a crítica aos veículos da ideologia dominante e a perplexidade – como Trotski, mais tarde – diante do poder revolucionário da linguagem cinematográfica.

Num artigo de 1916, intitulado "O teatro e a Igreja", a crítica volta-se contra o aparelho de Estado, e a preocupação é com a concorrência desleal de uma "disposição policial cinema-religiosa" em face do teatro operário:

> Nessa semana que se aproxima, essencialmente carnavalesca, a que o vulgo chama *Semana Santa*, existe uma determinação policial, estúpida, como afinal sói ser toda ordem da polícia. Consiste essa determinação em proibir as representações teatrais quando não sejam inteiramente sacras. Corporiza essa arbitrariedade um desmerecido protecionismo ao cinematográfico, que, achando-se só em campo, sem a concorrência dos espetáculos dramáticos, tem na tal semana, a de maior lucro em todo o ano. Sangrando a paciência do público com a vida, paixão mais miudezas de Cristo, confeccionando de Bíblia nas unhas, diferentes filmes de estafados assuntos religiosos, vêm, policialmente autorizados, os empresários dos cinematógrafos, abrindo maior fundura no depauperado organismo teatralista (Figueiredo, 1916).

Em outro artigo, já em 1919, a crítica concentra-se na instalação do cinematógrafo em uma igreja; aqui, a perplexidade torna-se desconfiança eivada de puritanismo:

Cachoeira e São Félix) e no Pará, onde, em 1912, registra-se um filme de Ramón de Baños, produzido em Belém, sobre a "Manufatura de Cordeleria e Arpilleras" (cordas e arpéus para embarcações). Infelizmente, para a memória histórica do trabalho e para os olhos contemporâneos, a quase totalidade dessa produção está perdida, exceptuando-se as raríssimas películas sobre a Fábrica Votorantim (1922) e as indústrias Matarazzo e Crespi (anos 1920), recuperadas pela equipe do projeto "Imagens e história da industrialização no Brasil (1889-1945)", pelo DCS/ Unicamp, em 1976.

8 *Folha do Povo* ("Jornal Independente"), São Paulo, ano I, n.1, 15 mar. 1908 até ano II, n.72, 4 maio 1909.

Os padrecos, coitados, andam às tontas para ver se conseguem escorar o edifício da sua seita parasitária, exploradora e assassina... eles lançam mão de todos os recursos de catequização e fanatismo.

Domingo, na Igreja do Belenzinho, houve sessão... cinematográfica, com o intuito evidentíssimo de atrair, para aí meia dúzia de pobres de espírito. De modo que a Igreja – que já era taverna, casa de tavolagem, bordel elegante e frege tenebroso – acrescentou, agora, a todas essas boas qualidades a de casa de... espetáculos! (*A Plebe*, 23 set. 1919).

Com efeito, naquele momento, apenas se esboçava a implantação de uma indústria cultural de massas, tendo o Estado como principal implementador. Na Europa, esse processo contou com a colaboração dos partidos social-democratas e comunistas burocratizados: é assim que, na França, durante o governo da Frente Popular, consolidou-se um sistema de lazer estatal, montado sob o signo do assistencialismo reformista (Dommanget, 1977). Claro, no que tiveram de positivo para a classe operária, essas medidas representaram conquistas de seu movimento reivindicatório, mas, concomitantemente, marcaram um novo momento de assimilação das reivindicações pela burocracia estatal e partidária. No Brasil, no pós-1930, o Estado generalizou uma "política social" autoritária e paternalista: na cidade de São Paulo, por exemplo, é na época do Estado Novo que se propagarão os *parquinhos municipais*, especialmente voltados para o atendimento das crianças das classes trabalhadoras. Percebemos que a ordem ideológica privatizada pela ação da burguesia, processo comum na Primeira República, será lentamente substituída pela intervenção estatal nos domínios da previdência social, do treinamento da mão de obra e do lazer operário estandardizado. Bem mais tarde, em 1959, a publicação do trabalho de Acácio Ferreira, *O lazer operário*, já se colocava dentro da perspectiva de uma *organização racional* do tempo livre. Por isso, na atmosfera eufórica do nacional-desenvolvimentismo, seu autor dedica a obra aos governantes, técnicos e administradores. Paralelamente, a pesquisa de campo realizada na periferia de Salvador (BA) indicava o rádio, o cinema, o futebol, o dominó e o candomblé como as principais formas de lazer da massa operária. A influência do mar e dos grupos de vizinhança era também notada.[9]

---

9 Cf. Ferreira (1959). Ver, em especial, p.87-110. Sobre esse livro, cf. também os comentários de Astrojildo Pereira (1963, p.324-55).

A transformação da antiga "cultura operária" em "cultura de massas" já foi tema de vários estudos, incluindo-se a obra de Hoggart (1973-1975) para o caso da Inglaterra e a pesquisa de Ecléa Bosi (1973) sobre as leituras de operárias da região de São Paulo. Os autores são unânimes em afirmar a diluição de valores tradicionais no meio operário, em meio ao avanço rápido da penetração dos artefatos da indústria cultural. Não se trata, aqui, de considerar tal penetração de maneira absolutizante e totalitária (embora a vocação implícita do capitalismo monopolista o seja), pois tal visão não aprofunda a análise das contradições culturais, permanecendo no inventário descritivo das culturas destruídas, o que redunda, muitas vezes, no imobilismo pessimista que não transcende a constatação da própria tragédia. Trata-se, pelo contrário, de buscar os sinais dessa tensão, dessa contradição permanente, em que a dominação da indústria cultural se faz e refaz, sendo "atualizada" a cada momento pelo conflito (latente e/ou manifesto) "separatismo" *versus* "assimilação". Por exemplo, no caso já referido da mudança de padrão da festa-propaganda para o festival-espetáculo (Capítulo 1), podemos entrecruzar, além do feixe principal de relações entre o discurso anarquista e o discurso da classe, a concorrência dos meios de comunicação maciça em expansão e o próprio manancial mais elaborado da ideologia dos industriais, ao combinar a repressão com a assimilação por meio de festas, piqueniques e outros atrativos de lazer operário patrocinados diretamente pelas empresas. Mais que constatar essas mudanças de padrão, a análise deve discutir duas questões subjacentes:

1. Nunca houve, mesmo nos momentos iniciais de formação do proletariado, uma cultura "autenticamente" operária, antes uma expectativa de algumas direções do movimento (no caso que analisamos, das correntes anarquistas) ou ilusões de uma pequena burguesia ativista e intelectualizada. A esse propósito, Hobsbawm (1974, p.245) lembra que, além do problema da *assimilação* do discurso dominante, a classe operária não chegou a criar uma cultura própria, pois seu modelo, nesse caso, "saiu de uma tradição cultural mais vasta, a das *classes subalternas pré-industriais*" que, na história social da Inglaterra, estão representadas pelos setores oriundos do artesanato e trabalhadores semiassalariados de oficinas e manufaturas. No Brasil, verificamos o nascimento de uma classe operária sem vínculos diretos com uma "cultura nacional", sendo,

pelo contrário, uma combinação internacional de tradições culturais europeias diversas trazidas com os imigrantes, e da experiência (menos significativa nessa fase, mas sem dúvida presente) advinda do trabalho camponês, do passado escravista e do pequeno setor artesanal das cidades. Trata-se de tão extensa heterogeneidade, combinada à própria diversidade regional interna que, no Brasil como na Rússia (do final do século XIX e início do XX), não chega a configurar-se nitidamente um modelo cultural com um mínimo de coesão e unidade.[10] Em razão desse problema, derivado da própria dinâmica de constante renovação e modificação da força de trabalho, bem como da divisão social do trabalho e da dominação de classe, Trotski prefere trabalhar com a noção aproximativa de *cultura pré-proletária*[11] para designar algo que nunca se completa como um sistema acabado, mas se desenha sempre como um esboço, um arcabouço de elementos instáveis e em permanente reelaboração, no confronto entre o passado e o presente da luta de classes.

2. Em que medida seria possível a uma determinada direção do movimento operário desenvolver uma "resistência" efetiva, no plano cultural, à penetração dos meios de comunicação de massa? Já que a ideologia dominante é um aspecto inerente à dominação política de classe, como resolver, situando-se apenas no plano das mentalidades e de

---

10 Cf. "L'homme ne vit pas que de politique" (Trotski, 1976, p.23-36). Esse artigo trata especificamente das relações entre *cultura* e *política*. Sobre o problema da heterogeneidade sociocultural do proletariado, cf. p.28-9. A respeito dessa "mistura" de tradições no panorama cultural da cidade de São Paulo, no início deste século, comenta o historiador Dean (1976, p.27): "De cima para baixo a cidade metrópole embrionária exibia a integração na vida 'moderna' da cultura europeizada e popular. O futebol chegaria alguns anos depois; os empregados da companhia de gás e das estradas de ferro praticavam o *sport* bem antes do aparecimento dos primeiros *clubs*. Em nossos teatros e lugares públicos exibiam-se filmes europeus, ainda que nenhuma casa de espetáculos tivesse sido construída com a destinação específica de cinema. Era a época que prenunciava a *Belle Époque* paulista dos anos de 1914, quando Ana Romilda Gennari, filha de imigrantes italianos chegados em 1880, animaria filmes mudos tocando ao piano operetas francesas e austríacas como a 'Duquesa do Bel Tabarin' ou a 'Princesa dos Dólares'".

11 Cf. Trotski (1969, p.170 e 189). Nessa mesma perspectiva dialética, são esclarecedores os artigos de Victor Serge inseridos na coletânea *Revolução e cultura proletária* (1977), que reúne textos sobre a Revolução de Outubro e a literatura social, escritos desde o "calor da hora" até o final dos anos 1920. Ver, em especial, a crítica às teorias obreiristas da cultura e à noção pequeno-burguesa de "cultura operária" (p.53-9), bem como os apêndices relativos à "literatura proletária".

uma consciência de classe idealizada e abstrata (portanto, no plano das ideias), um problema que é essencialmente *político*, produto da desigual correlação de forças entre as classes no capitalismo? Como resolver fora da luta política a questão ideológica, que é parte integrante da dominação de classe e que, portanto, só pode ser superada junto com toda a dominação de classe, pela via da revolução social, pela destruição do Estado que concentra essa dominação?

A concepção iluminista do *saber é poder* teve influência considerável nas propostas de várias correntes do movimento operário mundial. Ainda hoje presenciamos a obstinação com que grupos afoitos e presunçosos de pequeno-burgueses tentam "levar a consciência" até as massas. Por ser uma visão calcada no mito iluminista do *saber*, ela impregnou fortemente certos programas pedagógicos para a classe operária. Na corrente social-democrata autoritária de Lassalle, esse pedagogismo crente na "conscientização" já aparecia no programa de Gotha.[12] Aliás, nesse sentido, o Partido Social-Democrata alemão "fez escola" literalmente: em 1906 foi fundada, em Berlim, a Escola Central do partido, tendo mestres dirigentes como Bebel, Mehring, Rosa Luxemburgo, entre outros. Na foto clássica dessa escola, aparece, ao fundo da classe, um retrato de Pestalozzi, o grande pedagogo suíço do iluminismo (Buonfino, 1975; Droz, 1974, v.II).

Até os setores mais à esquerda da social-democracia não estiveram imunes a essa concepção *exterior* à consciência revolucionária da classe operária. Lenin, em 1902, em *Que fazer?*, também incorre na mesma visão de uma consciência transportada desde fora para as massas, pela vanguarda e pelo partido. Essa visão, no prefácio de 1907 à mesma obra, foi parcialmente relativizada. Supunha, ao que tudo indica, que as massas, abandonadas à sua própria espontaneidade, nunca ultrapassariam uma "consciência sindicalista", o que a Revolução de 1905 e a Comuna de Paris em 1871 já haviam desmentido, com a construção de organismos próprios de poder pela classe operária.[13]

Foi durante a Comuna de Paris que se inscreveram com maior vigor as propostas libertárias no campo do ensino e da educação. Herdadas das

---

12 Ver a crítica a essas concepções em Marx & Engels (1975).
13 Sobre essa discussão, ver Marx et al. (1978).

ideias de Proudhon e Blanqui, entre outros, representaram um momento importante na luta pela laicização do ensino, processo iniciado um século antes pela Revolução Francesa e que interessava ao proletariado ampliar (Froumov, 1958). Posteriormente, a obra de Francisco Ferrer veio selar a concepção anarquista de Escolas Livres. Certamente, muitas das ideias contemporâneas em torno de uma "revolução pedagógica" nada têm de inéditas ou espetaculares, se comparadas com a perspectiva de Ferrer, essa sim uma posição avançada em sua época, não só na Espanha, mas em todos os países onde o anarquismo implantou-se, inclusive no Brasil e na Argentina.

Nesse último país, impressiona mais uma vez a similitude de padrões discursivos (ver Capítulo 1) em relação à proposta das Escolas Livres. Por exemplo, o jornal *La Protesta Humana*, de 9 de agosto de 1902, informava que, em Buenos Aires,

> uma nova e bela instituição criou nossos companheiros de Barracas com o concurso da classe operária daquele bairro marítimo... Trata-se da implantação de uma escola libertária, que será o primeiro baluarte levantado contra o envenenador ensino oficial e religioso, destinando-se a proporcionar aos filhos dos trabalhadores uma educação livre, racionalista, purgada de toda infecção patrioteira e religiosa... Nesta escola ensinar-se-á aos alunos de ambos os sexos conforme os mais aperfeiçoados sistemas pedagógicos e com a mais escrupulosa verdade científica (Campo, 1971, p.85).

Basta comparar esse discurso com a propaganda anarquista em São Paulo em prol das Escolas Livres,[14] para perceber a enorme semelhança formal e de conteúdo entre as propostas.

Em São Paulo, a experiência concreta mais duradoura foi a das Escolas Modernas do Brás e Belenzinho, que sobreviveram precariamente durante

---

14 Dizia o anúncio da Escola Libertária Germinal (Bom Retiro, São Paulo, 1904): "*Trabalhadores, não vos iludais!*... Ai! do deserdado que confia na providência dum deus quimérico, na tutela do governo ou na beneficência burguesa!... *Trabalhadores, despertai!*... Nas escolas *subsidiadas, ortodoxas, oficiais*, esgota-se a potencialidade mental e sentimental dos vossos pequeninos, com a masturbação vergonhosa e constante de mentirosa solidariedade no trabalho, na expansão e nas calamidades pátrias... Animai os promotores ou regentes de escolas racionalistas, das quais sejam rigorosamente banidas as superfluidades e traições do ensino ortodoxo" (cf. *O Amigo do Povo*, n.63, 26 nov. 1904, p.4, apud Hardman & Leonardi, 1982, cap.16, p.327).

cerca de seis anos (1913-1919). O jornal que mais divulgou notícias sobre essas escolas foi, certamente, *A Lanterna*.[15] Não apresentou, contudo, praticamente nenhuma informação concreta sobre o andamento dos cursos, a experiência didática em si, o universo cultural interior à instituição. As notas são muito mais de propaganda, apresentando a programação geral e resumindo a doutrina pedagógico-racionalista de Francisco Ferrer. Por exemplo, num anúncio da Escola Moderna n.2 (Rua Müller, 74 – Brás), reproduzido por vários meses em *A Lanterna*, em 1914, lemos:

> Esta Escola servir-se-á do método indutivo demonstrativo e objetivo, e basear-se-á na experimentação, nas afirmações científicas e raciocinadas, para que os alunos tenham uma ideia clara do que se lhes quer ensinar.
>
> EDUCAÇÃO ARTÍSTICA, INTELECTUAL E MORAL
>
> – Conhecimento de tudo quanto nos rodeia
> – Conhecimento das ciências e das artes
> – Sentimento do belo, do verdadeiro e do real
> – Desenvolvimento e compreensão sem esforço e por iniciativa própria.
>
> MATÉRIAS:
>
> As matérias a serem iniciadas, segundo o alcance das faculdades de cada aluno, constarão de – *leitura, caligrafia, gramática, aritmética, geometria, geografia, botânica, zoologia, mineralogia, física, química, fisiologia, história, desenho*, etc.[16]

Além desse tipo de divulgação, as festas operárias em prol das Escolas Modernas ocorriam com alguma frequência. A precariedade material era evidente, a julgar pelas doações recebidas por ocasião de uma quermesse beneficente: 1 vidro de *Água Florida*; 1 caixa de figos; 1 lata de tomate;

---

15 Cf. *A Lanterna*: n.50 (24 set. 1910); n.51 (1 out. 1910); n.109 (21 out. 1911); n.23 (18 out. 1913); n.214 (25 out. 1913); n.216 (8 nov. 1913); n.225 (10 jan. 1914); n.228 (31 jan. 1914); n.262 (26 set. 1914); n.292 (28 out. 1916). Sobre o lançamento inicial da campanha pró-fundação de Escolas Livres, cf. *A Terra Livre*, n.65 (1 jan. 1910 p.4); cf., também, *A Lanterna* (27 nov. 1909). Sobre o fechamento posterior dessas escolas e suas repercussões, cf. *A Plebe*: ano II, n.3 (8 mar. 1919); ano III, n.23 (9 ago. 1919); ano IV, n.51 (7 fev. 1920); ano IV, n.84 (2 out. 1920).

16 *A Lanterna*, n.225 (10 jan. 1914, p.4).

1 lata de azeitonas; 1 lata de marmelada; 1 caixa de sabonetes; 1 caixa de papel e 6 tigelas; 2 chapéus de palha; 4 gravatas e uma bengala; 9 garrafas de licores; 3 pratos de finos doces; 2 pacotes de charutos; 1 garrafa de *Capile*; 1 segredo; 2 frascos de *Água de França*; 1 brinquedo; 104 doces; bombons etc.; 1 rica toalhinha de crochê; 1 pincenê; 2 exemplares de *Evolução, revolução e ideal anarquista*; 6 xícaras e 6 chávenas; 1 garrafa de cerveja e 1 salva. A renda dessa quermesse mal deu para cobrir as despesas da festa.[17] Em outra dessas festas, os alunos, seguindo a tradição pedagógica da Escola Moderna, cantaram hinos e recitaram poemas de sugestivos títulos, como *O ratinho, As ovelhas, Segredo, Ser mãe, O alcoolismo, Gênesis sombria, O alfabeto* e *Casa do coração*. Nessa ocasião, foi distribuído um jornalzinho escolar redigido pelos próprios alunos: *O início*.[18] Na mesma época (agosto de 1916), realizaram-se nas Escolas Modernas conferências da *Sociedade Renascença Naturista*, apresentadas pelo naturista Kaminetzki, sobre o tema "A vida simples". Leuenroth, redator de *A Lanterna*, elogiou a iniciativa daquela sociedade, "mas disse lamentar que o regime naturista, no presente, apenas possa ser praticado por uma minoria de privilegiados, que são os senhores da Terra".[19]

Dada a quase inviabilidade de reconstituir a vida interna dessas escolas, é interessante tentar estabelecer os elos dessa prática cultural com o próprio movimento operário. Nesse sentido, trata-se de perseguir o molecular movimento de mobilização em torno da necessidade de criação das Escolas Livres, processo aberto após o assassinato de Francisco Ferrer, em outubro de 1909, e que se estende, numa fase de refluxo e percalços, até sua inauguração, no final de 1913; e, também, acompanhar o debate que se travou na imprensa operária, após o fechamento dessas escolas pela repressão em 1919 (embora contassem, juntas, cerca de 150 alunos por essa época), como

---

17 *A Lanterna*, n.228 (31 jan. 1914, p.3).

18 *A Lanterna*, n.292 (28 out. 1916, p.4). Para uma síntese das principais propostas político-pedagógicas de Ferrer em relação à Escola Moderna, ver Tragtenberg (1978). É interessante observar que os anarquistas estiveram entre os primeiros teóricos que se preocuparam em definir a especificidade e a autonomia do universo infantil no desenvolvimento da aprendizagem. Em outro contexto, no campo do teatro social, é bem sugestivo o seguinte comentário de um jornal anarcossindicalista, após a apresentação de um grupo filodramático de crianças (*Attore Infantile*): "a peça é excessivamente trágica para crianças. *Para elas, querem-se coisas alegres e ligeiras, com as quais também se pode fazer boa propaganda.*" (*O Amigo do Povo*, n.31, 1903, p.4, grifos meus).

19 *A Lanterna*, n.292 (28 out. 1916, p.4).

momento particular da reação burguesa e governamental indiscriminada contra o conjunto do movimento operário e suas instituições de classe.

O primeiro desses momentos – os quatro anos (1909-1913) que separam a morte de Ferrer da inauguração das Escolas do Brás e Belenzinho – refere-se ao período da preparação e propaganda que, por sua própria demora, revela as dificuldades materiais e organizativas daquela experiência. Não faltaram, porém, esforços, num momento difícil de refluxo generalizado das mobilizações operárias. Como exemplo rico, temos as comemorações de 13 de outubro de 1911, no segundo aniversário da morte de Ferrer, com um comício popular no Largo de São Francisco. Mais que os discursos veementes em memória do fundador da Escola Moderna e em protesto contra a "reação clérigo-monárquica espanhola", expressão particular da miséria e da opressão vividas pelos trabalhadores de todo o mundo, é interessante acompanhar o ritual coletivo desenvolvido no decorrer da manifestação. Símbolos, gestos, passeatas, palavras de ordem, esses são alguns elementos que constroem um movimento especial, que tornam a manifestação algo mais amplo e vivo que o discurso anarquista. Dialeticamente, porém, é só pela mediação desse discurso que podemos nos aproximar do movimento dos trabalhadores. A comemoração é vista como obra dos "elementos avançados de São Paulo". E o êxito do comício (apesar de não se fornecer o número aproximado de participantes) é creditado ao fato de que "o povo ainda acede ao apelo dos que se dedicam à defesa dos seus direitos". A organização do evento contou com reuniões preparatórias, formação de comitês (um Comitê Central, composto por "operários de propaganda" e vários outros "para os diversos arrabaldes") e distribuição de boletins no centro e nos bairros.

O comício realizou-se no mitológico Largo de São Francisco. Entre a multidão, veem-se os cartazes em homenagem aos "mártires do Livre-Pensamento", confeccionados pelo Círculo de Estudos Sociais Conquista do Porvir, do bairro da Bela Cintra. Mais que a retórica, a cena e o movimento, como se pudéssemos captá-los cinematograficamente:

> Subindo às grades da estátua de José Bonifácio, falou em primeiro lugar, dando início ao comício, o operário serralheiro Maffei que, em feliz improviso... As últimas palavras do companheiro Maffei foram cobertas por uma salva de palmas.

A tribuna solene dos bacharéis e liberais é profanada por operários e agitadores. O movimento operário "sobe às grades da estátua". Sucedem-se os oradores: João Penteado; Lucas Masculo; Edgard Leuenroth que, da "incômoda tribuna", enaltece a figura de Firmín Sagristá, "artista extraordinário" condenado a doze anos de prisão; J. Mitchell; dois operários anônimos, um russo e um espanhol, que discursaram em castelhano; e, embora o articulista não tenha transcrito seus nomes e discursos, garante que eles não saíram da "linha", a julgar pelos aplausos arrancados. E, de repente, a ruptura na sucessão de discursos pela entrada em cena de um movimento mais carregado de significações:

> Um outro companheiro dispunha-se a falar, quando todas as atenções foram atraídas para o Largo do Ouvidor, de onde vinha a
>
> COLUNA DO BRÁS
>
> que, precedida por uma banda de música e de muitos cartazes entrou no Largo de S. Fco., por entre os aplausos calorosos e vivas entusiásticos da massa de povo que ali estava.

"Sobe às grades", desta vez, Leão Aymoré (um dos que, aparentemente, conduziam a *Coluna do Brás* e, nos anos seguintes, dos mais destacados organizadores das Escolas Livres em São Paulo), que

> terminou convidando o povo a percorrer em coluna o centro da cidade, no que foi logo atendido, pondo-se
>
> A COLUNA EM MARCHA
>
> pela R. Benjamim Constant, descendo a R. Mal. Deodoro, R. XV de Novembro, subindo depois a R. de São Bento e entrando
>
> NOVAMENTE NO LARGO
>
> onde falou novamente o companheiro Maffei....

Após a marcha, o ritual do discurso renasce como se a palavra ganhasse novo sopro pela energia liberada das massas em movimento. Sobe à tribuna Edgard Leuenroth e dá seu último recado. As massas operárias que, por instantes carregados de sentido histórico, se apropriaram do espaço público da cidade, desaparecem mais uma vez, como ao término de uma festa, por trás da paisagem brumosa do espaço operário, de onde vieram à tona. Como a própria dialética do ritmo desigual do movimento operário, o momento de sua aparição súbita e desaparição repentina acompanha, simultaneamente, o esvanecer desse discurso único: as palavras do articulista chegam ao ponto final, assim como as notas musicais da banda operária que se inscrevem no desfecho da cena:

> E aí terminou o comício por entre as vivas à liberdade e à emancipação humana, formando-se em coluna, os companheiros do Brás que, *incorporados e com sua música à frente regressaram ao bairro, onde se dissolveram.*[20]

Um outro momento a analisar é o do fechamento das escolas operárias. Aqui, o que se destaca não é tanto sua influência no movimento operário, mas sim os efeitos daquela atividade cultural sobre a ordem dominante. Apesar de seus reconhecidos limites, provocou uma reação violenta das instâncias policial e jurídica do aparelho de Estado. O governo estadual fechou-as, alegando, como pretexto, que não obedeciam às normas em vigor com respeito à legislação do ensino. Na verdade, tratava-se de um golpe certeiro contra o movimento operário e, em particular, contra o anarquismo. Isso, em 1919, quando o ascenso grevista, desde julho de 1917, assustava a classe dominante. É interessante ressaltar, entretanto, como o fez a própria imprensa anarquista, que no Supremo Tribunal Federal, quando do julgamento de recurso jurídico, apesar da vitória do governo, houve dois votos dissidentes favoráveis à Escola Moderna.[21] Na atmosfera desse debate, Maurício de Lacerda escreve veemente artigo de crítica à repressão e de defesa das escolas livres; João Penteado ainda publica outro em *A Plebe*, com o título: "A escola na prisão".[22]

O problema das relações com a ordem dominante repõe, dramaticamente, as vicissitudes de uma cultura que vivia o dilema *separatismo/assimilação*; de uma "política cultural" que tinha sua existência premida entre o *desterro* no espaço e o *sucumbir* no tempo.

***

---

20 Toda essa matéria está no artigo intitulado "A Comemoração do dia 13", in *A Lanterna*, n.109 (21 out. 1911, p.2) (os grifos do trecho final são meus).

21 Cf. *A Plebe*, ano IV, n.84 (2 out. 1920, p.4).

22 Cf. *A Plebe*, ano IV, n.54 (7 fev. 1920, p.4).

Na concepção anarquista, sempre foi contraditória a definição de um sentido plenamente configurado para o conceito de *classes* e o processo específico de sua formação e desenvolvimento na *luta de classes* característica do capitalismo. Reconhecer tal contradição não significa negar, como fizeram certas análises stalinistas, a presença das correntes anarquistas como tendências integrantes do movimento operário mundial, inscritas irreversivelmente em sua história. Aliás, Marx e Engels, na acirrada crítica ao anarquismo, seja na polêmica com Proudhon, seja nos conflitos com Bakunin na Primeira Internacional, jamais deixaram de considerar essas correntes elementos inerentes à própria dinâmica contraditória do movimento operário (Marx, 1978; Arru, 1974; Marx & Engels, 1975). Justamente por isso, o embate político travava-se no *interior* do movimento operário: os anarquistas eram considerados interlocutores e não desqualificados como apêndices extemporâneos ou "desvios" acidentais.

A meu ver, entretanto, houve uma ruptura entre o movimento anarquista mundial que interveio na luta de classes até a guerra civil espanhola e início da Segunda Guerra Mundial e, posteriormente, as gerações que reapareceram nos anos de 1960, retomando propostas "anarquizantes", filiadas, contudo, não mais ao movimento operário, e sim a movimentos radicais da pequena burguesia nas universidades, nos meios artísticos, nas manifestações da juventude na Europa e nos EUA, marcadas pelos signos de Maio de 1968 e Woodstock. Essa ruptura marcou uma descontinuidade abrupta, não só entre gerações, mas também no ideário e no enraizamento nos movimentos sociais. Quando, já no final da década de 1970, era reconstruída na Espanha a CNT, com o ressurgimento de toda a força e a tradição do anarcossindicalismo, tratava-se, sem dúvida, da presença libertária no movimento operário; quando, no entanto, em Maio de 1968, Cohn-Bendit declara ser "um marxista como Bakunin o era" e conclui, nessa perspectiva, que os "estudantes revolucionários podem desempenhar um papel primordial no combate", trata-se de coisa bem diferente, isto é, da radicalidade de um discurso no seio do movimento pequeno-burguês.[23]

---

23 Apud Bloch (1969, p.2 e 4). Esse texto foi traduzido no Brasil; ver Bloch (1981, p.9-25). São mantidas, aqui, as citações da edição francesa. Essa solução de continuidade na trajetória do movimento anarquista não é privilégio apenas de suas correntes. No movimento trotskista, só para citar outro exemplo, encontraremos uma mesma analogia, em que pesem as diferenças políticas evidentes entre essas tendências. Entre, por um lado, a geração contemporânea

90   FRANCISCO FOOT HARDMAN

Mas voltemos à contradição do conceito de *classe* no pensamento anarquista. Bakunin, em *Étatisme et anarchie*, destacou a potencialidade revolucionária das massas na Itália, região menos industrializada que outros países da Europa, justamente porque ali ele vislumbra uma energia muito mais promissora nos "sentimentos de desespero das camadas mais pobres" da

---

de Trotski, que o acompanhou até 1938, até o início da Segunda Guerra, marcada pela dupla repressão (burguesa e stalinista) contra seus quadros e, por outro, a geração do pós-guerra, que se multiplica em divisões de correntes até a atualidade, existe um abismo profundo, não só físico, mas também social: é a distância que separa uma experiência inicial vinculada ao movimento operário e sua tradição internacional, herdeira, mesmo que indiretamente, dos frutos e problemas da Revolução Russa e, por outro lado, a experiência limitada de quem se autoproclama direção por decreto ("e vinde a nós os operários"), revezando-se em seu doutrinarismo sectário, triunfalista, irremediavelmente isolado do movimento operário, cultivando as variações em torno dos últimos modismos ideológicos da pequena burguesia, mal disfarçados sob a religiosidade dogmática do *militantismo*. Acredito que, nesse quadro, cada vez mais tenha se acentuado, especialmente após 1940-1945, uma crise profunda que veio isolando (com muito mais ênfase, certamente, do que na época passada que analisamos, final do século XIX e três primeiras décadas do XX) as pretensas "direções revolucionárias" do movimento operário em seu conjunto. Após a falência política dos partidos tradicionais (social-democratas e comunistas, isto é, II e III Internacionais), nunca chegou a se configurar, de maneira minimamente estável, uma nova direção mundial com raízes reconhecidas no movimento operário. Esse drama perdura, na atualidade, após os rumos burocratizantes assumidos pelas revoluções do pós-guerra, a chinesa (1949) e a cubana (1960), que chegaram a constituir, em certos momentos e lugares, uma espécie de "esperança alternativa" para a crise de direção.
Dessa perspectiva de leitura da crise do movimento operário mundial, apoio-me, entre outros, em três autores que, embora em contextos históricos diversos, viveram suas experiências no interior de PCs burocratizados e romperam com a estrutura organizacional stalinista, permanecendo, porém, no campo da luta de classes e do pensamento dialético com raízes no materialismo histórico. Para uma crítica do estruturalismo marxista de matriz althusseriana, bem como de suas derivações acadêmicas no meio universitário, ver Thompson, 1981: essa obra estabelece, inclusive, uma clivagem na chamada "tradição marxista", após o massacre da revolução operário-popular na Hungria, em 1956, pelo Estado burocrático soviético. Para uma crítica da noção abstrata e metafísica de "consciência de classe", a partir da burocratização do PC alemão, ver o interessante texto de Reich (1976): esse opúsculo, originalmente escrito em 1934, com o pseudônimo de Ernst Parell, na Dinamarca, onde o autor exilou-se após a ascensão do nazismo, é uma contribuição para a elucidação das mediações psicossociais entre a *direção* e a *classe* no movimento revolucionário. Reich reintroduz os elos necessários entre *consciência de classe* e *vida real das massas*; aparentemente, elos perdidos a partir da burocratização do organismo partidário e da cristalização dogmática de sua direção. Para uma crítica do stalinismo espanhol, tanto em sua vertente histórica quanto na modalidade eurocomunista atual do PCE, ver o magistral ensaio autobiográfico de Semprún (1979). Esse autor também acerta contas com o "marxismo universitário de luvas brancas e miolo mole" e desenvolve largamente o tema da mística doutrinária e da religiosidade militante, como aspectos simbólicos essenciais do modelo stalinista de organização.

população. Bakunin contrapõe as ideias e aspirações da "vaidade burguesa", que já estariam impregnando setores do proletariado europeu, à *incultura* das massas despojadas na Itália, em particular de setores do campesinato e do "proletariado em farrapos", expressão que guarda parentesco com *lumpemproletariado*.[24] Assim, a *incultura* das turbas incontroláveis de andrajosos é tomada como tendência revolucionária mais consequente do que a *cultura aburguesada* que já estaria bloqueando setores do proletariado de países mais industrializados, onde a hegemonia político-ideológica da burguesia constituía-se com maior solidez. O tema, de qualquer modo interessante, seria retomado por Gramsci, justamente na análise da história das classes na Itália, quando discute a questão das relações dialéticas entre dominação política e dominação cultural, entre Estado e sociedade civil, entre coerção e persuasão, no processo de conquista da hegemonia. E Trotski (1976, p.27-35), em contexto diverso, analisa os efeitos da "incultura relativa" (em comparação com o peso das tradições culturais e ideológicas da burguesia de outros países europeus) da classe operária russa na Revolução: sugere, nesse caso, a potencialidade do proletariado russo no desencadeamento do *momento político* da Revolução de 1917 e, dialeticamente, uma gama maior de obstáculos no *momento cultural* de construção de uma nova sociedade após a tomada do poder.

Em que pesem os elementos reais sobre os quais se apoia a desconfiança de Bakunin com respeito ao proletariado moderno de fábrica (basta acompanhar a trajetória reformista da social-democracia, tendo por respaldo a "aristocracia operária"), podemos, de qualquer modo, localizar essa atitude no interior de um padrão comum aos teóricos anarquistas, que buscam as fontes do *élan* revolucionário não numa análise de classes, mas numa concepção universalista e abstrata, que resgata a força motriz das mudanças históricas na miséria e no desespero das amplas massas de "explorados e oprimidos". Assim, a energia revolucionária que poderia destruir o capitalismo está, de certo modo, localizada na multidão dos despossuídos, na ralé, na plebe multiforme e selvagem, nas turbas urbanas, nas massas pobres do campo, enfim, num amálgama de grupos subalternos pré-industriais (embora sobrevivam e até recrudesçam após a Revolução Industrial), cujas revoltas já foram estudadas, entre outros, por George Rudé e Eric

---

24 Apud Bloch (1969, p.3). Em francês, *"le prolétariat en haillons"*.

Hobsbawm. Essa tendência, com matizes e diferenças de enfoque, aparecerá, também, nas obras de Proudhon, Tolstói e Kropotkin.[25]

Se as afirmativas a respeito desse distanciamento das concepções anarquistas primitivas em relação ao proletariado fabril como classe são válidas num sentido geral, cumpre assinalar uma ressalva: o anarcossindicalismo ou sindicalismo revolucionário, como tendência específica, acabou tendo, em sua prática, estreitas relações com a classe operária urbana, não só dos setores tradicionais de produção, mas também do setor industrial moderno. E isso ocorreu tanto em países da Europa (Espanha e França, entre outros, dois casos notáveis) quanto da América Latina (Brasil e Argentina, por exemplo). A teoria do sindicato operário como meio privilegiado da emancipação social, centro da doutrina anarcossindicalista, acabava sendo uma "atualização" relevante dessa corrente diante de suas raízes mais "arcaicas", isto é, as antigas utopias comunitárias anarquistas. Essa maior aproximação do proletariado de fábricas não eliminava, porém, suas contradições, que eram reinscritas sob novos termos, pois o obreirismo universalista e abstrato do anarcossindicalismo de que nos fala Julio Godio era, de certa forma, o "outro lado" da mesma vocação para o isolamento social e o autodesterro na "cultura operária"; condição esta propiciada, agora, entre outros fatores históricos, pela existência de um proletariado em formação que vivia a dupla situação de imigrante estrangeiro e força de trabalho segregada pelo capital e pelo Estado.

Na imprensa operária brasileira, um dos exemplos mais ilustrativos dessas várias tensões do discurso libertário é o surgimento do jornal *A Plebe*, cuja epígrafe vem se colar ao próprio significado genérico do título: "Porta-voz dos oprimidos". Seria especialmente nas páginas desse jornal que a festa operária de propaganda tradicional alteraria seu conteúdo, com a chegada da época dos grandes festivais proletários muito mais populares e públicos do que o foram na fase anterior (ver Capítulo 1). Aqui, mantém-se a contradição, inclusive nos termos: apesar de ser ainda denominado *proletário*, o festival aproxima-se mais de um grande espetáculo popular e maciço, em que, ao mesmo tempo, se diluem e se revelam os contornos de classe, aparentemente mais nítidos na fase anterior, embora seu selo fosse impresso pela marca doutrinária e voluntarista de uma direção. Nessa segunda fase, o selo da direção torna-se menos marcante, permitindo, inclusive, com maior vigor, a

---

25 Baseio-me, aqui, em Godio (1973), Woodcock (1971), Reszler (1974) e Bloch (1969).

presença maciça da classe operária, se bem que diluída no meio da multidão e do espetáculo, no duplo sentido da palavra *diversão*. No modelo da festa de propaganda, a classe é muito mais uma *representação* necessária construída pelo discurso anarquista, apesar de sua presença real e maciça estar ainda distante do Salão Celso Garcia. No modelo do festival proletário, a classe está muito mais presente, pelo menos fisicamente, embora não apareça com tanta nitidez na representação do espetáculo feita pelo discurso anarquista. Este último foi, nesse caso, muito mais tolerante à incursão de aspectos "externos" a uma "cultura operária", veículos da adesão popular ao acontecimento. São novos ingredientes que surgem como atrativos e catalisadores da presença das massas. Assim, aparecerão – lado a lado com a conferência, o teatro social e a música da fase anterior –, como novos elementos catárticos do entusiasmo da plebe, o cinematógrafo, o futebol, competições esportivas com a presença de clubes da "sociedade" (Tietê, Athletica, Aliança Militar, Liga Cyclo-Motocyclista etc.) e a disputa concorrida de medalhas e postos, em que pesem as taças denominarem-se "Escolas Modernas" ou "Proletária".[26]

Se, por um lado, essa atitude menos puritana e mais permeável à influência de elementos "estranhos" à "cultura operária" tornava as atividades culturais anarquistas mais suscetíveis às técnicas e aos artefatos de uma embrionária indústria cultural, por outro, retomava, no aspecto lúdico e multiforme do espetáculo, *uma tradição popular anterior* à era industrial, vinculada à trajetória do carnaval e do circo.

Nesse particular, o imaginário popular-infantil, que sempre projetou fantasias e sonhos nas figuras míticas de uma zoologia humanizada, pela tradição das *fábulas* e das raridades do espetáculo circense, será traduzido pelo discurso anarquista como recurso simbólico de representação da sociedade burguesa. Por exemplo, numa nota referente a "Palcos, telas e arenas", o jornal *A Plebe* comenta:

> Circos. O público das galerias, numa explosão de alegria, mudou o nome das feras em exposição. Atualmente passaram a chamar-se o leão Matarazzo, a hiena Jorge Street e o urso Penteado.[27]

---

26 Cf. *A Plebe*, ano III, n.6 (13 set. 1919); n.14 (23 set. 1919); n.15 (24 set. 1919); ano IV, n.88 (6 nov. 1920).

27 *A Plebe*, ano III, n.5 (11 set. 1919).

E, no exemplar festival do Jardim da Aclimação, o articulista, ao se referir às feras enjauladas, não deixa por menos:

> As feras! E lá se iam os magotes de pessoas passar pelas grades das jaulas dos terríveis felinos que o dr. Carlos Botelho colecionou num recanto do seu jardim, como exemplares típicos da espécie burguesa...
>
> E, podemos garantir, ao apreciar aquelas garras aduncas e os afiados dentes, a opinião geral da multidão cautelosa é que feliz foi o deputado que ali as enjaulou como espetáculo demonstrativo da burguesa gente...[28]

Esses exemplos são esclarecedores. Não se trata, na "política cultural" anarquista, de incorporar os elementos lúdicos do espetáculo como um fim em si mesmo, como livre e incontrolável expansão do êxtase popular e da espontaneidade coletiva. Voltamos às teses apontadas no Capítulo 1: a "alegria estuante" deve aliar-se à utilidade da "propaganda fecunda", como *meio eficaz e subordinado*. A presença daqueles elementos só se justifica se forem fiéis, como instrumentos mobilizatórios, aos desígnios da propaganda libertária. Caso alcancem esse fim, serão um meio duplamente eficaz, porque demonstrarão, afinal, a "bela capacidade" da organização anarquista na criação de uma *ordem*; demonstrarão, dentro da temática da *respectability*, que não só a burguesia é capaz de forjar espetáculos, mas que também os anarquistas sabem manejar e obter êxito maciço com cinematógrafos, fanfarras, bailes, clubes de regata, futebol, medalhas, competições, zoológicos etc.

Nesse sentido, não se trata da recuperação passiva da tradição circense, mas de sua utilização em novo contexto político-cultural, servindo-se de sua popularidade entre as massas. Na verdade, seriam necessárias novas pesquisas para descobrir os elos entre a tradição popular da sátira menipeia e da poesia-fábula, tão presente na obra de Trilussa, e o processo de carnavalização do discurso e de certos espetáculos públicos impulsionados pelo anarquismo.[29] Da mesma forma, uma pesquisa sobre a popularização do

---

28 *A Plebe*, ano III, n.14 (23 set. 1919).

29 A respeito da contribuição da tradição popular, pelos gêneros literários carnavalizados (nas modalidades do "diálogo socrático" e da "sátira menipeia"), na literatura romântica do século XIX, cf. Bakhtin (1970) – ver cap.IV. Um exemplo interessante de sátira e fábula populares na produção poética é a obra de Trilussa (cf. Duarte, 1973).

jogo do bicho, no Brasil, deveria buscar as raízes do fascínio público pelas livres associações de uma ordem numérica fundada num bestiário (Paraguassu, 1954). E, finalmente, em relação aos espetáculos circenses, às *troupes* de saltimbancos, artistas mambembes, mágicos e outras formas de arte popular ambulante (Schmidt, 1950; Museu da Imagem e do Som, 1975), tentar reunir os elos que combinam, nesse mosaico, tradições culturais europeias, trazidas com a imigração, e aspectos da vida popular brasileira cotidiana, nas zonas rurais e urbanas do país.

Dificilmente o discurso do historiador social poderia aproximar-se da riqueza e da variedade dessa tradição cultural, tributária de nações e períodos históricos diversos, em que a classe operária *também* esteve presente, sem, contudo, marcá-la com um selo próprio. Por exemplo, na imprensa que pesquisamos, eram frequentes, especialmente no final do século XIX, notas referentes a espetáculos circenses. Isso, tanto em regiões menos industrializadas (por exemplo, Maranhão) quanto em centros industriais (Rio Grande, no Rio Grande do Sul) ou em bairros que se proletarizavam rapidamente com os contingentes imigratórios (Brás, em São Paulo). Por exemplo, na antiga *Folha do Braz*, mais um jornal de bairro e menos um jornal classista, encontramos, com regularidade, anúncios circenses:

"CIRCO UNIVERSAL"

LARGO DA CONCÓRDIA – BRÁS

Afamada Companhia Equestre e Ginástica do laureado e popular artista

ALBANO PEREIRA

Hoje grandioso espetáculo *Hoje*

com um programa novo

Exercícios da alta equitação

A arte equestre em toda sua amplitude!

IMPORTANTÍSSIMA PANTOMIMA!

às 8 e meia em ponto.[30]

---

30 *Folha do Braz*, ano II, n.74 (25 jun. 1899, p.4). E no Maranhão, ainda no século XIX, um jornal operário anunciava a presença do Circo União na cidade de São Luís (*O Operário*, n.20, 7 maio 1893, p.3). Na verdade, variadas tradições culturais aproximavam o operariado do universo circense. Entre algumas biografias, é interessante ressaltar a trajetória do palhaço de circo e cantor Eduardo das Neves (1871-1919) que, antes da vida de artista, fora ferroviário

Os anúncios comerciais e industriais dessa folha também são um indicador do consumo popular e do cotidiano no bairro. Além da imortal *Emulsão de Scott*, dos cigarros em carteirinhas marca "Campos Salles", de alimentos, roupas e materiais variados, encontramos anúncios que testemunham as condições da vida popular, exatamente na virada do século XIX, por entre ricas gravuras da arte gráfica da época:

CHAPELARIA FERREIRA

(com uma caricatura de um boneco com cartola, chapeuzinhos espalhados na orelha, olhos, nariz etc.)

Pedimos aos respeitáveis moradores do Brás para visitarem... nossa casa onde encontrarão lindíssimo sortimento em Patentes (cartolas) de seda, duros, moles, castor, lebre e nútria.

Não há necessidade de ir ao centro da cidade para comprar um bom chapéu.

AO BALÃO MONSTRO
(com uma gravura delirante e indescritível)

Liquidação de: espelhos de cristal; ferragens; molduras; quadros; louças finas e grossas; papéis pintados; lampiões; chaminés para lampiões; objetos de cristal; vidros *bisquit*; jarros para flores; papel de seda; lanternas; molas; baús de folha; vidros para vidraça.

Temos também um bonito sortimento de fogos de salão, foguetes, balões de diversos tamanhos e bandeiras para Sto. Antonio e S. Pedro.[31]

Em meio ao universo fragmentário e diverso da paisagem urbano-industrial em formação, sob o signo do modo de produção de mercadorias, haveria lugar para uma "comunidade cultural" homogênea e distinta? A nova *raça* de homens obrigados a acorrer ao mercado para colocar à venda sua força de trabalho em troca de sua mera reprodução – os proletários – teria condições

---

da Central do Brasil, demitido por ocasião das greves do início da República (Tinhorão, 1976; ver capítulo "Os circos e os pavilhões", p.139-60). Esses elementos estimulam um sugestivo paralelismo entre a mobilidade instável dos circos e da força de trabalho urbano-industrial, o caráter itinerante e migratório de ambos.

31 *Folha do Braz*, ano III, n.91 (26 nov. 1899, p.4). Sobre a vinculação entre as litogravuras e marcas de cigarro com a vida popular urbana, na cidade do Recife, no século XIX, ver a interessante pesquisa de Mota (1965).

de forjar, no interior da sociedade de classes, um universo coeso e autônomo que já superasse a representação fragmentária, dispersiva e alienada das relações sociais?[32]

De qualquer modo, o circo e o carnaval, apesar das direções e propostas, permaneceram como elementos lúdicos e cenários de um tempo mítico que encarnava a fantasia e o desejo incontido de viver em liberdade. Ainda no século XIX, na cidade portuária e industrial de Rio Grande, o jornal social-democrata *Echo Operario* noticiava espetáculos que, antes de ideologias e programas, eram mais um atrativo popular consagrado pelas massas trabalhadoras em sua "alegria estuante":

"A LOS TOROS"

Teremos hoje excelente tourada no circo da praça Marquez do Herval.

Segundo promete estará digna de ver-se.

"CIRCO AMERICANO"

Tem continuado a fazer a alegria do público a importante companhia Simoni...

Excelentes artistas, perfeitos acrobatas e equilibristas, tem elementos para fazer carreira no nosso Estado, que é apreciador desta ordem de trabalhos.

mas o que achamos mais extraordinário é o *homem vulcão*, engolidor de espadas, que nos admira deveras.

Disse que dá hoje os últimos espetáculos[33].

Mas voltemos à maneira pela qual a concepção cultural anarquista buscava enquadrar a "alegria estuante" nos marcos da emancipação social. Sua atitude é basicamente contraditória, entre o puritanismo ideológico e a necessidade de cativar o interesse popular.

Além do baile – sempre criticado, mas sempre presente nos programas das festas de propagandas –, vale a pena fixar-se em um exemplo revelador das diferentes avaliações em jogo na cultura anarquista: nesse caso, em

---

32 Essa discussão deriva de anotações de aula do curso da professora Maria Sylvia Carvalho Franco sobre *O capital* e os *Grundrisse*, de Karl Marx (São Paulo, FFLCH/USP, 1980). Ver também o artigo da autora "Organização social do trabalho no período colonial" (1978b, p.1-45).

33 *Echo Operario*, Rio Grande (RS), ano II, n.72 (14 jan. 1898, p.3); n.73 (1 jan. 1898, p.4).

relação ao carnaval. Num interessante artigo, publicado no periódico anarquista *A Guerra Social*, no Rio de Janeiro, em 1912, o articulista, apesar da reafirmação de sua crítica à "mascarada", revela lucidez no julgamento de que a atitude popular foi uma demonstração de desprezo pelo Estado, pois tratava-se de um carnaval subsequente à morte do barão do Rio Branco. Assim, se a "mascarada" é vista com suspeita pelo puritanismo anarquista, nem por isso é menos reconhecido e admirado o gesto de indiferença do público pelo luto oficial do governo e pelo ideário patriótico, índice às avessas de certo grau de consciência. Portanto, nem só de alienação vive o entusiasmo popular:

A MASCARADA

o povo, dez dias depois (da morte do barão de Rio Branco), veio para a rua e divertiu-se a valer demonstrando assim que acima da Pátria e das desgraças desta está a mascarada.

A mascarada em si não me diverte: quase que me entristece ainda mais. O que me divertiu foi o carnaval de agora, ou por outra, a atitude do carioca.[34]

Mas, se a concepção cultural anarquista sempre manteve um pé atrás diante das manifestações folclóricas e da tradição popular que escapassem ao controle dos próprios núcleos de propaganda ácrata, associações sindicais e outros organismos libertários, trata-se então de examinar, um pouco mais detidamente, os materiais de construção dessa mitológica e impenetrável *cidadela obreira*. E, nesse sentido, os grupos de *teatro social*, ao configurarem uma representação – dramática ou hilariante – que se localizava num cenário e tempo distintos, fornecem algumas pistas.

***

Da negação absoluta do Estado, o pensamento anarquista deriva seu refúgio pleno na *comunidade* solidária que revitaliza a galeria passada de heróis e glórias para nutrir o ritual triunfalista e profético de um *avvenire* promissor e libertário. Gérard Bloch (1969, p.7-8), em sua crítica ao anarquismo,

---

34 *A Guerra Social*, Rio de Janeiro, ano I, n.14 (28 fev. 1912, p.1).

sugere que este simplesmente procedeu a uma inversão de sinais em relação à própria mística burguesa do Estado:

> A mística do Estado, cuidadosamente conservada pela burguesia – o Estado, cuja *razão* não é aquela de todo o mundo, o Estado, ao qual a burguesia, como ao seu Deus, atribui uma maiúscula – estende seu domínio, simplesmente invertido, sobre os anarquistas. O Estado não é, a seus olhos, um produto histórico da divisão em classes da sociedade, que não pode, portanto, ser "abolido", mas que deve desaparecer juntamente com a própria sociedade de classes; é, pelo contrário, um fenômeno em si, a encarnação de Satã.

É interessante observar que esse tipo de representação ideológica não foi propriedade exclusiva do pensamento anarquista. Como assinalou a polêmica crítica de Marilena Chauí (1978), a historiografia brasileira de esquerda incorreu sistematicamente na operação intelectual que acabou por forjar um *Estado demiurgo*. E, mais recentemente, o pensamento teórico liberal tem inventado a contrapartida a esse mágico poder estatal, isto é, o refúgio seguro nos seios recônditos e protetores da *sociedade civil*. Ante os poderes infernais do Estado demiurgo, nada como se alimentar nas tetas bem organizadas da loba romana, a "sociedade civil". Ressurge, assim, o ideal do comunitarismo, cultivado entre os pequenos gramados vicejantes de democracia, substituindo, nessa ideologia, a própria natureza contraditória da sociedade de classes.[35]

---

35 Uma interessante "arqueologia" do sentido romântico-conservador da noção de *comunidade* pode ser lida no ensaio de Romano (1981). Essa leitura pode elucidar algumas pistas em torno das matrizes românticas do ideal comunitário da "cidadela obreira" no pensamento anarquista. Esse veio de análise, inclusive, contribui para esclarecer a trajetória reacionária assumida por algumas vertentes do sindicalismo europeu: é o caso, por exemplo, da tendência representada por Sorel, na França, e do corporativismo fascista de matriz italiana. Candido, no ensaio "Teresina e seus amigos" (1980, p.11-80), traça um interessante perfil biográfico-político de alguns militantes social-democratas radicais, como Edmondo Rossoni, que, à moda de Mussolini, passaram para os quadros do fascismo. Hobsbawm (1981, p.263), a propósito do filão conservador do movimento operário britânico representado pelo fabianismo, lembra a influência do racionalismo iluminista e seu papel ideológico de substituição: "Já que eles (fabianos) não acreditavam na classe trabalhadora ou na luta de classes, eram forçados a recair sobre forças vagas tais como o progresso da educação e o esclarecimento de todas as classes...". Este autor ressalta, ainda, entre as "alternativas" teóricas ao *laissez-faire*, "uma variedade de tradições não liberais possíveis...: o hegelianismo alemão na filosofia, os economistas históricos e o *Kathedersozialisten* (também alemão), os

100 FRANCISCO FOOT HARDMAN

Feita a digressão indicando a permanência de certas representações ideológicas, apenas apresentadas na atualidade com novas fantasias, retornemos ao tema principal. A moral anarquista esteve sempre preocupada em montar uma fortaleza cultural que resistisse aos males da ordem dominante e fosse um campo de treinamento para a comunidade do porvir. No plano estético, essa atitude traria, em muitos casos, uma tensão não resolvida entre o novo e o velho, entre a tradição do conhecido e a energia explosiva e criadora do desconhecido. Entre a recuperação racional de um equilíbrio passado e a aventura que rompe as comportas da razão, situam-se as contradições vividas – de forma diferenciada – na obra de vários autores: Proudhon, Tolstói, Bakunin, Kropotkin, entre outros (Reszler, 1974, cap. II, III e IV). O aspecto conservador presente nessa contradição produziu, muitas vezes, formulações que se aproximavam da ética protestante, mesmo se apenas excepcionalmente tal puritanismo se manifestasse de forma tão retrógrada:

> Pois, assim como existem tantos lugares onde os trabalhadores mergulham nos vícios, podiam e podem existir outros que exercitando-os às virtudes, à economia principalmente, pusessem um paradeiro a tantos desvarios e corrupção. Como por exemplo, com grandes vantagens para o governo, estabelecer-se em todas as cidades e vilas, onde houvesse agência do correio, caixas econômicas onde eles pudessem depositar sem dificuldades a sobra do essencialmente necessário.[36]

Embora essa verdadeira ética da ordem fundada na poupança e no trabalho não seja representativa do pensamento anarquista, serve para ilustrar, de forma extrema e excepcional, um dos aspectos da contradição entre

---

positivistas (franceses) e o verdadeiro socialismo (tanto francês como alemão)" (p.266). Nas várias modalidades e confluências dessas tradições, pode-se vislumbrar, de um lado, a afirmação positiva do Estado, que desembocaria no reformismo social-democrata e, mais tarde, no realismo totalitário de caráter stalinista; e, do lado oposto, a negação absoluta do Estado e o dilema do autodesterro na "comunidade do porvir", sob as bases ideais de um paraíso perdido e estanque no passado, que representa o impasse das utopias anarquistas. Para uma crítica do reaparecimento da ideologia comunitária travestida em noções como a de "realidade nacional", no pensamento político brasileiro mais recente, ver o artigo de Carvalho Franco (1978a, p.151-209).

36 *O Livre-Pensador (São Paulo)*, n.36 (18 jun. 1904, p.3).

passado e futuro nas doutrinas libertárias. Aqui, vimos como o "desvario" é tomado como sinônimo de vício social, como um mal que deve ser interditado. Numa visão exatamente contrária, em duas obras libertárias encontraremos a apologia do "desvario" como canal de um novo equilíbrio: trata-se de *No hospício*, de Rocha Pombo (1905, p.163-76) e de *Véda do mundo novo*, de Octávio Brandão (1920, aforismo n.20, p.45-50). Porém, o que finalmente aproxima esses dois polos contrários em relação à concepção do equilíbrio humano é um mesmo individualismo que, na sua desconfiança superior em relação às "massas imbecilizadas pela ignorância... impotentes para qualquer feito grandioso e durável" (Brandão, 1920, aforismo n.33, p.7-8), impõe um equilíbrio forçado: num dos extremos, a caderneta de poupança e, no outro, o espírito condutor e profético de algum veda hindu.

Os exemplos que tomei, repito, não são representativos de uma "tendência média", mas casos-limites de certas formulações. Pois o percurso da estética anarquista esbarrou, em geral, na configuração de uma dupla baliza: a *cidade-única* de que fala Kropotkin, inspirada na unidade entre arte/vida/trabalho, que sua utopia recupera no passado da Grécia antiga e da Idade Média, terá sua ressurreição na *cidade-operária* do porvir. O equilíbrio comunitário perdido na tradição reencontrar-se-á na anunciada utopia libertária.

A invenção da *cidade ideal* é um tema recorrente nas utopias inglesas desde o Renascimento, formando uma tradição que se desenvolveria até os socialistas reformadores utópicos (franceses e ingleses) da primeira metade do século XIX (ver Plum, 1979b; Marx & Engels, 1976b e c). O ensaio de Horácio González sobre a Comuna de Paris retoma, de maneira muito viva, essa tradição temática do movimento operário em torno da *cidade*: nesse caso, a realização – no espaço de alguns dias – da utopia sob a forma do poder dos *communards* e do "governo da cidade".[37]

Na verdade, os reformadores socialistas da primeira metade do século XIX, intervindo socialmente com projetos práticos, já marcam uma diferença fundamental em relação às utopias renascentistas. As várias tentativas de efetivar propostas de nova organização do espaço nas sociedades industriais

---

37 O autor analisa, ainda, os discursos que tomaram a Comuna como *epopeia* ou como *forma social* (cf. González, 1981). Sobre as repercussões da Comuna no Brasil, ver meu ensaio "Incêndios sublimes", Parte II deste volume, "Estudos afins", IX.

terão desdobramentos e influências sobre algumas tendências modernas da arquitetura urbanística do século XX. Vale a pena transcrever, a propósito, o seguinte comentário de Leonardo Benevolo (1979, p.114-5): "A tendência dos utopistas a intervir no ato, sem esperar uma reforma geral da sociedade, adquire nesse sentido um valor permanente de estímulo, e a cidade ideal por eles imaginada entra na cultura urbanística moderna como um modelo pleno de generosidade e de simpatia humana, muito distinto da cidade ideal do Renascimento... As esquemáticas descrições de Owen, de Fourier e de Cabet constituem, além disso, o grande manancial de ideias de onde sairão em seguida as experiências urbanísticas do período posterior, até a atualidade... A investigação teórica dos reformadores socialistas será utilizada por Howard nas *Garden cities* e por desenhadores alemães nas *Siedlungen* do primeiro pós-guerra, empobrecendo o conceito de cidade ideal até fazer dela um elemento subalterno da metrópole moderna: o bairro satélite mais ou menos independente. Entretanto, os programas e iniciativas nascidos antes de 1848 seguem existindo em nossa cultura para indicar um nível muito mais ambicioso, a saber, a organização de toda a paisagem urbana e rural sobre a base de novas relações econômicas e sociais".[38]

No Brasil da segunda metade do século XIX, essas utopias repercutiram nas origens do processo de formação do proletariado como classe.[39] Um dos exemplos mais interessantes é o projeto encaminhado ao Congresso Nacional, em 1891, por cinco cidadãos brasileiros do Rio de Janeiro, "membros da classe operária", que fundaram uma companhia com vistas à constituição de um *"Bairro Operário*, modelado artisticamente e sob as regras da moderna higiene", a ser localizado na região da baía de Sepetiba, em zona do Distrito Federal, em área cortada pela E. F. Central do Brasil e de fácil acesso para a navegação de pequena cabotagem. O projeto, que requeria favores

---

38 Essa obra traça um apanhado histórico dos mais interessantes sobre os projetos urbanísticos do socialismo utópico do século XIX, em particular Owen ("Instituição para a formação do caráter"), os planos urbanísticos e de transporte dos saint-simonianos, o *Falanstério* e *Familistério* de Fourier e Jean Godin, a "Comunidade de Ícaro" (Cabet). Além disso, analisa o início da legislação urbanística na Inglaterra e na França, a partir de 1850, com especial atenção para os projetos da burguesia e a intervenção do Estado no espaço das grandes concentrações urbanas. Sobre as contradições ecológico-territoriais do capitalismo, a questão urbana e seu tratamento na obra de Marx e Engels, ver também Quaini (1979, em especial o cap.V, p.125-45).

39 Ver, a propósito, Hardman & Leonardi (1982, em especial o cap.6 e o 8).

e garantias dos poderes públicos para sua consecução, prevê uma área inicial de 57 km^2 e o "engrandecimento" do Bairro Operário até tornar-se uma *cidade industrial*. O grande ideal comunitário reaparece, seja no plano simbólico da arquitetura projetada – "Todas as fábricas poderão ter diversas frentes e independentes, como se observa na Praça Industrial, em cujo grande jardim será erguida a estátua do trabalho" –, seja no plano ideológico da argumentação do discurso – "um centro industrial onde patrões e operários produzirão com interesse, sob o regime de uma vida menos precária e portanto mais feliz; uma parte do povo, que de princípio fosse despertada pela conveniência da instrução, colhendo assim seus belos frutos e elevando desse modo a Pátria ao nível das nações mais adiantadas do velho mundo."[40]

No universo dessas representações, comentava Kropotkin a respeito da *cidade-única*:

> Pobre Velazquez! Pobre Murilo! Pobres estátuas gregas, que viviam nas acrópoles de suas cidades e que se afogam hoje sob as cortinas de pano rubro do Louvre! ... A arte de Idade Média, como a arte grega, não conhecia esses armazéns de curiosidades que chamamos um museu ou uma galeria nacional. Esculpia-se uma estátua, fundia-se um bronze ou pintava-se um quadro para serem colocados em seu lugar próprio num monumento de arte comunal. Aí a obra vivia, era uma parte vivente do todo, e contribuía para a unidade de impressão produzida pelo todo (Reszler, 1974, p.59-60).

E, nessa mesma linha de sensibilidade, Proudhon defendia uma *arte em situação*, contra a arte "artificial", exclamando: "O concerto é a morte da música" (ibidem, p.27 e 60).

Dessa perspectiva, deriva uma posição ambígua em relação às vanguardas estéticas. Kropotkin, por exemplo, volta-se contra os poetas simbolistas franceses (apesar de vários deles declararem-se inspirados no anarquismo); critica o romantismo, com as boemias e torres de marfim daí derivadas; ridiculariza o naturalismo e a obra de Zola (em que pese a grande popularidade do autor de *Germinal* em certos meios anarquistas, particularmente no

---

40 Cf. *Requerimento de José Ponciano de Oliveira e outros aos Membros do Congresso Nacional, propondo-se, mediante certos favores a construir um Bairro Operário... em zona do Distrito Federal*, cf. também referência in Hardman & Leonardi (1982, p.147).

104 FRANCISCO FOOT HARDMAN

Brasil); em contrapartida, é tolerante em relação aos movimentos modernistas na Rússia (ibidem, p.60-1).[41]

Nesse caso, mais do que a "vanguarda" anarquista ter se aproximado da vanguarda estética, o que parece ter ocorrido foi o contrário, pelo menos no exemplo elucidativo da França na *belle époque*. Ali, os principais expoentes do simbolismo, da luta pelo verso livre, do pós-impressionismo lançavam mão de apelos aos ideais anarquistas:

> Durante vários anos, nas páginas da *Révue Blanche* [publicação anunciada, várias vezes, nas listas de bibliotecas e quermesses da imprensa anarquista do Brasil] e nos *Entretiens Politiques et Littéraires*, fundadas por Vielé-Griffin, a colaboração dos poetas simbolistas e dos escritores anarquistas indica a proximidade de seus pontos de vista. Quando a polícia se apoderou, em 1894, da lista de assinantes de *La Révolte* [outro periódico anunciado nas listas de correspondência da imprensa operária brasileira], descobre nela os nomes de Mallarmé, Leconte de Lisle, Rémy de Gourmont, Pissarro, Signac... Quando dos processos contra os anarquistas, os simbolistas tomam a defesa dos acusados. O próprio Mallarmé vai aos tribunais para depor.[42]

Finalmente, é importante pesquisar a concepção em torno da arte cênica no anarquismo europeu, pois está vinculada de forma estreita ao impulso alcançado pelos grupos libertários de *teatro operário* no Brasil. As primeiras formulações em torno do conceito de espetáculo apareceram na obra

---

41 Para uma reflexão sobre as mediações entre vanguarda estética e vanguarda política na obra de crítica literária de Trotski, tendo como pano de fundo a revolução proletária na Rússia de 1905, ver o interessante trabalho de Geras (1980, Parte I: "Literatura de la revolución", p.9-73).

42 Cf. Reszler (1974, p.95). Não é de surpreender que os anarquistas não procurassem as vanguardas artísticas, mas fossem por estas buscados. Esse movimento "unilateral" expressava, em certa medida, as diferenças sociais muitas vezes profundas entre os dois segmentos. Eram artistas marginais e intelectuais dissidentes que buscavam uma comunhão ideológica com o anarquismo, um compromisso instável e, às vezes, apenas diletante. No Brasil, por exemplo, isso ocorreu com certa frequência no meio de escritores descontentes com os rumos do novo regime republicano, especialmente no Rio de Janeiro e também em São Paulo (cf. cap.3). Quanto aos anarquistas, eles não se colocavam jamais como "vanguarda política" (embora pudessem considerar-se particularmente "iluminados" na guerra permanente contra os poderes da ignorância); e a sua pretensa autossuficiência filosófica e, inclusive, estética, não os estimularia muito às alianças mais estáveis fora do restrito circuito de suas próprias instituições.

de Proudhon. Essa noção prende-se a um ponto de vista que, baseado na defesa da *arte em situação*, coloca a atividade criativa no interior de uma totalidade representada pela experiência vivida por inteiro:

> Durante meu cativeiro em Sainte-Pélagie, em 1849 (prisão política, após a Revolução de 1848), chegou a haver ali cerca de 80 prisioneiros políticos... Todas as tardes, uma meia hora antes do fechamento das celas, os detidos se reuniam no pátio e cantavam a *oração*; era um hino à liberdade atribuído a Armand Marrast. Uma única voz dizia a estrofe, que em seguida repetiam os quinhentos desgraçados detidos no outro setor da prisão. Mais tarde essas canções foram proibidas, e isso foi para os prisioneiros uma verdadeira agravação da pena. Essa era música *real*, realista, aplicada, *arte em situação* como os cânticos na igreja ou as fanfarras no desfile, e nenhuma outra música me atrai tanto (Reszler, 1974, p.28).

É esse ritual da experiência coletiva vivida que fundamenta a totalidade do *espetáculo*. É por isso que "nenhuma obra de arte de nosso tempo subsistirá tal como é; tudo deverá ser refundido. Não existe ainda um espetáculo, mas apenas fragmentos mutilados de espetáculos" (ibidem). É justamente no campo desse conceito que encontraremos as formulações mais inovadoras e modernas em Proudhon, contracenando com sua visão tradicional em outros domínios. O *espetáculo*, em Proudhon, é fruto da produção *coletiva e simultânea*:

> A tragédia, a comédia e a música chegaram, *cada uma*, a um alto grau de perfeição: mas como *não* chegaram a isso simultaneamente, o espetáculo não pode alcançar sua plenitude. Os compositores modernos necessitam libretos novos, para os quais não encontram ainda poetas (p.29).

Posteriormente, a formulação da proposta de um *teatro livre*, formado por grupos de amadores voluntariamente associados contra a comercialização da atividade profissional das grandes companhias teatrais, encontrou em Kropotkin e Jean Grave seus principais idealizadores. Este último, influenciado diretamente pelo anarquista russo, coloca o espetáculo como uma forma de arte *do* povo, *para* o povo e *pelo* povo. Haveria uma integração harmônica de todas as funções do trabalho coletivo de criação teatral,

106 FRANCISCO FOOT HARDMAN

cuja totalidade e perfeição finais seriam alcançadas com a superação das diferenças formais entre *artista/obra/público*, desde que o espectador pudesse participar na própria elaboração do drama; essa visão é inteiramente afinada com a perspectiva libertária mais ampla do anarquismo para a sociedade, baseada no princípio da organização livre e espontânea:

> Haverá sempre indivíduos que sentirão a inquietude de fazer peças teatrais, outros de interpretá-las e tais indivíduos se encontrarão e associarão suas aptidões. O que haveria de mal em que aqueles que têm o gosto pelo espetáculo viessem, cada um segundo a possibilidade de suas aptidões, trazer o concurso de sua ajuda para a decoração, a montagem da cena, a confecção de vestuário ou qualquer outra ajuda acessória?... Se cada um dos espectadores pudesse tornar-se útil, a seu modo, para a execução da obra a que assistisse, seu gozo intelectual aumentaria com isso (p.67).

A prática dessas concepções será desenvolvida, em especial, por grupos teatrais ligados às associações e imprensa anarcossindicalistas. É o caso da França, por exemplo, com a emergência do grupo *L'Art Social*, entre 1896-1901 (Reszler, 1974, p.68-70).[43] No Brasil, já na primeira década do século XX, surgirão, principalmente no Estado de São Paulo e do Rio de Janeiro, dezenas de grupos anarcossindicalistas de teatro social, com representações sistemáticas anunciadas pela imprensa operária. Já que o sindicato se define, nessa corrente, "como a *forma social* do movimento revolucionário, destinada a substituir o Estado", ele deve constituir todo o universo do operário, preenchendo suas necessidades materiais, morais e culturais. É nesse mundo próprio, ligado à vida dos bairros proletários e animado pela imprensa libertária, que o *teatro social* pode realizar a catarse totalizadora

---

43 A propósito, cf. também Durand (1975, p.13-33). Na verdade, a tradição do *teatro social* remonta às primeiras associações operárias da Europa pré-1848: por exemplo, na associação alemã de operários de Bruxelas, em 1847, havia canto, declamações e teatro; lá, chegou a ser representada uma pequena peça de um ato, escrita por Engels, sobre uma luta de barricadas num pequeno estado germânico que terminava com a abdicação do príncipe. Marx chamava a atenção para essa interessante combinação entre discussão sindical e política e entretenimentos coletivos. Era, inclusive, sua mulher Jenny quem organizava, naquelas associações (foram fundadas duas em Bruxelas, por volta de 1847, com a participação de seu marido), esses eventos culturais (cf. "Carta de Marx a Herwegh, de 26 out. 1847"; e Mayer, *Friedrich Engels, eine biografie*, apud Buonfino, 1975, p.16, nota 16).

de uma nova ordem fundada na solidariedade e na emancipação humanas. Nesse sentido, o teatro é meio, uma "arma" destinada a "fazer rebeldes", sendo grande somente na medida em que subordina, eficazmente, "a forma à Ideia (libertária)" (ibidem, p.69).

Assim, se nas teorias de Proudhon ou Kropotkin encontramos a utopia de uma arte inteiramente colada à vida dos homens, espetáculo que só poderá ser vislumbrado em toda sua plenitude na *cidadela obreira* do futuro, aqui, na prática atualizada do anarcossindicalismo, que se faz no presente, percebe-se a arte como um meio catártico de propaganda. Na impossibilidade de se viver a integralidade da *cidade-única* no capitalismo, a arte, como os homens, deixa de ser livre para se converter em instrumento didático de conscientização. Não existe nenhum paradoxo nesse percurso: trata-se da contradição inerente ao conjunto da estética anarquista, sempre oscilante entre uma arte "libertária" e uma arte "de tendência", entre o desconhecido e o conhecido, entre a livre criação e o convencional.

No Brasil, até recentemente, a efervescente e popular atividade dos grupos de teatro operário era uma ilustre estrangeira na historiografia social e literária. No estudo especializado de Miroel Silveira, por exemplo, que trata da contribuição italiana ao teatro brasileiro, era de se esperar uma referência àquela produção. O autor, entretanto, preferiu investigar a influência das grandes companhias profissionais da Itália que faziam apresentações no Brasil; talvez o único fio que nos reata com o mundo subterrâneo do teatro operário, emudecido pelo silêncio da crítica dominante, seja a presença da belíssima e inefável Itália Fausta, um dos raros casos individuais de quem conseguiu sair do anonimato de operária tecelã e atriz amadora de um grupo libertário para o estrelato e a imortalidade do teatro profissional e da arte oficial (Silveira, 1976, p.69-93).

Entretanto, o silêncio da historiografia não se justifica, a não ser em razão da velha e persistente operação ideológica de "ocultar o que terá sido óbvio". Pois, além da imprensa operária, a presença do *teatro social*, pelo menos em São Paulo nas primeiras décadas do século XX, foi uma atividade que extrapolou um único sentido, marcadamente classista e operário, para se inscrever numa tradição popular mais ampla, que tem suas raízes na dramaturgia de folhetins produzidos na Europa. A imensa coleção de peças editadas em folhetins pela série "Biblioteca dramática popular" da Casa Teixeira, em São Paulo, e distribuídas nacionalmente, indica uma tendência favorável de público bem mais significativa que o silêncio da crítica faz supor. Nessa coleção, foram editados, inicialmente, autores de Portugal e da França, dentro da classificação nos gêneros drama e comédia, incluindo-se, por exemplo, o clássico e célebre *Gaspar, o serralheiro*, uma das peças mais representadas no meio operário.[44]

Uma primeira questão a considerar é a existência de uma produção teatral paralela, de responsabilidade direta dos núcleos e associações anarcossindicalistas, que não se confunde com a vertente dos folhetins já citada. Na produção direta, a cargo de grupos filiados aos sindicatos, as raras edições de textos representados (escritos na Europa ou no Brasil) são impressas e publicadas pelas gráficas da imprensa operária. Entre a produção europeia, destacam-se os textos de Pietro Gori (ver Capítulo 1), representados com frequência na língua original, pelo menos nos anos iniciais. Entre a produção escrita no Brasil, destacam-se as peças de Neno Vasco, Mota Assunção e Avelino Fóscolo.[45]

A organização anarcossindicalista do teatro operário fica bem manifesta na leitura desse regulamento do Grupo Dramático Teatro Social, fundado no Rio de Janeiro, em 1906:

> Realizou-se no dia 16 do corrente, na sede do Sindicato dos Tipógrafos, a Assembleia Geral deste grupo, sendo discutidas e aprovadas as suas bases fundamentais, que são as seguintes:
>
> 1º – O G. D. T. S. será composto de operários e operárias que pertençam às suas associações de classe e estejam quites com as mesmas;
>
> 2º – Ficarão isentos da exigência da cláusula anterior os mestres e contramestres que por lei dos sindicatos de suas classes a eles não possam pertencer;
>
> 3º – Os seus fins são: promover, logo que se tenha capital bastante, a criação da Casa do Povo e propagar por meio dos espetáculos as modernas doutrinas sociais;

---

44 Cf. Teixeira & Cia. (s.d.). A pesquisa de Maria Thereza Vargas e Mariângela Alves Lima foi a primeira tentativa séria de desbravar um mundo até então quase desconhecido, afora as referências indispensáveis das obras de memória anarquista de Edgar Rodrigues (Vargas, 1980; e Rodrigues, 1972).

45 Cf. *Pecado de sintonia*, de Neno Vasco citado por Vargas, 1980. Um resumo detalhado dessa peça, logo após suas primeiras representações por volta de 1907, aparece no artigo "A nossa festa", de *A Terra Livre*, n.43 (4 ago. 1907, p.3). Cf. Assunção (1907), e Fóscolo, s.d.

4º – Este grupo será administrado por um secretário que terá a seu cargo a direção de todo o expediente e por um tesoureiro que terá em boa ordem a parte financeira;

5º – Haverá um diretor de cena, que igualmente com o secretário e o tesoureiro será aclamado em Assembleia Geral e a quem compete a distribuição das partes e escolha das obras que deverão representar-se;

6º – Serão considerados desligados do grupo os companheiros que, sem causa justificada, se recusarem ao desempenho dos papéis que lhes forem distribuídos, ou comissões de que forem encarregados para o bom andamento do espetáculo;

7º – Os espetáculos em benefício de operários serão concedidos mediante solicitação das comissões administrativas dos sindicatos a que pertencerem, só sendo atendidos os sindicatos que tenham prestado o seu apoio ao Grupo Dramático Teatro Social.

Depois de aprovado o estatuto acima, foi aclamado o seguinte diretório: secretário: M. C. Nogueira; tesoureiro: Antonio S. Monteiro e diretor de cena: M. Ferrer.[46]

É em torno desse momento, em particular, que Neno Vasco desenvolve uma crítica teatral anarcossindicalista, publicada como prefácio ao texto de Mota Assunção, *O infanticídio*, escrito especialmente para o Grupo Dramático Teatro Social, em 1906. Antes disso, em São Paulo, o jornal *O Amigo do Povo*, no período 1902-1904, já iniciara uma crítica teatral anarquista que defendia a concepção do teatro catártico e de fácil comunicação com a plateia, encarnado na vida operária e, por isso mesmo, eficaz meio de propaganda: é o caso, por exemplo, do comentário sobre o drama *Giustiziere!* do operário Sorelli, exemplar amostra dessa concepção.[47] Contudo, a crítica

---

46 Publicado em *Novo Rumo*, n.14 (19 set. 1906), e citado por Vargas (1980, p.36-7).

47 "AS NOSSAS FESTAS

Mais uma bela noite de propaganda: a de sábado passado, 18. Foi a primeira representação do drama em um prólogo e dois atos do camarada G. Sorelli – *Giustiziere!*. O assunto ficará conhecido, dizendo nós que se baseia numa tragédia cujo prólogo se passa nas ruas de Milão e cujo epílogo se desenrola em Monza, *Giustiziere* é Gaetano, aquele a quem tanta miséria, tanto sofrimento, faz erguer o braço num gesto desesperado de protesto e de vingança.

O nosso caro Sorelli não é um escritor, não é um dramaturgo; mas é um operário e a vida que ele nos põe em cena, conhece-a, vive-a. Por isso foi bem sucedido, e o seu drama, sobretudo no prólogo, agradou muito, como lho mostraram os quentes aplausos que recebeu. *Aí está um bocado de teatro que nos vai dar pretexto para muita propaganda.* [grifos meus]

110 FRANCISCO FOOT HARDMAN

ao romantismo de tradição folhetinesca, incapaz de fazer a ponte entre *forma* e *ideal*, portanto inadequado aos desígnios ácratas, é ironicamente exposta, como na nota sobre uma festa operária dos gráficos, em São Paulo, em 1904 (na época, sob influência dos social-democratas):

> O drama *Amor e Desventura* (que título!), arcaico dramalhão de capa e espada, com duelos e grandes frases grotescamente heroicas, borracheira idiota, capaz de fazer evacuar uma sala cheia de gente de bom gosto mais depressa do que uma carga de cavalaria com o *salve-se quem puder* dos momentos de pânico, pode servir para muita coisa, inclusive comover as pedras, mas para educar os assistentes nem por sombras! Nem vale a pena falar da comédia e do baile...[48]

Assim, vemos uma tensão entre certa tendência do gosto popular e os ideais da dramaturgia anarcossindical. O prefácio de Neno Vasco à edição de 1907 de *O infanticídio* (pela tipografia de *A Terra Livre*) é, de certo ângulo, mais interessante que o próprio texto da peça, valendo como raro documento da concepção anarcossindicalista do "teatro operário". Por sua riqueza e profundidade, vale a pena transcrevê-lo na íntegra. É digna de

---

O desempenho foi bom. Especializemos apenas a *sig.* E. Camilli que esteve magnífica no seu papel de *Giuditta*. E vá lá: falemos também de Hirsch, que fez figura no seu papel de *doutor* (e ficou-lhe o nome!) e no de *cav. Arnaldi*, em que, juntamente com Pozzolo – o futuro comendador *sig. Gervasi* (que patife!) conseguiu fazer-se odiar pela sala. Valeu seres dos nossos, amigo Hirsch... Ainda assim fica-te o nome de *doutor*: quem não quer ser lobo, não lhe vista a pele...

Depois do drama a *sig. Dacol* e uma graciosa pequerrucha recitaram poesias. Falaram em seguida os camaradas Cerchiai e Morales. Ricardo Gonçalves disse ainda algumas palavras sobre Zola. Seguiu-se uma rifa de vários objetos e uma comédia, em que um padre se viu em palpos de aranha e fez rir toda a gente. Depois o baile do costume.

Quanto mais festas destas melhor" (*O Amigo do Povo*, n.14, 1902, p.2 – seção "Crônicas"). Esse documento, de 1902, um dos primeiros exemplos da concepção teatral do anarcossindicalismo no Brasil, foi localizado por mim numa pesquisa sobre o jornal *O Amigo do Povo*, em 1975, e apresentado em *paper* no curso de pós-graduação "Trabalho e História Social" (de Michael Hall e P.S. Pinheiro). Depois, publiquei-o, na íntegra, no artigo "Classes subalternas e cultura" (Hardman, 1977, p.48). (Ver "Estudos afins", VIII.). Posteriormente, o mesmo documento foi de novo publicado na coletânea organizada por Pinheiro & Hall (1979, p.32-3).

48 Cf. *O Amigo do Povo*, n.57 (1904, p.4), apud Hardman (1977, p.56). Essa tensão entre o romantismo folhetinesco e o realismo social-proletário aparece em outras críticas: por exemplo, quando o mesmo jornal anarcossindicalista considerou que a representação do drama *Una notte a Firenze* de Alexandre Dumas, numa festa da Liga de Resistência entre Chapeleiros, "francamente, estava ali um pouco deslocada" (*O Amigo do Povo*, n.10, 1902, p.1-2).

nota a insurgência intransigente do texto contra o maniqueísmo romântico da tradição dos folhetins cujo maior representante foi, sem dúvida, o popularíssimo *Gaspar, o serralheiro*. Novamente, reaparece a tensão entre a consciência de uma liderança e o desejo espontâneo das massas (já diluído no "popular"):

Uma espécie de explicação

Formou-se, no Rio, um grupo de amadores dramáticos, com o duplo fim de emancipar recreando e de auxiliar a propaganda pecuniariamente. O grupo pôs-se a ensaiar uma coisa... de arrepiar os cabelos da alma e do corpo, e que tem percorrido todos os teatros de amadores – o *Gaspar, o serralheiro...* – e o Mota "teve talvez a imprudência" (é ele que o conta) de desaconselhar aquilo:

– Vocês não sabem sair desse carrancismo... Vocês estão ainda dominados pela velha concepção cênica de Deus e do Diabo, e não compreendem nada fora desses dois tipos opostos.

Mas os rapazes ripostaram pronta e sagazmente. Num gesto largo, numa acusação indefinida, como que atirada à vasta coorte dos escritores que pelejam na nossa língua pelos ideais modernos, disseram:

– Ora! vocês só sabem reprovar, mas não fazem coisa que substitua o que está feito.

Touché! O Mota prometeu, no mesmo lugar, arranjar uma peçazita num ato. Tinha uma ideia. Eu conheço o fato real que lh'a sugeriu; toda a peça está cheia de realidades.

Atrás do primeiro ato, veio outro, e depois outros; e o drama foi entregue aos amadores que o... representaram. Ia a dizer: que o degolaram; e creio que o poderia dizer, porque os camaradas filodramáticos são gente de espírito e incapazes de considerar a minha franqueza como uma ofensa à sua habilidade e boa vontade. O fato é que o Mota, à 2ª representação, resolveu levar para casa o original e não permitir que de novo o expusessem no palco à avidez do público.

E era sua intenção firme guardá-lo na gaveta, quando começam a vir os pedidos de grupos filodramáticos e até – oh! esperança! – o duma companhia de artistas. Esta era uma esperança e aqueles... moravam longe, podiam... representá-lo a sua vontade. Publiquemo-lo. E o Mota enviou-me a sua obra, para publicar.

O autor, entretanto, não está completamente satisfeito com o seu drama. Pergunta-se se não seria melhor publicá-lo... como artigo de jornal. A mim, porém, a peça agrada-me. Tem defeitos? Não quero fazer-lhe a crítica. Recuo de bom grado perante essa tarefa, que deixo aos críticos competentes e aos leitores. E como o amigo Mota se queixa dos amadores, de todo o coração desejo que este drama cheio de vida, de ideias e de honestidade, encontre intérpretes hábeis e experimentados que o façam reviver, que façam palpitar as suas cenas em toda a sua paixão, e que deem ao público a compreensão nítida dos intuitos profundos e honestos do autor: fazer pensar, apontar chagas em um remédio ao lado, e nunca fazer rir, fazer passar o tempo à custa das misérias que afeiam e ensanguentam o nosso tempo.

São Paulo, 13 de fevereiro de 1907.
NENO VASCO (Assunção, 1907, p.I-II)

Distinguem-se, portanto, agora com maior nitidez, duas tendências no *teatro operário* no Brasil: 1. a tradição folhetinesca; 2. a produção diretamente saída dos quadros do anarcossindicalismo. Com efeito, não era sem razão que a crítica anarcossindicalista voltava-se contra o passadismo romântico, que reproduzia formas inadequadas à propaganda libertária. O exame de alguns exemplares dessa tendência, da coleção "Biblioteca Dramática Popular", como no caso de *Operários em greve* (Victoria, s.d.) e *A honra do operário* (Silva, s.d.), revela a presença dos valores mais tradicionais do artesanato europeu, que desenvolveu a ética do trabalho e a harmonia dos companheiros irmanados nas habilidades manuais no espaço da pequena oficina. Aqui, estamos próximos da utopia da *cidade medieval*. Em *Operários em greve*, apesar de o título prometer alguma espécie de explosão, reencontra-se não o movimento social de uma classe, mas a velha moral de artesãos orgulhosos de seu ofício, que paralisam o trabalho não contra o capital, mas contra as prepotências individuais do filho mau, inábil em conduzir os negócios do pai (este sim, o mestre e patrão querido que, em gesto caridoso, concede a jornada de 8 horas). Assim, não à toa, Mota Assunção e Neno Vasco espinafram a "velha concepção cênica de Deus e do Diabo". É contra essa religiosidade moralista e retrógrada, própria do conservadorismo e da mentalidade do pequeno artesão, que se volta a crítica anarcossindicalista, atualizada, no mínimo, pela existência de um novo exército industrial formado por contingentes maciços do proletariado internacional.

O infanticídio, tentativa de superar o "carrancismo", revela, entretanto, o impasse entre o projeto político-cultural e sua realização formal. Com a ação ambientada no Rio de Janeiro e com personagens operários de nomes nacionais (Maria Rosa, Margarida, Carlos, João etc.), o texto revela, contudo, uma artificialidade e um desequilíbrio marcados pela tensão entre o intuito manifesto de propaganda e o drama construído, cuja ação, quase exclusivamente, lhe serve de mero apêndice e pretexto.[49] Esse parece ter sido, com frequência, um dos impasses que comprometiam seriamente a verossimilhança da literatura anarquista no Brasil daquela época. Não se pode recusar essa crítica, dizendo que é mera preocupação formalista de estetas; ao afetar o efeito de verossimilhança, o descompasso formal comprometia, igualmente, as relações dessa literatura com a "realidade social" e com os critérios libertários da "verdade histórica", prejudicando – direta ou indiretamente – a eficácia e os efeitos da desejada propaganda.[50]

Assim, no exemplo de *O infanticídio*, em meio aos sofrimentos de uma família operária carioca, sucedem-se os temas da doutrina anarquista: o militarismo e a degradação do homem; a prostituição oficial e não oficial e a condição feminina na sociedade de classes; a farsa ilusória do aparelho jurídico do Estado; a situação específica da degradação humana nos presídios. No momento de desfecho do drama, uma dupla voz entrecruza-se na explosão característica da turbulência do discurso anarquista. A primeira voz, de uma das prisioneiras, recupera o passado heroico e sangrento da Revolução Francesa e da Comuna de Paris: é a voz da *história mitificada* pelo discurso flamejante do vulcão libertário. A segunda voz, da personagem central (Justina), heroína e vítima da ação do drama, também transborda, com a voz da história, em febre, comoção incontrolável, até a loucura. A razão da história mitificada intercepta um drama individual, abre suas comportas e dá vazão à loucura. O fogo, elemento básico na mitificação da história,

---

49 A propósito dessa questão, ver a interessante crítica de Veríssimo (1907, p.208-9 e 225-9, v.VI).

50 A questão da "verdade" não é uma contradição que afeta somente a literatura anarquista, mas toda a tradição social ou militante na criação literária, em que o compromisso político é um dado manifesto. Em outro contexto, quando das narrativas de Trotski sobre a Revolução de 1905, Geras (1980, p.64-7) analisa o problema das relações entre linguagem e verdade. Esse é um campo vastíssimo de tensões experimentadas por várias literaturas socialistas. É ainda Geras quem examina, em meio à efervescência de imagens e ao torvelinho de cenas próprias de uma conjuntura revolucionária (1905), as relações dialéticas entre o aparente caos da realidade histórica e uma nova ordem política subjacente instaurada por um duplo movimento: a utopia revolucionária das massas e o discurso do escritor-militante (p.39-45).

encontra-se com as águas primitivas e anteriores a qualquer linguagem articulada e coerente.

Ouçamos os diálogos finais:

1ª – A mais importante dessas tentativas de libertação do povo foi a chamada revolução francesa.

2ª – Já ouvi dizer, já... Conte, conte... Uma professora deve saber bem essas coisas.

JUSTINA – Conte, sim, conte... Eu quero saber.

1ª – Pois foi assim. O povo, cansado de sofrer, revoltou-se, furioso como nunca. As guilhotinas giraram continuamente, dia e noite, a cortar cabeças de altos senhores, juízes, magistrados, ricos, nobres, tiranos...

2ª – Diz que até o rei e a rainha foram degolados...

1ª – Foram sim. E andaram aos pedaços pelas ruas. O povo vingou-se. Foi uma mortandade horrível, sinistra. Não se respeitava nada. Mulheres e crianças foram degoladas...

JUSTINA, aflita – Até crianças! Minha Nossa Senhora!

1ª – Sim, até crianças, filha. Os soldados não respeitavam coisa alguma. Depois, uma noite, pela calada entraram nas prisões que estavam cheias de gente de toda a casta, e matavam a torto e a direito, apunhalando pobres inocentes!...

JUSTINA, olhando esgazeada para a porta – Nas prisões!... Credo! Minha Nossa Senhora!

2ª – Que horror!

1ª (com entusiasmo e sem reparar na aflição das companheiras) – É para isso que servem os governantes, os ricos, os tiranos do povo! Em 1871, também em Paris, aconteceu o mesmo. Os operários, fartos de sofrer a escravidão e a miséria a que os ricos os condenavam, revoltaram-se e proclamaram a famosa *Commune*. Durou setenta e tantos dias essa conquista. Os presos inocentes foram postos em liberdade e o povo tinha melhorado de sorte. Mas depois o exército retomou a cidade e a população foi passada a fio de espada, mandada guilhotinar e enterrada viva!

JUSTINA, cada vez mais agitada... – Jesus! Credo!

2ª – Misericórdia!

1ª, com fervor – Trinta e cinco mil pessoas sofreram a vingança da burguesia! Mulheres e crianças inocentes foram enterradas vivas!

JUSTINA – Crianças... crianças... Ah! (levantando-se e apontando para a porta, recua aterrada). Aí vêm eles! Ai! Socorro! Socorro!

1ª, erguendo-se para a acalmar – Não é nada, filha, sossega!

2ª, idem – Isto foi há muito, Justina; não é nada.

JUSTINA, delirando cada vez mais – Arreda! Arreda! Arreda!... Aí vêm eles! Socorro! É o Juca, o Juca! Socorro! O meu filho! Mataram o meu filho, Socorro! Socorro!

1ª, tentando em vão aproximar-se de Justina – Justina!... Justina!... (À parte.) Doida!

2ª – Socorro!... Está doida!...

(O guarda da lanterna, seguido de outros, aparece à grade e ouve-se o ranger das chaves e das correntes da porta).

JUSTINA – Arreda, arreda!... Não vou! Socorro!... Mataram o meu filho, mataram o meu pai!... Socorro!...

2ª – Está doida, doida, a pobre Justina – doida!...

2º PRESO – Sim; é para isso que servem as prisões.

CAI O PANO (Assunção, 1907, p.49-51).

Essa solução dramática, catastrófica e apocalíptica, não é residual nem episódica na literatura anarquista. Trata-se de um "messianismo geológico" que reintegra o tempo ao corpo da terra, que reinstaura a humanidade errante na Natureza sábia em seu devir permanente, inexorável e violenta em seus terremotos e abalos sísmicos, condição necessária para o equilíbrio do Universo. A natureza humana, aqui, não tem uma essência própria, mas é parte de uma consciência atada à eternidade do próprio Universo. A revolução social é, nessa visão, um epifenômeno das leis inabaláveis do evolucionismo naturalista e universal. Élisée Reclus, anarquista, geógrafo, enciclopédico, além de escritor de estilo, realiza muito bem essa faceta universalista e cósmica da concepção do movimento revolucionário no pensamento anarquista. A fraternidade libertária internacional encontra na *Terra-mãe* sua grande *benfeitora*: pois é da Terra que saem as lavas incandescentes da erupção vulcânica dos tempos; é para lá que convergem todos os elementos dispostos, apenas na aparência, de modo fragmentário no espaço. Não na estática aparência, mas no movimento de evolução-revolução, sempre renovado, inscreve-se, afinal, a infinita e completa harmonia da unidade homem-natureza.[51]

---

51 Cf. Reclus, in Leuenroth (1963, p.13). Cf. também Reclus (1887-1894, v.I, livro 1, cap.1, p.1-8; v.I, "Avertissement", p.I-IV; v.XIX, "Dernier mot", p.793-6).

Em 1920, num poema publicado na seção "Antologia Libertária" do jornal *A Obra*, Octavio Brandão, ainda anarquista, realizava magistral e didaticamente essa concepção vulcânica das contradições universais. Leiamos na íntegra:

SOB O DESMORONAR DOS MILÊNIOS

Desmoronar maravilhoso dos milênios!...
Irromper imortal dos picos solitários,
Combinação sutil dos gases homogêneos,
Vulcões acesos como inquietos lampadários:

Tudo isto vejo em ti, grandiosa Geologia,
Reveladora da alma êxul da terra astral.
Ciência da Dedução, a ciência química
Os homens na visão da luta mineral.

Sinto em mim, mais de mil jazidas de quimeras
Veios da Perfeição, minas do Pensamento.
Minha energia veio através de mil eras.
Ora faísca de bulha, ora clamor de Vento.

Meu gênio vive em ti, Geologia selvagem,
Porque ele como tu é feito de explosões.
Pulsa nesta minha alma o anseio da voragem,
Terremotos, motins, geleiras, erupções!

A vida universal foi um hinário à luta,
Uma batida heroica em busca do Equilíbrio,
Combate que se fez na Natureza bruta
Através da hecatombe e do desequilíbrio.

Cataclismos, o Caos, conflitos, erosões,
Cenários varonis, brutais da Orogenia,
Maremotos, simuns, abismos, convulsões...
Que é tudo isto senão o ardor da Geologia?

O rumor é a alma da água, o ruído é a alma de tudo
Regato sem fragor é córrego sem alma.
Amo o estrondo porque revela o conteúdo
Vital que há no universo – o orbe que não se acalma!

Metamorfose é a lei fatal da Natureza
Que transforma o paul e a lagoa em canal.
Foi ela quem me fez tão cheio de aspereza
Tão bárbaro e revolto, abrupto e desigual.

Viu minha alma por entre os milênios, as eras,
Todo o drama brutal das grimpas e lagoas.
E é por isso que estão vibrando em mim – crateras
Abismos, vendavais, montanhas, KRAKATOAS.[52]

Nesse universo, a palavra humana é substituída pela voz, imediatamente clara de significação, dos ruídos da natureza. A luta de classes foi, de certa forma, incorporada ao movimento de uma *luta mineral* muito mais larga e intensa. E, assim, a *solidariedade humana*, impressa no espaço utópico de uma *comunidade dos desterrados*, retorna aos primórdios dos tempos, para se incrustar como *solidão primitiva* dos elementos materiais *soterrados*. A Terra, sozinha, volta a reinar.

---

52 Cf. *A Obra (São Paulo)*, ano I, n.9 (14 jul. 1920, p.9). Na verdade, trata-se aí do estabelecimento de uma certa "cosmogonia social", que não esconde suas raízes filosófico-literárias no romantismo do século XIX. Vê-se claramente, nas imagens desse texto, ecos tardios, por exemplo, de um Victor Hugo em *Os trabalhadores do mar*. O tema da concepção de uma *história solar* em Hegel analisado como manifestação do "conservadorismo romântico" está desenvolvido em Romano (1981, p.26-71).
O milenarismo implícito na visão de mundo anarquista, com o forte sentido ético e a religiosidade que lhe é peculiar, remonta, contudo, aos movimentos das classes subalternas pré-industriais, no século XIX. Ver, a respeito, os estudos de Hobsbawm (1970, p.97-119 e 159-88) sobre as seitas operárias na Grã-Bretanha ou sobre o anarquismo milenarista entre os camponeses e artesãos da Andaluzia. A respeito da contradição que marca essa trajetória de desterro, comenta Hobsbawm: "O anarquismo clássico, portanto, é uma forma de movimento de quase impossível e efetiva adaptação às condições modernas, apesar de ser o resultado delas... Por isso, a história do anarquismo, mais ou menos solitária entre a dos movimentos sociais modernos, é a de um fracasso irremediado e, a menos que se verifiquem modificações históricas imprevisíveis, provavelmente, figurará nos livros ao lado dos anabatistas e dos restantes profetas que, embora não estivessem desarmados, não sabiam o que fazer com essas armas, e foram derrotados para sempre" (p.119).

Francisco Ferrer Guardia e sua companheira Soledad Villafranca, c. 1907 (Ferrer Guardia, 1978).

Vila operária, Fábrica Votorantim, SP, 1922 (*Livro de Ouro*, 1923).

Monumento da Independência (detalhe) em folheto de propaganda da Fábrica Votorantim, SP, 1922 (*Livro de Ouro*, 1923).

3
Sinais do vulcão extinto

No Brasil, a historiografia literária sempre teve dificuldades em definir uma escola ou tendência como dominante entre o final do século XIX e o advento do modernismo em 1922, tanto em relação à prosa quanto à poesia. Com o tempo, passou-se a denominar genericamente de *pré-modernismo* a toda aquela fase da produção literária cujas marcas são a heterogeneidade e a contradição: uma época transitória entre o naturalismo carregado de um Aluísio Azevedo (*O cortiço*, 1890) e a Semana de 1922. Trata-se de um longo intervalo, de aproximadamente três décadas, em que o signo de *transição* indica uma situação cultural efervescente, em que a definição acabada de tendências e escolas – apesar das teias dominantes enredadas pelo parnasianismo não apenas no discurso literário, mas também no jornalismo, na retórica política etc. – torna-se impossível. O termo "pré-modernismo", além de afirmar essa transitoriedade, toma como critério de periodização um movimento literário *posterior*, baseando-se nos aspectos de anunciação dessa ruptura que se inscrevem em alguns autores e obras do início do século, considerados, assim, "precursores". Nesse sentido, Alfredo Bosi chama a atenção para as dificuldades com que se defronta o historiador literário desse período, o qual "terá de situar e entender tanto essas obras tensas, saídas da fissura ou de verdadeiros rachos na consciência dominante, quanto outras e numerosas páginas que se engendraram como simples variantes sonoras dos discursos-em-curso". Nessa contradição, distinguem--se as obras "que apontam para o futuro, enquanto crise e modernidade" e as "que exprimem melhor o peso do idêntico" (Bosi, 1977). Portanto, trata-se de um intervalo marcado não pela estabilidade de certa escola e corrente, mas pelas incertezas trazidas por toda transição. *Pré-modernismo* é uma expressão que não define o que realmente predomina no contexto literário daquela época, mas apenas a preparação de um terreno, por certo íngreme e escorregadio, de onde emergirá posteriormente um movimento de contornos mais nítidos (inclusive em suas contradições).

Das dificuldades de análise do "pré-modernismo" derivou-se um certo descompasso na explicação das origens do modernismo. Acentuou-se, como uma espécie de consenso, a ideia de que os contatos com a vanguarda estética europeia foram determinantes; sem eles, não teria sido possível ocorrer a ruptura temática e de linguagem, na profundidade em que ocorreu, a partir de 1922; não teria sido possível, portanto, aos autores modernistas, superar, crítica e esteticamente, a estreiteza mental e o reacionarismo provinciano e bacharelesco das elites oligárquicas da República, em particular a hegemonia da burguesia cafeeira paulista.[1] Como resultado dessa visão, o modernismo configura-se em torno de uma contradição: de um lado, seus aspectos inovadores, sejam temáticos ou estilísticos, são frutos da *importação* de propostas estéticas das vanguardas europeias (futurismo, dadaísmo, cubismo, pós-impressionismo etc.); de outro, seus aspectos retrógrados e passadistas, embebidos de um nacionalismo conservador, resultam das determinações *internas*, isto é, da dominação oligárquico-burguesa. Na verdade, esse tipo de interpretação que aqui esquematizo sumariamente padece de uma visão dualista, tão presente na historiografia e na sociologia brasileiras, acabando por confundir dialética com dicotomias abstratas e formais que opõem fatores "externos" a fatores "internos", "moderno" a "atrasado" etc.

---

1 Vale ressaltar um dos primeiros ensaios que tentaram apontar a presença de fatores sociais internos, além dos usuais intercâmbios com as vanguardas: ver Brito (1964). Esse trabalho, com inequívoca vocação jornalística, apareceu em sua versão inicial numa série de artigos na revista *Anhembi* (n.40 a 52, março 1954 a março 1955). Contém referências pontuais à imigração (p.27-8), ao "ensaio" revolucionário de 1905 e à Revolução Russa de 1917 (p.95-8), à expansão do comunismo e primeiras divulgações do maximalismo no Brasil (p.98-101), à greve geral de 1917 (p.102-3), à questão social em São Paulo (p.146-7) e à emergência do Grupo Zumbi (p.150-2). O autor chega a relacionar o social ao literário: "Estávamos na era industrial e em função dela os problemas se proporiam. A greve (geral de 1917) era um sinal da nova conjuntura social, política e econômica. A situação literária seria mudada logo, também. E de modo também conflituoso." (p.103). Porém, permanece uma separação entre as duas instâncias que, apesar da aproximação marcada pelo ritmo da transição e do conflito, continuam a correr como paralelas, talvez pela dificuldade real de penetrar os elos perdidos da necessária mediação.

O questionamento que deve ser feito, nesse balanço, é o da possibilidade de uma reavaliação crítica que comece pela elementar indagação: o que tornava possível, no interior da formação sociocultural brasileira, a "importação" de contribuições estéticas da vanguarda internacional? E, derivada dessa, a questão mais essencial: como foi possível a integração desses aspectos "forâneos" no processo interno e nacional de elaboração intelectual e artística, aguçando a própria crise dos discursos e intervindo internamente em suas "soluções"? Está subentendida, aí, uma inversão de termos que tenta descobrir as determinações do cosmopolitismo modernista não a partir do "exterior" (que, no extremo, colocaria as viagens de Oswald de Andrade à Europa como mais decisivas que as contradições internas da sociedade brasileira), mas, pelo contrário, a partir do novo *já inscrito* como aspecto imanente e determinante da vida material e de suas representações, na produção cultural desenvolvida no Brasil daquela época.

No passado, a história literária incorreu, muitas vezes, em mecanicismo que colocava o *social* à frente e por cima do próprio objeto literário, ocultando-o e ideologizando-o de vez. Depois, foi a vez do "especificismo", isto é, dos cortes estruturalistas e formalizantes que pretenderam, em vão, dar um estatuto insuspeito de ciência à análise literária: nessa operação, a literatura novamente desapareceu, agora não mais sob a névoa de projetos ideológicos dogmáticos e principistas, mas sob a capa de uma lógica formal e abstrata, que converteu o processo estético de criação e expressão literárias em um discurso reiterativo de fórmulas. Seja no recheamento forçado de preconceitos, seja no esvaziamento também forçado pela metalinguagem formalista, a literatura deixou de ser vista e reconhecida como parte integrante, mas específica, dos processos sociais. Em primeiro lugar, estou convencido de que a presença de uma classe social em formação (o proletariado industrial), com todos os elementos que tal presença implicou – imigração maciça, um movimento de classe próprio, internacionalismo sociocultural e político, modificações no perfil urbano-industrial da sociedade, alterações drásticas nos "modos de vida" e na linguagem popular de certas cidades, como São Paulo –, foi um aspecto essencial e determinante de todas as tensões, contradições e mudanças vividas pela produção literária "pré-moderna". Atrever-me-ia a sugerir, inclusive, que foi essa presença o fator mais importante do caráter *transitório*, agudamente instável e desequilibrado, dos discursos daquela fase. O cosmopolitismo modernista não se compreenderia, portanto, a partir de uma "dependência externa", mas das fissuras que a presença crescente de uma força de trabalho internacional, tão numerosa quanto anônima, já vinha produzindo na ordem dominante interna há, pelo menos, três décadas.

É claro que essa determinação foi mediada. E tão complexas foram as mediações – onde se localiza, sem dúvida, a operação de esquecimento promovida sistematicamente pela ideologia burguesa – que se ocultou, na aparência e na crítica posterior, a força interveniente representada pela formação dessa nova classe. E, entre as mediações, gostaria de privilegiar nas linhas seguintes o que, na investigação, apareceu com especial relevo: uma literatura *social* de cunho *libertário*, seja produzida diretamente pelas agências de cultura criadas pelos núcleos anarquistas (imprensa operária, publicações dos próprios sindicatos e órgãos classistas), seja indiretamente, pela produção literária de certos intelectuais de origem pequeno-burguesa, produtores de discursos que poderíamos chamar de "anarquizantes". Pois, se, por um lado, esses intelectuais não estão enraizados de forma plena no movimento operário e nas lideranças ali produzidas, se constituem, entretanto, em intermediários entre os ideais anarquistas e os elementos dissidentes e radicais, no seu padrão de recusa dos discursos dominantes.

No caso dos "intelectuais dissidentes", temos um primeiro exemplo claro dos efeitos da presença da classe operária e de seu movimento sobre setores (mesmo reduzidos, bastante significativos) da pequena burguesia. E tais efeitos não ocorreram imediata e mecanicamente, mas de permeio por um núcleo dirigente e ativista, representado pelos militantes das instituições operárias anarquistas, anarcossindicalistas e, em menor grau, social-democratas.

***

Poucas são as referências bibliográficas a respeito da literatura social libertária do início do século. Em sua própria época, afora os comentários de José Veríssimo (1905-1907) e Elísio de Carvalho (1907), o silêncio foi a tônica do discurso dominante; o mesmo não ocorria na imprensa operária, que noticiava o lançamento de "romances sociais" e outras obras dessa vertente literária. No que diz respeito à crítica, além dos dois autores indicados, é preciso lembrar o nome de Lima Barreto (1956), que em seus artigos jornalísticos sempre se interessou pela produção da literatura social e militante.[2] Finalmente, é necessário assinalar o artigo pioneiro de Fernando de Azevedo, publicado originalmente em *O Estado de S. Paulo* em 1925 – "A poesia social no Brasil" –, onde o autor traça de forma inédita e exemplar um panorama sociológico-literário da evolução histórica desse problema na literatura brasileira, desde Castro Alves até Afonso Schmidt, buscando as fontes filosóficas da concepção da poesia como *função social* tanto no positivismo quanto na tradição romântica.[3]

Mais contemporaneamente, por sua vez, raríssimas e esparsas referências àquela produção foram feitas em alguns dos trabalhos de Lúcia Miguel-Pereira (1973), Fábio Lucas (1970), Brito Broca (1956) e Wilson Martins (1978, v.IV, V e VI). O desinteresse da crítica literária pelo tema é revelador, se considerarmos as diferentes atitudes de autores anarquistas, como Edgar Rodrigues, Edgar Leuenroth e Roberto das Neves, entre outros, que possuem estudos diretamente voltados para a literatura social anarquista no Brasil; sem falar do trabalho biográfico em torno do poeta libertário-parnasiano Martins Fontes (filho do pioneiro socialista Silvério

---

2 Nesses artigos de crítica, Lima Barreto analisa problemas da literatura militante; destacam-se as referências a dois outros importantes autores anarquistas do Rio de Janeiro: Ribeiro Filho (1904, 1907, 1911), polemista e crítico que aparecia com certa frequência na imprensa operária (cf., por exemplo, "Cafajestes intelectuais" in *A Plebe*, ano III, n.27, 23 ago. 1919) e Brito (1919), autor de várias obras sobre "socialismo progressivo" e cooperativismo.

3 Cf. Azevedo (s.d.). Não é casual o fato de que esse artigo, publicado originalmente em *O Estado de S. Paulo* em 1925, tenha sido relacionado por Edgard Leuenroth para servir de prefácio à coletânea inédita que preparava, *A poesia social na literatura brasileira*. Sobre a poesia libertária, além de referências a Ricardo Gonçalves e José Oiticica, comenta textualmente Azevedo: "O sr. Hermes Fontes que vibra dolorosamente no soneto 'Justiça' eleva-se também nas estrofes dedicadas a Ferrer e, sobretudo em 'O homem' (*Cyclo da perfeição*, 1915) a alturas tranquilas donde o pensamento desprega o voo para sondar, num largo sonho libertador, os horizontes do futuro. O fuzilamento de Ferrer, na fortaleza de Monjuich (1909), açulando por toda a parte, como uma represália, a ideia da revolução social, repercutiu, também no Brasil, na poesia 'O dragão de Monjuich', de Fanfa Ribas na sátira 'Os sete bandidos de Ferrer', de Gomes Ferro, outro riograndense, e em 'Ferrer' do sr. Herman Fontes, que saúda o infeliz anarquista 'como um dos semeadores da colheita de amanhã'. É depois desse fato, e talvez como sua consequência, que começou a engrossar, no Brasil, a pequena falange dos poetas sociais em que se enfileiram, com uma sinceridade febril, Max de Vasconcellos, Manuel Custódio de Mello Filho e Raymundo Reis, entre outros, unidos pela comunhão de ideais que se refletem, mais ou menos intensamente, em suas produções, ainda à espera, perdidas em jornais, da página de um livro que as liberte da obscuridade". Tal observação, escrita em 1925, mantém até hoje sua atualidade, o que é preocupante.

Fontes), feito pelo memorialista operário Jacob Penteado (Rodrigues, 1972; Leuenroth, s.d.; Neves, 1970; Penteado, 1968).

Uma primeira constatação a respeito da literatura anarquista militante é sua diferença em relação à literatura social produzida após o modernismo, nos anos 1930-1940, não filiada aos ideais comunitários e ácratas, mas vinculada a uma proposta de realismo socialista: trata-se, por exemplo, de *Os Corumbas*, de Amando Fontes (1933), sobre uma família proletária têxtil em Aracaju; de *O Gororoba*, de Lauro Palhano (1931), sobre os trabalhadores da Amazônia; de *Navios iluminados*, de Ranulpho Prata (1937), sobre a vida dos portuários de Santos; de *E agora, que fazer?*, romance épico sobre a construção da ferrovia Noroeste do Brasil, de Tito Batini (1941), ou mesmo *Filhos do povo*, do mesmo autor, romance descritivo da vida de um sapateiro anarquista em São Paulo (1945) e que, apesar da proximidade temática, inscreve-se num contexto sociocultural e numa vertente literária diversa. Poderíamos lembrar, ainda nessa esteira, a intrigante obra, recentemente recuperada, de Patrícia Galvão (a musa *Pagu*) que, sob o pseudônimo de Mara Lobo, publicou em 1933 o romance *Parque industrial*, em que o panfletarismo e o engajamento na ortodoxia do Partido Comunista Brasileiro aliam-se curiosamente a uma forma narrativa entrecortada e elíptica, lembrando o estilo telegráfico modernista, se bem que complicado e desequilibrado pela própria ideologização do discurso e pelo compromisso explícito com um conteúdo de "mensagem social". Na literatura social dessa fase posterior, pode-se incluir *Marco zero* (1943) de Oswald de Andrade, muito mais panfletário e resvalando ao realismo socialista do que o também "social" *Os condenados* (1922), este sim um pouco mais próximo da tematização do desterro social e da marginalização urbana, tão ao gosto da literatura anarquista.

Outro aspecto a ressaltar é a plena conformação da literatura de cunho anarquista aos cânones literários da época: com efeito, ela será conservadora, em geral, no que diz respeito à linguagem; a forma do soneto será a preferida na poesia e a narrativa tradicional (narrador linear e onisciente) aparecerá no romance social. Porém, essa indicação, por si só, não basta para que se descarte essa produção, pelo contrário, o interesse deve ainda aumentar, considerada essa contradição: uma literatura premida entre a *respectability* das formas convencionais e o compromisso social com o universo dos "de baixo". Isso provocou, muitas vezes, um descompasso, uma estranheza (precocemente assinalada pela crítica de José Veríssimo) que, dialeticamente, produziu, a meu ver, alguns raros momentos de originalidade e inovação naquela literatura; um padrão de beleza certamente distinto dos modelos estéticos consagrados. Essa constatação, entretanto, não deve conduzir ao atalho fácil do equívoco oposto, que seria recair numa visão apologética e acrítica, colocando num pedestal tudo que emanasse o mágico odor do "popular", prática essa peculiar de certas tendências do pedantismo pequeno-burguês ou mesmo de certos mitos dogmáticos das organizações comunistas tradicionais, que transformam essa "volta às raízes obreiras" em veículo de propaganda oficial e desfiguração dos processos espontâneos de criação, sob o manto protetor do realismo socialista estatal. É necessário frisar, portanto, e ao mesmo tempo, que aquele desequilíbrio formal da literatura social, produto de uma contradição, enveredou também, com muitíssima frequência, pela inverossimilhança grosseira, pela linearidade discursiva insípida e pelo panfletarismo retórico.

De qualquer modo, seja nas profundezas da expressão ainda não articulada do social, seja na superfície já elaborada e contraditória das formas textuais, o pensamento e a literatura libertários inscreviam-se inteiramente na história literária "nacional": quem os colocava de fora era o discurso dominante. Retornamos, nesse particular, ao tema da "importação" de valores e de vanguardas estéticas. A burguesia sempre preferiu a manteiga dinamarquesa, porém, em se tratando de proletários, não poderia jamais admitir a invasão de ideais "alienígenas". Lançava mão de um nacional-ufanismo que tanto reiterava velhas raízes quanto escondia sua própria submissão ao imperialismo. E uma das tradições prediletas do discurso burguês sempre foi o sangue católico-colonial de nossa gente, Anchieta pulsando nas veias do pacífico rebanho etc. A sátira e a blague na imprensa anarquista (elementos, sem dúvida, precursores de certa ironia demolidora presente no modernismo) não deixavam por menos: quem "importava" o quê? quem estava "por fora"? Tratava-se de nomear os critérios e as referências em torno dos quais o discurso ideológico das classes dominantes designava e bania os "estrangeiros". Enfim: quem eram os verdadeiros "estrangeiros e culpados"? Vejamos a solução a esse impasse num corrosivo e bem-humorado poema anticlerical:

CONTRABANDO

Aproxima-se o barco recheado
da *venenosa, hipócrita semente*
Traz o casco veleiro enferrujado
Dos portos europeus é procedente

O povo, pela praia, aglomerado,
Tendo o rosto desfeito horrivelmente
Exclama: "Está São Paulo condenado
À convivência infame dessa gente:

Quatro dúzias de padres, tipo freira,
Chegaram, meu Jesus, isso é demais
Para a cabrália terra brasileira!"

E um negrinho que andava pelo cais,
Acrescenta, a pular sobremaneira:
"Fora, com tão imundos animais!"
(José Etelvino)[4]

A partir de 1902, seriam publicados os primeiros "romances sociais" de cunho anarquista. Em Minas Gerais, aparecia *O caboclo*, de Avelino Fóscolo.[5] Trata-se de um típico romance de costumes, afinado inteiramente com a tendência do regionalismo sertanejo, que teve grande influência no período. O romance não supera o descritivismo folclórico e pitoresco que, como já assinalou Antonio Candido, revela um ranço elitista por trás da pretensa recuperação do "popular". Avelino Fóscolo (1864-1944), nascido em Minas Gerais e filho de imigrantes portugueses, é um dos raros exemplos de escritor anarquista fora do eixo Rio-São Paulo. Colaborou em vários jornais da imprensa operária: em *A Lanterna*, por exemplo, em 1913,

---

4 *O Livre Pensador (São Paulo)*, n.129 (8 maio 1906, p.3).

5 Sobre Avelino Fóscolo, farmacêutico e membro da Academia Mineira de Letras, ver Rodrigues (1972); Miguel-Pereira (1973) e Martins (1978, v.V e VI). O ano de 1902 foi também a época do lançamento de *Os sertões* (Euclides da Cunha) e de *Canaã* (Graça Aranha); sobre o caráter social precursor dessas duas obras, cf. Bosi (1966).

publicou uma novela em folhetim, intitulada *No circo*.[6] Como romancista, estreou em 1890, com *A mulher*, bem ao estilo naturalista, escrito em colaboração com Luís Cassiano Pereira. Editado sempre em Minas Gerais, a divulgação de suas obras era, por certo, diminuta, assim como seu público (Martins, 1978, v.V, p.194). Publicou, após *O caboclo*, vários outros "romances sociais": *O mestiço* e *A capital* (1903); *Vulcões* e *O jubileu* (1920); *A vida* (1921). Escreveu uma peça de "teatro social", *O semeador*, publicada inicialmente como opúsculo, na tipografia do jornal *A Nova Era*, em Taboleiro Grande, interior de Minas Gerais. Esse drama, em três atos, foi reeditado em Belo Horizonte, já em 1921. A ação passa-se numa fazenda, envolvendo a figura do coronel e de seu filho rebelde, Júlio, que se investe nas tarefas libertárias de "regeneração social" dos lavradores. Os diálogos são pesados, servindo de meros canais para a propaganda dos ideais ácratas. Mais uma vez, num recurso de fundo romântico e muito utilizado na literatura anarquista, amor e objetivos libertários entrelaçam-se sob a égide da fraternidade humana universal:

> *Laura* – Pobre de mim! Que mérito posso ter, simples camponesa dedicada aos trabalhos domésticos e aos cuidados que lhe merecem os velhos pais?
> *Júlio* – Como o sol, espargindo prodigamente calor e luz que são a vida da terra, difundes a instrução nas inteligências infantis. Sei o papel de fada benéfica representado por ti nestes campos, semeando no cérebro das crianças, com uma abnegação sublime, o germe do saber, esses primeiros rudimentos conduzindo à conquista de um paraíso na terra. E não é o óbolo azinhavrado da retribuição que te sustenta nesse apostolado, mas o desejo de desvendar as trevas ofuscando os cegos de espírito.
> [...]
> *Laura* – Há em suas palavras algo de misterioso e novo que não compreendo.
> *Júlio* – Compreendê-lo-ás mais tarde: escolhi-te para consórcia na tarefa de regeneração social.[7]

O tema, de fundo tolstoiano – assimilando os valores de um cristianismo primitivo que, no caso do escritor russo, inspirava-se na experiência do

---

6 Cf. "No Circo" in *A Lanterna*, seção de folhetim (p.4), a partir do n.213 (18 out. 1913).

7 Cf. *O Semeador*, Taboleiro Grande (MG), Tip.de "A Nova Era" (s.d., p.18-20).

mir, comuna agrícola primitiva da Rússia (Reszler, 1974, cap.II) – estará presente, também, com muita força, no romance social *Regeneração*, de M. Curvelo de Mendonça (1870-1914).[8] Numa decadente fazenda do interior do Rio de Janeiro, o "Engenho Jerusalém", o profético e libertário administrador Antônio – leitor de Fourier, Kropotkin, Tolstói, Ruskin e Carlyle, como o próprio autor – fará as vezes de reformador social, transformando, com efeito, a abandonada e deserta Jerusalém numa terra prometida. Diante de José Doutor, morador da fazenda, fabricante de farinha e curandeiro dos colonos, o discurso culto de Antônio é de admiração pela "pureza dos simples"; o discurso do camponês, contudo, continua dominado e submergido pela voz do saber de Antônio, identificada com a do narrador impessoal e onisciente:

> Empolgara-o a linguagem cândida, honesta e franca que borbulhava como um jorro d'água cristalina nos lábios desse camponês analfabeto. Tinha ficado mudo a mirar o aspecto jovial e inteligente de seu interlocutor (Mendonça, 1904, p.29).

Não apenas a voz de Antônio emudece, mas principalmente a voz do camponês. Permanece a fala ilustrada da razão, incorporada pelo discurso anarquista, o mito iluminista do *saber é poder*. Daí deriva uma crença inabalável no progresso técnico e na racionalidade da organização espontânea e solidária do trabalho:

> Outros operários azeitarão aquelas rodagens entrevadas e o vapor, penetrando-lhes os tubos agora poeirentos, fará a expansão do movimento e da atividade industrial na confecção do açúcar. Milagre espantoso do trabalho...
>
> As turbinas, o vácuo de Greiner, a tacha de Wetzel, que representavam os melhores aparelhos ali existentes do grande aperfeiçoamento introduzido no fabrico do açúcar, estavam enferrujados, pela administração rotineira e estúpida...
>
> E José desvelava-se no enriquecimento da pobre terra devastada pelos cultivadores empíricos e indolentes, que lhe tinham sugado e exaurido a força

---

8 Cf. Mendonça (1904). O fundo tolstoiano da obra é reconhecido pela própria crítica anarquista na imprensa operária da época.

produtora. A irrigação, a drenagem e o revolvimento frequente restituíam-lhe a vida e a energia... levando o carinho e o amor para o seio latente da natureza (ibidem, p.31, 145-6 e 183-4).

A "regeneração social" é marcada também pelo reencontro do homem com a natureza. As mezinhas de José Doutor são revalorizadas, pois aí "até os próprios corpos ressuscitavam, enfim libertos das drogas venenosas das farmácias e da medicina oficial" (p.180-1). A regeneração social ganha, assim, claros contornos bíblicos:

> Jerusalém enfim livre, a terra do sonho e da esperança finalmente conquistada...
> a narrativa saudosa de uma vida de paz e amor numa como terra encantada que manava leite e mel (p.139).

Entre as reformas feitas, destacam-se a escola ("edifício da luz") e a *vila operária*:

> Habitações confortáveis... coração de amor... convidavam a universalidade dos operários dos campos e das cidades a vir viver a vida solidária no doce recinto do trabalho livre e da educação nova (p.168).

A crença na obra regeneradora do espírito representada pela educação aproxima-se das propostas racionalistas da Escola Moderna, do anarquista catalão Francisco Ferrer y Guardia:

> A missão do professor era, pois, despertar, guiar, encaminhar as energias; mas não contê-las, reprimi-las com os velhos processos que encheram de ódio as escolas (p.173).

Por fim, o desfecho de um novo mundo é novamente marcado pelos signos da explosão universal e do incêndio, retomando o mito do dilúvio de Noé, agora não sob o reino das águas, mas sob o império do fogo:

> Esse era o fogo, o espírito novo que, a despeito de todas as forças contrárias, percorria eletricamente a superfície do planeta, acendendo os corações, criando

as ideias, formando as asas desses pobres seres implumes que são os homens de hoje... regeneração total e perfeita... pela realização suprema de todos os sonhos... dos doutrinadores e apóstolos de todos os tempos (p.225-31).

Curvelo de Mendonça, nascido no estado nordestino de Sergipe, vinculou-se ao grupo de intelectuais "anarquizantes" do Rio de Janeiro, os quais, além dos escritos, tomaram a iniciativa de criação da Universidade Popular do Ensino Livre, em 1904. Elísio de Carvalho enumera os seguintes nomes, além do seu próprio e o de Curvelo: Érico Coelho, Felisbello Freire, Joaquim Murtinho, José Veríssimo, Rocha Pombo, Rodolpho Bernardelli, Morales de los Rios, Deodato Maia, Carvalho e Bhering, Evaristo de Moraes, Fábio Luz, Pedro do Couto, Silva Marques, Araújo Viana etc.[9] Na verdade, a formação intelectual desses homens era bem eclética, incorporadas as leituras de Comte, Spencer, Darwin, Zola, Carlyle, Ruskin, Gorki, Kropotkin, Tolstói, Proudhon, Stirner, Nietzsche, Mirbeau, Bakunin, Reclus etc. Disso resultava um evolucionismo positivo e determinista, um individualismo que se desdobrava desde uma visão materialista até um certo espiritualismo místico.[10]

De qualquer modo, a presença de autores anarquistas teve sua influência, mesmo difusa, na obra, por exemplo, de Lima Barreto ou de Martins Fontes. Entre os clássicos do anarquismo, Kropotkin, em especial *A conquista do pão*, foi, ao que parece, dos autores mais lidos.[11] É inevitável que as contradições surgissem a partir de tão eclética formação, e a partir, também, da posição desses intelectuais dissidentes no interior da pequena burguesia do Rio de Janeiro e de sua inserção no contexto da luta de classes. Sabemos,

---

9 Cf. Carvalho (1907, item "Minha formação literária", p.191-216). Sobre a experiência fracassada da Universidade Popular do Ensino Livre, cf. Hardman & Leonardi (1982, p.326). O evento foi coberto na imprensa operária, entre outros, pelo jornal *O Amigo do Povo* (São Paulo, 1904, n.48 a 62).

10 Carvalho (1907, p.191-216). Em *Bárbaros e europeus* (1909), ensaio de crítica e filosofia, Elísio de Carvalho dedica, entre outros, um capítulo ao pensamento de Max Stirner. Candido, no artigo "Radicais de ocasião" (in *Teresina etc.*, 1980, p.83-94), apanhou muito bem o clima intelectual do Rio, no começo do século, e as contradições que envolveram esse ecletismo com algum rasgo libertário ou socialista, muitas vezes pedante, como no caso do próprio E. de Carvalho; por outro lado, recupera traços menos conhecidos da obra de João do Rio, "que revelam um inesperado observador da miséria", uma aproximação dos "humildes", dos operários e seu movimento, em crônicas esparsas mas lúcidas (p.90-4).

11 Carvalho (1907, p.191-216). Sobre a questão da influência literária dos autores clássicos do anarquismo, cf. também: Martins (1978, p.559, v.V; p.184, v.VI) e Penteado (1968).

por exemplo, que Curvelo de Mendonça foi grande amigo e admirador do industrial Luís Tarquínio, pioneiro na instalação de uma vila operária na fábrica têxtil da Boa Viagem, em Salvador, Bahia, ainda no final do século passado:[12] tal afinidade pode, em parte, explicar a idealização de Curvelo em torno da vila operária, no romance *Regeneração*, tomando-a como sinônimo das comunidades agrícolas tolstoianas, mito muito distante, por certo, das condições reais de exploração e controle social impostos nesses redutos pelo capital. Na verdade, em que pese a ideologia reformadora e paternalista de alguns empresários industriais, a *vila operária* não corresponde nem de longe ao mito comunitário anarquista da *cidade obreira*.

O ecletismo e a erudição estiveram também presentes nas obras de Elísio de Carvalho (1880-1925), Pedro do Couto e Rocha Pombo, entre outros. O primeiro deles, como crítico literário, foi ardoroso defensor do *naturismo* como corrente estética, que diferencia do "falso e artificial" naturalismo, apesar de inspirar-se igualmente na matriz francesa representada pelo já clássico e popularíssimo romance *Germinal*, de Émile Zola (Carvalho, 1901 e 1907). Seu trajeto literário posterior o aproximaria de Ronald de Carvalho e, portanto, da tendência nacionalista conservadora do modernismo: sua obra de 1919, sobre a indústria siderúrgica nacional, já revelava essa vocação (ibidem, 1919). Na verdade, ainda antes, sua carreira profissional o afastara definitivamente dos arroubos libertários juvenis para comprometê-lo diretamente com o aparelho policial do Estado. É na qualidade de diretor do Gabinete de Identificação e de Estatística e da Escola de Polícia do Rio de Janeiro, em 1912, que publica, à guisa de "vocabulário organizado" para seus pupilos, o manual *Gíria dos gatunos cariocas*. Nada como unir a "utilidade pública" ao agradável passatempo de pesquisa e de recuperação das "raízes populares"... Talvez, para essa prática autoritária de "ida ao popular", tenha servido, de algum modo, seu passado "libertário": em todo caso, ficamos sabendo, nesse manual, certamente não à toa, que *trabalho* é "ação de roubar ou furtar", e que *estado-maior* é igual a "xadrez" (presídio) (ibidem, 1912).

Pedro do Couto (1872-1953), em *Caras e caretas* (1912), desenvolve a sátira caricatural de figuras conhecidas da política dominante nacional.

---

12 Cf. Martins (1978, p.359, v.V). Sobre o controle social existente na pioneira vila operária da fábrica da Boa Viagem, cf. Hardman & Leonardi (1982, p.199).

Essa tradição de sátira política esteve presente numa certa corrente da imprensa humorística e de pasquins da época, como nas revistas *Caretas*, *D. Quixote*, *O Parafuso*, *A Rolha*, *O Garoto* etc. Na verdade, a tradição satírica possui raízes que extravasam, obviamente, o discurso anarquista, mas, nessa época, algumas intersecções parecem ter ocorrido. Sem falar na linha humorística e de sarcasmo demolidor adotada pela imprensa libertária, principalmente anticlerical (por exemplo, *A Lanterna*), a sátira esteve presente também nas páginas, entre outras, de *O Pirralho*, que combinava crítica social e literária. Ali, encontraremos as caricaturas de Voltolino e a escrita de estilo macarrônico, baseada no registro da fala híbrida dos bairros de forte concentração de imigrantes italianos (Brás, Barra Funda, Bixiga etc.) na cidade de São Paulo.

Nas páginas de *O Pirralho*, Marcondes Machado (futuro Juó Bananére) e Oswald de Andrade, em 1911, escreviam "As cartas d'abax'o Pigues" (Abaixo Piques era o nome de um trecho do bairro do Bixiga). Posteriormente, Juó Bananére, o barbeiro do Bixiga, fixaria em sua sátira uma linguagem própria, que rompia na prática com os esmeros do parnasianismo, em *La divina increnca* (em que as bem sacadas paródias a Gonçalves Dias e Olavo Bilac surgem como verdadeiras precursoras da crítica modernista) e em *Galabáro* (em que predomina a caricatura política satírica), opúsculo escrito em conjunto com Antonio Paes.[13]

Não estamos falando diretamente, aqui, da literatura anarquista ou "operária". No caso da escrita macarrônica e da sátira política, trata-se da mediação de um punhado de escritores da classe média paulistana que, de certa forma, rompiam com os cânones literários bacharelescos. Para

---

13 Cf. Chalmers (1976, Parte I) e Bananére (1917 e 1924). Este é um veio dos mais interessantes para se acompanhar o processo literário "interno" que esteve na base da ruptura modernista. A "italianidade proletária" de São Paulo influenciaria, diretamente, as obras posteriores de Oswald de Andrade, Mário de Andrade e Antônio de Alcântara Machado, entre outros. Um elo perdido nesse processo de "preparação do terreno" parece ter sido a obra precursora, e já moderna no estilo, de Adelino Magalhães (*Casos e impressões*, 1916; *Visões, Cenas e perfis*, 1918; *Tumulto da vida*, 1920), na qual já desponta algo da "escrita telegráfica" na narrativa e um expressionismo voltado para os aspectos cotidianos da vida popular urbana da grande cidade. O proletariado é focalizado em várias cenas de textos relativos às greves operárias do período 1917-1920. A crítica de Wilson Martins (1978, v.VI, p.61-5, 122-5 e 184-5) é bastante enfática na revalorização de Adelino Magalhães, embora reconhecendo, também, uma involução dessa modernidade precoce em sua obra posterior a 1922.

entender o caráter e os limites dessa ruptura, deve-se situar uma massa compacta de imigrantes assalariados, cuja presença, por si só, redefinia aspectos da vida sociocultural na cidade de São Paulo. Vera Chalmers (1976) estudou em detalhes as ambiguidades da boemia paulistana, ao mesmo tempo dependente do mundo oligárquico e relativamente marginal do sistema cultural dominante. É nesse caldo de cultura híbrida e instável que se formaram alguns grupos de intelectuais, cuja atuação posterior no modernismo seria decisiva. Oswald de Andrade (1974) foi um deles, chegando a confessar que o "impressionaram bastante" as atividades e repentinas aparições do movimento operário e da imprensa anarquista, na simbólica figura de Oreste Ristori. O poeta e estudante de direito Ricardo Gonçalves (1883-1916) foi outro exemplo de quem manteve alguns contatos próximos com o movimento anarquista naquela fase. Na imprensa operária eram comuns referências a seu comparecimento e participação (com discursos ou poemas) em comícios, festas de propaganda etc. Ricardo Gonçalves esteve ligado a um grupo da boemia paulistana (*Minarete*) do qual participavam Martins Fontes, Monteiro Lobato e outros. Seu comprometimento com o anarquismo (mais ativo, por exemplo, que as simpatias difusas e meramente intelectuais de Oswald de Andrade) combinou-se com uma produção poética bem parnasiana, como os sonetos fiéis ao modelo, em *Ipês* (s.d). Isso não seria de surpreender: a dupla face de Gonçalves é um bom exemplo da própria unidade contraditória do discurso anarquista, apesar de não podermos considerá-lo um militante típico, mas apenas um simpatizante do meio intelectual. Num de seus poemas libertários, Ricardo Gonçalves retoma a imagem da explosão vulcânica de uma voz coletiva até então soterrada:

REBELIÃO

Como um vago murmúrio,
Mansa a princípio, ela ecoa,
Depois é um grito bravio
Que pela noite reboa,
Que para a noite se eleva
Num pavoroso transporte,
Como um soluço de treva,
Como um frêmito de morte.

Ah! nesse grito funesto,
Nesse rugido, palpita
Um rancoroso protesto.
É o povo, a plebe maldita
Que, sombria, ameaçadora,
Nas vascas do sofrimento,
Mistura aos uivos do vento
A grande voz vingadora.

E quando comece a luta,
Quando explodir a tormenta,
A sociedade corrupta,
Execrável e violenta,
Iníqua, vil, criminosa,
Há de cair aos pedaços
Há de voar em estilhaços
Numa ruína espantosa.[14]

Outro exemplo claro desse parnasianismo libertário está na obra de Martins Fontes (1884-1937). Formado no ambiente socialista do pai, em Santos, desde logo Fontes manteve contatos com os rasgos socializantes presentes na obra de Eça de Queiroz e Antero de Quental, este último diretamente envolvido nas origens do movimento operário português.[15]

---

14 Citado frequentemente na imprensa anarquista, ver Leuenroth (s.d.), Penteado (1968) cita um poema de Martins Fontes em homenagem a Ricardo Gonçalves ("Dom Ricardito"), que faz referência a uma longa capa espanhola esvoaçante, usada pelo poeta após um tiro que levou no ombro, durante um comício dos ferroviários (provavelmente na greve ferroviária no interior de São Paulo, em 1906, à qual Ricardo Gonçalves levou a solidariedade dos estudantes da Faculdade de Direito da capital paulista).

15 O poeta Antero de Quental esteve na raiz das primeiras organizações operárias de Portugal, vinculando-se estreitamente, também, à trajetória da Primeira Internacional (AIT). Militou inicialmente no Centro Promotor dos Melhoramentos das Classes Laboristas (1852-1872). Fundador e um dos editores do jornal *O Pensamento Social* (1872-1873), um dos primeiros porta-vozes do socialismo e da AIT em Portugal; na ocasião, foi o redator do opúsculo *O que é a Internacional?*. Participou da criação, também, a partir de 1872, da Associação de Resistência Fraternidade Operária; este núcleo manteve estreitos contatos com a corrente marxista na AIT, incluindo Engels, Mora e Lafargue. Chegaram a projetar sua expansão para o Brasil, em função das facilidades étnico-linguísticas. Eça de Queiroz manteve intensa correspondência com Antero, tendo recebido deste uma influência ideológica decisiva,

Posteriormente, esse filão foi ampliado com a leitura de clássicos anarquistas, como Bakunin e Kropotkin, entre outros. Foi dos mais populares poetas parnasianos, tendo uma vasta obra, superior a trinta volumes. Na série de conferências e textos publicados em *Fantástica* (1937), ressaltam "Kropotkin" e "Para um filme fantástico", este último uma espécie de roteiro sumário para uma superprodução de título *O maior homem da humanidade – A história da vida de Pedro Kropotkin (epopeia em três atos)* (Fontes, 1937). Nos versos exclamativos do poema-título *Vulcão* (1926) reaparece a imagem flamejante, embora despida de seu véu social, para se fundir com a alma lírica do poeta:

> A terra escalda! O ar fulge! Abre-se o fervedouro
> Do Inferno! Que esplendor! Que espetáculo de ouro!
> Sou eu! em erupção! O incêndio reproduz
> Meu coração-vulcão, que se desfaz em luz.[16]

Mas, quando se pensa nas relações entre a expressão literária e a questão social no período assinalado, imediatamente vêm à baila as tensões e densidade do percurso traçado pelo pensamento e obra de Euclides da Cunha (1866-1909). Considerado por vários críticos literários, biógrafos e sociólogos como um dos pais do socialismo brasileiro (pelo menos no plano das ideias), essa tese, a julgar pelo polêmico ensaio monográfico de José Aleixo Irmão (1960), carece de fundamento empírico e parece ter sido mais um dos mitos apologéticos desenvolvidos por uma tradição retórica totalmente avessa à pesquisa de fontes históricas. Na verdade, o exame atento da duplamente célebre estada do engenheiro-escritor em São José do Rio Pardo, interior de São Paulo, onde dirigiu a reconstrução de uma moderna ponte metálica e terminou a redação dos imortais *Os sertões* (1898-1901), não estabelece nenhum elo direto, conforme rezava a lenda, entre Euclides da Cunha e o movimento

---

embora permanecendo muito mais na condição de simpatizante da "causa operária". Possui vários folhetins dedicados à Comuna, à Internacional e à "flâmula flamejante" da Revolução. Os escritos sociais de ambos participaram ativamente da formação literária humanista de Martins Fontes. Ver, a propósito da militância de Quental, Souza (1976, cap.I e II) e Hardman & Leonardi (1982, p.233). A respeito de Antero e Queiroz e sua influência sobre Fontes, ver Penteado (1968, p.96-102 e p.120).

16 Sobre a formação literária de Fontes, ver, do próprio autor, *Nós, as abelhas: reminiscência da epocha de Bilac* (1936). Cf. também Penteado (1968).

operário socialista local, seja no que toca à participação em eventos (por exemplo, comícios de Primeiro de Maio), seja à redação de manifestos, programas, jornais e outras publicações das associações operárias mutualistas e social-democratas daquela cidade.[17]

Entretanto, se a visão mitológica em torno de uma quimérica militância socialista de Euclides da Cunha não parece ter procedência, não se justifica tampouco o equívoco oposto, que consiste em isolá-lo de quaisquer influências "perniciosas", colocando sua obra e discurso "acima de quaisquer suspeitas", recaindo-se no nacionalismo reacionário da ideologia dominante. Não há dúvida de que houve alguns contatos com esse "caldo de cultura" determinado pela presença operária, por mais tênues e meramente intelectuais que possam ter sido. Francisco Escobar, advogado e militante socialista de São José do Rio Pardo, foi um grande amigo e correspondente regular de Euclides, cujo interesse pelas "reformas sociais" é explícito em vários de seus escritos. Em artigos como "Um velho problema", em *Contrastes e confrontos* (1907), delineia uma visão clara em termos de um socialismo reformista e evolutivo, calcado nos aperfeiçoamentos da jurisprudência e no papel certamente decisivo do próprio Estado. Suas vagas simpatias para com o marxismo, como em grande parte dos intelectuais progressistas brasileiros dessa época, estão mediadas por um positivismo bem dosado.[18] E se, nesse caso, nos dermos ao trabalho de analisar em detalhe, não as correntes anarquistas, mas algumas expressões da social--democracia no Brasil (por exemplo, Antonio Piccarolo ou mesmo Silvério

---

17 Cf. Irmãos (1960). Essa obra vale muito mais pela análise histórica original (se bem que de uma perspectiva conservadora) do movimento operário local e do nascimento das associações de classe: o Clube Socialista dos Operários, em 1900; sua subdivisão posterior no Clube dos Operários 1º de Maio – Honra e Trabalho (1901), de caráter mutualista; e no Clube Internacional "Os Filhos do Trabalho" (1900), de caráter socialista, sob a direção de Pascoal Artese, Alberto Nardini (membros da colônia italiana) e Ignacio de Loyola, Francisco Escobar (advogados, intelectuais e amigos de Euclides da Cunha). Este último núcleo manteve estreitos laços com o grupo social-democrata de São Paulo, editor de *Avanti!*.

18 Cf. Bosi (1970, p.349-50). A própria recuperação do universo de Canudos em *Os sertões* possui também laços, embora distantes, com o interesse social pelas utopias comunitárias tradicionais, tema recorrente no pensamento socialista do século XX. Esses lugares *remotos* (no tempo e no espaço) reintroduzem o cristianismo primitivo da comunidade tolstoiana. É curioso notar que Fábio Luz, no romance anarquista *Ideólogo*, aproxima explicitamente Antônio Conselheiro da utopia de Tolstói e reencarna o mito comunitário perdido em Canudos, "uma comuna exemplar nos sertões inóspitos", "uma cidade de palha, onde a fraternidade e a igualdade foram encontrar a verdade de sua significação" (apud Martins, 1978, v.V, p.224).

Fontes), veremos que o reformismo socializante de Euclides nada tem de "anômalo", mas se inscreve plenamente no universo mental do evolucionismo positivo e ilustrado desses socialistas.

Outro escritor paulista da literatura social a se destacar é o editadíssimo Afonso Schmidt (1890-1964), poeta e romancista, com dezenas de novelas e crônicas da vida popular urbana de São Paulo. Já próximo de 1920, seus poemas começaram a aparecer nas páginas dos jornais da imprensa operária. É o caso, por exemplo, do soneto "Semeadores", dedicado à solidariedade dos estudantes por ocasião do empastelamento de *A Plebe*.[19] Em 1920, é anunciada a publicação de um folheto de Schmidt, já sob a orientação do grupo comunista *Zumbi*, intitulado "Palavra de um comunista brasileiro à Liga Nacionalista Mocidade das Escolas".[20] Com efeito, Afonso Schmidt liderou, nessa época, a formação desse grupo, inspirado no *Clarté* francês de Henri Barbusse; era uma proposta que, assumindo um "comunismo" mais intelectual que prático, não foi muito além de seus manifestos iniciais. Schmidt, tido como um dos participantes da Semana de 1922, negou publicamente, anos depois, suas ligações com o nascimento do modernismo.[21]

Na linha da crônica urbana e do romance popular de "crítica de costumes", seria necessário um estudo mais detido da obra de Afonso Schmidt, que possui raízes numa tradição anterior – representada, por exemplo, pelo romance-crônica *Madame Pommery*, de Hilário Tácito (pseudônimo de José Maria de Toledo Malta), publicado em 1919, novela urbana de costumes, em que o modo de vida das várias camadas sociais é desenhado quase factualmente.[22]

---

19 Cf. *A Plebe (São Paulo)*, n.45 (6 dez.1919, p.2).

20 Cf. *O Metallurgico (São Paulo)*, ano I, n.3 (14 abr. 1920). Sobre o Grupo Zumbi, comenta o próprio Schmidt, num depoimento inédito citado por Mário da Silva Brito (1964, p.150-2): "Em São Paulo esse movimento renovador (repercussões do *Clarté*) teve como consequência a criação do Grupo Zumbi. A escolha do nome do herói de Palmares, só por si, dá uma ideia dos seus intuitos". Dele participavam "jovens escritores pequeno-burgueses que, em prosa e verso, colaboravam nos semanários românticos". Entre os nomes dos protagonistas figuram: Maximiano Ricardo, Sílvio Floreal, Edgard Leuenroth, Andrade Cadete, Gigi Damiani, Astrojildo Pereira, Everardo Dias e Raymundo Reis, alguns deles, como se vê, diretamente vinculados à militância no movimento operário.

21 Cf. Brito (1964) apud Bosi (1970, p.381). Sobre a obra de Afonso Schmidt, cf. Martins (1978, v.V e v.VI). A editora Brasiliense, de São Paulo, no início da década de 1960, reuniu e editou uma parte representativa de sua obra em vários volumes, todavia não completa.

22 Ver "Estudos afins", IV (Excurso).

Já na obra poética (principalmente da juventude), Schmidt envereda por um caminho tradicional segundo o qual a "vida dos simples" reaparece sempre como tema predominante. Fernando de Azevedo (1924-1926), no artigo "A poesia social no Brasil", parece bastante entusiasmado com essa "poesia comunista" de Schmidt, em que "o sentido das tradições locais e a doçura do caráter brasileiro se harmonizam estranhamente com o pendor revolucionário e a vontade temerária de abater todos os ídolos". Chega a vislumbrar, por trás do tom dramático de alguns poemas, uma destilação da "tristeza sombria e o fatalismo doloroso de certos autores russos". E arrisca: "será apenas influência da literatura de Dostoiévski, ou talvez, nesse poeta de um nacionalismo medular, o reflexo profundo de uma afinidade espiritual entre o povo russo e o brasileiro?" (ibidem). Mas Azevedo volta a insistir na tecla da "importação" da temática social por esse tipo de literatura, ao considerar que ela ainda reflete "mais um *momento universal de fora para dentro*, do que um *movimento interno de baixo para cima*", embora reconheça, numa visão nacionalista que incorpora o mito do comunitarismo primitivo e rural, "que nessa poesia de inspiração social se sente um cunho fundamentalmente brasileiro tanto na volta instintiva ... para a corrente do lirismo tradicional, como na consciência que ela retempera, da vida comunitária das nossas povoações antigas" (ibidem, grifos meus).

Em que pese uma certa aproximação com o realismo socialista, Schmidt, que manteve volumosa produção até os anos 1950, não deixou de ser considerado pela crítica literária anarquista. Na antologia organizada por Edgard Leuenroth (s.d.) figuram, entre outros, seus poemas "Os pequenos varredores", "Jardins fechados", "Vida simples". Esta sua primeira fase de produção é poética; somente mais tarde iria aderir ao romance popular. No poema "Jardins fechados", reaparece o tema da apropriação dos espaços públicos pela plebe:

> Outrora estes jardins eram fechados
> Por venerandas grades de arabescos;
> Defesa inútil contra os namorados
> > Madrigalescos...
> Os logradouros eram cidadelas
> E fortalezas de uma idade morta;
> Havia guardiães e sentinelas
> > Em cada porta.

"O povo, com seus hábitos libertos
Não respeita os lugares mais sagrados",
Pensava-se. – E os jardins, agora abertos,
Eram fechados.

Na prosa ficcional de Schmidt, ressalte-se a grande crônica romanceada em *Colônia Cecília: uma aventura anarquista na América* (1942), em que o autor recupera a utopia comunitária e sua saga no interior do estado do Paraná entre 1889 e 1893. Na linha da memória, *Bom tempo* (1956) e *São Paulo dos meus amores* (1954) são uma recuperação de traços cotidianos da vida social urbana de São Paulo, Rio de Janeiro e Santos. Publicou muitas histórias curtas, no gênero da novela popular e do conto urbano: as antológicas e intermináveis coleções "Clube do Livro" e "Saraiva", certamente, devem muito de sua infatigável produção editorial à pena de Schmidt. Por exemplo, na novela *Saltimbancos* (1950) tematiza o mundo dos espetáculos circenses baratos, tendo como protagonista Moacir Marques, vulgo Aladino, internado em um sanatório; de lá escreve sete cartas-memórias e deixa um manuscrito de romance inacabado, *Chapéu azul*. Na verdade, trata-se de uma alegoria à decadência dos antigos veículos da cultura popular urbana. Numa velha loja de objetos de contrarregra, Aladino depara com um "arsenal da ilusão", depósito de objetos de uma tradição de espetáculos já derrotada diante do fonógrafo, do rádio, do alto-falante e do cinematógrafo: "cobertos de teia de aranha, estavam pendurados os fantasmas, para algumas peças de D'Ennery. Fantasmas brancos, de gaze, com olhos de madrepérolas para brilharem à luz da ribalta. Fantasmas pretos, com ossos de morim costurados na véstia negra, colante, feita de malha. Fantasmas azuis, diáfanos, evanescentes como espirais de fumo, de acordo com a rubrica do autor da peça". A fluidez e a espontaneidade narrativas lembram a tradição popular das histórias de Jack London, dentro do mesmo filão da história cultural que tem laços distantes no romantismo folhetinesco e na expansão do consumo literário de massas.

Quando se fala do esmero formal da produção literária anarquista no Brasil, deve-se lembrar o nome do exemplar sonetista parnasiano José Oiticica (1882-1957), natural de Minas Gerais e radicado no Rio, com vastíssima obra poética, além de contista, dramaturgo, linguista e estudioso de fonologia e filologia. Chegou a iniciar a publicação de um *Novo dicionário popular da língua portuguesa, prosódico e ortográfico*, interrompido por sua morte e doado como importante subsídio a Aurélio Buarque de Holanda (cf. Neves, 1970). Contrastem-se, aqui, dois poemas de sua autoria, indicadores da amplitude e das tensões temáticas e de linguagem na literatura anarquista. No primeiro deles, do início do século (sua primeira obra, *Sonetos*, é de 1911), encontramos o purista formal e parnasiano, antimodernista convicto, apegado ao padrão discursivo mais convencional; no segundo exemplo, já após 1930, temos a sátira política bem ao gosto do labéu anarquista, apesar de ainda prisioneira da forma de soneto (aqui, Oiticica utiliza o pseudônimo de João Vermelho):

Meu Pensamento

Meu pensamento é nobre e aristocrata...
Sonha palácios, torres, Melisandes;
Ama o plinto, um minueto, uma balata.
É D. Quixote e aplaude os feitos grandes.

Preza a arte extrema, onde algo se delata
Do Homem, do Fim, do Amor, de Orion, dos Andes.
Detesta o plebeísmo, a bambochata
De cubismo, foxtrotes e jazbandes.

Quer ver a ideia sã na forma pura,
A linha, o tom, o acorde, o estilo, a rima,
Onde a emoção, zainfe irial, fulgura

E, como intenta erguer-se a uma Obra-Prima
Desdenha as fantochadas da Impostura,
E sobe, sobe sempre, ao mais acima.

Viva o chefe do trabalho!

Pessoal, dê uma "viva" ao chefe do Trabalho!
Collor merece manifestação:
deu-vos brida, selim, chincha e vergalho
e uma alfafa legal a prestação.

Viva "iô-iô" Lindolfo e seu esgalho:
o Evaristo, o Agripino e o Pimentão!
Eles vos levam, águias, para o talho,
bem amarrados à legislação.

Gritai, ovacionai, enchei de vento
a empáfia do Lindolfo safardana
ex-bernardista que vos perseguiu!

Gritai, com vosso grito uno e violento,
mandando o claque vil que vos engana
à grandíssima pata que os pariu! (Oiticica, 1970, p.15-6, 27)[23]

Essa contradição entre os cimos dos montes do Parnaso, onde tremula a Ideia, a Palavra que guarda as portas do palácio da anarquia[24] e, por outro lado, a voz subterrânea das massas, o rumor incontrolável da energia represada no centro da Terra, pode muito bem ser sintetizada pela imagem do *vulcão*: pois este é uma montanha especial que, tendo a veleidade de chegar às neves eternas da pureza da forma, é, ao mesmo tempo, canal para as turbulentas impurezas lá de baixo; o discurso anarquista pretendeu, sempre, ser a cratera mais alta que expelisse a fome e a fúria mais profunda; uma erupção vulcânica que atingisse as nuvens e derretesse as neves, repondo as coisas e os homens em novo equilíbrio.

No hospício, de Rocha Pombo (1905), é o lado metafísico – o delírio lúcido e simbólico da loucura – que é privilegiado. Não à toa, Wilson Martins (1978, p.283-6, v.V.) reafirma ser esse um exemplo acabado (e quase único, no Brasil) de simbolismo no romance. Seria interessante comparar a enorme diferença de tratamento estilístico que o tema da loucura recebe no anarquismo individualista de Rocha Pombo com a sátira (muito mais popular e social, em certo sentido) de Machado de Assis em *O alienista* e no capítulo sobre o delírio de *Memórias póstumas de Brás Cubas*. Rocha Pombo (1857-1933), ligado ao grupo de intelectuais "anarquistas" do Rio, confirmaria umas simpatias difusas pelos libertários em suas crônicas jornalísticas reunidas em *Contos e pontos* (1911): ali, misturam-se artigos a propósito da Revolução de 1905, contra a "tirania do czarismo" e favoráveis ao "povo

---

23 Neste 2º poema, Oiticica ironiza justamente as figuras de Evaristo de Moraes, Agripino Nazareth e Joaquim Pimenta, três dos expoentes do antigo grupo comunista *Clarté* que, agora, comprometiam-se em altas funções de Estado com a montagem da política trabalhista de Vargas. Lindolfo Collor era o ministro do recém-criado Ministério do Trabalho.

24 "O dragão que está à porta do palácio da anarquia é apenas uma palavra" (frase de Élisée Reclus, citada como epígrafe in Leuenroth, 1963).

russo"; um outro, contrário à lei de expulsão de estrangeiros; e um texto endereçado "A um operário", no qual reaparece um pedagogismo autoritário em torno da velha tecla da "falta de consciência das massas" (p.243-8 e 285-91). Porém, sua adesão ao anarquismo foi menor, certamente, que a de um Fábio Luz. Não nos esqueçamos de que Rocha Pombo, como historiador didático, enveredou pelos rumos mais factuais e personalistas de nossa historiografia, a julgar pelos vários manuais por ele postos à luz.[25]

No hospício, o mito da comunidade igualitária aparece na *villa*, uma das inúmeras visões delirantes do internado Fileto (Pombo, 1905, p.215-7). Em seu manuscrito "Legendas", Fileto retrata uma viagem cósmica ao redor da Terra, do Oriente para o Ocidente, única via de acesso à explosão libertária:

> Olhei para baixo e com algum esforço distingo o Himalaia. Eu tinha deslocado com o meu pé o pico Everest e este tinha ido parar quase em cima das Filipinas ... Fizemos em seguida uma infinidade de voltas em torno do globo, e o anjo me disse que me dera essa maçada para me fazer uma sensação deliciosa – a sensação de um dia eterno, pois nós acompanhamos o sol (Pombo, 1905, p.171-6).

Apesar da altitude, a sensação do personagem-narrador – que descobrira Fileto e se internara voluntariamente –, no momento em que deixa o hospício, é "a de quem sai de um subterrâneo". Por que semelhante inversão? É que o próprio mundo está invertido. A respeito do ambiente externo, comenta o personagem-narrador: "Também a terra estava tão triste! Ia tudo tão mudado! Os homens cada vez mais falsos, mais pequeninos e sempre tão banais!".

E escrevia a Fileto: "o nosso mundo, o único mundo das almas é mesmo esse que aí tivemos" (ibidem, p.263).

A cena final, num cemitério, reintroduz o tema da morte, fazendo um paralelismo com o último manuscrito de Fileto, intitulado "O apocalipse" (p.263-73). O simbolismo de Rocha Pombo, aqui, afasta-se da vertente mais social da literatura brasileira, por seu cunho intimista e metafísico.[26]

---

25 Além de vários manuais didáticos de História do Brasil, cf., por exemplo, Pombo (1918).

26 Baseio-me, aqui, na abordagem de Candido (1965). Outro exemplo de desdobramento intimista e metafísico, já na poesia, aparece na obra de Silva (1903). Entretanto, Carva-

O higienista do Rio de Janeiro, Fábio Luz (1864-1938), certamente teve outro grau de filiação à corrente libertária da literatura no Brasil. Seu nome ficou conhecido nos meios anarcossindicalistas em razão do trabalho de conferencista social. Algumas de suas conferências chegaram a ser editadas como panfletos pelas gráficas dos jornais ou sindicatos operários: como exemplos, citemos *A luta contra a tuberculose do ponto de vista social* (Rio, 1913); *A Internacional negra*; *Nós e os outros...* (conferência lida no festival de *A Plebe*, agosto de 1922, editada pela Biblioteca Social "A Inovadora", de Rodolpho Felippe). Entre sua numerosa obra literária, encontramos amostras de variadas tendências: o romance doutrinário e militante, como em *Ideólogo* (1903) e *Os emancipados* (1904); a vertente regionalista sertaneja, como em *Elias Barrão & Xica Maria* (1915); e o filão claramente parnasiano no estilo e neorromântico na temática, como nas novelas *Virgem Mãe*; *Sérgio*; *Chloé* (1910) e *Manuscrito de Helena* ou *Holofernes* (1938). Fábio Luz acabou preferindo, como gênero, as novelas mais curtas, depois da estreia em 1902 (*Novelas*), caminho talvez menos pesado que a trilha experimentada em seus dois romances maiores e mais marcadamente ideológicos (*Ideólogo* e *Emancipados*). Em *Nunca!...*, novela editada em conjunto com outras em 1924, o autor opta pela descrição dos tipos populares dos comboios suburbanos da ferrovia Central do Brasil – "verdadeiro caleidoscópio", segundo afirma. No prefácio, defende o esperanto, tema caro à literatura anarquista, consciente da contradição entre o internacionalismo proletário e as línguas nacionais.

Contudo, será como ensaísta e crítico literário, além de conferencista e novelista, que Fábio Luz completará sua obra. Em *Ensaios* (1930), analisa as relações entre a literatura e o meio. Em *Dioramas* (1934), fala de Rocha Pombo, faz a necessária apologia do pensamento de Kropotkin e recebe com bons olhos o romance de Lauro Palhano (*O Gororoba*).[27] Já em *A paizagem* (*no conto, na novella e no romance*) (1922), tece interessantes considerações a respeito da relação homem-natureza do ponto de vista de sua expressão literária:

As onomatopeias, as frases sincopadas e exclamativas suprem a impossibilidade da exata representação fônica de tais maravilhas [da natureza]. Nem

---

lho (1907), numa perspectiva bem eclética, inclui este poeta no rol dos autores libertários ("sonhadores, visionários e aventureiros").

27 Cf. Luz (1934, em especial, p.116-32 e 201-6).

de outra linguagem se serviam os rapsodas, os trovadores da idade média e os mágicos, Blondel ou Merlin; era a linguagem das profecias, dos salmos, dos livros e poemas sagrados – Vedas, Puranas, Mahabharata, Sakuntala, etc.

É ela a língua que fala a mocidade para exprimir suas fantasias, seus devaneios imprecisos, sombras de desejos, indefinidas aspirações ... *é que sob os gelos polares também fervem vulcões* (Luz, 1922, p.15-6, grifos meus).

Nesse livro, porém, o mais significativo é a publicação do texto de uma *Primeira lição do Curso Elementar de Literatura, iniciado no Centro Cosmopolita, em 14 de novembro de 1913.* Essa palestra proferida por Fábio Luz, primeira de uma série proposta, era parte do programa de curso promovido pelos anarcossindicalistas do Rio de Janeiro e realizado na sede do Centro Cosmopolita (o ativo sindicato dos empregados em hotéis e restaurantes), destinando-se, portanto, a trabalhadores. O professor faz uma síntese da origem do homem e da escrita, do problema da diversidade linguística, enveredando pelas literaturas da Antiguidade e fixando-se na mais antiga delas ("e, entretanto, talvez a mais elevada moralmente"): a literatura hindu. Retoma o mito da criação do mundo e do dilúvio universal (*Leis de Manu*). Ao referir-se à lenda das Rãs (por Vasichta), recupera o mito dos sons da natureza como a forma mais primitiva e perfeita de linguagem:

> Quando as chuvas benfazejas refrescam a terra, ouve-se o coaxar das rãs, semelhante ao mugir das vacas. Quando chega o outono, as rãs correm umas para as outras, para mitigar a sede: são felizes na estação nova, por isso se visitam. Saltando, brilhante de gotas de água, a rã amarela vai visitar a rã verde. Uma responde à outra formando um concerto ensurdecedor, pois que no meio dos pântanos falam ao mesmo tempo. Muge uma como as vacas, outra grita como as cabras; umas são verdes, outras são amarelas, de tamanhos diferentes, são entretanto, rãs todas elas.
>
> Os sacerdotes, quando vem a noite, derramam o soma e ao redor do vaso que o contém, cantam hinos, como as rãs coaxam ao redor do lago (Luz, 1922, p.248-9).[28]

---

28 É curioso contrastar essa retórica linear com a explosão rítmica e formal de Manuel Bandeira no poema *Os sapos*, apresentado durante a Semana de 1922; ambos, porém, aproximam-se

No início dessa palestra, Fábio Luz expõe sua concepção das funções do estudo da literatura. Compara-o ao estudo da história geral. Esse discurso é dirigido claramente a um auditório composto de operários militantes. Aí se justifica a ida da literatura aos *cimos* do espírito, enquanto a história ainda precisa relatar as vilanias, as baixezas, as guerras; uma história marcada pela miséria e pelo sangue da humanidade no *solo* da Terra. A literatura, pelo contrário, deveria dar conta de uma utopia libertária que se localiza além desse tempo e desse espaço, num quadro de pura beleza e perfeição. Pensada assim, "a literatura não é um passatempo inútil, mas representa a melhor base para o estudo real das civilizações e dos progressos, retrocessos, quedas e voos do espírito humano", colocando-nos "em consoladora comunicação com os grandes pensadores e com os reais progressos do espírito na evolução contínua...". Nesse sentido, a literatura recuperaria o *outro lado* da história, a "desses espíritos que honram o gênero humano e o gênio das raças, para nosso eterno gáudio e para nossa glória, quase todos revoltados e revolucionários" (Luz, 1922, p.223-4). Esse discurso que pretende ser didático, proposto como aula a operários, possuiria ouvintes – afora um núcleo reduzidíssimo de militantes cultos – para tamanha erudição?[29] Em outras palavras: como fazer a ponte entre o manancial da "literatura" e o curso da "história"? Como viajar aos Céus sem perder os pés na Terra? Como fazer a Ideia e a Palavra incorporarem-se plenamente às lavas do Vulcão?

---

da temática em torno do caráter policromo e polifônico das vozes no estado original da natureza e da "unidade na diversidade" de suas expressões literárias, na busca de uma nova ontologia da linguagem. Em Bandeira: "Reduzi sem danos/a formas e forma/Tudo quanto é belo;/Tudo quanto é vário,/Canta no martelo".

29 Na verdade, essa questão reintroduz o problema das relações entre os discursos da *direção* e da *classe*, dos mais candentes no plano do ensino e da educação. No plano sindical, as antigas associações operárias sempre desenvolveram uma tradição de criar escolas, centros de estudo e cursos de formação geral/profissional para os seus membros e famílias. Por exemplo, a União Operária da cidade de Rio Grande, entidade criada no final do século XIX, possuía, por volta de 1898, uma escola para seus oitocentos associados. O jornal *Echo Operario* (1897, n.56, p.1), de tendência socialista, publica a propósito uma matéria, intitulada "Arranhaduras", em que defende a necessidade de uma escola operária de formação ampla, dirigida pela própria classe, critica os métodos educacionais do ensino burguês e tece comentários irônicos sobre o preconceito de classe externado por um gerente de fábrica que disse: "Os operários não precisam da gramática, nem estudos mais profundos do que as quatro operações" (ver Hardman & Leonardi, 1982, p.301).

Esse tipo de problema reaparece na própria concepção anarquista da literatura *social*. Na antologia organizada por Edgard Leuenroth, por exemplo, é a mera tematização que lhe serve de critério para selecionar autores e poesias: vem daí uma inevitável "mistura" que engloba desde poetas consagrados, como Tobias Barreto, Vicente de Carvalho, Castro Alves, Cruz e Souza, Jorge de Lima e Guilherme de Almeida, até os poetas libertários mais conhecidos e, finalmente, autores quase anônimos surgidos nas colunas da imprensa operária. Esses últimos, sempre presentes nas seções literárias dos periódicos anarquistas, exigiriam um estudo à parte. Convencionais na forma, os temas que abordam, entretanto, são totalmente inéditos no horizonte literário da época, porque estão vinculados, de modo inextrincável, a eventos relevantes do próprio movimento operário. Por exemplo, a morte de Francisco Ferrer suscitou uma série enorme de poemas; o Primeiro de Maio era outro tema "poetizável"; e a repressão sobre o trabalhador, na fábrica e fora dela, aparecia também com frequência. Quando da deportação de operários, acorriam esses poetas anônimos aos cantos de páginas da imprensa operária, fazendo da literatura uma forma de denúncia e celebração da solidariedade de classe. Em 1919, por exemplo, o jornal *Nova Era*, no Rio de Janeiro, publicava um poema assinado por Adalberto Viana, "A deportação dos operários", dirigido "aos déspotas" (apud Leuenroth, s.d.). E, logo em 1925, aparece no suplemento semanal ilustrado de *A Batalha* (Lisboa) um poema de Domingos Braz, operário deportado para a colônia penal de Clevelândia, no Oiapoque. É de lá, do seu desterro nas selvas, que escreve estes versos, que valem muito mais por sua contextualização num momento dramático do movimento operário:

NO SILÊNCIO DAS SELVAS...

DO EXÍLIO

(sob a ameaça da morte, vendo os companheiros sucumbir, Domingos Braz dá este exemplo de firmeza libertária, que oferecemos aos que recuaram por pusilanimidade ou malabarismos políticos)

> Na negra solidão deste degredo infindo,
> Neste recanto agreste onde a malária impera
> Numa angústia ferina e atroz que desespera,
> A vida a pouco e pouco se vai, além, sumindo.

Em meio da mata brava a Razão prolifera,
Medra, se concretiza e, alegre, vai florindo.
O vergel do futuro, esperançoso e lindo
C'os frutos da Verdade acena a quem espera.
[...]

Oiapoque, 1925[30]

Octavio Brandão (1896-1980), em *Véda do mundo novo* (1920), combina exemplarmente as profecias de um espírito superior com os elementos materiais concretos resgatados na superfície do planeta e numa "hospedaria de 3ª classe", onde o autor reencontra o *Irmão ideal*.[31] Também inspirado nos aforismos da literatura oriental, Brandão incorpora frases de Nietzsche, revela-se um defensor da vanguarda – necessária em razão do estado crônico de imbecilidade das massas –, apela às forças primitivas da natureza, fazendo apologia da expansão dionisíaca, e apresenta-se como machista inveterado ao tratar do tema da emancipação feminina. Descobre que seu sobrenome está ligado ao sentido de fogo, incêndio (*brand*), e propõe um *Canto do futuro*, cujo movimento e sentido estarão incorporados, de modo indissolúvel, à sucessão quase infinita de objetos, paisagens, seres e espaços:

Encostas, escarpas, caminhos, espaços, grimpas, cavernas, lombadas, cordilheiras...

Chispas, barcas, veleiros, cúpulas, sinos, cidades, igrejas, ruas, ressacas, claraboias, oficinas, portais, empórios, marinheiros, linhas, paralelas, pontes, cais, diques, ganchos, guindastes, alvarengas, manufaturas, vigamentos, tamboeiras, caruaras, dínamos, garroeiras, turbilhões, marretas, pneumáticos... selvas, sóis, mundos, dores, vagas, ventos... os espaços livres, amplíssimos, em que o pensamento galopa sem freio, ó espaços desenfreados!

---

30 Apud Leuenroth (s.d.). Após o massacre da Revolução de 1924, o governo Bernardes deportou mais de novecentos prisioneiros para a localidade de Clevelândia, próxima do ponto extremo norte do Brasil, na fronteira com a Guiana Francesa (Oiapoque, Território do Amapá). Entre os deportados havia cerca de quinze militantes operários anarquistas, boa parte deles morrendo por causa das condições de campo de concentração a que foram submetidos.

31 O autor, natural de Alagoas, começou sua militância no movimento anarquista, aderindo, nos anos 1920, ao recém-fundado Partido Comunista, de cujo Comitê Central logo passou a fazer parte.

Eis o meu Canto – meu delírio, meu desvairamento (Brandão, 1920, p.45-50).

Salientem-se algumas analogias sugestivas – que mereceriam pesquisa mais pormenorizada – entre *Véda do mundo novo* (1920) e o *Prefácio interessantíssimo* de Mário de Andrade (1921), em que pese o estilo muito mais elaborado e a preocupação menos doutrinária e mais livremente lírica deste último. Aí, salta aos olhos, como no texto de Brandão, a forma entrecortada de apresentação, a proposta do *desvairismo* como nova tendência estética; e, em seus desdobramentos, se no texto de Brandão temos o entendimento do caos, do desequilíbrio e da desordem como bases necessárias dos seus opostos, em Mário de Andrade (1974) reafirma-se:

Existe uma ordem inda mais alta, na fúria desencadeada dos elementos.

A turba é confusão aparente. Quem souber afastar-se idealmente dela, verá o imponente desenvolver-se dessa alma coletiva, falando a retórica exata das reivindicações.

E, finalmente, citando Fock:

Toda canção de liberdade vem do cárcere.[32]

Para a literatura libertária era necessário, afinal, percorrer todo o percurso de volta ao *lixo cultural* mais profundo, única maneira de resgatar a voz dos desterrados. Para que a erupção vulcânica não fosse apenas uma mera imagem romântica ou figura de cartão-postal, era preciso fazer das cinzas e dos cacos a matéria-prima de uma nova ordem: recapturar a fúria primitiva dos elementos, atravessar o vulcão, restaurando os elos entre a fábrica subterrânea de lavas e sua dispersão revolucionária pelo universo.

Pellegrini di Daniele, num dos melhores exemplos da literatura anarquista panfletária e satírica, editou em São Paulo no ano de 1905, em italiano, seus corrosivos *Sonetti inodori*, intitulados: *Ne l'impero delle merde...* Ali, o autor restitui sua crítica no interior da verdade biológica mais primordial:

---

32 Brandão (1920, p.12), afirma: "Quantas coisas partiram do caos ou da desigualdade e estão marchando para a Igualdade!".

Con la merda *non si scherza,*
Chi non caca, muore.

É a partir dessa experiência, condição da própria *vida*, anterior e fundante do sentido da palavra *merda*, que Daniele propõe o grande ato da evacuação coletiva sobre os princípios de ordem e autoridade prevalecentes. E anuncia, como próximo lançamento: *Ne la repubblica delle merde...*

Cornélio Pires (1884-1958) foi outro membro da boêmia paulistana pré-modernista, conhecido por seus estudos regionalistas sobre o dialeto caipira, citado algumas vezes na imprensa operária e presente na antologia de Edgard Leuenroth (s.d.) com o poema sertanista "O pobre e o rico (canção do Jeca)". Apesar de suas relações bastante fluidas com a literatura libertária (o ponto de intersecção dá-se mais em torno da sua atividade de folclorista e das pesquisas que empreende sobre o "popular"), foi muito feliz na criação do "poemeto" "O monturo", editado em folheto, por volta de 1911, em São Paulo. O raríssimo exemplar que pesquisei fazia parte da coleção de Leuenroth, o que por si só é algo sintomático. A edição é ilustrada por Oswaldo Pinheiro, com uma caricatura de Voltolino. Apesar do estilo convencional, que não nega raízes parnasianas, a proposta temática é inovadora, assim como as imagens sugeridas nas ilustrações.

Trata-se da sucessiva fala de objetos perdidos num monturo:

E eis o que vi e ouvi desse despojo
que em tempos figurou na sociedade
– O que ele disse, ao mundo causa nojo,
porque disse a verdade.

Sucedem-se as confissões proibidas de uma botina velha de aristocrata, um chinelo podre de operário, uma ponta de charuto de um capitalista, um esburacado pé de meia, um pedaço de espelho de madames, um chapéu sem abas que afirma:

Mistérios!... É só mistério o crânio humano!
Quantas ideias entre si contrárias,
ali pululam no lutar insano,
por mais contraditórias e mais várias.

Seguem-se uma velha cinta de couro cru de um caipira, um travesseiro podre, de palha, de um bordel, que atesta:

– Ninguém sabe avaliar
as mágoas da prostituta!

E, depois, uma luva que foi branca, a pena de um juiz, outra pena (de político), um tinteiro desbeiçado, uma pena enferrujadíssima (de poeta) e, finalmente, o velho cão (pensionista do monturo, com o olhar vago de filósofo), que assinala toda a dialética do lixo:

E quando o sol te alumia
e te queimando te oprime,
evaporas todo o dia,
e vais ser nuvem sublime,
bela e alvadia!

Da Terra vais pelas veias,
ou pairas lá pela altura,
de Vida o mundo recheias,
e em Chuva e em água tão pura,
desencadeias!

E voltam teus elementos,
unidos, transfigurados,
ainda há poucos momentos
repelidos, rejeitados
como nojentos!

Não! Ele não se consome!
E assim, se transfigurando,
vai e vem, muda de nome,
sublime e bom, saciando
a nossa fome!

A arte do poeta resgata, dos elementos perdidos e clandestinos do monturo, a possibilidade mesma da vida. Ali se escondem todos os seus principais segredos. A arte do poeta, nesse caso, restabelece, a partir do universo fragmentário, caótico e inanimado dos objetos mortos, os elos de sua identidade com o caráter do trabalho coletivo, transformador da natureza. O ofício daquele que, com sua palavra, revolve os entulhos e desvenda a sociedade é o mesmo daquele outro que, com sua vassoura, limpa a cidade e aglomera o lixo em algum velho depósito de arrabalde.

Na ilustração de capa desse folheto, aparece, em amarelo e preto, a impressionante figura de um varredor de rua. Era quem faltava.

Capa de folheto de Cornélio Pires ilustrada por Oswaldo Pinheiro, São Paulo (Pires, 1911).

Bonde para operários, São Paulo, 1916 (Museu da Imagem e do Som, 1975).

4
O IMPASSE DA CELEBRAÇÃO[1]

Um dia são vários lugares

> *No teatro do passado que é a nossa memória, o ce-*
> *nário mantém os personagens em seu papel domi-*
> *nante. Às vezes acreditamos conhecer-nos no tempo,*
> *ao passo que se conhece apenas uma série de fixações*
> *nos espaços da estabilidade do ser, de um ser que*
> *não quer passar no tempo, que no próprio passado,*
> *quando vai em busca do tempo perdido, quer "sus-*
> *pender" o voo do tempo. Em seus mil alvéolos, o*
> *espaço retém o tempo comprimido. O espaço serve*
> *para isso.*
>
> (G. Bachelard, *A poética do espaço*, 1974)

A primeira leitura do "Primeiro de Maio" de Mário de Andrade (1973, p.35-48) deixou-me uma forte ressonância de espaços. Nesse caso, os vários espaços percorridos pelo personagem na trajetória narrativa, recantos da velha Pauliceia: Estação da Luz, Anhangabaú, Jardim da Luz, de novo a Estação, o Brás (Estação do Norte), Parque D. Pedro, Largo da Sé, ainda a Estação da Luz. Isso não seria novidade: sabe-se que as alusões marcantes à cidade de São Paulo permeiam a obra de vários modernistas – Oswald de

---

1 Duas versões algo modificadas deste capítulo apareceram como artigos na revista *Alma-naque: Cadernos de Literatura e Ensaio* (Hardman, 1978) e no livro organizado por Carlos Eduardo Berriel, *Mário de Andrade hoje* (1990).

Andrade ou Antônio de Alcântara Machado[2] e, principalmente, o próprio Mário, em especial nos poemas de *Pauliceia desvairada* e *Lira paulistana*, onde esta cidade, que é um "palco de bailados russos", vem preencher todo o espaço poético:

> São Paulo! comoção de minha vida...
> Galicismo a berrar nos desertos da América![3]

No caso desse conto, todavia, os espaços são elementos decisivos na estruturação mesma da narrativa. O tempo cronológico marca, no conto, a passagem de um dia (12 horas) – o Primeiro de Maio. Ainda assim, a ordem narrativa desse dia, isto é, sua lógica ficcional, está submetida claramente a um esquema de espaços. Existe aqui até uma certa analogia com a construção de um roteiro cinematográfico: o jogo da sucessão entre planos ou espaços vincula-se ao próprio movimento da ação narrada (acredito que o conto possa ser, inclusive, o roteiro "quase natural" para um filme). E esses lugares sucessivos, espaços-de-mundo, relacionam-se com o nível das ações e de seu suporte, o personagem central. Quero dizer que é na confluência dialética das ações narradas (pela *atuação* do operário 35) com a trama desses espaços-de-mundo que se cria toda a dinâmica narrativa.

A sequência narrativa que coincide com o início do conto é a da "casa/preparação": o 35 acorda antes das seis, "bem-disposto, até alegre". Já na segunda frase, define-se o motivo desencadeador das ações – o desejo e a promessa de celebrar: "ele bem afirmara aos companheiros da Estação da Luz que queria celebrar e havia de celebrar". A não consecução constante dessa promessa ou vontade em todo o conto faz que se retome a cada nova sequência narrativa o motivo inicial desencadeador. Essa reiteração do motivo está ligada, inclusive, ao clima de crescente intensidade dramática que vai se apoderando do conto. É dentro desse quadro que a ação incessante de "caminhar nos espaços" desempenhada pelo personagem central surge

---

2 Ver, por exemplo, *Os condenados* (1922) ou *Marco zero* (1943), de Oswald de Andrade, e *Brás, Bexiga e Barra Funda* ou *Cavaquinho e saxofone* (1927 e 1940, respectivamente), de Alcântara Machado, que confessou desejar morrer em São Paulo, olhando para a cidade, das escadas da igreja do Largo de Santa Cecília.

3 Do poema "Inspiração", de *Pauliceia desvairada* (Andrade, 1974, p.32). A imagem anterior do "bailado russo" está no poema "Paisagem n.2" (ibidem, p.45-6).

como núcleo articulador de toda a narrativa. Por outro lado, é pela introdução daquele motivo que nasce no conto o verbo "celebrar": com a promessa, o narrador atribui ao personagem um ato performativo. Mas tal promessa é negada pelo desenrolar dos vários momentos narrativos que realizam o núcleo articulador. No conto, nas onze ocorrências do verbo "celebrar", uma delas aparece como ato substantivo e passado ("contar como fora a celebração") e cinco outras estão construídas sob a forma de locução verbal nominalizada com a presença do gerúndio ("estava celebrando"). Essas formas aparecem sempre como uma reafirmação do desejo-promessa inicial: "estava celebrando" é forma equivalente ou paradigma necessário de "querer celebrar" ou "haver de celebrar". Veremos, entretanto, no decorrer da análise, que tais ocorrências são formas compensatórias, no discurso, da utopia inerente à promessa inicial. Além do mais, elas carregam uma certa atmosfera de ironia que acaba por dramatizar, ainda mais, o desejo e a procura do 35. Como exemplo disso, ainda na primeira sequência, ao surgir um confronto inicial de 35 com a natureza, tal ocorre sob a forma simultânea de tensão-identidade entre o personagem e o mundo. E a forma também revela aquela ironia:

A água estava gelada, ridente, celebrando, e abrira um sol enorme e frio lá fora.

Se o gelado da água marca uma diferença (que se desenvolverá em futuras tensões com o sol, no decorrer do conto), o sorriso do líquido identifica no mundo uma intenção inicial de também celebrar.[4] A natureza prepara-se junto com 35, anunciando-se como celebração ao primeiro abrir da torneira. A preparação de 35 é marcada pela ação de barbear-se; barbeando-se, 35 ainda não celebra coisa alguma, apenas repete os movimentos de todos os sábados, na mesma navalha herdada do pai.

A segunda sequência é formada por dois segmentos não subsequentes na narrativa: é o traço de "ruas/caminhando", formado pelo segmento de sua primeira saída às ruas (sua "indecisão indiscreta", dois encontros com os companheiros na Estação da Luz, até sua chegada ao Jardim da Luz); e

---

4 A esse propósito oferece-se também "aquela esplêndida macarronada celebrante" que a mãe lhe põe sobre a mesa na hora do almoço.

pelo segmento da volta do Brás até a casa para o almoço ("foi a-pé"; "estava era com fome"). Essa sequência, apesar de ter mais uma função de catálise (preenchimento do espaço narrativo) entre os vários núcleos de ação "especializados" do conto, apresenta vários *índices* fundamentais, os quais remetem ao caráter e atmosfera ficcional que envolvem o personagem e a narrativa. Retornarei a eles mais à frente.

A próxima sequência é a do "Jardim da Luz/lendo-pensando", bem delimitada pelo segmento que marca a permanência de 35 sentado num banco do Jardim. Aqui, pela primeira vez, a natureza opõe-se frontalmente ao personagem, desenhando um antagonismo que já é do mundo todo (prefeitura, policiais, indústria, igreja, governo...):

> O sol brilhante queimava, banco na sombra? Mas não tinha, que a prefeitura, para evitar safadez dos namorados, punha os bancos só bem no sol.

A sequência posterior está dividida em dois segmentos não encadeados e centrados na ação-espaço "andar de bonde"[5] no primeiro segmento, sob a marca da busca em alvoroço (em direção à Estação do Brás, com o intuito de ver a chegada dos deputados trabalhistas); no segundo, sob o signo da fuga amedrontada (após a sequência seguinte, que é a do "parque D. Pedro – Palácio das Indústrias/encurralamento" – espaço da celebração permitida, oficial e dominante). Nesses dois segmentos, o desespero de 35 acompanha-se do "aceleramento" da narrativa, dada pelo ritmo e movimento do

---

5 Ainda está para ser feita uma "fenomenologia do bonde" no Brasil do início do século XX e suas vinculações com o cotidiano da classe operária: o bonde é a ponte entre os espaços operários dominantes da cidade. No belíssimo conto "Gaetaninho", de Alcântara Machado, o bonde mata o italianinho em seu espaço, em meio ao jogo de futebol de rua. Na greve ferroviária da Leopoldina, no Rio, em 1920, paralisados os trens, os operários armam piquetes nas ruas para parar os bondes (ver algumas raras e significantes fotos dessas cenas in *Careta*, n.615, abril de 1920). Na greve de 1917, em São Paulo, crianças operárias em festa ocupam os bondes e viajam sem pagar (cf. Fausto, 1974 e 1976, "Conflito social na república oligárquica: a greve de 1917"). E numa magnífica foto do álbum da exposição *Memória Paulistana*, do Museu da Imagem e do Som (São Paulo, 1975, foto n.38), vemos o interessante registro de que o bonde também surgia como um espaço móvel dos operários, conforme atesta o letreiro "Carro para operários". As vestes, os rostos expressivos, o orgulho e a desordenação das poses já são signos iconográficos de uma cultura (e a presença do cão preto, nessa pausa para a posteridade, também deve ser levada em conta). O que conversavam aqueles rapazes no percurso da viagem entre a Penha e o Brás (ladeira Celso Garcia)?

"andar de bonde" e pela enumeração, sob forma elíptica, das preocupações e pensamentos que compõem o "alvoroço" de 35.

A sequência final, marcada pelos últimos quatro parágrafos do conto, é a de "Estação da Luz/retorno", em que 35 volta à Estação comendo a maçã, revê os companheiros e encontra o colega 22, solidarizando-se com seu trabalho.

Dentro desse primeiro esboço, ressalte-se ainda a complexidade da construção ficcional do personagem 35. A primeira das identidades, um nome, inexiste: o número que designa 35, como também seus companheiros 486 e 22, traz a marca da atomização própria das relações capitalistas que "unidimensionalizam" as entidades específicas dos seres humanos, transformando-os em siglas numeradas de um imenso exército de força de trabalho. Desaparece o indivíduo e surge a marca registrada pelo trabalho: a burocracia dissolve identidades, substituindo-as por números. Mas esta é a faceta mais clara da apresentação do personagem: desde a primeira frase sabemos que estamos diante de um operário (carregador de bagagens da Estação da Luz) que se "chama" 35. A ilusão da concepção psicológica tradicional da personagem romanesca não pode reaparecer diante de um número.

Entretanto, a complexidade da construção verbal de 35 ultrapassa essa primeira constatação. Realmente, a construção do 35 realiza-se em torno da inter-relação permanente na narrativa entre o *fazer* e o *ser*. Essa inter--relação, permeando toda a narrativa, surge mais claramente em algumas sequências. Ao lembrar confusamente as notícias dos jornais sobre os "motins" do proletariado aguardados em todo o mundo e ao ler o jornal no banco do Jardim; nessas duas ações aflora, com bastante nitidez, a intrincada psicologia do personagem. Lembrando, lendo ou pensando sobre o que "estava escrito no jornal", vai-se construindo a complexa figura do 35, a imprevisibilidade de suas emoções, a agitação de sua vida interior que nos surpreende, conforme comenta Antonio Candido (1974, p.62-3) ao definir as "personagens esféricas", noção empregada por E. M. Forster: 35 seria, então, "esférico", pois sua construção consegue também "trazer a vida para dentro da narrativa literária": "Mas o 35 não sabia bem direito, ficava atordoado com as notícias, os jornais falavam tanta coisa, faziam tamanha mistura de Rússia, só sublime ou só horrenda, e o 35 infantil estava por demais machucado pela experiência pra não desconfiar, o 35 desconfiava."

O 35 tem raiva, deseja um "turumbamba"; 35 tem medo, desconfia; e, após as notícias da proibição dos comícios e passeatas pela polícia, depois da permissão da reunião proletária no pátio interno do Palácio das Indústrias ("lugar fechado!") – "A sensação foi claramente péssima. Não era medo, mas por que a gente havia de ficar encurralado assim!" – 35 exalta-se e, por fim, comove-se:

> percebeu que se regava todo por "drento" dum espírito generoso de sacrifício. Estava outra vez enormemente piedoso, morreria sorrindo, morrer.

Assim, o ato de ler e refletir sobre o jornal abre, no conto, o mundo das sensações interiores do 35. Mas o que é o jornal, nesse caso, senão o "retrato do mundo"? A sociedade, o governo, a classe operária, inclusive, chegam até a "consciência" de 35 mediados pelo jornal: "o 35 sabia, mais da leitura dos jornais que de experiência, que o proletariado era uma classe oprimida". O mesmo jornal que lhe provocava raiva ou piedade trazia também um certo "conhecimento do mundo".[6] A conturbação do 35 é resultado, no texto, de seu estar agindo no mundo. Pois, além do jornal (momento particular desse "estar agindo"), existe toda sua experiência: assim, é dos "tempos de grupo escolar" difusamente impressos na memória que sobrevém essa comoção pelas cores do Brasil, agora combinadas em seu traje de celebração, esse patriotismo de infância. E seu "ar glorioso e estúpido" está mediado pelo desejo da celebração e pela violência do "esforço quotidiano de carregar peso".

Poderíamos indicar outros exemplos que apontam o caráter imbricado do *ser* no *fazer* de 35 (a vaidade sensual por seu "bigodinho de cinema" remete aos encontros furtivos com a "moça do apartamento"; o arrependimento de imaginar botarem fogo na igreja de São Bento remete a sua vida religiosa na infância – "chegara até a primeira comunhão em menino"). Portanto, em todos os casos, a construção do personagem obedece no conto a uma dinâmica narrativa que une sempre o universo do "ser": 35 existe

---

6 Lembro aqui o sugestivo trecho de Alcântara Machado (1940) em sua crônica "O jornal e a vida": "O jornal veio demonstrar que a chamada invenção literária nunca existiu. No fundo, espírito inventivo é simplesmente espírito observador. A vida é que inventa e cada vez melhor. Não há imaginação capaz de bater a realidade no terreno do extraordinário". O autor lança, daí, dúvidas sobre o mito realista da verossimilhança, o qual necessita duma realidade estática, exata e sob controle, para se fazer valer.

ficcionalmente, no limite, como *atuante*, isto é, como suporte principal da trama de ações narradas. Proust já percebera, aliás, essa problemática, ao demonstrar poeticamente que a sensação de "realidade" dos personagens dependia, em suma, de certos engenhos literários do romancista.[7]

Se a caracterização do personagem acaba por depender das sequências de ações narradas, cumpre indagar pelo narrador: como ele aparece, qual o lugar que ocupa na narrativa? Em oposição ao narrador onisciente que tudo vê e tudo sabe, que está dentro e fora das ações e dos atuantes, verdadeiro Deus do discurso, a narração em "Primeiro de Maio", se não chega a se autoquestionar e, no limite, a se autodestruir, conforme as tendências e os dilemas da literatura contemporânea,[8] apresenta, contudo, um caráter ambíguo que a recoloca no cerne das questões do narrar moderno. Essa ambiguidade deriva de estar o foco narrativo muito próximo de 35, quase "dentro" do personagem, às vezes confundindo-se com seus sentimentos corpóreos, mas em grande parte mantendo alguma distância: como uma câmera de filmes que focalizasse 35 muito de perto, penetrando através de seus olhos e sistema nervoso. Nos termos de Roland Barthes (1966, p.1-27), o narrador pessoal e o apessoal entrelaçam-se e distinguem-se a um só tempo: mesmo se, gramaticalmente, quase todas as frases são traduzíveis e intercambiáveis do "ele" para o "eu", do ponto de vista semântico, ao

---

7 "Mas todos os sentimentos que nos fazem experimentar a alegria ou o infortúnio de um personagem real só se produzem em nós por intermediário de uma imagem dessa alegria ou desse infortúnio; todo o engenho do primeiro romancista consistiu em compreender que, sendo a imagem o único elemento essencial na estrutura de nossas emoções, a simplificação que consistisse em suprimir pura e simplesmente os personagens reais seria um aperfeiçoamento decisivo... O achado do romancista consistiu na ideia de substituir essas partes impenetráveis à alma por uma quantidade igual de partes imateriais, isto é, que nossa alma pode assimilar. Desde esse momento, já não importa que as ações e emoções desses indivíduos de uma nova espécie nos apareçam como verdadeiras, visto que as fizemos nossas, que é em nós que elas se realizam e mantêm sob o seu domínio, enquanto viramos febrilmente as páginas, o ritmo de nossa respiração e a intensidade de nosso olhar" (Proust, 1957, p.78).

8 Ver, a propósito dessa questão, o ensaio seminal de Adorno (1962, p.45-52): "La posición del narrador en la novela contemporánea". Como exemplo dessa problemática lembremo-nos do belo conto de J. Cortázar, "Las babas del diablo", cujo narrador já no início aflige-se com a difícil tarefa de narrar. *"Nunca se sabrá como hay que contar esto, si en primera persona o en segunda, usando la tercera del plural o inventando continuamente formas que no servirán de nada."* Também Foucault (1973), ao se desesperar com a necessidade de ser ele o sujeito-fundador dum discurso (aula inaugural no Collège de France, 1970), questiona, preliminar e centralmente, a posição do narrador: "Mais que tomar a palavra, teria preferido me ver envolvido por ela e transportado para além de todo possível início" (Traduzimos).

contrário, tal operação provocaria uma mudança básica no universo de significações textuais e contextuais da narração.

Se realizássemos essa inversão de vozes, mesmo que lexicamente viável, a narração perderia seu equilíbrio circunstante e se deixaria penetrar totalmente pelo "estar atordoado" e "alvoroçado por dentro" de 35. Nessa troca, a narração perderia, basicamente, a consciência desse clima psicológico da perturbação. Ela própria tornando-se perturbada, romperia a unidade atual. Este, porém, não é o caso: conserva-se o apessoal correndo próximo do pessoal. Esse movimento é necessário à construção de certa unidade narrativa, que se funda no jogo entre a consciência "confusa" de 35 e um narrador que *percebe* e *fala* esta confusão:

> Estava tão desagradável, estava quase infeliz... Mas como perceber tudo isso se ele precisava não perceber!... O 35 percebeu que era fome.

Portanto, prefiro a imagem da câmera próxima, abordando o desenrolar da ação em *zoom* permanente. Às vezes, essa câmera confunde-se com os olhos de 35, ou com seus sentidos corpóreos. Outras, distancia-se novamente, mas a passagem é instantânea, imperceptível, dentro da mesma frase. Não há ruptura por meio de aspas ou travessões que indiquem uma mudança da voz que narra (se tal ocorresse, estaríamos então diante de uma narrativa tradicional própria do realismo do século XIX); a ambiguidade está justamente nesse movimento calmo que une no mesmo segmento pelo menos duas vozes distintas. Num mesmo trecho do conto, duas vozes caminham juntas, misturam-se, voltam a se separar; é difícil discernir o lugar exato do pessoal e do apessoal:

> Os companheiros estavam trabalhando, de vez em quando um carrego, os mais eram conversas divertidas, mulheres de passagem, comentadas, piadas grossas com as mulatas do jardim, mas só as bem limpas mais caras, que ele ganhava bem, todos simpatizavam logo com ele, ora por que que hoje me deu de lembrar aquela moça do apartamento!... Também: moça morando sozinha é no que dá: Em todo caso, pra acabar o dia era uma ideia ir lá, com que pretexto?...[9]

---

9 Notar como existe um instante de silêncio, de ruptura temporal, entre "aquela moça do apartamento" e a frase subsequente, "também: moça morando sozinha". Essa pausa da voz do

A recorrência de termos transcritos a partir da *fala* de 35, como "milhor" ou "drento", em contraste com vocabulário em norma culta na maior parte do texto, mostra também aquela ambiguidade, pelo lado dos significantes. O próprio estilo despojado e simples, coloquial e direto (frases curtas, tempos verbais comuns, concordâncias da fala – "podia divisar ele"), rompe com uma narração erudita e rebuscada, comum no caso do narrador onisciente. A linguagem adere por inteiro ao registro da fala e personifica-se parcialmente na voz do 35.

A partir dos elementos já levantados (ambiguidade do narrador em sua proximidade e não identidade com 35; a complexa construção ficcional do personagem 35, baseada na mediação de seu caráter psicológico pelo fazer das ações narradas; e a trama narrativa dos espaços percorridos, isto é, o conto se diz em um dia *singular* de 12 horas que se revela na multiplicidade dos espaços animados pelas ações, submetendo a lógica temporal à lógica espacializada e ficcional da narração), vejamos agora como interpretar o sentido literário e ideológico do impasse da celebração.

Celebração e trabalho

> *Os outros carregadores mais idosos meio que tinham caçoado do bobo, viesse trabalhar que era milhor, trabalho deles não tinha feriado. Mas o 35 retrucava com altivez que não carregava mala de ninguém, havia de celebrar o dia deles. E agora tinha o grande dia pela frente.*
>
> ("Primeiro de Maio", Andrade, 1973, p.35-48)

Procuremos, junto com 35, o espaço da celebração. Já vimos que o motivo do desejo-promessa, em sua reiteração constante, provoca o crescimento de

---

narrador (indicada no texto pelo sinal de reticências entre as duas frases) sugere justamente a presença de um controle no narrar, de uma fala que, mergulhada e confundida nos pensamentos de 35, de repente se cala, fica contida no reticente: mas quem se cala? Obviamente não é a consciência de 35, que deveria permanecer viva todo o tempo narrativo (imaginemos que, naquelas reticências que marcam o silêncio do narrador, toda uma série de lembranças eróticas de aventuras com a "moça" poderia preencher o intervalo: mas tal não ocorre). É uma "outra voz", portanto, que interrompe as reflexões de 35.

tensão dramática da procura obstinada. Essa busca afoita de 35 torna-se um plano recorrente das ações do conto. Assim, o já "estar celebrando", como paradigma do desejo e da promessa, não realiza plenamente a celebração, fica faltando algo. O 35 em nenhum momento sabe exatamente o quê, mas essa falta é notória no próprio caminhar ansioso e na procura obstinada do personagem. Em que espaço se realizaria em sua plenitude o sonho de 35?

Na segunda sequência, aparece um primeiro índice dessa atmosfera da procura. O 35 descarta certo caminho; nesse momento, o espaço do trabalho não é *seu* espaço, isto é, o lugar da celebração que deseja atingir: "parou de sopetão e se orientou assustado. O caminho não era aquele, aquele era o caminho do trabalho". Surge aqui uma tensão entre os companheiros de trabalho (que não quiseram comemorar) e o 35, entre o espaço cotidiano (Estação da Luz) e o espaço desejado por 35. Há mais índices dessa tensão: por duas vezes, 35 cruza o local de trabalho e é caçoado em sua intenção pelos companheiros. Na terceira vez, evita a Estação da Luz, encomprida o caminho para fugir daquele conflito, ainda em busca do lugar anunciado e indefinido, o da celebração. Essa utopia não se realiza, nem na segunda sequência (rumo ao Jardim da Luz) e nem na seguinte (sentado num banco do Jardim). O Jardim da Luz prometia ser aquele espaço, a natureza ainda anunciava a celebração e convidava ao banco de jardim; um local que o 35 "entendia mais":

> O mais prático era um banco de jardim, com aquele sol maravilhoso. Nuvens? umas nuvenzinhas brancas, ondulando no ar feliz. Insensivelmente o 35 foi se encaminhando de novo para os lados do Jardim da Luz. Eram os lados que ele conhecia, os lados em que trabalhava e se entendia mais. De repente lembrou que ali mesmo na cidade tinha banco mais perto, nos jardins do Anhangabaú. Mas o Jardim da Luz ele entendia mais. Imaginou que a preferência vinha do Jardim da Luz ser mais bonito, estava celebrando.

Se a narrativa guardasse esse último instante, se preservasse o repouso dessa imagem de encontro e lirismo, talvez o "estar celebrando" alcançasse toda a plenitude, vibrasse por todo o texto, e nós, leitores, seríamos invadidos pela felicidade do 35, por seu achado de luzes e jardins, e sairíamos calados, e o conto também se calaria à altura da primeira página e do parágrafo número 7.

Mas foi o mundo que invadiu aquele instante de encontro, recolocando a ansiedade, raiva e desejo de 35, ou seja, recolocando o conto em seu lugar de procura e descaminhos. A alma voltou a confundir-se, a certeza foi embaçada pelas imagens do jornal que leu em seguida. O mundo de fora invade o recanto e substitui a calma do abandono pelas metralhadoras que agora já "estavam em cima do jornal, nos arranha-céus, escondidas, o 35 sentiu um frio". O sol acompanha o jornal rompendo com o repouso momentâneo; já há um frio em 35 por dentro e muito calor por fora; o equilíbrio antes anunciado se rompe: "O sol brilhante queimava, banco na sombra?". Não havia sombra possível: o poder local colocava os "bancos só bem no sol ... para evitar safadez dos namorados". Relembro aqui que Michel Foucault (1973, p.11-2), referindo-se aos procedimentos de exclusão do discurso, ressalta a existência de duas regiões proibidas no discurso das sociedades ocidentais: a sexualidade e a política. Isso porque, no limite, o discurso sempre carrega em si o perigo latente de se converter em objeto de prazer ou de poder. No conto, a proibição da "safadez dos namorados" é simultânea à leitura por 35 da proibição da política ("comícios nas ruas e passeatas"). Talvez aqui, nessa região excluída, estivesse uma possível concretização plena do ato de celebrar. Já se vê, então, como o desejo de celebrar pode ser preenchido pelo sentido de uma prática política proibida. A polícia, as armas e a comemoração oficial e permitida negam a utopia de 35. Nunca saberemos se aqueles "comícios e passeatas" realizariam melhor a celebração prometida. O contexto literário, isto é, o mundo narrado e exterior a 35, de policiais nas ruas desertas e bares fechados, impediu a possibilidade de verificação.

Não obstante, 35, em seu desvario de "turumbambas", incêndios e morte sorridente, *sabe* que a concessão do poder não tem nada a ver com sua própria celebração. Sabe que o espaço da comemoração oficial (pátio interno do Palácio das Indústrias, "lugar fechado") não é o procurado; "mas por que que a gente havia de ficar encurralado assim!". A única resposta ao permitido, o único protesto imaginado é o incêndio anárquico: "saíam todos enfurecidos do Palácio das Indústrias, pegavam fogo no Palácio das Indústrias, não! a indústria é a gente, 'operários da nação'...". As labaredas imaginárias estendem-se do Palácio das Indústrias à igreja de São Bento e ao palácio do general da Região Militar: "deve ser gaúcho, gaúcho só dá farda, pegamos fogo no palácio dele." Seria essa imensa fogueira sonhada o cenário ideal da grande celebração? Aos sons e estalos da grande queima de monumentos e personagens da história dominante, dançariam os operários ciosos de sua festa? De certa maneira, sim: nesse fogaréu saído da cabeça de 35, talvez possamos retornar à imagem mais colorida e recorrente de Mário de Andrade ao se referir, em sua obra poética, à cidade de São Paulo: "Arlequinal!".[10] Nesse sentido, é no desvario de 35 (como o desvario do poeta em *Pauliceia*) que as coisas retornam a seu devido lugar poético, isto é, "a alegria do palhaço é ver o circo pegar fogo". Em outras palavras, é somente nesse pequeno momento imaginário que a cidade do poeta se diz como tal. No restante do conto, a "realidade literária" de São Paulo não é arlequinal, mas meramente policial: cavalarias, guardas e metralhadoras passeiam pela cidade vazia que se guardou no feriado; ruas desertas e bares fechados.

---

10 Aproveitemos a oportunidade para ver a polissemia do verbete "Arlequim" (ao qual "Arlequinal" se refere) no *Novo dicionário da língua portuguesa*, de A. Buarque de Holanda: "1. personagem da antiga comédia italiana, de traje multicolor (feito em geral de losangos), que tinha a função de divertir o público, nos intervalos, com chistes e bufonadas, e paulatinamente se foi introduzindo nas peripécias das comédias, transformando-se numa de suas mais importantes personagens; 2. farsante, trião; 3. indivíduo irresponsável; fanfarrão, brigão; 4. amante cínico; 5. fantasia carnavalesca, inspirada na roupa dessa personagem; 6. inseto coleóptero, da família dos cerambicídios, de colorido preto, entrecortado por um mosaico irregular de faixas cinzento-prateadas, em parte recobertas de vermelho-tijolo, quase encarnado...; 7. pintagol (i. e., mestiço de pintassilgo com canário); 8. personagem do bumba-meu-boi".
Qual (ou quais) desses sentidos escolher para interpretar o Arlequinal de Mário? Vejamos trechos de *Pauliceia desvairada*:

"São Paulo! comoção de minha vida...
Os meus amores são flores feitas de original...
Arlequinal!... Traje de losangos... Cinza e ouro...
Luz e bruma... Forno e inverno morno..." (de *Inspiração*);

"E a ironia das pernas das costureirinhas
parecidas com bailarinas...
O vento é como uma navalha
nas mãos de um espanhol. Arlequinal!...
Há duas horas queimou Sol.
Daqui a duas horas queima Sol". (de *Paisagem n.1*);

"Fará Sol? Choverá? Arlequinal!
Mas a chuva dos rosais
O êxtase fará sempre Sol!" (de *Ode ao burguês*);

"Arlequinal! Arlequinal!
As nuvens baixas muito grossas,
feitas de corpos de mariposas,
rumorejando na epiderme das árvores..." (de *Nocturno*)

O fogo não veio... E, na próxima sequência, um consolo é tentado: ir aplaudir a chegada dos deputados trabalhistas na Estação do Brás, a convite do jornal. A curiosidade empurrou 35 para os bondes: "Foi correndo, estava celebrando". Andar de bonde aparece como caminho ou meio de acesso a uma possível celebração. Mas, agora, o tempo cronológico encarrega-se, pela única vez no conto, de impedir qualquer ilusão a 35: chega ao Brás quinze minutos atrasado; a indiferença dos operários da estação local, entretanto, adverte para a inviabilidade daquele momento; a chegada dos deputados era parte da comemoração oficial que na sequência anterior 35 rejeitara.

Poderia estar o espaço desejado no "apartamento da moça" tantas vezes lembrado? Mas a falta de pretexto e um certo orgulho de 35 impediram que o sexo se tornasse o ato celebrado. Pois, ainda no Jardim, não fora ele mesmo que desprezara as "negras disponíveis" em favor de *sua* celebração? Não opusera frontalmente o "estar disponível para o prazer" ao "estar celebrando"? Vemos então o quanto era improvável que esses espaços libidinosos da "moça do apartamento" que, pelo menos cinco vezes, afloram à memória do 35, se tornassem o espaço buscado. A procura do erótico poderia celebrar o prazer, mas não estaria celebrando especialmente o Primeiro de Maio.

Da mesma forma, 35 sabia que seu desejo afastava definitivamente o piquenique e o jogo de futebol organizados pela Mobiliadora em Santos,[11]

---

11 Sobre o piquenique e o futebol como formas de espetáculos massivos para a classe operária, ver referências nos Capítulos 1 e 2 deste livro. É interessante notar como Mário de Andrade já registra, nesse conto dos anos 30, a tendência crescente à assimilação desses eventos pelas empresas capitalistas, que passaram a patrocinar diretamente o lazer operário. Quanto ao futebol, em particular, parece-me dos mais ricos veios temáticos, para a historiografia cultural do Brasil no século XX: a origem fabril-proletária de vários clubes de futebol em diversas regiões do país, seja a partir de iniciativas das empresas, seja dos próprios empregados. Quem pode ignorar, por exemplo, a imensa gama de *ferroviários e ferroviárias* espalhados por interiores e capitais afora? E a tradição de antigas fábricas de tecidos em criar seus próprios times, com campos e estádios funcionando no interior dos terrenos da empresa (por exemplo, Bangu, no Rio; Confiança, em Aracaju, até hoje conhecido popularmente como "equipe proletária" e cujo estádio, ao lado da vila operária, no Bairro Industrial, conserva a seguinte inscrição: "Estádio Proletário Confiança")? E que dizer do Olaria, do Rio, e do Operário, de Campo Grande, sem contar os infindáveis clubes operários de várzea e subúrbios? E a vinculação estreita de alguns dos mais populares clubes com colônias de imigrantes europeus, alguns originários de antigos bairros operários (por exemplo, Palestra Itália – Água Branca – e Juventus – Mooca –, da cidade de São Paulo)?

pois "assim não ficava ninguém pra celebrar o Primeiro de Maio...". Notemos como a celebração, desse modo, no texto, não pode ser feita fora de São Paulo. O espaço desejado para a celebração incide forçosamente sobre os espaços reais dessa cidade. A evasão do espaço paulistano está descartada. A evasão do espaço do trabalho está circunscrita aos limites concretos das fronteiras da Pauliceia. Resta saber qual recanto da cidade poderia ser escolhido.

Já em outra sequência, vê-se uma reprodução ampliada dos temores e ódios do 35, narrados anteriormente: "Polícias por todo lado". Novamente, a natureza acompanha a violência do mundo, torna-se agressiva como a sociedade: "que diabo de sol pesado que acaba com a gente, era por causa do sol. Não podia mais se recusar o estado de infelicidade, a solidão enorme, sentida com vigor". Como em *O estrangeiro* de Albert Camus, o sol passa a ser *causa de*; pela voz do narrador, a natureza torna-se *determinante* de ações ou sensações; é uma natureza violenta e materializada.

Nem mesmo os "movimentos coletivos de recusa" de algumas dezenas de operários que se negam a entrar no pátio interno do Palácio traz algum efeito, algum ensaio de celebração autônoma. O clima predominante é o oficial, dos "dez mil proletários no pátio e os policiais lá em cima nas janelas fazendo pontaria na maciota". A figura do 486, colega de 35, dá o tom: "pensava anarquista, mas no fundo era covarde". A dúvida e o pânico tomam conta do 35: "Era um puxar unânime, uma fraternidade, era carícia dolorosa por todos aqueles companheiros fortes tão fracos que estavam ali também pra... pra celebrar? pra... O 35 não sabia mais pra quê". Então, nesse clima, o espaço dominante opõe-se ao espaço desejado, que aparece como "espaço de liberdade": "o enclausuramento na casa fechada, sem espaço de liberdade, sem ruas abertas pra avançar, pra correr dos cavalarias, pra brigar...". O espaço de liberdade desejado é o "espaço aberto para correr e brigar": reaparece assim a vontade irresistível de enfrentar um "turumbamba": aqui, claramente, a celebração é pensada como *luta*, como um protesto que se faz de brigas e "carícia dolorosa": o lírico e o épico estão entrelaçados; o cultural e o político também.

Mas a menção à "luta" esvazia-se em sua amarga e falsa realidade. O sentimento fica solitário e impotente ante a "desorganização trágica". O lírico e o épico despedaçam-se em tragédia. A imaginação que antes ateara fogo às indústrias torna-se apenas desolada, como se o incêndio do sol e dos cavalos a postos, mais real que o antigo delírio, estivesse agora queimando as últimas esperanças. O devaneio que, em sua solidão de antes, fora fértil ao divisar o possível, mostra-se insuficiente agora, ante o Poder materializado:

> Estava tão opresso, se desfibrara tão rebaixado naquela mascarada de socialismo, naquela desorganização trágica, o 35 ficou desolado duma vez. Tinha piedade, tinha amor, tinha fraternidade, e era só. Era uma sarça ardente, mas era sentimento só. Um sentimento profundíssimo, queimando, maravilhoso, mas desamparado.

O Primeiro de Maio celebrado reafirmaria a própria vida operária de 35, quer dizer, a própria história de sua classe. É por isso que, ao retornar de bonde para o Largo da Sé, 35 estava "com ódio do primeiro de maio, quase com ódio de viver". E as duas horas de espera no largo atestam o fracasso de suas incursões: não houve nem ali nenhum sinal dos "motins" que o jornal previra.

A soma de ações e espaços torna mais denso o personagem, na sequência final: "inerme, passivo, tão criança, tão já experiente da vida, não cultivou vaidade mais...". É essa complexidade que acompanha 35 de volta ao espaço de trabalho: "foi se dirigindo num passo arrastado para a Estação da Luz, pra os companheiros dele, esse era o domínio dele". E, na última cena narrada, o encontro com o companheiro 22, o único verdadeiro encontro em todo o conto, que se verifica na *solidariedade do trabalho*. É no ato dessa solidariedade que se dá uma real comunicação entre os companheiros (estaria assim resolvido, finalmente, o impasse da celebração?):

> – Deixe que te ajudo,[12] chegou o 35.
>
> E foi logo escolhendo as duas malas maiores, que ergueu numa só mão, num esforço satisfeito de músculos. O 22 olhou para ele, feroz, imaginando que 35 propunha rachar o galho. Mas o 35 deu um soco só de pândega no velhote, que estremeceu socado e cambaleou três passos. Caíram na risada os dois. Foram andando.

---

12 É significativa a presença, incomum, do travessão nessa frase, que, ao destacar a voz de 35, separando-a da voz do narrador, acaba por enfatizar, "concretizando" e "personalizando", o momento seguinte de encontro e *solidariedade* ao 22.

Em toda essa trajetória – a do conto – vemos que a celebração anunciada desde a primeira sequência não se resolve em nenhum dos espaços percorridos na narrativa. Desde o início, como vimos, 35 sabe que o espaço do trabalho não é o espaço da celebração. Pois, se esta significa justamente romper com o cotidiano operário, vestir roupa nova e festiva, seu lugar não pode ser o da rotina diária do trabalho, seu lugar tem de ser o do abandono e da negação dessa rotina. A celebração operária não pode se dar, nesse sentido, no trabalho: deve ser justamente sua antítese, mesmo momentânea. Porém, se o Jardim da Luz surgiu, por um instante passageiro, como possibilidade real do espaço buscado, não haveria aqui alguma novidade? Isto é, o fato de a narrativa afirmar que o amor do 35 pelo Jardim, que ele "entendia mais", estava ligado à vizinhança do local de trabalho ("eram os lados... em que trabalhava e se entendia mais"), não apontaria precisamente para a necessidade de o caminho que leva à celebração *passar* pelo espaço conhecido do trabalho? É verdade, percebe-se, nessa sequência, ao contrário do início do conto (onde a oposição era radical), uma certa aproximação, uma circunvizinhança entre os espaços do trabalho e aquele da celebração. Não chega a se configurar uma identificação, mas um certo acercamento está presente: o Jardim (celebração) e a Estação (trabalho) possuem o mesmo nome, estão localizados frente a frente.

Na reprodução cotidiana de seu trabalho, 35 avista o Jardim como o horizonte de uma ruptura possível. Usemos os termos clássicos: no espaço da necessidade, os operários enxergam um virtual espaço da liberdade. Em seguida, entretanto, esses olhares invertem-se, mudam de direção: para que o lazer, então, possa ser mantido, é necessário esconder-se entre as árvores. Como manter a liberdade, mesmo provisória, tendo a necessidade como horizonte à vista?

> o primeiro banco era a salvação, sentou-se. Mas dali algum companheiro podia divisar ele e caçoar mais, teve raiva. Foi lá no fundo do jardim campear banco escondido.

A lateralidade próxima dos espaços, portanto, se chega a apontar para uma certa comunhão recíproca, não extingue, todavia, a diferença: de qualquer forma, embora vizinhos de bairro (Bom Retiro) e de avenida, existe uma Estação e existe um Jardim. Nesse quadro, como ler o retorno final de 35 à Estação? Depois de ter negado aquele espaço para poder celebrar, aquela volta "arrastada" significaria a inviabilidade total de realização do desejo, dentro dos limites da narrativa? Sim e não: aqui a obra literária abre-se em sua polissemia.

Por um lado, a retomada do trabalho – que é a retomada da história operária em seu dia a dia – surge como resposta, triste e repetida, mas solidária, à celebração. Não era essa solidariedade com os companheiros de trabalho, entretanto, que 35 imaginara ou desejara como ato de celebração. Nesse sentido, calcados na procura frustrada de 35, podemos dizer que o conto "não realiza" o desejo: imaginemos assim que a celebração tenha sido adiada, talvez, para um virtual e futuro Primeiro de Maio. De qualquer maneira, nesse caso, a celebração é adiada para *além* do texto literário. Não é aqui meu intuito, absolutamente, "cobrar" a resolução do impasse ao texto literário, no interior de sua trama narrativa: a obra de arte não tem obrigação alguma de resolver os impasses que coloca. Somos assim remetidos imediatamente ao contexto histórico-social: nessa perspectiva, o texto analisado, ao traumatizar o desejo, libera-nos, leitores, para a busca da celebração no mundo que já não é o literário, mas o da política e da sociedade, o mundo da experiência histórica. Assim, a literatura não celebra: teria condições de fazê-lo?

A volta de 35 à Estação, afora transportar a possibilidade de celebração para o exterior da narrativa, é, entretanto, significativa em si mesma. Pois é na retomada da solidariedade aos companheiros que o *incomum* do desejo-promessa de 35 e o *comum* do trabalho de seus companheiros voltam a se aproximar. O 35 existiu em todo o conto como personagem específica, sempre como suporte da ação do desejo e da procura *incomuns*. Pois a promessa e a necessidade que sentia de celebrar distanciaram-no, desde logo, de seus iguais. Mas será que o retorno final assinala a inevitável espiral de um *trabalho* que apenas pode se autocelebrar no interior de seu próprio espaço, de seu próprio ato? A celebração prometida como marca diferencial do trabalho – como linguagem operária do mundo, que deveria explodir em protesto e festa – acaba afinal prisioneira de seu mundo de malas a serem indefinidamente carregadas na Estação da Luz. Parece, então, que a experiência do trabalhador encontra sua *fala*, no texto, apenas no lugar da necessidade desse trabalho. O ato de trabalhar apareceria assim, no conto, como um momento concreto e possível da imbricação linguagem operária/ mundo: imbricação que surge agora em um único termo (espaço necessário do trabalho) como experiência-dizente-de-si-mesma.

Não obstante, acredito que, para mergulhar mais fundo no sentido da dialética entre os espaços da celebração (liberdade) e do trabalho (necessidade), narrados no conto como o espaço buscado por 35 e o espaço vivido pelos companheiros, deve-se introduzir uma categoria mediadora. E o que poderia sintetizar esse confronto de espaços como mediação possível? O único instante de comunicação verdadeira, de "entendimento" pleno do 35, é o momento de sua solidariedade ao companheiro 22:

> Caíram na risada os dois. Foram andando.

Esse instante *solidário*, ao contrário dos outros instantes *solitários* do 35 que preenchem a narrativa, pode permitir a introdução do conceito de classe, como mediador daqueles espaços. Pois o "35" que se reconhece nesse final não é o do desejo-promessa, o da procura alvoroçada pelos descaminhos, nem o dos incêndios arquitetados: o "35" de agora é o que se reconhece como companheiro dos demais. Perdeu a identidade própria de antes: 35 é igual a 22, 22 e 35 são paradigmas dos demais: o trabalho – nesse espaço da necessidade, adverso e sempre o mesmo – os iguala. O cotidiano operário (de suores e pesos) recoloca a *classe operária* como tal: "35" não é mais o 35 dos sonhos, é agora um membro da *classe*. O incomum e o comum voltam a fundir-se na solidariedade de classe.

Como então habitar esse espaço de repetições e preparar, todavia, a celebração de um espaço da novidade? Como sair da Estação, atravessar a avenida e celebrar o Jardim como a nova casa escolhida?

Imaginação e história: signos culturais da presença operária

> [...] *pois as paisagens dos livros que eu lia, se tinham a diferença de estar mais vivamente representadas na minha imaginação do que as paisagens que Combray oferecia aos meus olhos, nem por isso deixavam de lhes ser iguais. Pela escolha que fizera o autor, pela fé com que meu pensamento ia ao encontro de sua palavra, como de uma revelação, elas se me afiguravam – impressão que absolutamente não*

> *dava a região onde eu vivia, e muito menos o nosso*
> *jardim, produto sem prestígio da correta fantasia do*
> *jardineiro – uma parte verdadeira da própria Na-*
> *tureza, digna de ser estudada e aprofundada. Se,*
> *quando eu lia um livro, meus pais me permitissem*
> *visitar as regiões neles descritas, julgaria ter dado*
> *um passo inestimável na conquista da verdade.*
>
> (Proust, *No caminho de Swann*, 1957)

Como proceder, na busca dos signos da presença operária, a essa "aventura da descoberta"? A experiência concreta, em seu desenrolar *único*, em sua historicidade feita de eventos *singulares*, perdeu-se: o tempo irreversível arrasta para o *passado* a dinâmica do movimento em seus atos momentâneos e *reais*; uma única vez o tempo pratica essa violência contra a existência dos fatos, mas de maneira definitiva. É aqui que se localiza o "inacessível" a todo historiador: a vida mesma é essa perplexidade diante dos "inacessíveis", sempre tardia para o passado e prematura ainda para o futuro.

Há que se valer, então, de uma hipótese: a de que aquela *presença* que se busca desvendar deixou suas marcas em diferentes signos culturais. Essas marcas são um paradoxo: apresentam-se ao mesmo tempo como *próximas* e *distantes* da "experiência de mundo" que procuro; pois, se por um lado guardam um sentido, mais ou menos vago, de "expressar" ou "representar", sob distintas formas, aquele mundo perdido, por outro já estão distantes dele no tempo, cristalizaram-se no espaço como "monumentos" e *hoje* fazem parte, soterradas ou não, do mundo atual: recriaram-se relações entre a marca e o tempo, entre a marca e as sociedades em que têm perdurado; a marca já não é a mesma impressa em seu instante originário.

Tomemos essas marcas como "linguagem": as coleções de jornais operários preservadas, alguma antiga casa ou trecho de rua de um ex-bairro operário, a memória de algum velho militante, referências perdidas em textos, diários manuscritos, pouquíssimos filmes e fotos amareladas, pequenos objetos espalhados pela cidade, retalhos de palavras, livros e folhetos etc. Acreditamos que todos esses fragmentos, isolados ou articulados, falam *daquele* mundo. Como essa "fala" se apresenta? Como selecionar, nessa dispersão, o que é *relevante*, isto é, o que traz o sinal operário "significativo" (estratégico para se recuperar, ao menos, o *percurso* "linguagem/mundo")?

De início, vale a pena atentar para diferentes camadas de historicidade que compõem a totalidade da "história do trabalho". Hobsbawm (1974a, p.371-81), em trabalho decisivo, distingue entre os níveis da *classe*, do *movimento* e do *partido* ao criticar certas confusões ideológicas da historiografia corrente das classes trabalhadoras. No Brasil, essa confusão de níveis levou, por exemplo, a assumir como "história da classe operária" o que não passava de história do Partido Comunista (ou mesmo só a biografia política de alguns líderes, como Luís Carlos Prestes), ou história do sindicalismo oficial no Estado. Tal distinção já aponta para a existência de uma camada menos "visível" da presença da classe operária: a de sua vivência cultural concreta, integrada a seu próprio *movimento*, e os "efeitos pertinentes" dessa presença na ordem cultural dominante.

Mesmo a noção de *memória* não assegura, por si só, nenhuma correspondência verídica entre a representação do historiador e os fatos reais. A esse respeito, comenta Bachelard (1974, p.392-3 e 469):

> Toda memória está para ser reimaginada. Temos na memória microfilmes que não podem ser lidos senão quando recebem a luz viva da imaginação... Pergunta-se então: o que foi terá sido mesmo? Os fatos tiveram o *valor* que lhes dá a memória? A memória distante não se lembra deles senão dando-lhes um valor, uma auréola de felicidade. Apagado o valor, os fatos não se sustentam mais. Existiram? Uma irrealidade se infiltrou na realidade das lembranças... Assim, no limiar de nosso espaço, existem simultaneamente tomadas do ser e perdas do ser. E toda realidade da lembrança se torna fantasmagórica.

Sendo assim, podemos perceber – apesar das diferenças fundamentais quanto a método e objetivos – que tanto na atividade literária quanto na narrativa histórica, pela própria natureza contraditória da constituição de seus discursos, torna-se praticamente inviável a perfeita realização do velho mito realista da "verossimilhança".[13]

* * *

---

13 A esse propósito, são muito sugestivas as observações de Carlos Fuentes. Ao analisar a crise do realismo burguês tradicional como aspecto inerente à crise contemporânea do capitalismo (e a eclosão da "nova novela hispano-americana" como superação dialética dessa crise), Fuentes observa que, no século XX, uma das únicas escolas literárias que "se empenharam em pro-

Existe, no "Primeiro de Maio", uma certa história no interior da própria narrativa literária. Porém, esse contexto político-social e ideológico não fica rondando o texto, contornando as suas margens. Ele não está na cabeça de Mário de Andrade apenas, ou só no período histórico brasileiro em que o conto foi escrito (1934-1942). O que importa de maneira decisiva é que o contexto é parte integrante da narrativa em seu todo, é elemento constitutivo do próprio discurso literário.[14] Ninguém nos impede, é claro, de fazer as ligações plausíveis entre o espaço policiado da cidade, no conto, e o espaço policiado do país, no Estado Novo. É evidente que a ditadura militar do período estadonovista e o refluxo do movimento operário informaram a escritura: mais que isso, porém, o ambiente histórico coercitivo *enformou* a estrutura da própria narrativa e os impasses que dali se criaram. Ante uma consciência confusa e alvoroçada como a de 35, é necessária uma segunda voz narrativa que mantenha a percepção dessa consciência: daí a ambiguidade do narrador. E a atmosfera de tensão crescente que vai se apoderando do conto, como resultado do aceleramento (no nível da trama) do impasse da celebração, diz respeito ao mundo turbulento e repressivo que invade as páginas do jornal, as ruas e praças e as sensações de 35 (polícia, governo, indústria...). No entanto, não precisamos sair do texto para ver esse mundo: ele está bem dentro da narrativa. Aí, as esperanças cessaram; é a última frase, entretanto, que recoloca tudo como antes de o conto começar: "Foram andando". Se quisermos saber para onde caminham os dois personagens em seu andar solidário, temos de abandonar o texto (ingressando nos marcos da história) ou, então, recomeçá-lo novamente, *ad infinitum*.

Já vimos como o "arlequinal" da *Pauliceia* de Mário desaparece no "Primeiro de Maio" (acendendo-se apenas no fogo imaginário do 35) para dar lugar *à ordem vigiada* e ao *vazio* das ruas da cidade. É claro que, entre os quase vinte anos que separam a *Pauliceia desvairada* e a Semana de 1922

---

longar a vida do realismo burguês e seus procedimentos" foi "o chamado realismo socialista da época staliniana e suas derivações, que pretendia criar uma literatura revolucionária com métodos acadêmicos e só produzia solenes caricaturas". E, de outra parte, "o fim do ciclo de ficção burguesa" sendo "paralelo à agonia dessa classe", é interessante observar como houve uma *transferência* do mito da verossimilhança da literatura para outros campos do conhecimento e instâncias discursivas, na medida em que "o desenvolvimento dos meios de difusão e das disciplinas sociológicas e sociais, efetivamente, anexou os temas e procedimentos da novela tradicional" (Fuentes, 1972, p.19-22).

14 Baseio-me aqui nas concepções de Adorno (1962).

do "Primeiro de Maio", muitos carnavais passaram (dentro e fora da literatura), levando a anarquia carnavalesca (e também trágica) de São Paulo do início da década de 1920 a soçobrar diante do deserto policiado que toma conta de seus espaços no final dos anos 1930. O importante aqui é notar que tanto o desvario da anarquia paulistana (ressalte-se o clima aberto de crise político-social e ideológica do pós-Primeira Guerra Mundial que se estende por toda a década de 1920 – a própria Semana inserindo-se no movimento dessa crise) quanto a ordem militarizada do Estado Novo estão *internalizados* na obra de Mário de Andrade, estão expostos *literariamente*.

De certa forma, a figuração da classe operária por Mário de Andrade, nesse conto, fica a meio caminho entre a imagem pálida e quase desfocada dos "Sandapilários indiferentes" nas *Enfibraturas do Ipiranga* (texto poético apresentado como "oratório profano" em 1921) e, no polo oposto, o já bem centrado – mas, em compensação, enquadrado nas "razões de Estado" da apologia real-socialista – proletariado da "ópera-balé" *O café* (1933-1942), percurso detectado pela desveladora leitura de José Miguel Wisnik.[15] Quer dizer: se, por um lado, o operário 35 é uma figura bem mais visível e menos "indiferente" que os operários nas *Enfibraturas*, por outro, sua consciência "alvoroçada" e difusa, sua passividade e seus temores diante dos símbolos estatais e patronais não permitem, ainda, divisar o salto, até aquele balé operístico-revolucionário, que o transportasse à condição de herói-redentor; ele é só um número, uma sigla dispersa nos espaços da cidade, um herói-fracassado. De qualquer modo, tanto nas duas perfilações básicas, quanto nessa terceira posição transitória, a problemática da *luta de classes* permanece represada no discurso de Mário, mantida em suspense e sublimada pelo culto da *unidade nacional* (seja em sua versão populista-autoritária, seja nas pesquisas do observador social e folclorista, seja – afinal – nos rasgos burocratizantes de uma visão oficialista da "arte revolucionária de Estado").[16]

---

15 Wisnik (1980). Ver, em especial, o item "Comício da Pauliceia" (p.40-63) e o capítulo "Rotação das utopias" (p.111-52).

16 Wisnik (1980). Sobre o tema do nacionalismo sublimando a luta de classes, ver "Comício da Pauliceia"; sobre a "razão de Estado" como sublimadora do arlequinal, ver a análise do item "Ópera-Balé" (p.127-34). É curioso lembrar que, em *As Enfibraturas*, a ordem burguesa representada pelos "orientalismos convencionais" (parnasianos e beletristas – apêndice cultural das classes dominantes), ao rogar sua *praga emocional* contra a vanguarda estética moder-

Poderíamos ver o interesse dessa conceituação (isto é, a sublimação de conteúdos sociais de classe mais profundos pelos códigos retóricos e noções ideológicas do discurso dominante) refletindo, por exemplo, sobre a forma e o tom parnasianos dos sonetos anarquistas do início do século XX.[17] O problema, ao nos defrontarmos com versos como estes:

> É a luz do sol fulgurante
> Do oceano a voz pujante
> Nas trevas perder-se vão
> Mas sobre a Virgem da harmonia
> Curva a fronte à tirania
> Sobre a força da União.[18]

é saber se é possível localizar onde está o "propriamente operário" de uma criação literária aparentemente tão inserida nos cânones estéticos oficiais e dominantes. A exaltação retórica da natureza idealizada foi um dos traços predominantes do parnasianismo. Essa natureza adjetivada aparece na estrofe acima: temos aqui a coincidência da temática e do código retórico com o discurso poético dominante. Mas, no entanto, sabemos – pelo contexto – que a expressão "força da União" carrega um sentido *estranho* à retórica parnasiana, por remeter, em sua densidade semântica, à existência real de uma associação da classe operária. Não se trata, portanto, de uma "União" idealizada e abstrata, mas daquela União Operária concreta: assim, teríamos aqui os sinais de expectativas libertárias e de solidariedade que *destoam*

---

nista, exclama, antecipando em mais de uma década algumas das "razões" do Estado Novo: "Odiamos as matinadas arlequinais!" e "a verdadeira luz está nas corporações!" (p.116).

17 Cf. Rodrigues (1972). Poderíamos ver, nesse caso, pelo lado da retórica, em que medida o código dos textos operários coincide com o discurso das classes dominantes; pelo lado da ideologia, poderíamos levantar o sistema de expectativas culturais da classe operária. Na verdade, trata-se novamente do problema das tensões entre o *estilo* literário dominante, o discurso das lideranças cultas e a própria classe operária. Nessa intrincada relação, percebe-se que, frequentemente, o discurso dos dirigentes acaba sendo "apropriado" pelo estilo dominante em razão de variáveis como o valor social da escrita, os signos da *respectability* etc. As expectativas sociais dos "de baixo" podem ser detectadas não só nas "rupturas" do estilo que impliquem posicionamentos distintos em face do código retórico, mas, também, em outras modalidades discursivas menos exclusivamente dependentes da escrita (artes cênicas, música, artes plásticas e gráficas, tradição oral etc.).

18 Do "Hino da União Operária Beneficente" (Diamantina), de autoria do ourives-fundador Joviano de Aguiar (1891), in *Estatutos*, folheto, p.31-2.

do discurso-padrão. "Força da União", ao ser remetida, na tensão entre forma e conteúdo, para a organização material de uma classe, acaba introduzindo um *ruído* difícil de se sustentar no equilíbrio do rebuscamento idealizado do parnasianismo. Nesse sentido, na "imperfeição" do código usual e dominante, temos a marca da diferença e do peculiar (de expectativas socioculturais específicas).

Essa natureza idealizada é radicalmente diferente da natureza que 35 enfrenta no conto: uma água que gela e sorri, um sol que agrada ou agride. Aqui, a natureza aparece materializada em atuações concretas: o sol participa da esperança do personagem ou da repressão do mundo. Recoloca-se, assim, essa relação dialética de tensão/identidade entre os termos "operário-natureza". O operário 35 ama o Jardim da Luz: essa ligação não encerra só uma predileção geográfica, mas todo um sentido histórico (a atual moradia de 35 – espaço da necessidade – opondo-se à virtual moradia – espaço da liberdade). Aliás, o Jardim da Luz é um recanto especial da crônica histórica de São Paulo; se hoje as grades que o cercam não chamam a atenção para o seu lado, no passado era ponto de diligências,[19] escondendo, sob densa folhagem de copas, toda sorte de idílios, conspirações, repousos e animais. Diz o memorialista operário Jacob Penteado (1962, p.51):

> Um dos passeios preferidos pelos moradores do bairro era o tradicional Jardim da Luz... resolveram transformar aquele recanto em jardim zoológico. Para isso, encheram o parque de macacos, veados, avestruzes, pavões, cisnes, marrecos, socós, seriemas, jacus, rolinhas, araras, papagaios e garças, que eram o encanto da petizada e dos viajantes que chegavam do interior. Ali havia, também, um observatório, uma torre a que chamavam "o canudo", mais tarde demolida, porque era o ponto preferido pelos namorados e casais que dele se serviam para fins libidinosos, e um córrego, sem nome, engrossado, no tempo das águas, pelas nascentes que vinham da chácara "Bom Retiro"...[20]

---

19 "Diligências para o bairro da Luz. Partirá todos os dias do largo da Sé para a estação do caminho de ferro da Luz uma diligência, e a mesma fará suas viagens regulares por todo o dia. As partidas da Luz para a cidade esperam o trem de ferro quando o mesmo tiver de chegar." (Bruno, apud Museu da Imagem e do Som, 1975).

20 Toda uma magia histórico-literária envolve a imagem do Jardim da Luz. Cf. foto n.41 do álbum *Memória paulista* (Museu da Imagem e do Som, 1975), uma das poucas imagens existentes que registram a presença da *torre*). Esse popular "canudo" pode ser visto como o

Numa relação semelhante com a natureza, em 1920, no Rio de Janeiro, operários realizavam uma festa no interior do jardim zoológico, conforme anunciam a manchete e os tópicos da notícia:

Pró Fundação de Escolas –

O IMPONENTE FESTIVAL DE ONTEM DA CONSTRUÇÃO CIVIL

Cerca de 10 mil pessoas afluem ao Jardim Zoológico – O aspecto geral – A animação entusiástica dos festejos – As diversões – O discurso do camarada Mâncio – A orquestra esteve na ponta.[21]

Sabe-se quanto esses espaços da natureza foram sendo cada vez mais excluídos aos operários. O avanço da destruição ecológica (efeito direto da grande indústria capitalista) encarece as "áreas verdes" remanescentes nas cidades, tornando-as objetos de consumo suntuário das classes dominantes. O próprio Mário de Andrade, ainda uma vez, fez um poema belíssimo em que aparece uma das primeiras visões literárias da "tragédia ecológica". Vejamos um trecho de "A meditação sobre o rio Tietê":

Logo o rio escurece de novo,
Está negro. As águas oleosas e pesadas se aplacam
Num gemido. Flor. Tristeza que timbra um caminho de morte.
É noite. E tudo é noite. E o meu coração devastado
É um rumor de germes insalubres pela noite insone e humana.

Nessa escuridão humana e aquática, em que a habitabilidade já é quase negada, desaparece novamente o *arlequinal*; ou, por outra, ele não é mais o colorido que invade toda a poesia, mas apenas "um momento só" que desponta no negror do rio:

---

espaço proibido da história subterrânea (já que sua demolição o tornou inacessível), da libido (os amantes furtivos) e do poder (utopia de conspirações clandestinas que em suas sombras possivelmente foram confabuladas). Retornamos, com a torre, às regiões proibidas dos discursos e aos mistérios íntimos e impenetráveis que a imagem desse lugar perdido dos castelos medievais é capaz de evocar (Foucault, 1973; e Bachelard, 1974).

21 *Voz do Povo*, Rio de Janeiro (13 set. 1920, p.1). Um campo vasto e rico da psicologia social é o da pesquisa das possíveis mediações entre o imaginário infantil, a cultura popular voltada para o universo zoológico e a tradição literária dos bestiários.

180 FRANCISCO FOOT HARDMAN

E num momento o rio
Esplende em luzes inumeráveis, lares, palácios e ruas,
Ruas, ruas, por onde os dinossauros caxingam.[22]
Agora, arranha-céus valentes donde saltam
Os bichos blau e os punidores gatos verdes,
Em cânticos, em prazeres, em trabalhos e fábricas,
Luzes e glória. É a cidade... É a emaranhada forma
Humana corrupta da vida que muge e se aplaude.
E se aclama e se falsifica e se esconde. E deslumbra.
Mas é um momento só. Logo o rio escurece de novo... (Andrade, 1974,
p.305-14).

O devaneio cessa, a festa se apaga, o único brilho que resta é o do óleo pesado sobre o fundo negro das águas. A cidade arlequinal deixa de existir: onde buscar a celebração? Ainda sobre a Estação da Luz, construída em 1900, já advertia o historiador: "De outra parte, aqui – como em todo o mundo... – as ferrovias mutilaram a paisagem, inclusive a urbana. As locomotivas levaram o ruído, o pó e a fumaça ao coração da cidade" (Bruno, apud Museu da Imagem e do Som, texto n.24). Será difícil, então, recuperar a imagem do arlequinal para a cidade de São Paulo, mais ainda para a classe operária em correria e tosse asfixiante pelos espaços compulsórios da necessidade.

Mais uma vez, porém, a política reaparece como possibilidade de se alcançar alguma celebração: é a única válvula a acionar para o rompimento com o cotidiano. É a última virtualidade de concretude para a imaginação. Michelle Perrot, preocupada em reter o discurso dos operários, em fazer "uma história operária que nos fale dos operários" e "que lhes ceda a palavra", acaba por descobrir, em estudo recente, que a "greve operária é também uma festa", uma "bela escapada": "a greve não é um fenômeno

---

22 O poeta refere-se, aqui, aos bondes da Light, cuja presença sociocultural na paisagem urbana da cidade de São Paulo é inquestionável. Na verdade, a imagem "dinossauros caxingam" carrega toda uma simbologia em relação às contradições – no interior do contínuo processo de mudança da paisagem urbano-industrial – entre o progresso técnico do maquinismo e a própria temporalidade histórica construída pela sociedade, daí resultando essa aparição fantasmagórica ou antediluviana dos artefatos e objetos nas representações culturais do imaginário popular. Essa temática estará presente, também, entre outros, na obra de Lima Barreto (cf. a introdução de M. Cavalcanti Proença às *Impressões de leitura*, 1956).

amorfo, um quadro vazio; é um ser social vivo que nasce, cresce, declina e morre... Explosão de desejos latentes, de sonhos desoprimidos, liberação do gesto e da palavra, festa do povo reunido... A greve rompe com o cotidiano cinzento; por um momento, ela permite abolir a fábrica que se lhe deixa escapar...".[23]

Assim, a greve aparece em seu próprio acontecer ritualizado, como demonstração de força autônoma. A importância histórica da greve já reside no ato mesmo de sua expressão. *Política e cultura* voltam a se encontrar; digamos que a greve, superação dialética provisória do espaço do trabalho, permite – mesmo por um breve momento – o reencontro entre o tempo *poético* e o tempo *histórico*. O movimento de separação/aproximação desses tempos em contradição permanente tem sido o tema e a obsessão de muitos militantes, artistas e críticos, em contextos os mais diversos. Gramsci (1968, p.13), por exemplo, ao propor o conceito-síntese de luta cultural no plano da crítica estética, resume assim a tensão entre o político e o literato: "o literato deve ter perspectivas necessariamente menos precisas e definidas que o político, deve ser menos 'sectário', se assim se pode dizer, mas de uma maneira 'contraditória'. Para o político, qualquer imagem 'fixada' a *priori* é reacionária: o político considera todo movimento em seu *devenir*. O artista, pelo contrário, deve possuir imagens 'fixadas' e articuladas em sua forma definitiva".[24] Trotski, em *Literatura e revolução* e em outros textos, tem sempre em pauta essa tensão. Pelo lado da crítica literária, Octavio Paz tem presente, em sua obra, o confronto entre os tempos poético e histórico.[25] No plano da criação literária, sem dúvida nenhuma, o movimento modernista, no Brasil, viu-se atravessado de ponta a ponta por tal contradição ao pretender mergulhar na "realidade nacional". Mário de Andrade e Oswald de Andrade, entre outros, viveram a consciência dilacerada da

---

23 Apoio-me na sugestiva resenha de Julliard (1974). Ver o excelente reaproveitamento dessa abordagem por Fausto (1974) em seu estudo da greve geral paulista de 1917. Lembro também o antológico e lírico *Metello* de Mauro Bolognini (1970), adaptação ao cinema do romance homônimo de Vasco Pratolini, que oferece uma visão plástica do rompimento com o cotidiano durante a greve de pedreiros italianos (cf. cena dos operários passeando num imenso parque depois de deflagrado o conflito).

24 Ver, também, artigo de minha autoria: "Gramsci e a literatura" (1985).

25 Cf., em especial, os ensaios "A consagração do instante" e "Ambiguidade do romance" no livro *Signos em rotação* (1972, p.51-74); e também o artigo "O escritor e a política" (1975, p.82-3).

separação desses tempos e dos "impasses da celebração" daí resultantes. Isso, para não falarmos de Villa-Lobos na música e de Anita Mafaltti nas artes plásticas.

Essas temporalidades em tensão permanente talvez possam reincorporar-se nos sonhos utópicos dos operários. Que são tomados aqui e agora não como aparições pré-históricas, nem como vestígios culturais pitorescos ou ídolos erigidos à imagem e semelhança de seus pretensos guias e profetas, mas, simplesmente, como sujeitos políticos *atuais* da práxis histórica.

Jardim da Luz, São Paulo, 1874, foto de Militão Augusto de Azevedo (Museu da Imagem e do Som, 1975).

Parque Antártica, Água Branca, São Paulo, c. 1910 (MIS, 1975).

FRAGMENTOS DE UM POSFÁCIO[1]

[...]

Na onda vermelha que subia a Paulista cabiam todos os gritos, sorrisos, lágrimas e legados em danças incontidas depois de tanto tempo – séculos, decênios, anos?, cada geração ou cada raça ou cada classe podia fazer seus cálculos – de espera, sim, a palavra é esta: espera... Cabiam todos os sons e igualitariamente todas as cores, embora o vermelho predominasse como símbolo solar diante de um céu que, se não era estrelado, acolhia também as luminosidades faiscantes dos fogos de artifício e das baterias soando em ritmo afoxé de olodum um hino nacional há pouco talvez improvável.

[...]

Porque, afinal, a Paulista de ontem à noite era o somatório indescritível de tantos tempos, espaços e faces diversas quanto confluentes, que não havia lugar para a arrogância bandeirante outrora separatista e no mais das vezes oligárquico-moderna tão bem expressa nos anos FHC agora vencidos. A onda Lula era um lá e um aqui impressionantemente conectados. E o momento era de afastar os rancores das novas bestas apocalípticas do medo, com o suor do batuque e o sangue da história: e isso só mesmo na alegria carnavalizada que a multidão crescente até a meia-noite sabia extravasar da avenida para o país e, neste caso singular da história contemporânea, para o mundo em parte perplexo, mas também em muita outra parte agradecido.

---

1 Trechos extraídos de artigo que escrevi sobre as manifestações na avenida Paulista na noite de 27 de outubro de 2002, intitulado "A classe operária vai ao Planalto", e publicado no site jornalístico *No Mínimo* em 28 out. 2002.

[...]

Por maior semelhança entre discursos e programas, o fato é que a vitória de Lula significa uma radical inovação na cultura política e nos movimentos sociais no Ocidente. Independentemente das mudanças que venham a ocorrer, o processo e as práticas que conduziram a esse incrível resultado já revelam a mudança de atitude e sentimento em parcelas enormes da população brasileira. Era isso que se estampava nas caras alegres das cem mil pessoas que se aglomeraram na avenida para ver e ouvir o novo presidente, tão "atualizado" pela publicidade, pragmatismo e exposição na mídia, na produção da *respeitabilidade* de que nos falava Hobsbawm a propósito da busca de legitimação social da classe operária. Mas, ao mesmo tempo, tão "identificado" com sua história pessoal que se inscrevia como *autêntica* não por esse ou aquele registro, essa ou aquela testemunha, mas simples e cabalmente por encarnar, nessa voz rouca em luta com a gramática normativa da língua, a voz dos que, em quinhentos anos, ou neste exato minuto, permaneceram sem voz, sem terra, sem nome.

[...]

Iconografia

Primeiro de Maio, Berlim, 1890 (Droz, 1974, II).

Capa do antológico drama de Gori (Museu de Arte de São Paulo, 1980).

Anarcossindicalistas na Floresta da Tijuca, "Lembrança de Amizade do 3º Congresso Operário Brasileiro", Rio de Janeiro, 1920 (AEL, Unicamp).

Capa de revista satírica alusiva ao Primeiro de Maio, "8 horas de trabalho, 8 horas de lazer, 8 horas de repouso", Paris, 1906 (Droz, 1974, II).

Piquenique de Primeiro de Maio, Vila Leopoldina, periferia oeste de São Paulo, 1922 (Museu da Lapa).

Menina do Jardim da Infância no bebedouro, vila operária Maria Zélia, São Paulo (Sociedade Anonyma Scarpa, c. 1925).

Crianças no Jardim da Infância, vila operária Maria Zélia, São Paulo, c. 1925 (AEL, Unicamp).

Crianças na "Cruzada Eucarística", vila operária Maria Zélia, São Paulo, c. 1925 (AEL, Unicamp).

Cartaz de propaganda do movimento anarcossindicalista, São Paulo, *A Plebe*, 28 set. 1935 (Centro de Cultura Social).

Anúncios de festa operária e de movimento de boicote aos produtos Matarazzo em jornal anarcossindicalista, Rio de Janeiro (*A Voz do Trabalhador*, 15 ago. 1908, p.4).

Grande Festival Proletario

a realizar-se no dia 25 do corrente, ás 20 horas no Salão Celso Garcia, sito a Rua do Carmo n. 25

Este Festival tem um fim altamente nobre; pois trata-se de instalar em nossa séde social comodas cadeiras, afim de acomodar o mais confortavel possivel os que acorrerem aos nossos chamados de assembléas e conferencias. Certos que contribuira com sua presença a este ato, antecipadamente agradecemos.

PROGRAMA

1.0 - Ouverture pela Orquestra.
2.0 - Conferencia instrutiva pela Professora D. Luiza Peçanha de Camargo Branco.
3.0 - Drama Social.
4.0 - Grande ato de Variedades donde tomarão parte diversos artistas e amadores.

Nenhum operario que se interesse pela verdadeira causa que lhe afeta, não deverá faltar.

PELA COMISSÃO ORGANIZADORA:

SINDICATO DOS MANIPULADORES DE PÃO.

LIGA OPERARIA DA CONSTRUCÇÃO CIVIL.

UNIÃO DOS OPERARIOS METALURGICOS.

UNIÃO DOS ARTIFICES EM CALÇADOS.

OS CONVITES PODERÃO SER PROCURADOS NA SEDE SOCIAL A' RUA QUINTINO BOCAYUVA N. 80, OU NA REDACÇÃO DA "PLEBE" A' LADEIRA DO CARMO N. 7.

Anúncio de festa operária anarcossindicalista, São Paulo, início do século XX (Museu de Arte de São Paulo, 1980).

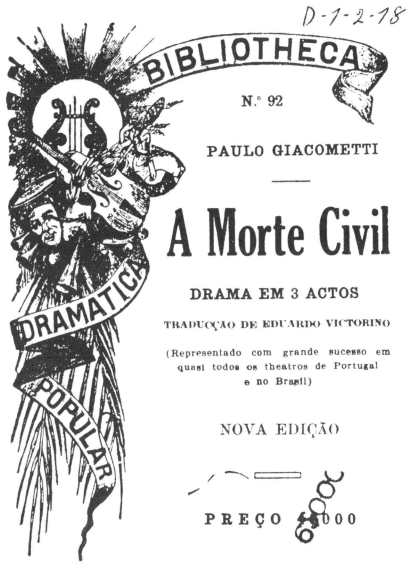

Capa de folheto da série "Biblioteca Dramática Popular", São Paulo, início do século XX (Museu de Arte de São Paulo, 1980).

Cabeçalho e anúncios de piquenique operário e de boicote aos cigarros marca "43" no diário anarquista *La Protesta*, Buenos Aires, 1924 (Campo, 1971).

Rótulo de cigarro popular, Recife, século XIX (Mota, 1965).

Pascoal Segreto ladeado por jogadores de luta romana em exibição no cine Moulin Rouge, Rio de Janeiro, 1907 (Araújo, 1976).

Alegoria do Primeiro de Maio na capa de *A Voz do Trabalhador*, Rio de Janeiro, 1913.

LADRÕES

Conheci um rapaz que um certo dia
depois de muitos dias sem ganhar,
se fez ladrão sem qu'rer, sem estudar,
sómente por que a fome lho exijia.

Cavava a terra tanto que podia
caval-a menos, — pôr-se a descansar,
se porventura o dono, ao lhe pagar,
lhe pagasse o dinheiro que devia.

Os donos tais rodeios, mexericos
praticam nos salarios aos vilões,
que os vilões sofrem mais atritos.

E disto saltam forte as concluzões:
nem todos os ladrões são homens ricos;
— mas todos homens ricos são ladrões.

ARAUJO PEREIRA.

Soneto anarquista de Araujo Pereira, Rio de Janeiro (*A Voz do Trabalhador*, 15 jan. 1913).

Casario e cinema da vila operária da antiga fábrica da Passagem, às margens do rio S. Francisco, Neópolis, SE, 1982 (Fotos Helena França).

Chaminés e galpões abandonados das antigas indústrias Matarazzo, Água Branca, São Paulo, 1995 (Foto do autor).

Ruínas da fábrica Todos os Santos, fundada em 1844, Valença, BA, 1980 (Foto do autor).

Giovanni Rossi.

Fábio Luz.

Neno Vasco.

José Oiticica, prisão da ilha Rasa, Rio de Janeiro, c. 1918. (Rodrigues, s. d.).

ODIO EM MARCHA

Enquanto o Gozo sonha turbulento,
Feito de vicios e de gargalhadas,
Revolve, a Fome, as raivas ajitadas
Como os surdos trovões no firmamento...

  — O' bandidos de panças regaladas,
  Escutai, escutai um só momento,
  Esse furor das turbas desgrenhadas,
  Mais fundo ainda que o furor do vento!

Parece um odio rubro de jigante
Que se aprocima, escuro, horripilante,
Nos soluços das tôrvas multidões!

  E' a voz da Justiça que eu procuro,
  A recortar nas sombras do Futuro
  Ensanguentadas alucinações...

MIRANDA SANTOS

Soneto anarquista de Miranda Santos, Rio de Janeiro (*A Vida*, 28 fev. 1915).

Cenas de piqueniques de Primeiro de Maio, São José do Rio Pardo, SP (Museu Histórico Rio-Pardense).

Cenas de festivais operários pró-jornal anarcossindicalista *Voz do Povo*, Rio de Janeiro, c. 1920 (Rodrigues, s. d.).

Excursão de propaganda anarquista pró-jornal *A Plebe*, Santos, SP, c. 1930 (Rodrigues, s.d.).

Festival pró-jornal anticlerical e anarquista *A Lanterna*, São Paulo, 1933 (Rodrigues, s.d.).

PARTE II
ESTUDOS AFINS

1
Arquivo como resistência: para um fichamento dos anos 1970[1]

Começo com um fragmento de Everardo Dias, extraído do livro *História das lutas sociais no Brasil* (1962), que reunia artigos desse militante pioneiro do movimento operário, publicados, poucos anos antes, por uma revista de esquerda da editora Brasiliense, fortaleza de resistência político-cultural bravamente dirigida por Caio Prado Jr. Lembremos que Everardo Dias era das poucas referências – como livro de militante operário editado ao longo dos anos 1950 e 1960 que se reportava à história social do trabalho anterior à era Vargas – com que contavam os estudiosos da década de 1970, na tentativa, algo ainda solitária, de estabelecer bases empíricas e renovação teórica para produzir uma nova historiografia das lutas operárias no Brasil pré-1930. Ao esboçar uma cronologia extensa do movimento operário brasileiro, ele próprio caso raro de quem atravessou várias fases e décadas das lutas sociais e políticas dos trabalhadores, passando dos embates anarquistas e anarcossindicalistas do início do século para o período pós-1920, o advento do comunismo e depois o pós-1930, Everardo Dias (1962, p.315) escrevia o seguinte:

---

1 Apresentado inicialmente no Seminário "AEL 20 Anos", que teve lugar em agosto de 1994, no Instituto de Filosofia e Ciências Humanas (IFCH) da Universidade Estadual de Campinas (Unicamp), em comemoração à passagem dos vinte anos de criação do Arquivo Edgard Leuenroth, o texto "Arquivo como resistência: para um fichamento dos anos 70" foi incluído como capítulo ao livro *Trabalho, cultura e cidadania: um balanço da história social brasileira*, que resultou daquele seminário, sob organização de Angela Maria Carneiro Araújo (1997).

As notas iam sendo agrupadas em pequenos retângulos de papel e guardadas em pastas adequadas, à medida que lhes dava a devida concatenação por períodos de tempo e datas. Muitas outras estavam ainda sem ordem: eram simples apontamentos, anotações rápidas. A vida agitada do autor, as inesperadas e constantes buscas policiais, os sustos da família, escondendo tudo atropeladamente para evitar que caíssem em poder dos zelosos e indesejáveis representantes do DOPS, causaram enormes danos... Nas catacumbas onde eram escondidos livros e papéis, havia igualmente terríveis e insidiosos, que à socapa esperavam tais guardados, sem arrumação e cuidado: os ratos, as baratas, os cupins, as traças... Livros ficaram rendados e com a lombada imprestável. Papéis tornaram-se túneis e ninhos de ratazanas vorazes. Assim ficaram meses ou anos. Não se deve esquecer que de 30 até hoje a liberdade individual foi sempre incerta e precária.

Lembro-me bem: no início dos anos 1970, sob idêntico clima, em que dominavam a precariedade absoluta das condições materiais e os riscos iminentes da repressão política, algumas pessoas, tendo à frente Paulo Sérgio Pinheiro e Michael Hall, tentavam reunir esses formidáveis papéis guardados por décadas, heroicamente, pelo militante anarquista Edgard Leuenroth, de antemão malditos, antes que pelas desgraças do tempo e fauna inimiga, pelos perigos, nada paranoicos, da ditadura militar. Tínhamos um presidente-general chamado Garrastazu e, de fato, quando o Arquivo Edgard Leuenroth (AEL) foi criado, em 1974, a ameaça de invasão policial do *campus* universitário e o desmantelamento dos acervos era mais do que real: era uma possibilidade cotidiana.

Havia, pois, esse esforço, esse nosso apego em preservar algo, em produzir algo a partir dos documentos que se vinculava deliberadamente a uma perspectiva clara de resistência. Resistência a um só tempo política – nossa atividade era de antemão adversa a um regime totalmente avesso a esse tipo de organização da memória – e cultural – professores e estudantes de ciências humanas reunidos, numa certa utopia humanística herdeira de Maio de 1968, nesse espaço ainda incipiente da Unicamp, tentando solidariamente sobreviver e manifestar modos diversos de sentir e viver, signos, linguagens e experiências até havia bem pouco submersas.

Assim, um fio prolongado de continuidade histórica parecia ligar a militância histórica e heroica do movimento operário a esses esforços primeiros de organização do AEL, ele próprio herança de um dos maiores líderes de suas lutas e memória. Essa linha de resistência continuada extravasava períodos e chegava até a alguns sobreviventes do furacão repressivo do final dos anos 1960 e início dos 1970, que, arduamente, ajudavam a construir o Instituto de Filosofia e Ciências Humanas (IFCH) na recém-nascida Universidade Estadual de Campinas, recordando-se, aliás, que a Faculdade de Filosofia, Letras e Ciências da Universidade de São Paulo estava, naquelas alturas, inteiramente alquebrada após a repressão de 1968-1969.

Em torno dessa perspectiva de resistência político-cultural, existia, naquele início dos anos 1970, uma combinação de traços muito singular que, depois, se desfez. A atmosfera, o clima, hoje, são completamente outros. A propósito, quero assinalar um fragmento de jornal estudantil, mimeografado em off-set, e sempre na ambiguidade do que é semiclandestino, que fazíamos então. Fui aluno da segunda turma de graduação do IFCH. Tentar participar, na condição de estudante, das atividades de centros acadêmicos, e organizá-las, era também algo comparável, em termos de precariedade e riscos, ao projeto do AEL, porque se vivia igualmente – e houve de fato várias prisões de estudantes na Unicamp da época – na iminência de invasões e desarticulações. A própria existência de qualquer forma de vida inteligente e articulada no interior da universidade, sobretudo na área de humanas, já constituía, por si só, foco perigoso, produzindo-se e reproduzindo-se, assim, o medo de uma desmontagem sempre prestes a virar realidade.

No *Jornal do Calouro* do Centro Acadêmico de Ciências Humanas (CACH), entidade considerada ilegal pelo regime militar, editado em 1972 (dois anos antes, portanto, da criação do AEL), apareciam os seguintes textos:

I AM UNIVERSITÁRIO (sic)
    O milharal em volta. Sol amarelo. A árvore de garras secas querendo pegar o céu. Asfalto cinza-pesado. As rodas cortam as pedras quentes do asfalto. Os carros se cruzando, é raro. As setas do milho verde. O burro de carga atravessa o asfalto, é claro. Hoje o normal revirou a terra, cavou a própria cova. Hoje os passos derretidos dos quédis através dos chão-concreto levantam o pó. A poeira das plantas. O verde-poente doentio de Barão. Quem foi Barão? Cadernos absurdos abertos, olhos de absinto. Absortos no vazio-geral: Barão Geraldo é uma flor!!! Absortos milhares de milhos-verdes se estendem no sol amarelo-

-paração. Tarde-manhã no sono dos burocratas. Carroças carregadinhas de madeira, roda de pau, corta ladeira. A árvore de garras secas não quer nada, quer a morte só na sombra.

Ou então, na sequência:

I AM IN UNICAMP (*sic*)

Unicamp, ano zero. Chegou. Os olhares demorados. Demoliçam as paliçadas e constroem computadores. As setas se diversseticam e se diversindicam. A reitoria é um lago, jardim suspenso de Creta. O progressol progride ensolarado. As graminhas não têm cocô de cão: só de gado.

Tudisso natural. A cidade-fantasma se ergue no ano zero. Unicamp entre facas e queijos: a ilha da fantasia, entre o milho e o morro. Verdamarelando meus olhos, agora respiro o ar puro do campus, agora piso o saberando, pisoteio o saberá babando, o saberá beberá babando, já manjo o beabá do campus. Agora sei. Existo porque sei. Barão, Barão, Barão, mil novecentos e setenta e dois.

Parece uma digressão despropositada, talvez, citar esses textos de movimento estudantil, tão juvenis em sua ingênua claridade. Mas não. Quero com isso sugerir esse desejo forte de comunidade, que se espraiava, na época, por espaços menos óbvios, que se prazia na crítica político-cultural entre a resistência à ditadura e o chamado desbunde, experiência geracional das mais sérias, porque ancorada na "grande recusa" marcusiana, herdeira, por conseguinte, de Maio de 1968, e avessa, então, a qualquer burocratismo institucional que pudesse significar segmentação estandartizante dos saberes ou conformismo unidimensional dos currículos universitários.

A Unicamp que conheci, que ainda nem tinha essa sigla e seu logotipo, era um espaço semirrural em que certo utopismo humanista podia ter livre curso. O câmpus apresentava-se como fazenda desmatada, *country side* de onde, de repente, brotava a *high-tech* mais sofisticada, essa polaridade bem Brasil, em que a edição completa de Kant em alemão gótico convivia com a árvore de garras secas solitária tendo ao fundo o algodoal. Esse desejo de agregação, difuso porém efetivo, podia ser sentido na paisagem (menos construção de blocos estanques), nos discursos e, também, na própria forma de organização dos vínculos naquele momento.

A existência, por exemplo, de um curso básico em ciências humanas, os seminários interdisciplinares que congregavam professores e alunos em debates em que verdadeiramente se cruzavam diferentes perspectivas teóricas e políticas, a convivência, havida então, entre departamentos de ciências sociais, economia e linguística, sempre palco de tensões institucionais, mas muito fértil do ponto de vista da formação acadêmica e intelectual, eram motivo de experiências escolares e extraescolares ricas e bastante diferentes da universidade departamentalizada que temos hoje. Era afinal produtivo e interessante estudar num instituto em que departamentos não eram ainda departamentos, áreas de pesquisa apenas se insinuavam, agrupamentos formavam-se com participantes de distintas formações, estabelecia-se, com efeito, certa algaravia de estilos e linguagens, sem prejuízo de rigor crítico, às vezes até mais agudo do que se vê agora.

Marxismo e estruturalismo despontavam, ainda, como marcos referenciais obrigatórios. Althusser, Poulantzas, Jackobson, Barthes, Lévi-Strauss, Marx e Engels, Weber e Dobb, entre outros, eram alguns dos autores mais lidos e comentados, o que, diga-se de passagem, não era nada mal. Já em meados dos 1970, começávamos a ler Gramsci (sobretudo as reflexões sobre literatura, cultura e o processo de construção da hegemonia) e Foucault (com destaque para o ensaio seminal *L'ordre du discours*), autores que auxiliavam na desmontagem de algumas crenças ortodoxas prevalecentes até ali, em especial no reforço ao sentimento de desconfiança disseminada para com aparelhos e modelos teórico-políticos mais tradicionais.

É preciso lembrar que quase um mesmo perfil geracional aproximava, naquela altura, professores e estudantes. Nossos docentes eram, em geral, jovens recém-graduados. Além disso, havia o fator escala: o IFCH era muitas vezes menor do ponto de vista do número total de alunos e professores, o que facilitava enormemente os contatos. E, mais importante talvez, a dificuldade de organização e transmissão dos discursos fora daquele espaço era de tamanha ordem, que havia, por assim dizer, essa espécie de circunscrição a certo ambiente que eu chamaria de comunitário, em que as pessoas conviviam e solidarizavam-se na preservação desse lugar. Isso não quer dizer inexistência de conflitos internos, aliás, às vezes, dadas as dimensões pequenas do grupo, muito mais acirrados. De todo modo, sobrepunha-se a tudo isso um princípio de realidade: os inimigos externos não eram fantasmas e não estavam dispostos a brincadeira alguma.

Nesse quadro muito particular nascia o AEL. Que ideias eventualmente unificavam esse vasto mosaico feito de cintilações dissidentes, movimentos bruscos e paixões radicais? Penso que, em primeiro lugar, um incômodo cada vez mais disseminado em relação às ilusões nacional-populistas da geração precedente começava a se tornar visível. O nacionalismo e o populismo já tinham, em grande parte, esgotado seu poder persuasivo. Acredito mesmo que a redemocratização, titubeante, mas com avanços notáveis, verificada no período pós-anistia do governo militar (1979), com seus sinais claros inclusive nas ruas, nas lutas estudantis e nos movimentos sociais desde pelo menos 1976-1977, bem como as transformações limitadas do sindicalismo e a criação do Partido dos Trabalhadores alguns anos depois, comprovariam, de forma cabal, aquilo que estou chamando de incômodo, isso que no início da década de 1970 talvez ainda carecesse de nome, embora já algo sensível e que explodiria, no fim da década, em clima de agitação e mudança.

No plano cultural, essa desconfiança comum defrontava-se com categorias muito totalizantes, como sistema ou estrutura. Embora na universidade, pelo menos na primeira metade dos anos 1970, predominassem teorias estruturalistas e funcionalistas, havia essa espécie de contracorrente, logo revigorada com Foucault, entre outros, que recuperava dimensões do imaginário, do papel do indivíduo e da subjetividade nos movimentos sociais e nas ciências humanas. Salvava-se, ainda, como tradição teórico-política fundamental, o marxismo: o elemento crítico novo e impulsionador era, aqui, o desabamento da ideologia stalinista, das ilusões maoístas e castristas, e isso cerca de vinte anos antes do desabamento do muro de Berlim. Lia-se, enfim, mais Trotski, Rosa Luxemburgo ou Gramsci e menos Lenin, mais Marx e menos Engels. O apelo das tradições anarquistas e socialistas libertárias tornava-se muito forte. O tropicalismo e o rock sintetizavam um pouco difusamente essas tendências, permanecendo como pano de fundo utópico-musical das viagens existenciais de toda uma geração.

Nessa conjuntura, a partir do final de 1972, teve início meu projeto de iniciação científica, sob orientação de Paulo Sérgio Pinheiro; tratava-se de levantamento bibliográfico sobre o trabalhador urbano-industrial no Brasil no período 1889-1945. Integravam-se aí enfoques da ciência política, da história social e da sociologia do trabalho. Lembremos que essa ênfase numa perspectiva historiográfica de revisão do movimento operário coincidia com seu refluxo num momento político dos mais repressivos: o governo Médici.

Nesse projeto, fazia as primeiras checagens das listas originais datilografadas das coleções de periódicos, opúsculos e livros de Edgard Leuenroth, que finalmente foram adquiridas e incorporadas ao IFCH em 1974. Participei, desde logo, do primeiro grupo de trabalho formalmente constituído para a organização do AEL. E, em seguida, já no mestrado, no período 1975-1977, fui subcoordenador da pesquisa histórica nesse grande e pioneiro projeto coletivo "Imagens e História da Industrialização no Brasil, 1889-1945", responsável por salto considerável na incorporação de fontes primárias, escritas, orais e iconográficas aos acervos do AEL, em particular no que tange às origens do moderno regime de fábrica no interior paulista. Posso dizer que todas essas experiências foram decisivas nas minhas escolhas intelectuais posteriores.

A incorporação do AEL às nossas práticas e aos nossos estudos deu-se exatamente no momento em que se consolidava a firme convicção de que uma certa historiografia oficial das esquerdas, marcada pelas tradições stalinista e nacional-populista, tinha levado ao ocultamento do movimento operário pré-1930, apagando-se, com isso, a experiência vivida e a memória das gerações precedentes de trabalhadores, consideradas, no máximo, como proto ou pré-história, curiosidades efêmeras no baú de jogos de infância das organizações. Contrapondo-se a tal cristalização, a própria história de um Arquivo, que tinha como principal artífice um homem que atravessara décadas de militância e ultrapassara periodizações arraigadas, já era fator de irreverência em relação a tradições bem-postas.

Lembro-me bem de nosso gosto particular pelos processos moleculares. Isso se combinava com certo artesanato em nosso modo de trabalho: mexer com caixas de papelão, a surpresa de abri-las, o exercício de carregá-las, conferir listas datilografadas em espaço um, tudo ainda sem reprodução em xerox, nada de computadores, somente papel-carbono em três vias, aquilo tudo muito lento, fichas manuscritas em papel-cartão, folhas de papel almaço, caixas de madeira improvisadas por um marceneiro de bairro, esses papéis recortados do grande esquecimento e guardados a duras penas, que nos remetem à passagem de Everardo Dias, antes que Adorno ou Benjamin nos radicalizassem esse gosto pelo "mínimo e escondido", esses caprichos de arquivista revolvendo o lixo da história, tudo isso, afinal, tinha muito a ver com a ansiedade de expor sinais e marcas apagados não só pela repressão do Estado, mas também por certa história canônica da esquerda.

Nessa esteira, passávamos a valorizar outras fontes, sem desprezo das antigas: as imagens iconográficas, os depoimentos de história oral, não só de militantes consagrados, mas também de trabalhadores anônimos da linha de produção; os textos literários da imprensa operária, entre outras incursões, permitiam aproximar-se um pouco mais, e muitas vezes pela primeira vez, do vasto mundo das culturas e práticas cotidianas da classe operária. Decerto, um processo de identificação com o universo dos excluídos pela modernidade mobilizava nossos espíritos e esforços na direção de construir esse arquivo e essa memória como estratégia de resistência. Nenhum projeto, a rigor, consegue vingar sem alguma dose de sonho ou ilusão. E, para sorte do AEL e da comunidade internacional de pesquisadores que dele pode hoje se servir, talvez não tenhamos soçobrado no sonho porque havia inimigos externos mais do que reais, ferozes. O trabalho coletivo que se acumulou nesses vinte anos de AEL e os resultados altamente inovadores que trouxeram para a pesquisa histórica no Brasil e alhures são testemunhos eloquentes de que há um princípio-esperança que se renova em cada ato de resistência, em especial quando este nasce de vontade deliberada.

Para terminar, volto à lembrança de uma cena ocorrida lá pelos idos de 1973. Na rodovia D. Pedro, ainda não alargada, rumo ao litoral norte paulista numa véspera de fim de semana prolongado, dois jovens estudantes da Unicamp, cabelos longos, mochila às costas, pegando carona, sobem num Volkswagen preto e após interminável viagem de 60 km entre Campinas e Atibaia, num diálogo escabroso, o motorista, tipo brutamontes, revela-se agente policial do Serviço Nacional de Informações. Não era alucinação persecutória, mas sim uma experiência cravada no cotidiano da época. Os jovens, na verdade um casal, suavam frio ante aquela terrível proximidade. É que levavam na mochila talvez algum baseado, presença corriqueira nas circunstâncias e, além disso, um exemplar de um livro hoje tão inofensivo, mas que, naquele instante, poderia significar exatamente o início de uma tragédia pessoal e política: *Contribuição à história das lutas operárias*, do antigo militante comunista Hermínio Linhares, edição de 1955, Rio de Janeiro.

Este um pouco o clima, estes um pouco os fragmentos.

2
LAZER OPERÁRIO:
DUAS VISÕES[1]

Lafargue e *O direito à preguiça*

O lançamento em 1980, no Brasil, do até então inédito *O direito à preguiça*, de Paul Lafargue, ocorreu no centenário de sua primeira publicação.[2] Foi, de fato, em 1880, nas páginas do jornal *L'Egalité*, que o panfleto de Lafargue apareceu pela primeira vez, publicado numa série de artigos. Essa primeira edição brasileira pretendeu, ao menos, fazer justiça à memória do movimento operário internacional, em que para sempre se inscreveram a vida e a obra de Lafargue.

Em razão da imensa repercussão obtida, *O direito à preguiça* foi editado em brochura já em 1883, com uma nota introdutória escrita por Lafargue na prisão de Saint-Pélagie. Passados cem anos, quando a questão do lazer, as dimensões culturais e as condições de vida da classe operária provocam enorme interesse dentro e fora das universidades, partidos e sindicatos, é

---

1 Este item foi composto a partir da integração, com devidas alterações, dos textos elaborados como introdução à primeira edição brasileira de Paul Lafargue, *O direito à preguiça* (1980), no centenário de sua publicação original em Paris e como prefácio à terceira edição ampliada dessa obra, com o acréscimo de *A religião do capital* (1983); e da tradução comentada de um artigo de Leon Trotski, de 1923, publicado na França em coletânea de textos do autor, *Les questions du mode de vie* (Paris, UGE, 1976), e que permanecia inédito no Brasil (preparado para a revista *Cine-Olho* da ECA-USP, em 1978, não chegou a sair).

2 *O direito à preguiça* (1980) – 1ª edição: fevereiro; 2ª edição: novembro do mesmo ano. Em 1983, a mesma editora, Kairós, lança uma 3ª edição revista e ampliada, entre outros, com o panfleto *A religião do capital*.

extremamente oportuno trazer à tona esse clássico opúsculo, escrito por um dos mais destacados dirigentes do movimento operário internacional.[3]

A obra de Lafargue esperou, portanto, exatamente um século para quebrar seu ineditismo editorial no Brasil. Até então, esse importante autor e militante do movimento operário internacional era ainda um ilustre desconhecido do grande público em nosso país. A imediata receptividade de seus escritos demonstrou que nada justificava o extenso lapso de tempo em que permaneceram esquecidos. Não é difícil compreender o porquê de tão rápida penetração. O texto de Lafargue, polemista inveterado, agrada sobretudo por sua agilidade, pela ironia fina, pelo bom-humor aliado a um agudo espírito crítico. Ele não só tem bons pensamentos, como ainda os expõe muito bem. Além disso, as questões que aborda não foram nem de longe superadas, estando na ordem do dia tanto a oeste como a leste de Berlim. Essa vigorosa atualidade do tema da alienação do trabalho e da utopia de uma libertação plena da humanidade diz respeito ainda hoje ao dia a dia de cada trabalhador. Quem não sonhou alguma vez e sob variadas formas com o fim do "reino da necessidade"?

Vale a pena retornar por um instante à tradição histórica do movimento operário do século XIX para recuperarmos a memória da presença ativa de Paul Lafargue e de sua obra intelectual e política. Lafargue nasceu em Santiago de Cuba, em 1842; era mestiço: seus pais eram franceses emigrados, a avó materna índia da etnia caraíba e a avó paterna filha de negros. Com dez anos de idade, muda-se com a família para Bordeaux, na França. Mais tarde, fixa-se em Paris, onde cursa a faculdade de medicina. Seus primeiros contatos com o socialismo deram-se pelas obras de Fourier, Saint-Simon e Proudhon. Torna-se partidário deste último (lembrar que a tendência proudhoniana era, em meados do século XIX, das mais expressivas no

---

3 Para a edição brasileira, selecionamos como anexos o testamento político de Lafargue (carta deixada por ocasião do suicídio conjunto de Paul e Laura, em dezembro de 1911), o emocionante discurso de Lenin durante os funerais e um artigo de Jaurès sobre a complexa personalidade do autor. Assim, lado a lado, mantivemos o testemunho de dois representantes de alas opostas na social-democracia internacional. O trágico assassinato de Jaurès em 1914, quando adota posição pacifista, contrária à guerra imperialista, não deve esconder sua posição reformista no final do século XIX e início do XX. Por outro lado, Guesde, companheiro de Lafargue no combate aos "ministerialistas" naquela época, tornar-se-ia ministro de Estado justamente ao estourar a Primeira Guerra Mundial. Ironias da história.

movimento operário francês) e, na qualidade de militante proudhoniano, adere à Primeira Internacional (AIT) em 1865; apresenta, em fevereiro, um relatório sobre o movimento operário francês ao Conselho Geral em Londres. É nesse momento que trava os primeiros contatos com Marx e sua teoria. Até 1868, os resultados desses encontros seriam decisivos, pois Lafargue iria aderir duplamente a Marx, incorporando cada vez mais a teoria do materialismo histórico e a prática dos marxistas na AIT e, finalmente, casando-se com sua filha Laura. Engels foi testemunha na cerimônia de casamento. Entretanto, não foi fácil dobrar Karl Marx que, ainda em 1866, escrevia à filha: "este maldito Lafargue me aborrece com seu proudhonianismo e ele não me deixará tranquilo até que eu tenha quebrado sua cara de crioulo" (apud Dommanget, 1977, p.14).

Lafargue continuava ativíssimo na Internacional. No primeiro Congresso da AIT, realizado em Genebra em 1866, foi eleito para o Conselho Geral e nomeado secretário-correspondente na Espanha. É confirmado nesses cargos no II Congresso, de 1867, em Lausanne (Rosal, 1975, p.147 e 154). Durante a Comuna de Paris (1871), é encarregado de sustentar a insurreição na província francesa. Já se encontrava há algum tempo em Bordeaux, organizando a seção local da AIT, da qual era secretário. Quando ocorre a repressão, ele foge para a Espanha, sendo detido em Huesca a pedido do governo de Thiers. Liberado poucos dias depois, fixa residência em Madri, onde, juntamente com Iglesias, Mesa e Mora, cria um núcleo de socialistas-marxistas, levando ardoroso combate contra a fração anarquista dos partidários de Bakunin. Apesar da interpretação diversa que os conspirativos e sectários bakuninistas deram a respeito da ação política de Lafargue (Woodcock, 1971, p.186-7 e 374), o fato é que aquele núcleo se tornaria fértil embrião do futuro Partido Socialista Obrero Espanõl (PSOE) fundado em 1879.

Em 1872, Lafargue representou a Espanha e Portugal, como delegado, no Congresso da AIT realizado em Haia. Nesse encontro, verificou-se a clara cisão entre marxistas e bakuninistas, que levou à crise da Primeira Internacional. A delegação espanhola era integrada por quatro aliancistas (Bakunin) e por Lafargue, representando a Federação de Madri e o núcleo socialista. Lafargue é o único delegado que não assina o documento de cisão dos aliancistas, mantendo-se fiel ao Conselho Geral (Rosal, 1975, p.241-7).

A década de 1870 foi um momento crucial na organização do movimento socialista-marxista e na formação dos primeiros partidos operários de ampla base sindical e nacional (Abendroth, 1975, cap.3, p.51-62). Lafargue esteve vinculado profundamente a esse processo. Em 1880, participou, juntamente com Guesde e Marx, da redação do programa e da fundação do Partido Operário Francês. Foi um passo decisivo na evolução do movimento socialista naquele país e internacionalmente. Nesse mesmo momento, Lafargue publicava *O direito à preguiça* e retornava em seguida à França, após a anistia conquistada pelos *communards*. Seu panfleto representa um grito de revolta contra a superexploração da força de trabalho na fase de expansão do capitalismo e do neocolonialismo, que preparava o terreno para o advento da era imperialista. Ao levantar-se contra a escravidão moderna, manifesta no regime de trabalho servil, Lafargue incorpora uma das bandeiras fundamentais do movimento operário naquela fase. Sua obra é, ao mesmo tempo, expressão desse movimento e um dos fatores ativos de seu impulsionamento.

Convém lembrar que, em 1880, mesmo ano em que se publicava *O direito à preguiça*, a "parte econômica" do Programa do POF abria-se com a seguinte reivindicação: "1. Descanso de um dia por semana ou proibição legal de os patrões obrigarem ao trabalho por mais de seis dias por semana. Limitação legal de jornada de trabalho em oito horas para os adultos. Proibição do trabalho nas oficinas particulares para crianças menores de 14 anos e, para as de 14 a 18 anos, limitação da jornada de trabalho em seis horas" (Rosal, 1975, p.337).

A luta pela jornada de oito horas tem suas origens no movimento operário inglês e norte-americano – bem antes, segundo a historiografia, do episódio dos mártires de Chicago, em 1886 – e logo foi incorporada às reivindicações básicas da AIT: com efeito, já nas *Instruções* aos delegados do Conselho Central Provisório da AIT no que concerne à pauta dos debates no Congresso de Genebra (setembro de 1866), dois extensos capítulos eram dedicados ao significado da limitação da jornada de trabalho a oito horas, a supressão de todo trabalho noturno e a regulamentação do trabalho feminino e infantil (Marx & Engels, 1975, v.II, p.49-53).

É importante retomar a evolução da luta pela jornada de oito horas. Ela esteve tão enraizada no movimento operário internacional que marcou a

Manifestação pela jornada de 8 horas, operários do metrô, Paris, 1913 (Droz, 1974, II).

origem das manifestações de Primeiro de Maio em todo o mundo[4] e acabou por selar o próprio congresso de fundação da Segunda Internacional em 1889. Lafargue foi um dos primeiros organizadores da nova Internacional, na qualidade de secretário de relações internacionais da Comissão Organizadora do Congresso de Paris. Durante sua realização, perante delegados de 23 países, Lafargue reafirma o caráter internacionalista do movimento operário: "Todos vocês são irmãos e têm somente um único inimigo, o capital privado, seja ele prussiano, inglês ou chinês" (Kriegel, 1977, p.44).

É interessante acompanhar as sucessivas crises e cisões ocorridas no movimento socialista francês, verdadeiro termômetro das contradições que se desenvolveram no seio da II Internacional, entre as correntes revolucionárias e as revisionistas, estas últimas representadas na França pelos "possibilistas", de Paul Brousse, e, mais tarde, pelos partidários de Millerand (entre eles, Jean Jaurès), primeiro exemplo claro de participação da social-democracia no ministério de um governo burguês, nos últimos três anos do século XIX.[5]

A atividade de Lafargue, na época ao lado de Guesde e em aliança com os setores do movimento operário francês liderados por E. Vaillant (originário da comuna e do blanquismo), foi de intenso combate às preconizadas "reformas sociais" do ministro social-democrata Millerand. Nesse combate, Lafargue contrapõe-se diretamente a Jaurès, que defendia a Lei Millerand de 1900 (de "limitação" da jornada a onze horas, colocando no mesmo pé de igualdade o trabalho adulto e infantil), tida como "progressista" e "uma das vitórias mais marcantes do socialismo". Lafargue, ao contrário, junto com Vaillant e Guesde, denunciava o caráter burguês da referida lei, que acobertava na prática a desenfreada superexploração do capital, em particular sobre a força de trabalho infantil (Dommanget, 1977, p.74-5).

A propósito da polêmica, Rosa Luxemburgo (s.d., p.143, nota 33) ironiza as posições de Jaurès criticando as ilusões reformistas: "Jaurès pinta mesmo um quadro idílico que mostra como os operários sairão das oficinas todos juntos e alegremente. As moças para gozar da sua própria frescura

---

4 Cf. Dommanget (1976, cap.I, II e IV). Ver, a propósito, a nota explicativa sobre a interessante gravura que serve de capa a essa edição. No Brasil, o Congresso Operário Brasileiro de 1906 enfatizou a bandeira da jornada de oito horas, o que teve seu desdobramento na explosiva greve geral pelas oito horas, em 1907.

5 Ver a aguda e inteligente crítica a respeito em Luxemburgo (s.d., p.95-179).

sadia, as mães para correr ao berço dos filhinhos, os homens para cultivar o espírito por um sério estudo a fim de se tornarem trabalhadores da Revolução, e as crianças para se embriagarem com o clarão e a música da floresta. Jaurès esqueceu-se somente de que a hora em que as crianças, conforme a Lei Millerand, saem da fábrica alegremente, já é escuro na floresta e que os passarinhos a essa hora já foram dormir há muito tempo".

* * *

A dialética entre o direito ao trabalho e o direito à preguiça teve continuidade na história do movimento operário. Depois da Revolução Russa em 1917, Lenin e Trotski defenderam a obrigatoriedade do trabalho, inscrita na legislação do novo Estado operário, em razão das tarefas de construção do socialismo (Dommanget, 1977, p.86-8). Posteriormente, em outro contexto histórico, a tradução do programa mínimo dos socialistas de Lafargue para um programa de reivindicações transitórias na época imperialista teve como expressão concreta a bandeira da *escala móvel de salários e das horas de trabalho*, necessária diante do fantasma real do desemprego e da exigência de *trabalho* e *existência digna* para todos, numa época de crise profunda do capital (e não de prosperidade e de expansão, como no tempo de Lafargue) (Trotski, 1979, p.76-9).

Trotski chegou a retomar o tema da "preguiça". Considerava o homem "preguiçoso" e tal característica (diferente da indolência parasitária da burguesia) era tida como uma "qualidade", ancorada em certa concepção do progresso humano: "se o homem não tivesse procurado economizar suas forças, ele não teria propiciado o desenvolvimento da técnica nem a aparição da cultura social". A preguiça, desse ponto de vista, é uma "força progressiva" e é nesse sentido que Labriola pôde representar o homem comunista do futuro como um "feliz e genial preguiçoso" (Trotski, apud Dommanget, 1977, p.87).

Sobre a questão do *lazer*, de como preencher o tempo livre dos operários, os projetos e utopias têm sido vários. A obra de Lafargue, herdeira da tradição libertária do paradoxo e da sátira, retoma, de certo modo, as considerações do socialismo utópico, com referências que remontam aos filósofos clássicos da Antiguidade. Questões mais atuais, como a do monopólio da indústria cultural e das ideologias próprias à cultura de massas, não estavam presentes no horizonte histórico de *O direito à preguiça*.

Lafargue, vinculado ainda às propostas e práticas originárias do movimento operário (tanto anarquistas quanto social-democratas), vislumbrava intermináveis passeios, grandes piqueniques populares regados a bom vinho, comemorações e jogos nos dias de festa, espetáculos, representações teatrais dos grupos amadores de "teatro social" e festivais em benefício dos jornais da imprensa operária.

Naquela época, o lazer era ainda organizado pelas associações sindicais e culturais da classe operária. Eram práticas inerentes ao próprio movimento da classe trabalhadora. Está aí uma diferença essencial em relação aos veículos atuais do lazer e da cultura de massas, patrocinados diretamente pelo Estado, pela Igreja, pelos aparelhos monopolizados da indústria cultural ou, finalmente, pelos partidos tradicionais e burocratizados do movimento operário, imbuídos da lógica do populismo cultural ou dirigidos para o realismo socialista.

Em 1923, por exemplo, quando Trotski escreveu as *Questões do modo de vida*, estava preocupado com a utilização do tempo livre pela classe operária russa: para combater a influência da vodca (alcoolismo) e da Igreja, propõe o cinematógrafo como nova forma de lazer, de fantasia e de espetáculo, não descartando a função educadora (ideológica) que o cinema poderia desempenhar. Ao mesmo tempo, vislumbrando os rumos da burocratização, Trotski advertia contra os riscos que o controle monolítico do Partido e do Estado no plano cultural poderiam acarretar para a liberdade e a democracia da classe operária.[6]

De qualquer modo, resta a saborosa aventura de acompanhar o pensamento vivo e a linguagem aguda nos escritos de Lafargue. *O direito à preguiça* e *A religião do capital* constituem os textos mais populares de Paul Lafargue junto ao movimento operário e – por que não dizer? – estão entre os mais acessíveis e hilariantes de toda a literatura marxista. O forte anticlericalismo – herança do movimento anarquista – combina-se, no irreverente e satírico *A religião do capital*, com um espírito lúcido de análise que desvenda, ao mesmo tempo, os segredos da economia e da ideologia no capitalismo. O estilo é mordaz e o pensamento, inegociável. Constrói o texto sob a forma de paródia ao discurso religioso, espécie de "anticatecismo" da ideologia dominante. Só lendo para crer.

---

6 Trotski (1976). Ver, em especial, o texto V, traduzido e incorporado a seguir.

Além de *O direito à preguiça* e *A religião do capital*, entre inúmeros artigos esparsos, Lafargue deixou ainda um raro exemplo de crítica teatral, escrita em 1870, a propósito da peça *O outro*, de George Sand, com a presença da inefável Sarah Bernhardt no elenco.[7] Trata-se de uma curiosa ilustração a respeito desse grande interesse que o teatro despertou no movimento operário em sua prática cultural, tanto na produção de textos e espetáculos próprios quanto na crítica à tradição romântica mais consagrada.[8]

Para concluir, devo assinalar que vários autores consideram *O direito à preguiça* um clássico do movimento operário. Somente na Rússia, no período que vai de 1905 a 1907, o panfleto alcançou 17 edições. Era, por volta de 1906, o texto mais editado, mais traduzido e mais lido pelo movimento operário europeu depois do *Manifesto do partido comunista* de Marx e Engels (Dommanget, 1977, p.8-11).

É interessante lembrar ainda que na imprensa operária do Brasil anterior a 1920 o nome e a obra de Paul Lafargue eram comumente citados, revelando uma notável sincronia com os eventos e ideias do movimento operário internacional.[9] A burocratização da vida sindical, especialmente após 1930, e o controle maior exercido pelo Estado e pelos partidos social-democratas e comunistas sobre os trabalhadores, esclarecem, em alguma medida, as razões do longo eclipse em relação àquela inquietante figura e aos seus escritos. Os textos de Lafargue são incômodos não só para a consciência burguesa, mas também para as ideologias conciliatórias dos sindicatos e partidos reformistas, todas elas afinadas com a imposição de um estranho consenso e apoiadas numa ética absolutizante do trabalho.

Talvez a colonial "preguiça brasileira" encontre aqui alguma inspiração heroica. De qualquer modo, são os trabalhadores – dilapidados por tanto trabalho, pela superexploração "milagrosa" do capital internacionalizado e às voltas com movimentos sociais emancipatórios – quem melhor podem encontrar, nessas páginas, a inspiração necessária para continuarem lutando. A falência do milagre e os sinais de cansaço do modelo econômico da

---

7 Esse artigo foi incluído na 3ª edição brasileira revista e ampliada de *O direito à preguiça*.

8 Sobre o teatro operário no Brasil, ver Vargas (1980). Ver, também, o cap.2 deste livro.

9 Já em 1896, por exemplo, o jornal social-democrata *A Questão Social*, de Santos, editado por Silvério Fontes, Sóter de Araújo e Carlos de Escobar, e órgão do Centro Socialista, publicava, em seu n.44, à página 3, vários excertos do popular opúsculo de Lafargue, *A religião do capital*, surgido na França apenas dez anos antes.

década de 1970, que bem poderia batizar-se de *capitalismo das horas extras*, indicam a extrema pertinência com que a voz de Lafargue volta, mais uma vez, a traduzir fantasias e sonhos que se movem por detrás desse simples desejo anunciado no gesto de espreguiçar.

Túmulos de Paul Lafargue e Laura (Marx) Lafargue, mortos em 1911, cemitério Père Lachaise, Paris, 2001 (Foto do autor).

A vodca, a igreja e o cinematógrafo[10]

De Leon Trotski

Dois fenômenos importantes deixaram sua marca sobre o modo de vida operário: a jornada de oito horas e a proibição da vodca. A liquidação de seu monopólio, necessidade da guerra, precedeu a revolução. A guerra exigia meios tão vultosos que o czarismo pôde renunciar aos lucros que lhe trazia a venda de bebidas alcoólicas, como um pecado menor: um bilhão a mais, um bilhão a menos, a diferença era mínima. A revolução herdaria a liquidação do monopólio da vodca; adota-a, porém, fundamentando-se em considerações de princípio. Somente após a conquista do poder pela classe operária – poder que constrói conscientemente uma nova economia –, a luta do governo contra o alcoolismo, luta a um só tempo cultural, educativa e coercitiva, toma toda sua significação histórica. Nesse sentido, a interdição de venda do álcool em razão da guerra imperialista não modifica, absolutamente, o fato fundamental de que a liquidação do alcoolismo vem se juntar ao inventário das conquistas da revolução. Desenvolver, reforçar, organizar, levar a contento uma política antialcoólica no país do trabalho renascente – essa é nossa tarefa. E nossos êxitos econômicos e culturais aumentarão paralelamente à diminuição dos índices de "graus" alcoólicos consumidos.[11] Aqui, nenhuma concessão é possível.

Em relação à jornada de oito horas, ela é uma conquista direta da revolução, e das mais importantes. Por si só, esse fato engendra uma modificação fundamental na vida do operário, liberando-o de dois terços da jornada diária. Isso cria uma base para transformações radicais do modo de vida, para

---

10 Tradução e notas de Francisco Foot Hardman. Esse texto faz parte da obra de Trotski *Questões do modo de vida (a época do "militantismo cultural" e de suas tarefas)*, publicada originalmente em 1923, em Moscou, pelas Edições do Estado. A presente tradução baseia-se na edição francesa de 1976. Em 1923, o Estado soviético debatia os rumos da Nova Economia Política (NEP), adotada em 1921. Nesse contexto, é interessante notar as preocupações de Trotski em torno das questões culturais e ideológicas, para além de um mero economicismo tecnocrático: pelo contrário, ele subordina o desenvolvimento econômico também às chamadas condições "superestruturais". Não se pode esquecer que é exatamente nesse momento que Trotski organizava a Oposição de Esquerda, iniciando o prolongado percurso de combate à burocratização do Partido Comunista soviético e da III Internacional (N. T.).

11 Trotski sugere, aqui, uma relação inversamente proporcional entre "graus" de desenvolvimento socioeconômico e "graus" etílicos consumidos (N. T.).

melhorar a arte de bem viver, para desenvolver a educação coletiva etc., mas trata-se apenas de uma base. Quanto mais o tempo de trabalho for utilizado de forma consciente, mais a vida do operário será organizada de forma completa e inteligente. É nisso exatamente que consiste, como já se disse, o sentido fundamental da reviravolta de Outubro: os êxitos econômicos de cada operário engendram automaticamente uma elevação material e cultural da classe operária em seu conjunto. "Oito horas de trabalho, oito horas de repouso, oito horas de liberdade" – proclama a velha fórmula do movimento operário. Nas condições atuais, ela toma um conteúdo inteiramente novo: quanto mais as oito horas de trabalho forem produtivas, mais as oito horas de repouso serão reparadoras e higiênicas, mais as oito horas de liberdade serão culturais e enriquecedoras.[12]

Em consequência, a questão do divertimento revela ser um problema cultural e educativo muito importante. O caráter da criança anuncia-se e forma-se em seus brinquedos e jogos. O caráter do adulto manifesta-se mais nitidamente nos jogos e nos divertimentos. Da mesma maneira, o lazer e os jogos podem ocupar um lugar alternativo na formação do caráter de toda uma classe, se esta classe é jovem e segue adiante como o proletariado. O grande utopista francês Fourier, insurgindo-se contra o ascetismo cristão e contra a repressão da natureza humana, construía seus falanstérios (as comunas do futuro) baseado numa utilização e combinação justa e racional dos instintos e das paixões. Forja-se aí um pensamento profundo. Um Estado operário não é nem uma ordem espiritual, nem um mosteiro. Tomamos os homens

---

12 O termo "culturais", aqui, é empregado num sentido restrito, equivalente a instrução ou processo de aprendizagem. Na verdade, ao longo do texto, Trotski parece oscilar entre uma proposta pedagógico-didática e dirigista – para o cinema – e uma perspectiva mais ampla, ao concebê-lo como forma de liberação do desejo e do imaginário das massas populares, como instrumento de simples diversão e lazer, tecnicamente poderoso. Com efeito, essas duas concepções parecem combinar-se no conjunto do texto, embora, afinal, ainda prevaleça o dirigismo partidário.

No trecho assinalado, Trotski subordina claramente a liberdade de criação à produtividade do trabalho. Além disso, restringe o plano da *liberdade* às oito horas restantes da repartição da jornada. A fórmula originária do movimento operário a que se refere (ver, por exemplo, o Primeiro de Maio de 1906, na França) levantava, entretanto, a bandeira das oito horas de *lazer* e não de liberdade. Essa sutil diferença conceitual, a meu ver, não pode ser imputada meramente às diferentes situações históricas vividas pelo movimento operário (França capitalista *versus* Rússia pós-1917). A propósito dessa problemática, é interessante lembrar que o folheto do socialista Paul Lafargue – *Le droit à la paresse* –, escrito ainda no século XIX (1880), encaminha-se numa direção bem mais radical (N. T.).

tais como a natureza os criou e tais como a antiga sociedade em parte os educou e em parte os mutilou. Nesse material humano vivo procuramos em que ponto podemos fixar a alavanca da revolução, do partido e do Estado. O desejo de se distrair, de se divertir, de se entreter e de rir é um desejo legítimo da natureza humana. Podemos e devemos dar-lhe satisfações cada vez mais artísticas e, ao mesmo tempo, devemos tornar o lazer um instrumento de educação coletiva, sem coação nem dirigismo inoportunos.[13]

Atualmente, nesse domínio, o cinematógrafo representa um instrumento que ultrapassa de longe todos os outros.[14] Essa extraordinária invenção penetrou a vida da humanidade com uma rapidez nunca vista no passado. Nas cidades capitalistas, o cinematógrafo é agora parte integrante da vida

---

13 Nessa passagem, Trostki levanta, de forma nítida, sua preocupação com os rumos que o "dirigismo" do Partido e do Estado estavam imprimindo à Revolução soviética. Trata-se de uma crítica aos perigos da burocratização, em particular, no domínio artístico-cultural. O realismo socialista dos anos posteriores veio confirmar, tragicamente, as preocupações do autor. A atividade artística seria convertida, pelo stalinismo, em mero artifício de propaganda ideológica do Estado. Em *Literatura e revolução*, Trotski desenvolverá muito mais profundamente sua crítica ao dirigismo burocrático nas artes e às concepções pequeno-burguesas, tão autoritárias quanto ingênuas, sobre a "popularização" da arte e sobre a invenção de uma "cultura proletária". Posteriormente, já no exílio, em 1938, durante seus encontros com Breton, Trotski defende, radical e incondicionalmente, a liberdade artística. Subscreve o manifesto de Breton e Rivera, intitulado *Por uma arte revolucionária independente* (25 jul. 1938), que afirma: "Se, para o desenvolvimento das forças produtivas materiais, a revolução deve erigir um regime *socialista* com um plano centralizado, para a criação intelectual ela deve, desde o início, estabelecer e assegurar um regime *anarquista* de liberdade individual. Nenhuma autoridade, nenhuma coação, nenhum traço de dirigismo". E o próprio Trotski escreve, em carta para Breton (22.12.1938): "A luta pelas ideias da revolução na arte deve começar uma vez mais pela luta em defesa da *verdade* artística, não no sentido de tal ou qual escola, mas no sentido da *fidelidade inabalável do artista a seu eu interior*. Sem isso, não existe arte... A criação verdadeiramente independente em nossa época de reação convulsiva, de declínio cultural e de retorno à bárbarie, já é necessariamente revolucionária por seu próprio espírito" (Schwarz, 1977, p.126 e 146) (N. T.).

14 A tradução portuguesa (1979) substituiu a expressão "cinematógrafo", constante na edição francesa, trocando-a simplesmente por "cinema". Apesar de ser um termo em desuso, preferi conservar o emprego de "cinematógrafo" nessa tradução, por considerá-lo mais identificado com o deslumbramento de Trotski. Com efeito, ele parece estar impressionado, muito mais, pelas maravilhas de uma invenção original, materializada num artefato concreto (o cinematógrafo), ainda não popularizada na Rússia. Ele ainda contempla a magia que aquela pequena máquina pode criar sobre um pedaço de pano branco. O cinema, como arte e linguagem, convertido em espetáculo de massas, mediante a expansão das salas de projeção, ainda não era uma realidade palpável na Rússia de 1923 (apenas desejada pelo autor). O arcaísmo do termo "cinematógrafo" expressa, aqui, o relativo atraso soviético quanto à modernização técnica da indústria cultural e o maravilhamento do autor pela invenção em si (N. T.).

cotidiana, do mesmo modo que os banhos públicos, os bares, a igreja e as outras instituições necessárias, louváveis ou não. A paixão pelo cinematógrafo é ditada pelo desejo de se divertir, de ver alguma coisa de novo, desconhecido, de rir e até de chorar, não de suas próprias desgraças, mas das alheias. Todas essas exigências são satisfeitas no cinema da forma mais direta, mais espetacular, mais metafórica, mais viva, sem que se exija nada do espectador, nem mesmo a cultura mais elementar. Daí advém esse amor reconhecido do espectador pelo cinematógrafo, fonte inesgotável de impressões e de sensações. Eis aqui o ponto de partida, e não somente o ponto de partida, mas o domínio imenso, a partir do qual poderá se desenvolver a educação socialista.

O fato de que até o presente, ou seja, depois de quase seis anos, não tenhamos dominado o cinematógrafo, revela em que medida somos obtusos e ignorantes, para não dizer simplesmente tacanhos. É um instrumento que se oferece a nós, o melhor instrumento de propaganda, qualquer que seja ela – técnica, cultural, antialcoólica, sanitária, política; ela permite uma propaganda acessível a todos, sedutora, uma propaganda que toca a imaginação; além do mais é uma possível fonte de rendas.

Fonte de atração e de distração, o cinematógrafo concorre, por isso mesmo, com a cervejaria e com as feiras de variedades. Não sei quais são atualmente, em Paris ou em Nova York, os estabelecimentos mais numerosos – os botequins ou os cinemas. Nem quais os mais rendosos. Mas é claro que o cinematógrafo rivaliza sobretudo com os bares, no que diz respeito ao emprego das oito horas de liberdade. Conseguiremos dominar esse incomparável instrumento? Por que não? O governo czarista criou em poucos anos toda uma rede de bares, que lhe proporcionava bilhões de rublos-ouro. Por que um governo operário não poderia organizar uma rede de salas de projeção, por que não poderia implantar esse modo de entretenimento e de educação na vida popular, opondo-se ao alcoolismo e criando ao mesmo tempo uma fonte de renda? Seria isso realizável? Por que não? É claro que não é nada fácil. Mas é, em todo caso, mais natural, pois corresponde melhor à natureza, às forças e capacidades de organização de um Estado operário do que, por exemplo, restaurar a rede de estabelecimentos de bebida.[15]

---

15 Estas linhas já estavam escritas quando encontrei no último número do *Pravda* (30 jun. 1923) o seguinte trecho tirado de um artigo que o camarada Gordeev enviara à redação:

O cinema rivaliza com o boteco, mas também com a Igreja. E essa concorrência pode tornar-se fatal à Igreja, se completarmos a separação entre a Igreja e o Estado socialista através do cinematógrafo.

Na classe operária russa, o sentimento religioso é praticamente nulo. Aliás, ele jamais existiu verdadeiramente. A Igreja Ortodoxa representava um sistema de costumes e uma organização política. Ela não obteve êxito em penetrar profundamente na consciência, nem em ligar seus dogmas e cânones aos sentimentos profundos das massas populares. A razão disso é sempre a mesma: a incultura da velha Rússia, inclusive de sua Igreja. Por isso, ao despertar para a cultura, o operário russo liberta-se tão facilmente da Igreja, à qual está vinculado de modo superficial. Para o camponês, isso é mais difícil, é verdade, não porque ele tenha sido penetrado mais profundamente ou mais intimamente pelos ensinamentos da Igreja – não se trata, com efeito, disso – mas, sim, porque seu modo de vida uniforme e rotineiro está estreitamente ligado aos ritos uniformes e rotineiros da Igreja.

O operário – falamos da massa operária sem partido – mantém com a Igreja, na maioria dos casos, relações baseadas no hábito, hábito esse ancorado sobretudo nas mulheres. Conservam-se os ícones[16] pendurados pela casa, pois eles assim estão há muito tempo. Servem para decorar as paredes, sem o que pareceriam nuas, e a isso não se está acostumado. O operário não compraria novos ícones, mas também não sente vontade de se livrar dos antigos. Como celebrar a festa da primavera, senão fazendo um *Koulitch* ou uma *Paskha*?[17] E é costume fazê-los benzer, para que nada falte. Não se frequenta a igreja por espírito religioso, mas sim porque ali há boa luz, é bonito, há muita gente e canta-se bem; a Igreja seduz por toda uma série de atrativos socioestéticos que nem a fábrica, nem a família, nem a rua oferecem. A fé

"A indústria cinematográfica é empresa extremamente lucrativa, que oferece enormes vantagens. Uma utilização justa, racional e sensata do monopólio do cinema poderia proporcionar às nossas finanças uma melhoria comparável àquela trazida pelo monopólio da venda da vodca às finanças czaristas". Mais adiante, o camarada Gordeev expõe considerações práticas sobre a forma de levar ao cinema o modo de vida soviético. Temos aqui um problema que requer uma análise séria e concreta! (Nota de Trotski).

16 *Ícone*, aqui, é empregado em seu sentido estrito e literal, isto é, uma forma de representação em superfície plana da figura de Cristo, da Virgem ou de santos, de uso tradicional na Igreja Ortodoxa russa e grega (N. T.).

17 *Koulitch* e *Paskha*: bolos tradicionais nos ritos de Páscoa. *Koulitch*: tipo de brioche cilíndrico; *Paskha*: bolo de queijo branco, de forma piramidal (Nota da edição francesa).

não existe, praticamente não. De qualquer modo, não existe nenhum respeito pela hierarquia eclesiástica, nenhuma confiança na força mágica do rito. Não existe, tampouco, vontade de romper com tudo isso. O divertimento, a distração, desempenham importantes funções nos ritos religiosos. A Igreja age por meio de procedimentos teatrais sobre a visão, a audição e o olfato (o incenso!) e, por meio deles, sobre a imaginação. No homem, a necessidade de espetáculo – ver e ouvir qualquer coisa de inabitual, colorido, qualquer coisa que escape ao cotidiano cinzento – é enorme, está arraigada, persegue-o da infância à velhice. Para libertar as amplas massas desse ritual, dessa religiosidade rotineira, a propaganda antirreligiosa é insuficiente. Naturalmente ela é necessária. Mas sua influência limita-se, apesar de tudo, a uma minoria de indivíduos, ideologicamente mais informados. Se as amplas massas não se submetem à propaganda antirreligiosa, isso não significa que seus laços espirituais com a religião sejam fortes; pelo contrário, não possuem nenhum vínculo ideológico e mantêm com a Igreja relações informes, rotineiras, automáticas, das quais não têm consciência, como um basbaque que não recusa participar de uma procissão, nem de uma cerimônia faustosa, escutar os cânticos ou agitar as mãos. É essa ritualidade sem fundamento ideológico que se incrusta na consciência por sua inércia; a crítica, por si só, não consegue derrubá-la, mas é possível destruí-la por meio de novas formas de vida, novas distrações, por uma nova teatralidade, mais cultural. E, aqui, o pensamento volta-se de novo, naturalmente, em direção ao instrumento mais poderoso, por ser o mais democrático, o cinematógrafo. O cinematógrafo não carece de uma hierarquia diversificada, nem de axiomas etc.; basta-lhe um pano branco para fazer nascer uma teatralidade muito mais penetrante que a da igreja, da mesquita ou sinagoga mais rica e mais habituada às experiências teatrais seculares. Na igreja manifesta-se apenas um "ato", por sinal sempre o mesmo, enquanto o cinematógrafo mostrará que na vizinhança ou do outro lado da rua, no mesmo dia e à mesma hora, desenrola-se simultaneamente a Páscoa pagã, judia e cristã. O cinematógrafo diverte, educa, surpreende a imaginação pela imagem e tira a vontade de entrar na igreja. O cinematógrafo é um rival perigoso, não somente do botequim, mas também da Igreja. Tal é o instrumento que devemos dirigir custe o que custar!

3
História do trabalho
e da cultura operária no Brasil pré-1930:
um campo de estudos em construção[1]

A transformação da classe operária e de seu movimento em objetos de estudo sistemáticos na universidade brasileira é fenômeno dos mais recentes. É sobretudo nos anos 1970 que desponta um interesse mais nítido de algumas áreas do saber acadêmico pelo mundo do trabalho fabril – em particular no campo da história social, ciência política e sociologia urbana –, ancorando a análise do momento presente do movimento em uma perspectiva histórica mais ampla. Sintomaticamente, foi durante os anos duros da repressão política que apareceram, em vários centros de investigação de Campinas, Rio de Janeiro e São Paulo, projetos de estudos da história do trabalho urbano-industrial.[2] Intelectuais de oposição ao regime

---

1 Esse texto foi produzido para uma exposição feita nas "Jornadas Argentino-Brasileras de Historia Social Urbana", realizadas em setembro de 1985 na sala de conferências do Cabildo de Buenos Aires, Argentina, sob patrocínio do Consejo Latinoamericano de Ciencias Sociales (Clacso) e do Setor de História da Fundação Casa de Rui Barbosa, com organização da seção brasileira por José Murilo de Carvalho. Uma versão mais sintética apareceu sob o título "Traços culturais do trabalho urbano no Brasil (1850-1930): resultados & perspectivas" (1986-1987). Versão mais extensa: "História do trabalho e cultura operária no Brasil (1889-1930): um campo de estudos em construção" (1987).

2 Cf. Pinheiro (1975, p.119-31). Além do Instituto de Filosofia e Ciências Humanas da Universidade Estadual de Campinas, cumpre mencionar os programas de pós-graduação em Ciências Sociais e História da Universidade Católica de São Paulo. No Rio de Janeiro, várias instituições passaram a tratar direta ou indiretamente de temas relacionados com a história social do trabalho: Museu Nacional, Fundação Rui Barbosa, IUPERJ, Universidade Federal do Rio de Janeiro e Universidade Federal Fluminense. Na Universidade de São Paulo, apesar da inexistência de programas específicos dedicados a essa área, começaram a surgir desde logo projetos individuais de docentes e estudantes das ciências humanas interessados na questão.

recolhiam-se ao artesanato silencioso de uma revisão crítica do quadro historiográfico nacional. No exterior, também, era significativo o número de cientistas sociais e pesquisadores exilados que dedicavam seus estudos ao tema do movimento operário brasileiro.

Mas não foi somente como sinal de resistência a um regime antioperário que se configurou essa prática saudável de tornar a classe trabalhadora tema menos estranho à universidade, de suprimir preconceitos que a tomavam na melhor das hipóteses como ornamento de curiosidade, na tradição bem arraigada do discurso nacional-populista. Ao se ensaiar, então, nem sempre de forma exitosa, encará-la basicamente como "sujeito de sua própria história", alguns fatores institucionais tiveram papel relevante. Merece ser lembrada, aqui, a instalação, na Universidade Estadual de Campinas (Unicamp), a partir de 1974, do Arquivo de História Social Edgard Leuenroth, cujo acervo original pertenceu a um dos principais expoentes do movimento anarquista no Brasil e cuja riqueza documental propiciou um mosaico de novas pesquisas até então inimagináveis. A expansão do sistema nacional de pós-graduação, por outro lado, em que pesem todas as suas contradições e limites, acabou por abrir alguns espaços na estrutura universitária, dando ensejo ao surgimento de novos enfoques teórico-metodológicos e de investigação empírica. Entre os cursos de mestrado surgidos a partir de meados da década de 1970, que privilegiaram a história social do trabalho em suas linhas de pesquisa, pode-se destacar, a título de exemplo, o caso de Ciência Política e História, ambos na Unicamp. Além disso, o contato mais estreito com brasilianistas e centros de estudos latino-americanos de universidades dos EUA, bem como instituições especializadas na Europa – é o caso, entre outros, do Instituto Internacional de História Social (IISG) em Amsterdam[3] e do Archivio Storico del Movimento Operaio Brasiliano (ASMOB) em Milão[4] –, possibilitou o acesso a fontes inexistentes no Brasil e o alargamento das referências internacionais.

---

3 Um primeiro levantamento sistemático de fontes da imprensa operária do Brasil e Argentina nesse arquivo encontra-se em Gordon, Hall, Spalding (1973, p.27-77). A maior qualidade e variedade de periódicos e opúsculos da Argentina no período anterior a 1930 é flagrante. Cf. também Spalding (1970).

4 Esse arquivo conserva, entre outros materiais, a coleção de imprensa operária de Astrojildo Pereira, antigo militante anarcossindicalista e, posteriormente, dirigente do Partido Comunista Brasileiro. Cf. Relação de jornais e revistas... (1981).

No plano específico dos levantamentos documentais e exposição crítica de fontes primárias, os trabalhos de Edgar Rodrigues (1969 e 1972), Maria Nazareth Ferreira (1978), Michael Hall & Paulo Sérgio Pinheiro (1979 e 1981) e Edgard Carone (1979) forneceram pistas importantes para o desvendamento do passado operário no Brasil, mormente do movimento anarquista.[5] No campo da análise histórica mais geral – cujo centro é o período pré-1920 e os estados de São Paulo e Rio de Janeiro –, o ensaio de Boris Fausto (1976) configurou um marco inaugural e estimulante de novos estudos de caráter monográfico, ao traçar um panorama, embora sintético, de largo espectro.[6]

Comparando-se a situação da pesquisa em história do trabalho no Brasil nos últimos dez anos com as lacunas e deformações da fase anterior (1930-1970), não há dúvida de que houve avanços notáveis. Até então, exceptuando-se as teses pioneiras de macroanálise sociológica do sindicato corporativista estatal no Brasil, todas publicadas nos anos 1960,[7] os textos produzidos sobre o movimento operário estavam permeados, em geral, por uma representação ideológica que tendia a consagrar o sindicalismo oficial do Estado pós-1930, legitimando a burocracia vinculada ao Ministério do Trabalho como fiel porta-voz da classe operária. Para tanto, ocultava-se e obscurecia-se a presença dos trabalhadores na cena histórica anterior ao movimento político-militar de outubro de 1930. Seja para mitificar o nacional-populismo do Estado bonapartista de Vargas, seja para contrapor a "infância pré-histórica" do movimento anarquista à maturidade heroica e gloriosa representada pelo partido comunista, o fato é que a visão predominante sobre a classe operária da Primeira República tinha, quase sempre, o sinal negativo da ausência ou, quando muito, de existência difusa, pré-política ou pré-discursiva.

---

5 Cf. Rodrigues (1969 e 1972). Trata-se de trabalhos não acadêmicos em que a apresentação de temas e materiais se revela bastante confusa e arbitrária. O autor é um militante anarquista português estabelecido no Rio de Janeiro nos anos 50. A riqueza das fontes que conseguiu arquivar (e que mantém inacessíveis aos pesquisadores) torna obrigatória a consulta de suas coletâneas. A seleção de documentos publicada pelo historiador Carone (1979) também obedece a critérios episódicos, teoricamente desarticulados. Ferreira (1978) apresentou o primeiro levantamento pormenorizado de materiais do Arquivo Edgard Leuenroth. A melhor seleção e organização de fontes primárias, apresentadas em torno de grandes séries temáticas, está em Pinheiro & Hall (1979, 1981).

6 A obra que lhe corresponde para o caso da Argentina é a de Godio (1973). Ainda sobre o Brasil, vale também lembrar, entre as análises gerais, o trabalho de Maram (1979).

7 Ver, entre outros, Simão (1966), Martins Rodrigues (1966), Rodrigues (1968).

Entretanto, se o período 1975-1985 traz alguns resultados animadores, caminha-se, todavia, a passos lentos nas novas direções esboçadas. O peso da tradição anterior faz-se ainda presente, quando não pelos efeitos ideológicos determinados a partir do processo de reprodução da estrutura sindical do Estado que já completou meio século de permanência. Soma-se a isso a situação crônica de precariedade material no setor de ensino e pesquisa das ciências humanas em países como os nossos. Além do mais, não se pode esquecer a própria inércia da rotina acadêmica, muitas vezes contentando-se em reiterar hábitos curriculares e temas tradicionais herdados da antiga divisão das disciplinas e dos departamentos.

Nesse sentido, a perspectiva interdisciplinar, se bem tenha alcançado alguns resultados localizados, continua sendo, em grande parte, apenas um anúncio de boas intenções. No ramo da história social comparada, por exemplo, em especial no que concerne às sociedades com processos de industrialização em que tantos paralelismos emergem, como Argentina, Brasil e México, muito pouco se tem feito.[8] No caso do Brasil, apesar de alguns pontos de contato entre a história social do trabalho urbano e disciplinas como a ciência política ou a antropologia, além do apoio teórico em estudos filosóficos ou em análises linguísticas/literárias do discurso, ainda são por demais carentes os elos da pesquisa do movimento operário com a história econômica e com a economia política. Esta última, quando chega a tratar das questões referentes ao processo de trabalho, ignora os agentes históricos concretos que o efetuam. A história social, por sua vez, tende a superestimar temas ligados ao controle ideológico e à desmontagem dos discursos dominantes, abandonando quase por completo o exame das relações técnicas e sociais de produção.

Outro risco, presente nos trabalhos de história do proletariado elaborados nas duas últimas décadas, é o de isolar a "história operária" do restante da sociedade, deixando em suspenso o exame das relações do trabalhador com a classe empresarial e com o Estado. A ênfase no cotidiano proletário, se, por um lado, possui o mérito de resgatar uma dimensão até então recusada pela historiografia tradicional, por outro, carrega consigo o equívoco latente de se idealizar uma "história operária" acima e fora dos conflitos

---

8 Isso, apesar do manancial de documentos levantados na década de 1970. Ver, a propósito, a sugestiva proposta temática tendo como cenário a América Latina do século XIX e apresentada criticamente na seleção original de textos feita por Rama (1977).

de classes e, no limite, apartada do processo histórico.[9] Corolária dessa tendência é a substituição do esquecimento historiográfico do passado operário por uma forma de visão apologética que faz da massa de trabalhadores anônimos personagens de martirológios igualmente mistificadores, porquanto construídos não a partir do discurso de classe operária, mas de seus pretensos guias e profetas.[10]

Se o início dos anos 1970 foi marcado, na universidade brasileira, pelo que poderia ser chamado de euforia althusseriana, em que o formalismo estruturalista de categorias a-históricas decretava apressadamente o fim do sujeito e da experiência como fontes determinantes do processo sócio-histórico e da possibilidade de seu conhecimento, o início dos anos 1980 assinala um certo modismo, caminhando exatamente na direção oposta: o de um liberalismo pseudoanárquico.[11] Na esteira dessa vertente, percebe-se a presença, anos depois, em alguns meandros universitários brasileiros, de uma nova modalidade de iconolatria: se, até há pouco, dizia-se que o que era bom para o partido comunista era bom para os operários, agora firma-se, ingenuamente até, a moral anarquista como panaceia geral contra todos os males da ideologia dominante e do Estado.

Os estudos sobre a "cultura operária" no Brasil têm participado do mesmo rol de vicissitudes e possibilidades que vimos indicando até aqui, ao falar da história social do trabalho urbano em seu conjunto. Passaremos a focalizar, em seguida, alguns aspectos historiográficos específicos em torno do tema da cultura entre as classes trabalhadoras. Ao assinalar resultados parciais obtidos, lacunas visíveis e perspectivas atuais de encaminhamento da investigação, pretende-se apenas, de maneira concisa, sugerir uma linha de trabalho que, sob o título genérico de "história das mentalidades", envolve na prática uma gama bastante variada de áreas suscetíveis de abordagem. No Brasil, esse tipo de pesquisa, nos anos 1980, apenas começava. Por isso mesmo, qualquer tentativa de balanço será necessariamente inacabada, constituindo antes um levantamento provisório de questões capazes de fazer fluir o debate.

* * *

---

9 A crítica desse isolamento da história da classe operária em relação à totalidade social foi formulada, entre outros, por Hobsbawm (1974a, p.371-81) e Haupt (1980, p.17-44).

10 Sobre a diferença crucial entre *classe, movimento* e *direção* na história do trabalho, cf. Hobsbawm (1974a).

11 Sobre esse balanço, apoio-me em Thompson (1981) e Anderson (1984).

O início de projetos de investigação histórica em torno da cultura da classe operária urbana no período anterior a 1930, no Brasil, fundamentou-se teoricamente em trabalhos da historiografia social na Grã-Bretanha: entre outras, as contribuições de Edward P. Thompson (1977 [1963] e 1979), Richard Hoggart (1973-1975), Raymond Williams (1969) e Eric J. Hobsbawm (1974b e 1981). Entre nós, o tema fora apenas aflorado nas obras já referidas de Boris Fausto e Edgar Rodrigues. Mais contemporaneamente, voltado para a psicologia social e tendo como enfoque as relações entre cultura popular, indústria cultural e cultura de massa em grupos de operárias de São Paulo, a pesquisa de Ecléa Bosi (1973) forneceu referências teórico-metodológicas indispensáveis. O ensaio posterior dessa autora (1979), sobre a memória de velhos trabalhadores, soube valorizar a importância das técnicas de história oral na reconstrução dos elos perdidos entre indivíduo e sociedade, imaginário simbólico e espaço urbano-industrial. Finalmente, a tese ainda inédita de Eric Gordon sobre o movimento anarquista no Brasil (1978) foi o primeiro trabalho a dedicar dois capítulos substanciais ao exame da questão cultural entre militantes libertários e trabalhadores no período 1890-1920.[12]

Dos principais problemas enfrentados pelos que, como nós, aventuraram-se nessa nova linha de análise histórica, estava o de distinguir, no interior do processo de formação do proletariado como classe, os aspectos de sua prática cultural que significassem efetivamente uma certa autonomia daqueles outros aspectos atinentes seja à ideologia dominante, seja ao discurso das lideranças "ilustradas". Não se buscou, nesse sentido, uma "cultura operária" pretensamente purificada do contágio dos valores capitalistas. Conforme já enfatizaram Hoggart e Hobsbawm, os padrões culturais e estéticos das classes dominantes penetram a cultura das classes subalternas, a começar da passagem da tradição oral para a linguagem escrita, num processo contraditório vinculado aos modos de busca e conquista de *respectability*.

Mas, simultaneamente, devemos estar atentos, como aponta Raymond Williams, ao movimento reverso, isto é, aos efeitos pertinentes da presença social das classes subalternas no quadro cultural dominante. Podemos

---

12 Ver em especial o cap.IV, "The struggle against ignorance", e o cap.V, "Regeneration begins at home" (p.177-276).

descobrir, assim, que esse quadro, igualmente, não se apresenta sob uma forma ideológica "pura" (do ponto de vista da ordem burguesa), mas já expressa, em suas fraturas e tensões mais significativas, os deslocamentos intersticiais que a existência dos deserdados provoca tanto no plano da produção e das instituições políticas quanto do imaginário coletivo e das representações mentais.[13]

De outra parte, a pretensa homogeneidade cultural do proletariado emergente está também comprometida em razão de outros fatores históricos, entre os quais podem ser lembrados: as diferenças nacionais entre grupos de trabalhadores imigrantes de origens diversas; a reciclagem de hábitos de vida rural numa paisagem urbana cambiante e marcada pelos novos ritmos da fábrica;[14] as enormes variações culturais de ordem regional e/ou local, fator que possui grande peso em países com regiões tão contrastantes como o Brasil; as formas heterogêneas do processo de trabalho industrial, incluindo desde as unidades semiartesanais e manufatureiras até a grande indústria mecanizada; as concepções político-culturais divergentes entre as várias tendências que atuam no movimento operário (por exemplo, anarcocoletivistas, anarcossindicalistas, social-democratas, comunistas, sindicalismo "amarelo", círculos católicos, independentes etc.).

Nesse sentido, no interior de um quadro definido pela heterogeneidade de formas socioculturais, a questão do internacionalismo operário não deve ser pensada meramente em termos geográficos, nem em termos de uma distribuição estatística de nacionalidades, tampouco a partir de plataformas político-ideológicas genéricas e abstratas, mas sim tomando como eixo de análise as práticas concretas, as representações simbólicas e os padrões

---

13 Desenvolvi esse aspecto mais detidamente ao analisar as relações entre a literatura social de cunho libertário e a "grande literatura" do pré-modernismo e modernismo no Brasil. Ver capítulos 3 e 4 deste livro. Trabalhei a mesma temática no artigo "Palavra de ouro, cidade de palha". Ver "Estudos afins", IV. Mais recentemente, vários artigos de teoria literária e história social foram reunidos sob o prisma das relações entre literatura, militância e ideologia. Ver Prado (1985). Uma edição em livro parcialmente modificada encontra-se em Arnoni Prado (1986). Ainda na mesma vertente, ver o material literário selecionado na imprensa operária e organizado criticamente por Arnoni Prado & Hardman (1985). Sobre as relações entre história, literatura e sociedade na Primeira República do Brasil, é preciso ressaltar ainda a contribuição original de Sevcenko (1983).

14 Para uma crítica pertinente dos preconceitos de intelectuais e militantes com relação ao tema da origem rural do proletariado na América Latina, vista em geral como fator de "atraso" na consciência de classe, ver Hall & Pinheiro (1985, p.96-120).

discursivos criados, assimilados ou reelaborados pelas instituições da classe operária numa determinada sociedade. Isso vale tanto para a história do movimento operário em seu conjunto quanto para o estudo de seus aspectos culturais. Por exemplo: ao inventariar os temas e modelos de construção da literatura de cunho anarquista no Brasil, percebe-se a existência de certas matrizes que têm a ver menos com a tradição literária nacional e mais com gêneros e materiais presentes também em outros países, entre os quais a Espanha; mas, ao mesmo tempo, essas matrizes foram reformuladas pela introdução de motivos locais e pela adaptação da linguagem a uma tonalidade comum ao registro culto das elites brasileiras da época.[15]

Em outro contexto, observamos ainda que os rituais de comemoração do Primeiro de Maio podem variar conforme a tendência política predominante em sua organização. Não há, pois, como separar rigidamente os planos da "política" e da "cultura". Anarcossindicalistas, socialistas ou sindicalismo reformista, cada uma dessas correntes constrói uma imagem particular da classe operária e tais concepções não são estranhas às práticas culturais efetivas, mas as informam e lhes oferecem "estilos" variados.[16] Mesmo considerando-se a ação de uma mesma tendência, como o

---

15 Cf. Arnoni Prado & Hardman (1985, p.9-25). Sobre a cultura anarquista na Espanha, ver o magistral mosaico construído em Litvak (1981). Outro exemplo dessa simbiose contraditória de tradições culturais pode ser visto no caso do teatro operário, em que concepções libertárias anarquistas fazem contraponto ao romantismo popular do folhetim (cf. o cap.2 deste livro). Ver também Vargas (1980). Sobre as relações entre o folhetim do século XIX e a imprensa anarquista, ver o interessante artigo de Chalmers (1985, p.136-45). Sobre a tradição do folhetim na Argentina, ver Wolf & Saccomanno (1972). Já no campo da prática musical, a herança dos imigrantes europeus fundiu-se a outras raízes populares. É o que indica a trajetória de antigas bandas operárias no Brasil, como a Corporação Musical Operária da Lapa, bairro fabril de São Paulo, criada nos anos 1880. Ver, a respeito, meu artigo "Lyra da Lapa: acorde imperfeito menor" (neste volume, "Estudos afins", X).

16 A presença da social-democracia no Brasil, apesar de ofuscada pela maior pujança do anarcossindicalismo no período 1906-1920, não pode ser ignorada, especialmente entre 1890-1902, em cidades como São Paulo, Rio de Janeiro, Santos, além de localidades do interior, algumas capitais de estados do Nordeste e municípios do Rio Grande do Sul (Pelotas e Rio Grande). Enfatizamos esse aspecto, em geral pouco ou nada valorizado nas análises correntes, em Hardman & Leonardi (1982, cap.13 e 14). No capítulo 5 da mesma obra, apontamos elementos para as origens mais remotas do proletariado no Brasil desde meados do século XIX e suas relações de coexistência com o trabalho escravo. Para uma abordagem original da "pré--história" do movimento operário argentino (valendo-se inclusive de fontes inéditas do IISG de Amsterdam sobre a correspondência entre a Primeira Internacional e militantes de Buenos Aires), ver Falcón (1984). Saltam à vista diversas semelhanças com o processo verificado em igual período no Brasil.

anarcossindicalismo, em relação aos padrões da festa operária ao longo do tempo, notam-se mudanças nítidas de rituais, a indicar as tensões entre o discurso "ilustrado" das lideranças e a necessidade de sua popularização. É o caso, em São Paulo, no período 1900-1920, da trajetória que conduz as conferências de propaganda em recinto fechado, feitas num clima austero e solene, no início do século, a transitarem para festivais proletários ao ar livre, espetáculos lúdicos e populares, em que o discurso verbal se entremeia aos jogos, à música, aos piqueniques e outras modalidades mais descontraídas de divertimento. É claro que também aí intervêm fatores decisivos, como o ascenso das lutas operárias, as relações com as classes dominantes e com os aparelhos de Estado, que podem explicar a maior ou menor facilidade com que as instituições dos trabalhadores se apropriam do espaço urbano. São processos ligados à emergência do cosmopolitismo em cidades que cresceram muito rapidamente com a imigração, não se circunscrevendo a um só local. Buenos Aires e São Paulo, nesse particular, apresentam analogias e paralelos dos mais significativos.[17]

Se a dialética entre o plano nacional e o internacional é passo obrigatório na compreensão da cultura das classes trabalhadoras, tal procedimento

---

17 Tanto Buenos Aires como São Paulo urbanizaram-se vertiginosamente, transformando-se em metrópoles a partir da imigração de trabalhadores europeus. O anarcossindicalismo foi, durante muito tempo, em ambas as cidades, a principal expressão política do movimento operário. Os *conventillos* significaram na paisagem urbana de uma delas o que os cortiços significaram na outra. Festas de lazer operário e de propaganda anarquista seguiram idêntico padrão de metamorfose nas duas cidades: das conferências em auditórios compenetrados dos anos 1900 aos festivais populares a céu aberto nos anos 1920. As duas cidades viveram os efeitos culturais de um rápido e desconcertante cosmopolitismo, assim como as mobilizações operárias mais intensas daquele período nos dois países. Por isso mesmo, o sentido da autonomia operária não era, nessas duas capitais, mera palavra de ordem abstrata, mas inscrevia-se plenamente no cotidiano das classes trabalhadoras. Não é à toa que, tanto numa quanto noutra, o recurso sistemático à repressão violenta não bastava para arrefecer a perspectiva de independência das instituições proletárias ante os organismos patronais e do Estado. Em consequência, analogamente, parece que tanto em São Paulo como em Buenos Aires as classes dominantes tiveram que recorrer a mecanismos mais sutis de controle ideológico para neutralizar a herança combativa e anticonciliatória do anarcossindicalismo. A indústria cultural de massas foi um desses recursos, certamente ao lado de muitos outros. A meu ver, a burocratização sindical e a conversão de entidades da classe operária em apêndices do Estado nacional-populista não podem ser entendidas completamente sem o exame da influência de fatores como o das mudanças psicológicas e sociais desencadeadas pela introdução dos novos artefatos culturais da modernidade (cf. o cap.1 deste livro). Sobre Buenos Aires, ver Panettieri (1982, em especial o cap.2 e o 3); Campo (1971); Bourdé (1973, p.1-33); Goldar (1971).

teórico deve ainda completar-se pelo exame, no interior da sociedade, das diversas expressões regionais/locais de sua constituição. Dito de outra maneira: se, para evitar a redução do movimento operário a um internacionalismo vazio, é indispensável referi-lo a formações nacionais concretas, da mesma forma é preciso recuperar a dimensão das diferenças regionais, sob pena de submeter a rica e complexa realidade do proletariado aos marcos do conceito burguês de nação. No Brasil, análises da indústria e do trabalho têm usado e abusado de generalizações esquemáticas a partir de categorias e processos detectados restritamente na região Centro-Sul, em torno do eixo Rio-São Paulo.

Temos insistido na crítica a esse desvio de abordagem que acaba por tomar como nacionais processos válidos apenas na escala de determinadas regiões, em geral as mais desenvolvidas industrialmente. Com isso, perdem-se de vista inclusive processos anteriores, como o surto manufatureiro têxtil na província da Bahia, em meados do século XIX.[18] Desse modo, as presenças de setores artesanais na composição da classe operária, bem como de trabalhadores nacionais livres, deixam de ser devidamente avaliadas, como permitiria o estudo mais atento de indústrias pioneiras em regiões como o Nordeste, onde sabidamente o peso da imigração europeia foi bem menor. É claro que as repercussões dessas diferenças regionais no imaginário fizeram-se desde logo notar.

Por outro lado, o controle ideológico das elites, nas áreas de economia predominantemente rural, parece ter utilizado formas mais rígidas de servidão burguesa, embora quase sempre enfrentando, desde muito cedo, a resistência organizada de um movimento operário cuja presença em cidades menores e estados menos desenvolvidos não pode em absoluto ser desprezada.[19] Pouco a pouco, os projetos de investigação mais recentes

---

18 Ver Hardman & Leonardi (1982, cap.1). Sobre a importância do surgimento da produção de tipo fabril e do transporte ferroviário no Nordeste do século XIX, ver também Hardman & Leonardi (1982, p.13-24).

19 Ver, a propósito, o levantamento que realizamos a partir da imprensa operária em Hardman & Leonardi (1982, cap.15), "Expressões regionais do movimento operário brasileiro: o proletariado nas regiões Norte, Nordeste, Sul e interior do Sudeste" (p.287-316). Entre os trabalhos monográficos que têm recuperado aspectos relevantes da história da indústria e do trabalho urbano no Nordeste, merecem ser registrados: Leite Lopes (1979 e 1988); Pamponet Sampaio (1975). Esses dois autores tratam de indústrias têxteis surgidas na última década do século XIX, na Bahia e em Pernambuco, que empregaram pioneiramente o sistema de vilas operárias. Já sobre a indústria têxtil em Minas Gerais no século XIX, ver os

vêm se debruçando sobre temas monográficos bem delimitados, também aqui sob influência da historiografia social de tradição anglo-saxônica. Talvez, com a especificação das análises, se tenha escapado à tendência das generalizações excessivas, de tipo "sociologizante", extremamente vagas, quando não multiplicadoras de ideias preconcebidas e pouco documentadas. Se essa tendência às pesquisas tópicas se mantiver por um certo tempo será possível ampliar, em quantidade e qualidade, o que hoje se conhece sobre a vida, as experiências e as representações das primeiras gerações de operários no Brasil. A partir daí, então, um novo patamar de análises mais abrangentes e comparativas seria viável.

Entre as perspectivas temáticas que atualmente se esboçam, merecem ser ressaltadas:

a) histórias específicas de categorias de trabalhadores, pelo exame de suas condições de vida, características técnicas e sociais do processo produtivo, formas de organização sindical, ações grevistas e outros protestos, memória dos sobreviventes, representações do espaço do trabalho e da cidade, mecanismos de controle ideológico etc.;[20]

b) histórias enfocadas na biografia política e intelectual de militantes, como é o caso da trajetória de sonhos e lutas da escritora libertária Maria Lacerda de Moura (1887-1945), reconstruída pelo paciente e muito bem documentado trabalho de Míriam Lifchitz Moreira Leite (1984);

c) histórias centradas no estudo de empresas individuais (por exemplo, antigas companhias têxteis que mantiveram em seus terrenos vilas

---

trabalhos de Giroletti (1988) e a tese inédita sobre as fábricas seculares de Cedro e Cachoeira (Belo Horizonte, 1987). Sobre a imprensa operária da Bahia e Paraíba, ver Canelas Rubim (1984 e 1980). Ainda na região do Nordeste, ver Dantas (2016). Quanto ao levantamento de fontes primárias relativas ao Nordeste, é necessário destacar o trabalho exaustivo levado a efeito pela Fundação de Pesquisas (CPE) da Secretaria de Planejamento, Ciência e Tecnologia (Seplantec) do Estado da Bahia, que resultou numa série de publicações e informes bibliográficos a partir de 1978, embora voltados mais para o campo da história econômica. Mais recentemente, a partir de 1982, o Núcleo de Documentação e Informação Histórica Regional da Universidade Federal da Paraíba (NDHIR/UFPB) desenvolveu o projeto coletivo "Fontes para a História da Industrialização no Nordeste (1888-1980)", que visa principalmente à recuperação de documentos de interesse para a história social.

20 Entre outros, ressalte-se a excelente monografia de Gitahy (1992). Ver, também, Petrilli Segnini (1982). Documentos como os selecionados na imprensa argentina por González são utilíssimos nessa linha de trabalho.

operárias) ou ainda de cidades menores localizadas no interior (tentando recuperar, nesse cenário restrito, a presença sociocultural dos operários), podendo o enfoque girar também em torno de associações de classe pré-sindicais tratadas monograficamente.[21]

Nesse itinerário, a leitura de fontes impressas e manuscritas pode e deve, quando for possível, combinar-se com técnicas de história oral e com a análise iconográfica de imagens antigas e contemporâneas dos temas investigados. A fotografia, o emblema, o filme e a gravura alegórica não devem ser entendidos meramente como "ilustração" de determinado processo, mas estar presentes na própria desmontagem ideológica das representações envolvidas. Os depoimentos vivos de personagens e o material iconográfico não substituem em absoluto as funções documentais da palavra escrita, mas complementam significados fragmentários dos textos, auxiliando na composição de um quadro histórico factualmente mais rico e aberto a múltiplas interpretações. Em especial no plano das "mentalidades" e criações simbólicas, as imagens visuais e a palavra falada podem desvendar aspectos que permaneceriam obscuros caso se restringissem às fontes escritas.

Por último, o registro do que ainda representa muito mais um desejo – certamente compartilhado por todos nós que buscamos alargar as fronteiras nacionais dos estudos de história do trabalho – que uma realidade palpável. Trata-se da perspectiva de uma história social comparada do trabalho na

---

21 Além dos trabalhos de Leite Lopes (1979) e Pamponet Sampaio (1975) já citados, sabemos da existência de projetos de dissertação de mestrado em curso na Universidade Metodista de Piracicaba (Unimep, SP) e na Universidade Federal da Paraíba. Essas duas instituições iniciaram, na década de 1980, programas de pós-graduação em ciências sociais com ênfase na história do trabalho. Merece menção igualmente a iniciativa pioneira de criação de um Museu do Trabalho na cidade de Porto Alegre (Rio Grande do Sul). Entre outros trabalhos mais recentes que recuperaram e reavaliaram o passado cultural anarquista e operário, ver Hebling (1988) e Guzzo de Decca (1987). Nessa vertente de investigação, um manancial importante pode ainda ser encontrado nas histórias de municípios feitas por autores da região. Quase sempre escritas sob uma ótica local, próximas à crônica descritiva e fragmentária de costumes, fornecem muitas vezes subsídios interessantes para a recuperação do mundo do trabalho. No plano das associações de classe, por outro lado, tem-me chamado a atenção a sobrevivência, até os dias atuais, especialmente em cidades pequenas do interior, de entidades mutualistas do século XIX, espécie de monumentos vivos da formação da classe operária no Brasil. Também em capitais do Nordeste, esse não é um fenômeno incomum. Na vida dessas antigas associações, localizam-se certamente alguns dos elos perdidos da transição sindical no Brasil.

América Latina. Penso que, atualmente, não seria o caso de tentar sínteses abrangentes, que acabam, no mais das vezes, revelando-se superficiais, quando não redundam num inventário de séries nacionais justapostas. Se, no passado, algumas tentativas foram feitas nessa direção, o avanço no levantamento de fontes primárias inéditas e o refinamento dos instrumentais teóricos estão a reclamar, agora, maior aprofundamento empírico e interpretativo.

Seguindo a tendência mais tópica e monográfica dos estudos de história da classe operária no Brasil, talvez já seja possível estabelecer, em torno de algumas unidades temáticas fundamentais – recortadas do processo histórico global –, ensaios comparativos que sirvam de pontes entre experiências nacionais aparentemente distintas, mas na verdade atravessadas por modos de pensar e sentir cujos contornos e significados remetem à própria configuração da moderna sociedade industrial.

4
PALAVRA DE OURO, CIDADE DE PALHA[1]

Depois enche-se a noite de pavores
Há risos, pragas, uivos;
Dançam, ao longe, contra o vento, ruivos
De poeira, pequeninos varredores.

(Afonso Schmidt, *Os pequenos varredores*, 1945)

Era uma vez uma República com vontade de vencer. Ainda brumosa, mas já saltitante, exibida, bacharelescamente letrada. Aliás, residia precisamente aí esse seu brilho tão fugaz quanto excessivo, mas afinal recomendável: os homens de bem não por acaso chamavam-na familiarmente República das Letras e os letrados governavam-na. Civilização e nacionalidade, muitas vezes partidas pelas lutas sociais, reencontravam seu elo forte e reconstruíam-se em um discurso uno e lapidar por meio de belas letras, desenhando contornos de uma bela época. Hoje, talvez, remota. Mas brilhante em seu próprio tempo, constrangedoramente até, com um toque que soava como falsete na esfumaçada atmosfera de salões, livreiros e confeitarias, e, todavia, brilhante.

---

1 "Palavra de ouro, cidade de palha" foi feito originalmente como capítulo para a obra coletiva organizada por Roberto Schwarz, *Os pobres na literatura brasileira* (1983). Com pequenas mudanças foi traduzido para o espanhol por Jorge Aguadé e republicado na revista *Escritura: teoría y crítica literarias*, sob o título "Palabra de oro, ciudad de paja" (1989). O excurso aqui incorporado baseia-se no prefácio escrito para a nova edição do romance *Madame Pommery*, de Hilário Tácito, organizada por Júlio Castañon Guimarães, do Setor de Filologia da Casa de Rui Barbosa (1992).

Se essa imagem da República Velha no Brasil é hoje discutível, trata-se muito mais das nuanças de estilo com que diferentes interpretações historiográficas dela tentam se aproximar. Mas, por trás de estilos, uma verdade consagrou-se na interpretação daquele período. A Primeira República, no Brasil, foi o último império das letras. A literatura foi um dos principais veículos, se não o principal, da ideologia dominante. Pela literatura dirigiu-se a retórica do poder político, da educação cívica, da hierarquia militar e religiosa, da sagrada família oligárquica, do direito elitista, do jornalismo oficial. Civilização de juristas, a nacionalidade fincava o pé no Monte Parnaso. Era tudo muito promissor.

Para o historiador que busca desvelar contradições, não é fácil, à primeira vista, descobrir dissidências significativas no universo literário da República Velha anterior a 1922. O mar deste tende a invadir todos os espaços, refrear qualquer busca que interrogue os sinais da crise, que tente apanhar os sentidos da diferença. E, quando o pesquisador atento às dissonâncias pergunta: existiu ali uma "literatura anarquista" *em separado?* subterrânea? operária? pobre? marginal? libertária? potencialmente revolucionária? – talvez a primeira tentação, ditada por um entusiasmo inicial de quem desvendou algumas marcas inéditas ou, pior, ditada por projetos político-culturais que buscam legitimar sua própria orientação de valores recuperando as "raízes do popular" no ilusório painel de algum aparelho de Estado (ou no irremediável dirigismo ilustrado de algum Partido), fosse a de responder *sim* a essas questões, formular rapidamente um conteúdo verossimilhante para cada uma delas e, então, dessa ótica, ir dormir em paz com os pobres e – por que não? – com a literatura.

Nas possíveis leituras do pré-modernismo e do material literário produzido em torno dos movimentos anarquistas,[2] deve-se recusar, em princípio, esse atalho fácil. Pois o que ele recupera, na verdade, não é uma presença dos oprimidos na chamada literatura social. É, pelo contrário e antes de tudo, a veneração pequeno-burguesa do "popular" na esteira do projeto nacionalista, a institucionalização caricata de traços isolados na retórica partidária, a sacralização de resquícios folclóricos na autoimagem pitoresca e populista do Estado. Portanto, não se trata de remontar ao

---

2 Ver, em especial, o cap.3 deste livro, "Sinais do vulcão extinto", um elenco maior de obras e temas da literatura libertária.

"paraíso perdido" de nossa própria ideologia. A recuperação, aqui, do que era lacunar, muito velozmente poderia conduzir ao excesso que da mesma forma obscurece o sentido. Nem retórica excessiva, nem silêncio cúmplice. O quê, então?

***

No caráter transitório e instável do chamado período pré-modernista, vale a pena questionar os signos da modernidade que se anunciava. A modernidade não se colocava apenas como ruptura estética, mas também como crise profunda dos valores em curso, como confronto entre concepções de mundo, como afirmação política (institucional ou não) de interesses sociais divergentes. As linhas dessa instabilidade são tênues, atravessadas de ponta a ponta pelo tom parnasiano dominante. A chamada literatura libertária desse momento crítico não esteve imune aos padrões mais consagrados da escrita ou aos recursos mais tradicionais da retórica. Não se deve supor uma "literatura anarquista" típica e independente dos cânones estéticos oficiais. Parece mais que os vários discursos literários existentes no pré--modernismo (num sentido amplo, incluindo-se aí a imprensa, a escola etc.) "solucionaram" a crise por meio de enfoques diversos, e, nessa diversidade, seria possível, talvez, localizar algumas marcas da presença das classes trabalhadoras em determinados textos. Sendo assim, não estamos diante de clivagens de classe tão nítidas como certa expectativa ingênua ou interessada faria supor, mas, sob o signo de certas matrizes temáticas e estilísticas comuns, algumas intersecções e alguns confrontos talvez sejam viáveis.

Na numerosa imprensa operária desse período, salta aos olhos uma certa recorrência de temas caros ao movimento, representados alegoricamente. Trata-se de uma arte gráfica imperfeita, figuras neoclássicas que desenham o heroísmo e a vilania, alegorias que recortam os mesmos motivos, contrapondo, no limite, os malefícios do deus-capital à redenção liberadora do trabalho. Ora, também na literatura de tendência libertária é esta grande alegoria da oposição capital *versus* trabalho que se tenta representar, sendo para tanto palmilhados os vários temas do ideário anarquista: internacionalismo, pacifismo e antimilitarismo, cientificismo progressista, anticlericalismo, solidariedade universal dos explorados etc. Se lembrarmos, com Walter Benjamin, que a alegoria, com toda imperfeição e ambiguidade próprias da estética barroca, é uma representação que trai a presença da modernidade, já se poderá perceber a extrema pertinência com que os vários discursos e fragmentos de matriz ácrata inseriam-se na crise da virada de século.[3] Pois os novecentos inauguravam-se sob a marca indelével – na sociedade e na cultura – de vicissitudes crescentes e rachaduras irreparáveis no precário "sistema de equilíbrio" do universo simbólico burguês.

Portanto, menos que uma "cultura paralela", estamos diante de uma das diversas manifestações da crise, tanto mais aguda à medida que, nos textos libertários, o estético e o político estão imbricados, expondo, à luz do século XX, as fraturas de quem recusou o presente em nome de uma alma visionária. Essa exposição, porém, não se faz só, mas na mediação dos vários discursos-em-curso. "Sonhadores, visionários e aventureiros" é o título de um capítulo da crítica literária de Elísio de Carvalho dedicado a alguns desses escritores libertários, em 1907. Entre os críticos coevos, é preciso lembrar ainda o nome de José Veríssimo e, certamente, o de Lima Barreto[4] como alguns dos elos mediadores entre o ronco subterrâneo do vulcão e seu registro nos anais da história literária oficial.

Elos decisivos, sem dúvida. De certa forma, por meio desse reconhecimento operado pelas mãos de alguns críticos meio dessintonizados, o historiador de hoje sente-se menos solitário na tarefa, sabendo ter sido sua obsessão compartilhada por vozes dissidentes que, na época, ousaram desafiar a divisa imperante: literatura igual a "sorriso da sociedade". Pois era de fato ousadia inverter a ordem habitual da crítica prevalecente e debater temas não usuais (as relações entre literatura e política, anarquismo, maximalismo, greves operárias etc.); ou, então, comentar obras marginais de autores desconhecidos (por exemplo, Domingos Ribeiro Filho, José Saturnino de Brito, Pausílipo da Fonseca); ou, ainda, transitar "irresponsavelmente" com seus escritos entre os veículos da grande imprensa e os pequenos pasquins e folhas operárias, como fazia Lima Barreto.[5]

---

3 Essa não é uma peculiaridade do movimento anarquista no Brasil, mas elemento constitutivo de suas contradições internacionais. Ver, a propósito, o magistral mosaico de Litvak (1981). Sobre as relações entre esquema, alegorias e símbolo na exposição romântica, ver Rodrigues Torres Filho (1978, p.86-97).

4 Sobre as dimensões da crise pré-modernista na obra de Lima Barreto, ver Arnoni Prado (1976). Ver também Sevcenko (1983).

5 A esse respeito ver, ainda, Assis Barbosa (1964, p.240-53). Sobre as relações entre Lima Barreto e o anarquismo, ver Arnoni Prado (1976).

De outro lado, esses discursos-em-crise vinculavam-se a tradições culturais e filosóficas opostas e entrelaçadas e, por isso mesmo, estranhamente legíveis: o romantismo e o iluminismo. Deste último, os textos libertários herdarão os desdobramentos do cientificismo tantas vezes doutrinário, a crença inabalável no progresso de tipo evolucionista, o apego ao racionalismo como melhor argumento da *anarquia*, que é tomada, dessa forma, quase como sinônimo da "sociedade natural", autorregulada. É por essa via que enveredam, muitas vezes, até um realismo naturalista grotesco em sua ênfase e, certamente, esquemático em sua retórica linear, em que os personagens comparecem não como subjetividades problemáticas, mas como objetividades exemplares. Porém, ao mesmo tempo, do romantismo, a literatura libertária irá incorporar seu caráter apaixonante e fervoroso, sua mística vulcânica de toques simbolistas, seu milenarismo anarquista e messiânico – piegas, às vezes, quando carregado nas tintas, mas sem dúvida comovente quando ingenuamente sincero.

O ideólogo-escritor libertário, premido entre a paixão romântico-revolucionária e as luzes da lógica do ciente e do razoável, aparecerá, assim, como um navio fantasma à deriva, cujo farol navega solto pelos desvãos e escolhos do oceano cultural partido na consciência burguesa.[6] Neste caso, os textos libertários são fixações momentâneas de espaços utópicos em busca de um tempo possível: em busca de sua concreção na história. Nem sempre foi feliz essa busca de uma inserção temporal: algumas vezes perdeu-se na mitologia da comunidade pretérita; outras, estancou-se na peroração de um devir redentor. E, no presente, desterra-se em comunidades muito bem recortadas no espaço, suspensas em localidades remotas, férteis e igualitárias, de certo modo protegidas da história, utopicamente imunes à temporalidade dominante.[7]

O que nos interessa mais, aqui, é essa insistência temática em torno de uma comunidade anárquica dos pobres e desterrados na literatura libertária do pré-modernismo. Ela será eminentemente rural, apesar da inserção

---

6 Essa imagem é retirada de uma referência de Fábio Luz na novela anarquista *Ideólogo* (1903, p.6), de fato um eco da famosa ópera de Wagner *O navio fantasma* (1841).

7 Mas essas utopias também tiveram seu tempo. Sobre as relações entre a Colônia Cecília e uma sociedade nacional ainda não plenamente articulada, ver Gordon (1978). Sobre as relações antagônicas entre o Estado em formação e os movimentos de Canudos e Contestado, ver Andrade (1981).

urbana mais efetiva dos movimentos anarquistas e de seus principais escritores. Esse milenarismo comunitário e messiânico aparecerá como força motriz no romance social modelar *Regeneração*, de Curvelo de Mendonça (1904). Estará presente no teatro operário, em peças como *O semeador*, de Avelino Fóscolo. Será tematizado centralmente em obras-teses, como a novela *Ideólogo*, de Fábio Luz (1903), em que Canudos aparece como "uma comuna exemplar... uma cidade de palha, onde a fraternidade e a igualdade foram encontrar a verdade de sua significação" (p.152). E, como exemplo vivo da identidade palavra-ação nos movimentos anarquistas, não nos esqueçamos de que o modelo da comunidade libertária já surgira historicamente, entre outros, nos experimentos da Colônia Cecília, em pleno interior paranaense, entre 1889 e 1893, epopeia mais tarde romanceada pelo infatigável Afonso Schmidt (1942).

Na busca de mananciais, há alguns explícitos, citados em várias dessas obras: é o caso de Fourier e seus falanstérios; de Kropotkin e seu *A conquista do pão*; e, de maneira insistente, de Tolstoi e seu comunismo primitivo e místico fundado na experiência do *mir*, tradicional comuna agrícola dos camponeses russos. É ainda o ideólogo Anselmo, personagem-título do romance de Fábio Luz (1903, p.154-5), quem ousa comparar Antônio Conselheiro a Tolstoi, irmanados na fé de uma "religião social" e na sua missão apostólica pelas estepes ou sertões. O escritor russo servirá também de referência nuclear a Curvelo de Mendonça em *Regeneração*: é aí que o reformador Antônio, identificado com o cristianismo rústico e radical do autor de *Ana Karenina*, vem a "regenerar" um antigo e decadente engenho sintomaticamente denominado Jerusalém.[8]

Mas, para além desse veio, é necessário não perder de vista o peso que tiveram certas matrizes "internas", representadas por obras originais e modelares da literatura brasileira do período e que constituíram, bem ou mal, paradigmas básicos e recorrentes da vertente social-libertária do chamado pré-modernismo. Penso em dois textos-chaves publicados no ano de 1902:

---

8 Sobre a presença tolstoiana na cultura ocidental do século XX, ver as interessantes pistas indicadas por Schnaiderman (1983, p.90-100). No Brasil, é notória a admiração que suscitou no crítico literário José Veríssimo. Em Portugal, influenciou escritores do porte de Antero de Quental, Magalhães Lima e Eça de Queiroz – este último, com uma temática muito próxima de Tolstói, na crítica ao industrialismo e à civilização técnica, em *A cidade e as serras*.

Canaã, de Graça Aranha, e *Os sertões*, de Euclides da Cunha.[9] Apesar das diferenças temáticas e estilísticas gritantes entre si, esses livros constroem narrativas muito ricas e intrigantes em torno das relações de choque entre cultura e natureza, civilização e barbárie; se se quiser: entre a nova República com seus novos valores capitalistas – incluindo-se aí a imigração, colonização e formação de novos contingentes de trabalhadores livres – e a velha tradição das comunidades rurais isoladas. Evidentemente, esse cenário em mudança vive uma crise profunda em que se contradizem universos antagônicos: o passado colonial escravista abre alas, a dura penas, a um Brasil que quer *republicar-se* como nação digna do concerto e que tem, portanto, pressa de esquecer.

Milkau, figura central e de inspiração tipicamente tolstoiana em *Canaã*, não fica a dever aos ideólogos-personagens de Fábio Luz e Curvelo de Mendonça. Ecos anarquizantes soam na voz de Milkau quando ele vai mais fundo na crítica social e anuncia: "a Pátria é uma abstração transitória e que vai morrer... Sobre ela nada se fundou. Nem arte, nem religião, nem ciência... A pátria é o aspecto secundário das coisas, uma expressão da política, a desordem, a guerra". E a dimensão da crise dos valores em trânsito é bem apanhada pelo personagem Paulo Maciel, ao afirmar que "o debate diário da vida brasileira" era "ser ou não ser uma nação".

Quanto a *Os sertões*, o que interessa aqui é o olhar de indagação e assombro do escritor diante da barbárie. Não só pelos aspectos modernos de reportagem social e pesquisa antropológica de campo envolvidos, mas também pelo olhar estranho (no coro parnasiano da época) que perscruta esse outro mundo e tenta obsessivamente desvendá-lo com a palavra. Não é meramente casual o fato de que Mario Vargas Llosa (1981, p.25-7), ao reinventar a saga de Canudos, tenha criado precisamente um novo personagem que poderia muito bem ter participado do drama no sertão baiano ou ter sido um interlocutor do jornalista Euclides: trata-se do anarquista escocês Galileu Gall, revolucionário internacionalista e frenólogo. Na verdade, estamos ainda uma vez diante do duplo libertário: espírito científico mais paixão revolucionária.

---

9 Sobre essas obras, apoio-me nos comentários de Bosi (1966); Miguel-Pereira (1973); Martins (1978).

Afonso Schmidt, dos escritores sociais de mais longo fôlego em nossa história literária (atravessando incólume diferentes fases de uma mesma perspectiva compromissada: a poesia social libertária, a fase comunista dos relatos de denúncia e, finalmente, a crônica urbana e novelística popular, campeãs das coleções Saraiva e Clube do Livro), no poema "Vida simples", de sua safra pré-modernista, contra a tese da "planta exótica" – tão cara à ideologia dominante – opõe as raízes populares e nacionais mais profundas de um comunismo rural primitivo fundado na tradição dos *mutirões*.[10] De qualquer modo, é curioso que em outro gênero, como a poesia social, o mesmo filão temático reapareça com ímpeto. Na instabilidade dos discursos pré-modernistas (que se mesclavam contraditoriamente à mediania dos tons e cores), os simples forçavam a palavra. Não era mais possível conter a lava incandescente; sublimá-la talvez fosse o caso.

Vivendo seu duplo às vezes agonicamente, a literatura ácrata parece perplexa em face do advento da técnica industrial e revela-se amarga com os prenúncios da moderna indústria cultural:[11]

> A arte em breve será uma questão de maquinismo. As oleografias substituirão as telas geniais, e máquinas surgirão para fabricação de estátuas. A vida é tão rápida hoje, e tão apressada que não haverá tempo, em futuro próximo, para uma parada em frente a uma obra de arte. Para literatura nos bastam as revistas; resumos para não perder tempo; impressões de arte entre duas corridas de tílburi, ou na ascensão do elevador. Belo futuro para a geração vindoura? (Luz, 1903, p.221-2).

---

10 "Dizem que o comunismo, a palavra de Cristo/Transformada em ação, é como a flor do polo:/Morrerá no Brasil... Ouvindo-o, eu me contristo,/Mas, recordando a infância, logo me consolo.//Quem estas coisas diz desconhece, por certo,/Do mar e do interior as povoações amigas/Da terra em que nasci, que é como um céu aberto,/Mercê dos mutirões, com sambas e cantigas.//Os nossos mutirões... Que os entendidos contem/Quanto vai de moral nesse dever obscuro;/Eu vejo palpitar, nos mutirões de ontem/Como numa semente, a vida do Futuro" (Leuenroth, s.d.). Fernando de Azevedo, no artigo "A poesia social no Brasil", publicado em *O Estado de S. Paulo* (nov. 1925), exalta essa "poesia comunista" de Afonso Schmidt, em que "o sentido das tradições locais e a doçura do caráter brasileiro harmonizam-se estranhamente com o pendor revolucionário e a vontade temerária de abater todos os ídolos" (cf. 1929, 1962). Em seu entusiasmo, chega a esboçar um paralelo entre Schmidt e Dostoiévski: mais uma vez, o contraponto Rússia-Brasil...

11 Essa atitude alterna-se com o seu contrário: um otimismo progressista em relação aos avanços do industrialismo em outros ramos, como a exaltação das caldeiras Wetzel e do vácuo de Greiner – entre outras conquistas técnicas – no engenho de açúcar (Curvelo de Mendonça, 1904, p.31, 145-6 e 183-4).

Diante desse quadro, a redenção aparece sob a forma de semente, de ideal germinativo. O novo arco-da-aliança (sempre o retorno a temas bíblicos) não está no céu, mas na terra, representado pela alegoria da mãe proletária. É o arco desenhado pela barriga prenhe que reacende as esperanças, a visão de uma nova aliança (Luz, 1903, p.223). O amor universal e humanitário nasce desse amor de prole. E é ele quem, afinal, preside à regeneração da sociedade.

Ao tratar das relações entre literatura e classes trabalhadoras, não devemos imaginar apenas um movimento de "cima para baixo" (isto é, a influência de padrões estéticos dominantes sobre a cultura das classes subalternas – o tão falado modelo de *respectability*, segundo Hobsbawm), mas – simultaneamente – um movimento reverso, isto é, os efeitos pertinentes da presença social das classes baixas sobre a cultura dominante. Veremos, então, que esta não se apresenta tão "pura" assim (do ponto de vista da ordem burguesa), mas já expressa, nas fraturas e tensões mais significativas, os movimentos intersticiais que a existência dos deserdados desencadeia tanto no mundo material e nas instituições políticas quanto no plano do imaginário social e das criações do espírito.[12]

Na República que nascia no Brasil, em meio a rumores decadentistas e positivistas, era ainda muito difícil antever as formas de representação das novas classes assalariadas, os impactos de sua presença sobre as produções culturais. A instabilidade do período pré-modernista é em parte resultante dos apuros desse trabalho de parto. Os simples pediam passagem. Buscavam suas próprias palavras. Mas o brilho de cada frase tomada por empréstimo ofuscava o sentido maior da crise. O ano de 1922 nasceria também dessa linha de tensão. É que entre a pobreza e a palavra já não havia mais nenhum acordo possível.

Excurso: São Paulo de Pommery

A crônica da cafetina Pommery pode ser lida como uma história do progresso da cidade de São Paulo. Quem sugere a ponte é o próprio

---

12 Ver, a propósito, o artigo de Arnoni Prado (1983) sobre João do Rio.

narrador-autor, Hilário Tácito.[13] Nos cenários desse bordel ironicamente denominado *Paradis Retrouvé*, tudo cheira a decadência sem antiguidade. Passou-se da cervejada ao champanhe francês instantaneamente, no ritmo velocíssimo das transformações do cotidiano urbano. Ingressa-se por inteiro no mundo do artifício. Tudo resulta da intervenção arbitrária e deformante das paixões humanas, dos interesses bem instrumentados. Nada depende, nesse universo, da natureza, pois esta também, a rigor, não existe. Tácito satiriza em várias passagens os naturalistas, como também os esquemas de certa historiografia de base positivista. O cronista manifesta, desde logo, seu desapego à cronologia, à narrativa linear, à ideia de evolução e de continuidade factual. Afirmando a veracidade de sua pesquisa e narração, descrê do hipotético leitor contemporâneo. Aposta, ao contrário, cético e bem-humorado, no historiador do futuro. Mas, ao mesmo tempo, revela a precariedade da empreitada, a incompletude da obra: diante da melancolia do fragmento, só mesmo o estilo para salvar o texto e a própria história. Enfim, em todo o romance, ressalta a noção de realidade como construção social e literária.

Por isso, atravessa gêneros como quem cruza bairros. Se a cidade possui estratos que se sobrepõem e coexistem ao longo da história, a literatura contemporânea também deve percorrer o corredor arruinado de suas "escolas estéticas", o pluralismo babélico do rumor linguístico de uma terra de estrangeiros, os extravagantes léxicos dessa atmosfera bordélica feita de álcool, fumaça, meia-luz, tango e pura luxúria. Palavras inventadas e soltas como fogos de artifício, do mesmo modo que a retórica-teatro da política burguesa ascendente e da imprensa. Pois *Madame Pommery* relata o aburguesamento de São Paulo, sua conversão em metrópole cosmopolita totalmente dominada pelo valor de troca. O tom, no entanto, no texto todo, pega leve, até mesmo quando a narrativa acelerada dos sucessos da cafetina cede lugar ao livre-ensaísmo e a um discurso mais dissertativo.

---

13 O engenheiro civil José Maria de Toledo Malta (1885-1951), nome real do autor de *Madame Pommery*, que assinou sob o pseudônimo de Hilário Tácito, exibe, aqui, elevadíssimo nível de composição literária e reflexão histórico-social. Editado em 1920, *Madame Pommery* merece ocupar, sem dúvida, lugar de muito maior destaque na prosa brasileira do século XX. Foi o trabalho artesanal e arqueológico de Julio Castañon Guimarães, dentro da melhor tradição da equipe do Setor de Filologia da Fundação Casa de Rui Barbosa, o responsável por tornar acessível um texto de grande significado estético e histórico, em colaboração com a editora da Unicamp. De todo modo, essa reedição de 1992 já representa marco dos mais relevantes na reavaliação crítica da história dos modernismos no Brasil.

Tácito pega leve porque sua família é a dos ilustres ironistas que já vinham renovando o panorama literário desde os românticos satíricos do século XIX. Sua concepção de narrativa ficcional e de narrativa histórica é bastante radical e já marcada pela implosão dos gêneros, assim como pela demolição urbana como traço característico da "paisagem". Com *Madame Pommery*, a literatura brasileira já é plenamente modernista, antes dos rapazes da Semana e de seus proclamas. Não vale relê-lo com as lentes de 1922 (nem de depois), mas, preferivelmente, recontextualizando-o no caldo de cultura *Art Nouveau* que se assentara na vida urbana brasileira desde 1900. Moderna por excelência, tal vertente reconhece, afinal, a captura do artesanato pelas leis da grande indústria, ficando seus arabescos gravados como último vestígio, melancólico, de um mundo em desaparição. Madame Pommery tornará a antiga arte do amor em "mecanismo trifásico" organizado calculisticamente sob bases triunfantes. Restam a espuma do champanha derramado – Pommery, ela própria, uma marca importada –, os biombos semicerrados, os papéis de parede amarelecidos, as lanternas vermelhas, os sorrisos de cocotes mascaradas, os fiapos de conversas mundanas, os rumores perdidos na noite interminável desse "paraíso redescoberto", dessa cidade-messalina em cujas esquinas convidativas alojam-se o encanto dos prazeres e o engano das máquinas.

5
Poeira das barricadas:
notas sobre a comunidade anárquica[1]

*Um incêndio, quando é justo, quando é bom, provo-
ca o espasmo de excelsos prazeres, de emoções sublimes. Tem alguma coisa de maravilhosamente trágico, que nos faz entrever o modo como ruirá o velho
mundo de mentiras e tartufismos convencionais.*

(Anônimo, 1985 [1916])

Num belo panfleto publicado em 1907, *A revolução*, o anarquista alemão Gustav Landauer (1977) perguntava, de modo simples e direto: "Que
significariam para nós as ideias, se tivéssemos a vida?". Radical com seus
princípios, Landauer morreria assassinado em 1919 nas fileiras da efêmera
República dos Conselhos Operários da Baviera. Vários decênios depois, o
filósofo e militante libertário Michel Foucault, num depoimento dado em
1979, nos EUA, também questionava: "O que me espanta é que, na nossa
sociedade, a arte não tenha mais relações com os indivíduos ou com a vida,

---

1 Esse texto constitui versão sintética das duas conferências proferidas no Rio de Janeiro e em
São Paulo, em abril de 1989, no curso livre da Funarte "O desejo", coordenado por Adauto
Novaes, e intituladas: "Sob as asas da anarquia". Foi publicado no livro resultante daquele
evento, *O desejo* (1990). O título deste texto é uma homenagem à memória do tipógrafo,
jornalista e militante libertário Edgard Leuenroth (Moji-Mirim 1881 – São Paulo, 1968),
que imaginou, no fim da vida, um livro autobiográfico por ele intitulado *Poeira da barricada: episódios da atividade de um militante anarquista*. A obra não se completou, mas à sua
obsessão arquivística devemos, hoje, boa parte da reconstrução histórica do passado operário
e anarquista no Brasil.

mas apenas com os objetos... A vida de todo indivíduo não poderia ser, ela própria, uma obra de arte?" (Eribon, 1989).

Desejos anárquicos assim expostos retomam tradições arraigadas nos movimentos revolucionários desde, pelo menos, 1789 e, também, na figuração de uma certa "estética anarquista" voltada para o reencontro de uma "arte em situação" inscrita na experiência coletiva (Proudhon); ou, em outras palavras, uma "arte social" organicamente constituída no corpo da "cidade una", identidade comunal cujo espírito se perdeu no mundo moderno (Kropotkin). A revolução, nessas visões, seria o gesto capaz de redimir esse comunitarismo solidário e quase "natural" de uma sociedade sem classes e autogovernada. O incêndio é um espetáculo cuja beleza se faz na esperança de que sejam descobertos, dos escombros, os fios da serena e imaginada Acracia (Reszler, 1974).

Sem dúvida, os anarquistas foram os primeiros a captar os vínculos indeléveis entre revolução e festa, percebendo, na suspensão do tempo dominante e na carnavalização do cotidiano – durante os raros clarões de efetivas rupturas com a ordem estatal e capitalista –, a emergência de indícios de um novo mundo, quando o futuro ainda utópico deixa-se entrever, ao menos como clima, nos estilhaços de um presente revirado, num instante sublime em que o prazer do caos convive intimamente com o desejo de construção, instante fugaz, premido entre as passagens do poético e do político, instante louco e lúcido vivendo com igual intensidade a iminência de sua sagração ou de seu desaparecimento. Bakunin, por exemplo, assim se reportava ao espetáculo do desconhecido propiciado pelas revoluções de 1848 na Europa:

> Era uma festa sem princípio nem fim... via todo mundo e não via ninguém, pois cada indivíduo perdia-se na própria multidão inumerável e errante; falava com todo mundo sem recordar nem minhas palavras, nem as dos outros pois a atenção era absorvida a cada passo por acontecimentos e objetivos novos, por notícias inesperadas... Parecia que o universo inteiro estava invertido: o incrível havia se convertido em habitual, o impossível em possível, e o possível e o habitual em insensato![2]

---

2 Citado na Introdução deste livro, p.28. Ainda sobre a utopia do tempo livre, ver Lafargue (1980).

As metáforas vulcânicas estão entre as prediletas dos revolucionários do século XIX para exprimir a ideia de um rumo inexorável para as transformações históricas. Tributária a um só tempo das estéticas romântica e naturalista, a imagem do vulcão é figura familiar na retórica literária, jornalística e política. Essa leitura geológica da metamorfose social vem de longe e no final do século passado foi registrada de modo sintomático num opúsculo de muito sucesso, escrito pelo importante geógrafo anarquista francês Élisée Reclus (1979): *Evolução e revolução*. Ora, contraditoriamente, a naturalização do processo revolucionário parece congelar o que de mais precioso emergia da ação anárquica: a descontinuidade abrupta, imprevisível dos instantes e cenários que libertam o passado aprisionado e tornam cabível, no presente, a fruição do futuro.

Em outra trajetória extremamente singular de apropriação dos signos de movimentos naturais para leituras do enigma humano e social há o caso do revolucionário Auguste Blanqui, entre os mais populares e combativos dos oitocentos, também conhecido como "O Encarcerado", por ter passado a maior parte de sua vida adulta atrás das grades de diferentes regimes políticos franceses (cerca de quarenta anos). Em 1872, doente, viúvo e preso, após ter lutado e perdido nas revoluções de 1830, de 1848 e na Comuna de Paris de 1871, Blanqui (1972) escreveu um ensaio curiosíssimo, que em tudo fugia de seus panfletos anteriores, intitulado "A eternidade pelos astros". Ali, desenhava-se menos a fé revolucionária e mais o olhar melancólico ante a vida evanescente e as estruturas sólidas da permanência. Essa cosmovisão reconhecia um movimento na lógica dos astros, não aquele da diferença, mas sim o do eterno retorno das cadeias noturnas de paisagens silentes e mortas, abismos netunianos de agonia e opacidade.

Nesse texto, o incansável combatente da causa operária cede passo ao passageiro extravagante do universo. Se há estrelas decifráveis, elas o são num caminho diverso da luz. A poeira das barricadas blanquistas revela-se, pois, nesse derradeiro e decisivo panfleto recuperado mais de sessenta anos depois por Walter Benjamin, como poeira cósmica, índice da vastidão infinita e da fugacidade dos sonhos de libertação humana (Abensour, 1986, p.219-47). A comunidade anárquica está, assim, condenada ao desterro no "tempo homogêneo e vazio" do capitalismo, longa duração desesperante e análoga à mecânica dos astros; tempo também do Estado-máquina, avesso à inteligência criadora, que permanece paralisada em corredores labirínticos e processos intermináveis de degradação do sentido. A dura experiência do confinamento, para Blanqui, parece induzir a essa cosmogonia da solitude. Com ela, igualmente, o velho agitador sugere os difíceis meandros da revolução libertária, acúmulo de variados reveses em que o tesouro maior da ação instantânea e solidária já se perdeu.

É dessa experiência de perda inscrita nos processos revolucionários mais significativos da modernidade que trata a pensadora Hannah Arendt (1988) no livro *Da revolução*. Examinando a história da independência americana em 1776, a Revolução Francesa de 1789, as primeiras revoluções europeias que viram surgir o proletariado como força social (1848 e Comuna de Paris) e, finalmente, os grandes levantes operário-camponeses na Rússia em 1905 e 1917, que marcaram definitivamente a fisionomia do século XX, verifica-se a presença de duas ordens de obstáculos. De uma parte, a reação feroz da máquina estatal e de seus antigos donos, dispostos a fazer valer o monopólio do uso da violência até as raias da pura barbárie convertida em razão total e verdade absoluta. Pequim, em 1989, forneceu o exemplo mais recente dessa lógica infernal do aniquilamento, própria do Estado moderno, a leste ou a oeste de Berlim. Em face do desejo libertário radical, materializado corporalmente nos corações e mentes desse imenso ator coletivo que ocupava a praça da Paz Celestial, desenrolando o lado mais inquietante e vivo do projeto da modernidade, multidões assumindo seu próprio destino como centro da cena e do drama, a máquina do Estado-partido respondeu com sua voz mais real: a dos tanques e metralhadoras. O que torna o desfecho ainda mais trágico é que tal voz mata em nome de palavras, como *Marx* e *revolução*, massacra reproduzindo cartilhas, Deus da história e da órbita pretensamente eterna de suas engrenagens, que pode cobrar até o único projétil de cada extermínio. O antagonismo nesse caso é total, porque os assassinos de Pequim reivindicam, também, que sua matança seja creditada ao progresso coletivo e ao moderno socialismo científico.

De outra parte, existe um dilema propriamente interno ao movimento da revolução. Acompanhando o desejo de mudança radical, no clarão repentino das barricadas, nasce uma nova vontade, desde sempre alojada na perspectiva anárquica, que é a de que as conquistas reais – aquelas que reuniram efetivamente veredas esquecidas da vida – sejam, de algum modo, preservadas. Esse tem sido o ponto mais vulnerável das revoluções. Como normatizar esse fluxo multifacetado, criativo e pulsante de invenções? Como estabilizar as vozes do desejo? Como legalizar a desordem, sem aboli-la no que possuía de mais revolucionário? A experiência radical da autorrepresentação e do autogoverno, em momentos raros como a Comuna de Paris e a Revolução de 1905 (berço dos sovietes autênticos e preciosos como invento democrático, nada a ver com sua cristalização posterior nos anais da burocracia), parece dissipar-se nas fases imediatamente pós-revoluções. Nos rituais da acomodação termidoriana – napoleônica ou stalinista –, esvai-se, não sem violência, o tumulto alegre daqueles dias singulares que experimentaram, no chão memorável das cidades, a passagem simultânea e vertiginosa de tantos séculos. As palavras desencarnam-se do mundo. Serão necessárias novas noites brancas, em que o tempo, suspenso, destampe vozes e gestos dos bueiros da história. Mas o encanto já foi quebrado. Sob as asas da anarquia fica no ar a pergunta: como consagrar, para além do mito e da poesia, aquele claro e único instante?

Se tal impasse não é exclusivo do anarquismo, tendo sido também compartilhado por diversos outros movimentos socialistas, populares e revolucionários, digamos que, entre as correntes ácratas, ele foi vivido de forma mais agônica, em razão dos próprios limites extremos postos pela negatividade radical das concepções libertárias. Na Espanha dos anos 1930 do século XX, durante os choques entre os campos da revolução e da contrarrevolução, o mundo contemporâneo conheceu o lirismo e a tragédia dos impasses históricos anarquistas em sua modalidade mais moderna, o movimento anarcossindical. Num lindo livro, *O curto verão da anarquia*, publicado originalmente no início dos anos 1970, o poeta e ensaísta alemão Hans Magnus Enzensberger (1987) constrói, a partir da montagem livre de fragmentos historiográficos, uma narrativa a que dá o subtítulo de "romance", em torno da vida, da luta e da morte do personagem mitológico Buenaventura Durruti, principal líder operário anarquista da revolução espanhola.[3]

Questionando os critérios positivistas da verdade da história oficial, Enzensberger ressalta o papel do narrador coletivo como via única de acesso

---

3 A respeito da rica tradição cultural do anarquismo espanhol, ver Litvak (1981).

ao mundo perdido de Durruti e seus camaradas. Contra a memória do poder, resta sempre o poder redentor da memória. Cruzam-se os impasses narrativo e histórico. A busca da temporalidade soterrada do anarquismo significa, também, a procura de focos luminosos e vozes verossimilhantes capazes de narrar experiências dignas de serem narradas. Talvez, no contexto da comunidade anárquica assim imaginada[4] seja interessante refletir sobre os sentidos da frase lapidar de Reclus, que Edgard Leuenroth, em 1963, escolheu para epígrafe de sua antologia de textos libertários: "O dragão que está à entrada do palácio anárquico nada tem de terrível: é uma palavra apenas!". Na verdade, não tão "apenas" assim... Justamente por crer no caráter não arbitrário da linguagem, no poder transformador da palavra, no encantamento quase natural dos signos libertários, Reclus pôde conferir ao termo *anarquia* a força vulcânica, incandescente e mágica de um magma do novo mundo. Atravessar seu sentido seria o Abre-te, Sésamo de uma experiência cultural rica e desterrada, à espera de seu narrador-historiógrafo. Como se, afinal, desse percurso arriscadíssimo pudessem figurar utopias sob a forma de razões libertas e espíritos lúcidos, atentos a novas possibilidades dialógicas entre as palavras e as coisas.

As raízes românticas desse messianismo profano são inegáveis. Kropotkin, por exemplo, retrocede às comunas medievais para desenhar sua "cidade una". Landauer, num aparente anacronismo, tratando do tema da revolução no começo do século XX (e, sobretudo, fazendo a revolução), busca fontes de um comunitarismo anárquico exatamente no cristianismo primitivo e popular da alta Idade Média, mesma inspiração, aliás, do anarquismo de Tolstói. Na construção dessas utopias, o passado arcaico pré-moderno pode ressurgir num átimo, estilhaçando as continuidades lineares da temporalidade mecânica. Na cosmovisão de Blanqui, por outro lado, no texto acima referido, parece esboçar-se uma alegoria sideral da história como sucessão de ruínas diante da eterna duração do universo. Ora, é perfeitamente cabível supor que diferentes camadas de tensões se estabeleçam, no ideário e na ação anarquistas, entre o progresso iluminista e o messianismo romântico, entre o otimismo evolucionista e a melancolia de um quase

---

4 A expressão é inspirada em Anderson (1989), mas aqui utilizada em sentido inverso ao da dominação estatal.

permanente exílio em relação à história triunfante. Essas polaridades, aqui, não se resolvem mediante quaisquer "afinidades eletivas", como sugere o sociólogo da cultura Michael Löwy (1989), em outro contexto, ao estudar as aproximações do romantismo alemão (inclusive sua vertente anárquica) com o messianismo judeu. O determinismo mecânico e positivista produziu cisões irreconciliáveis, é bom lembrar, não só nas concepções anarquistas, mas também na tradição socialista herdeira de Marx e Engels.

Nas figuras libertárias do anticapitalismo, a trama temporal marcada pelo confronto entre narrativa e dispersão pode também ser traduzida em trama espacial, quando a geografia, hoje ciência um tanto fora de moda, entendida nos sentidos utópicos fundantes da Idade Moderna – como invenção cartográfica e descobrimentos de paisagens e humanidades ocultas, conforme sublinha de modo apaixonante o filósofo frankfurtiano Ernst Bloch (1979) –, deve auxiliar no mapeamento dos lugares invisíveis e perdidos das batalhas anárquicas. Na cidade, essa topografia muito especial encontraria endereços precários de antigas associações e jornais, clubes de cultura operária, quase todos em pontos obscuros e mutáveis. No campo, traçaria a rota esquecida das comunidades de desterrados, seja pela auto-organização, seja pelas políticas sistemáticas de deportação, que Estados, como o brasileiro na Primeira República, patrocinaram ativamente (Hardman & Leonardi, 1982).

A memória dos amigos de Durruti, exilados pelo franquismo na França, quando das entrevistas colhidas por Enzensberger no começo dos anos 1970, refaz, com a voz do narrador coletivo, essa épica dos derrotados. Em outro exemplo comovente, a ex-operária costureira ítalo-paulista Elvira Boni, militante anarquista do início do século, que aparecia em todo seu esplendor numa foto da mesa diretora dos trabalhos do 3º Congresso Operário Brasileiro, em 1920, ressurge com dignidade e vigor num depoimento a pesquisadores da Fundação Getúlio Vargas, nos anos 1980 (Gomes, 1988a, p.19-72), reabrindo esse arquivo fabuloso dos "sonhos proletários", restaurando, em parte, experiências fundamentais e de outro modo inacessíveis (Rancière, 1988). Já no Brás decadente, em São Paulo, Jaime Cuberos e outros companheiros reconstroem das cinzas o Centro de Cultura Social, mantendo, na tradição dos debates e da memória do teatro operário anarquista, os sinais de um outro tempo, de um outro espaço. Impressiona, antes de tudo, que associações desse tipo consigam ainda sobreviver no cenário da grande metrópole devoradora.[5]

Elvira Boni na mesa diretora do 3º Congresso Operário Brasileiro, Rio de Janeiro, 1920 (Rodrigues, s.d.).

---

5 A propósito das práticas culturais do movimento anarquista no Brasil, ver, além deste *Nem pátria nem patrão!*, Arnoni Prado, *Libertários no Brasil* (1986), e Arnoni Prado & Hardman, *Contos anarquistas* (1985).

Michel Foucault, em 1973, numa série de artigos de intervenção e combate nas páginas do jornal *Libération*, lançava o projeto "por uma crônica da memória operária", em que afirmava o extremo valor político e filosófico de "reagrupar todas essas lembranças, para narrá-las e sobretudo para poder se servir delas e definir, a partir daí, instrumentos de lutas possíveis" (Eribon, 1989). Contra o esquecimento orquestrado pela história oficial, pelo Estado e pelos próprios aparelhos tradicionais da classe operária (partidos, sindicatos, jornais), propunha-se o filósofo ser simplesmente o cronista de recordações conspurcadas e narrador de pequenos fracassos.

Edgard Leuenroth, Astrojildo Pereira e outros militantes do movimento operário no Brasil também construíram arquivos preciosíssimos dessa poeira dispersa das barricadas. Materiais deletérios para a razão dominante, esses homens e mulheres convertem-se em trapeiros da história. Difícil, mesmo, é avaliar a intensidade dos desejos envolvidos nessas tramas. Uma coisa, entretanto, parece bem certa: se alguma narrativa que valha a pena puder agora nascer, ela deverá necessariamente ser formatada nas coleções que restarem desses antigos catadores de papel. Juntando restos de restos, mesma lógica da criança reunindo e misturando brinquedos esquisitos em depósitos crescentes de inutilidades, essa atividade algo compulsiva pode oferecer, por raríssimo instante, um resíduo quase imperceptível, luz trêmula de verdade, asa de anjo quebrada, iluminando o passado fodido, as máscaras rotas, e ajudando-nos, por um momento, a reviver passagens da comunidade anárquica, a escrever sua história. E, mais que tudo, ajudando a contá-la.

Desenho de Edgard de Souza para "Amargo trem-fantasma, Amargo Obrero", São Paulo, 1974, publicado na revista *Sibila*, n. 6 (Hardman, 1974).

6
EM BUSCA DOS ESPAÇOS OPERÁRIOS[1]

Amargo obrero, amargo trem-fantasma[2]

Trata-se, aqui, do interesse em recuperar a história subterrânea, aquela que nunca foi narrada e que permanece mergulhada em trilhas perdidas e intervalos distantes. O povo, representado pelas levas de trabalhadores citadinos, em sua historicidade própria, caminha em cenários esquecidos pela historiografia dominante. Há que afirmar uma temporalidade única para esta narrativa, a dos amontoados anônimos que produzem, nas galerias dos parques industriais e nas ruas das cidades, as riquezas que a sociedade consome. Se pensarmos no anarquismo, por exemplo, só seria possível uma compreensão profunda de sua presença no movimento operário nascente no Brasil se o situarmos no interior de seu tempo e de seu espaço específicos, na linguagem dos grupos sociais e políticos que o defenderam, na propaganda que aqui e ali dele se fez, na agitação por ele produzida.

---

1 Esse item compõe-se de três diferentes textos que aqui se fundiram, com as necessárias adaptações: "Amargo trem-fantasma, Amargo Obrero: uma pobre expedição a caminho do desconhecimento" apareceu na revista literária, de desenhos e quadrinhos *Sibila*, editada por Antônio Rebouças Falcão e Celia Eid, em São Paulo, nos anos 1970 (1974); "Em busca do espaço operário", inédito, resulta de texto produzido para o curso de mestrado em ciência política do IFCH da Unicamp, também em 1974; o excurso sobre a história operária e urbana de Santos baseia-se em prefácio ao livro de Maria Lucia Caira Gitahy, *Ventos do mar: trabalhadores do porto, movimento operário e cultura urbana em Santos, 1889-1914* (1992).

2 "Amargo obrero" é marca de uma tradicional bebida popular que vi estampada em anúncio no metrô de Buenos Aires.

Há que procurar os cacos de um quebra-cabeça que, em sua maior parte, esfacelou-se, seja pela morte direta de seus personagens principais, seja pela ação da historiografia dominante que o atomizou, desfigurando sua fisionomia inicial, seja, ainda, pela perda de documentos-chave que o elucidem. Ao propor essa reconstrução como se fosse uma arqueologia de fios interrompidos, sabemos da desfiguração que fatalmente estamos condenados a praticar; é o tempo que assim o impõe: nunca mais se saberá das palavras e dos gestos precisos daqueles homens que faziam uma história desde o início opressa "entre a terra e o céu". A escrita hoje existente não percorre toda a fala e toda a ação praticada; a máquina do tempo é definitivamente inviável.

Mas, numa obstinação cega contra as leis físicas de mortalidade dos eventos, manteremos acesa essa vontade de enxergar o filme para o qual chegamos atrasados. O historiador que optou pela história subterrânea, já quase ficção, em que os duendes são operários, a floresta uma cidade apinhada de rostos parecidos e o passeio e o som de flautas e harpas, os passos apressados rumo à fábrica, as passeatas e as greves, os tiros e gritos, está sempre carregando, como uma metodologia de algibeira, esta dose de utopia: é ela que o move atrás de livros, papéis e jornais; é ela que o faz de repente imaginar que descobriu o fio condutor da narrativa.

Nesse trabalho, portanto, há que tomar um trem e chegar até os bairros operários. Caminhar em tortuosas silhuetas de becos e estreitas veredas por essas vilas de ferroviários que margeiam as estradas de ferro. Presenciar a arquitetura, a mistura do estilo das casas londrinas de tijolos vermelhos com a pobreza de uma ex-colônia latino-americana. Conversar com os habitantes da vila, os velhos com seu sotaque que traz de volta a imigração italiana, portadores de uma memória infindável que já é história guardada (e, se a memória esquece ou a boca se cala, essa história se perde). Ver concretamente aquilo que se chamou de "temporalidade própria" nos traços artesanais da produção local: o sem-número de sapateiros, alfaiates, barbeiros, pequenas fábricas e funilarias de fundo de quintal. Os botecos e empórios ainda sobrevivem à invasão das lanchonetes e supermercados da grande cidade. Essa vila guarda esquinas e segundos unicamente seus: possui um ritmo próprio que acompanha o apito musical do trem passando. É, aliás, a passagem do trem que une, na vida dos ferroviários, em um nó de piquetes de greves, picotadas de bilhetes, grossos bigodes a sacolejar, o passado e o presente. O ir-e-vir do trem, na determinação de um caminho fixado irreversivelmente pelo tamanho da bitola e pelo compasso dos dormentes, aproxima a greve geral na Companhia Paulista em 1906 das pressões salariais e trabalhistas ante a Fepasa em 1973.

E, da janela dessa velha casa, de alicerces roubados da estrada de ferro, de cômodos-vagões que se abrem e fecham como as lâminas dos comboios de madeira da Noroeste do Brasil, venha olhar à noite a luz fraca do poste de lustre remoto. E que a luz lhe seja ponte histórica entre os inflamados anarquistas (seus avós?) e as demonstrações atuais de consciência de classe dos metalúrgicos das grandes multinacionais paulistas (paradoxo geográfico?). E só depois de acompanhar todo esse movimento ímpar, de apalpar os restos de historicidade nos muros e amarelos cartazes de receitas homeopáticas, divinos elixires e cigarros de "fumos suaves", só então dê o grande salto rumo à ciência moderna que lhe espera e realize, então, as grandes análises objetivas (igualmente ficção montada em parâmetros aristotélicos de cientificidade?): a internacionalização da economia e a formação de uma aristocracia operária; o espontaneísmo, a consciência de classe e a organização política do proletariado atual; o papel de um sindicato e de um partido político no desenvolvimento de uma práxis da classe operária no Brasil de hoje; a proletarização do campesinato brasileiro e as relações de determinação entre o movimento operário e o camponês.

Mas não se esqueça em nenhum momento do salto, dessa ponte já submersa que lhe empurrou, do trampolim feito de rostos cansados, homens-caras-de-trem, trabalho e trabalho, anonimato da produção de uma classe sendo apropriada por outra, sangue, gritos, ideias, ação. O dilema das ciências humanas reside na impossibilidade de transformar plenamente, em conceitos e variáveis passíveis de uma sumária codificação e tratamento mecânico em computadores, todas as peças desse imenso e eternamente fragmentário quebra-cabeça: o das histórias subterrâneas, mergulhadas no fundo de uma linguagem única e para nós perdida. As massas proletárias desenvolvem uma prática inteligível somente para aqueles que a fazem.

Por tudo isso, seria também necessária, ao lado dessa tentativa absurda, porém fundamental, de reconstruir o passado disperso, a constante documentação do presente que se desenrola aos nossos olhos: aí a responsabilidade do historiador é quase um compromisso moral com a vida, já que existe uma história viva passando por aqui. Ir aos sindicatos é um bom caminho para começar a tarefa: ouça a experiência pelos depoimentos dos militantes – a história de vida desses personagens é dos mais ricos documentos de que se pode dispor. Narre em seguida a história dos sindicatos brasileiros, mesclando a memória viva dos seus primeiros narradores com o hoje descoberto naquela visita: o sindicato é o espaço privilegiado, quaisquer que sejam as restrições políticas que se façam à sua atuação, da história da presença política da classe operária no Brasil.

Um trabalho assim concebido contribuiria certamente à percepção do sentido histórico que descrevemos. Catar as migalhas narrativas, procurar, nos labirintos da mitologia da prática social e política dos camaradas e companheiros de lutas árduas, a ponta do fio do novelo infinito desse Teseu proletário. Revolver a poeira das prateleiras das estantes da história social, que não tem estantes nem prateleiras. A tarefa é antes de tudo um veículo de criação: fazer Arte na Ciência, balançando velhas dicotomias positivistas, porque também na reflexão "puramente" científica existem porções inevitáveis de criatividade artística que, às vezes, até mesmo possuem um belo soar estético.

Os trabalhadores brasileiros, a quem dedico este insignificante trabalho, são os únicos e verdadeiros criadores, ao longo de sua prática social e de sua história, das questões e dos problemas que aqui se anunciam.

Espaços dispersos

> *Raro, neste tempo, era o lar onde até altas horas*
> *da noite não ressoava o rufar dos caranás batendo*
> *o algodão descaroçado e onde, à luz mortiça das*
> *candeias de azeite, nos tardos serões, não se fiava*
> *e tecia.*
>
> (Autor referido à primeira metade
> do século XVII, apud Castro, 1971, p.104.)

A temporalidade própria da história pode ser buscada, entre outras formas, em sua concreção no espaço. Não se trata de espaço abstrato ou cósmico; se se fala de um espaço que guardou as chaves históricas do tempo, deve-se pensar, pelo menos ao início da reflexão, no espaço cênico concreto, definido pela geografia (ver Dollfus, 1972). Entre os vários saltos irregulares atravessados pelo descontínuo processo de industrialização e urbanização da sociedade brasileira no período compreendido entre a segunda metade do século XIX e as três primeiras décadas do XX, persiste este aspecto modelar de nossa economia (herdado também do passado colonial): uma descentralização geográfica e econômica das atividades urbano-industriais ainda significativa em que pese a tendência já crescente à concentração espacial e à integração produtiva da economia nacional.[3] Vive-se ainda a dispersão do mundo rural: o universo da agricultura de exportação projeta sua matriz nas cidades (Castro, 1971, v.I); o espaço urbano define-se como "bastião dos interesses oligárquicos" (Singer, 1972, p.23).

Nesse sentido, a natureza, de certa maneira, exerce sua determinação sobre a economia e até começos do século XX pode-se dizer que "o tamanho da economia urbana de cada país latino-americano era basicamente função do tamanho do seu território e de sua população" (ibidem, p.24). Assim, em boa medida, durante os anos da primeira república brasileira, a geografia configurava a sorte da economia urbano-industrial nascente (Castro, 1971, p.142).[4]

Tal descentralização, tomado o território nacional como um todo, nucleava-se em polos urbanos bem configurados. Em 1907, um terço da produção industrial brasileira concentrava-se no Distrito Federal (cidade do Rio de Janeiro e arredores) e 16,5% no estado de São Paulo. O restante (pouco mais de 50%) dividia-se pelos estados do Rio Grande do Sul, do Rio de Janeiro, do Paraná, de Minas Gerais, de Pernambuco, da Bahia e outros. Em 1920, apesar de a industrialização ter se intensificado no estado de São Paulo (20,8% da produção nacional), o quadro geral permanece quase o mesmo: metade da produção industrial concentrada no estado paulista e Distrito Federal e outra metade descentralizada pelo território nacional. Mesmo em 1938, quando o eixo dinâmico do capitalismo brasileiro já se deslocara para o setor urbano-industrial, em especial para o estado de São Paulo (43,2% de toda a produção da indústria no Brasil), a descentralização em geral se mantinha: Distrito Federal (14,2%), Minas Gerais (11,3%), Rio Grande do Sul (10,7%), Rio de Janeiro (5%), Pernambuco (4,2%), Santa

---

3 Castro (1971, v.II; ver em especial o início do artigo, p.103-12).

4 Por contraste ao fluxo industrializante dos anos 1950, pode-se depreender a situação anterior.

Catarina (1,8%), Paraná (1,8%) e Bahia (1,7%), além de outros estados (6,1%).[5] Isso coloca alguns problemas para a análise econômica:

> Os trabalhos que têm em vista a "industrialização brasileira", por sua vez, têm por "nacionais" os problemas "centrais" e não chegam praticamente a ter em conta as questões próprias das regiões (Castro, 1971, p.113).

Essa questão, aparentemente secundária, redefine o marco de relações entre regiões e setores do aparelho produtivo nacional. É na articulação (ou ausência dela) entre diversos pontos desse mosaico urbano-industrial que se pode reabrir a reflexão sobre a organização (ou a desorganização) política da sociedade. Vários autores já apontaram, pelo menos indiretamente, essa ordem de preocupação. Seja pela análise da evolução econômica e urbana de cidades como Blumenau, Porto Alegre, Belo Horizonte e Recife (Singer, 1968), seja ocupando-se em ressaltar os problemas de certo tipo de indústria regional (Rio Grande do Sul, Santa Catarina e Minas Gerais), descentralizada tanto em relação aos centros dominantes da economia e do mercado nacional como dentro do próprio estado (Castro, 1971), tem se atentado para o fato. Ao findar o século XIX, em Minas, por exemplo, "o grande contingente populacional mineiro permitia pelo menos a proliferação de pequenas e despretensiosas unidades manufatureiras, muitas vezes de caráter doméstico" (ibidem). Foi, aliás, em Sobradinho e Mundo Novo que um autor, já em 1958, verificou de perto as transformações dos chamados traços "patrimonialistas" das relações sociais de trabalho em pequenas e velhas tecelagens mineiras, quase engolidas pelas "pontas dinâmicas" do capitalismo brasileiro.[6]

Veja-se até mesmo o estado de São Paulo, baluarte da concentração industrial. Em 1901, famoso levantamento da indústria paulista constatava a dispersão espacial de pequenos estabelecimentos fabris por todo o estado: "É incalculável o número de tendas de sapatarias, marcenarias, fábricas de massas, graxas, óleos, de tintas de escrever, fundições, tinturarias, fábricas de calçados, manufaturas de roupas e chapéus, que funcionam em estalagens, em fundos de armazéns, em resumo: *em lugares que o público não vê*"

---

5 Todos os dados foram extraídos de Singer (1968, p.320-8).
6 Ver a interessante monografia de Brandão Lopes (1967).

(Bandeira Junior, 1901 apud Simão, 1966, p.21, grifos meus). Em 1907, 46% do número de fábricas e 63% da população operária do estado de São Paulo (o total representava apenas cerca de 10% do total nacional, tanto em número de estabelecimentos quanto de operários) concentravam-se na capital: mais da metade das fábricas e quase 40% do operariado estaduais espalhavam-se por cidades do interior paulista: Santos, Jundiaí, Campinas, Sorocaba, Piracicaba, Itu, Tatuí, São Roque, São Bernardo, Taubaté e outras.[7] Não se trata de coincidir a análise desse painel de espaços fabris quase-invisíveis com os apostos apologéticos que selam sempre a toponímia das pequenas cidades, chegando ao limite de uma "Sorocaba, a Manchester brasileira" (Penteado, 1962, p.25-8). Aqui, poder-se-ia recair na crítica de que a preocupação com lugares perdidos dessa descentralização não privilegia os processos determinantes, portanto básicos, na configuração da paisagem urbano-industrial do país, esvaindo-se, ao revés, em detalhes próprios a colecionador de fatos raros. Aliás, a tradição da historiografia dominante no Brasil primou sempre pelo amor ao factual e personalístico.

Pelo contrário, a preocupação destas linhas é enfatizar o esquecimento operado pela memória desta história dominante. Quais os efeitos desse esquecimento? Ao deixar de lado os espaços "secundários", perde-se igualmente o lado social (que é também político) de certas historicidades contidas e concretizadas ali. Passa-se a fazer então uma análise que reproduz, no plano cultural, as relações de dominação política (viabilizada pelos aparelhos do Estado) e/ou social (hegemonia das classes dominantes) presentes na sociedade. Creio que essa problemática ficaria mais clara à luz da presença operária na história do Brasil ao longo da Primeira República.

A formação da classe operária no Brasil foi um processo complexo por sua própria *composição*. Uma heterogeneidade básica acompanha seu surgimento no cenário da história da sociedade brasileira. Desigual distribuição geográfica (recai-se na configuração de uma "classe operária descentralizada"), composição étnica diversificada (predominância de imigrantes estrangeiros de várias nacionalidades), intensa variedade etária e sexual (presença expressiva de crianças e mulheres na força de trabalho) e uma estrutura ocupacional das mais heterogêneas (ofícios artesanais e profissões do terciário entremeados a ocupações produtivas propriamente industriais), sem

---

7 Dados e informações baseados em Simão (1966, p.23-4).

contar a fronteira amplamente difusa entre trabalho urbano e rural, todos esses elementos perturbam o traçado de limites de "classe" que informem, ao mesmo tempo, essas disparidades do ponto de vista econômico. É a condição de "classes subalternas" dentro da sociedade e diante do Estado que aproxima essas múltiplas categorias de trabalhadores: é no nível do político e do ideológico que se deve buscar a identidade. Nada de novo se diz dessa heterogeneidade: já outros autores destacaram-na.[8] Assim, por exemplo, se se definem as novas classes médias como "constituídas pelos trabalhadores assalariados ligados à esfera de circulação do capital e por aquelas que contribuem para a realização da mais-valia" (Pinheiro, 1974, p.3), acaba-se recaindo numa imprecisão conceitual (no que diz respeito à percepção da prática política), pois grandes parcelas de assalariados do terciário e dos serviços públicos estão muito mais próximas (ideológica e politicamente) do proletariado industrial: portuários, ferroviários, bancários, motorneiros etc. Tomem-se como ilustração as greves operárias na Primeira República, em que participaram várias categorias de trabalhadores, e se verá o desfiar dessa diversidade que se nomeia. Na greve geral de 1907 em São Paulo, iniciada pelos operários do Moinho Matarazzo, o "movimento foi se alastrando e diariamente se registrava a adesão de novas categorias: metalúrgicos, construção civil, canteiros, carpinteiros, fabricantes de pentes e barbatanas, pintores, lavanderias, passamanarias, marmoristas, sapateiros, ceramistas, jardineiros, vidreiros, limpeza pública, curtumes, tecelões, gráficos, chapeleiros, costureiras, cigarreiros, encanadores, funileiros, massas alimentícias, ourives, marceneiros, relojoeiros, etc." (Rodrigues, 1968, p.43). Muito haveria que dizer sobre esse amontoado de nomes que marcam as diferentes formas de trabalho no Brasil do início do século XX, seja por meio da análise da inumerável imprensa operária da época, seja pela articulação entre distintas formas de trabalho e relações de produção sob o impulso do capitalismo urbano-industrial nascente.[9]

Retenha-se por um instante o aspecto da distribuição desigual, no espaço, da população operária. Ela acompanha a cartografia da descentralização

---

8 É nessa perspectiva que Weffort (1970, p.72-3) justifica o emprego do conceito "classes populares" ou "massas populares" para designar as classes subalternas no Brasil.

9 Ver maiores considerações a propósito em Hardman & Leonardi (1982). Interessante artigo ilustrativo dessa condição díspar é o de Neves (1973, p.49-66).

industrial. Em 1901, dos 50 mil operários do estado de São Paulo, apenas 8 mil (16% do total estadual) concentravam-se na capital. Em 1907, apesar de essa relação ter subido para 65% (cerca de 14 mil trabalhadores dos 22 mil localizavam-se na capital), o total estadual representava apenas 15% de toda a população operária no Brasil considerada na estatística. Em 1920, 30% do operariado nacional distribuíam-se pelo estado de São Paulo (não há dados para a proporção capital/interior, que deve ter crescido muito), isto é, cerca de 84 mil trabalhadores, e aproximadamente 64% deles (176 mil), ocupavam a região Sudeste. Àquela altura, entretanto, somente a população do Distrito Federal atingia a cifra de quase 1 milhão e 200 mil habitantes, e a cidade de São Paulo aproximava-se de 600 mil.[10] Junte-se a essa descentralização geográfica (que permanece, apesar da crescente polarização da indústria, pelo menos até os anos 1930) uma desequilibrada concentração operária (por estabelecimento fabril): "em 1901, entre 91 estabelecimentos recenseados na capital de São Paulo, 50% deles empregam de 50 a 299 operários; sete possuem de 300 a 399 empregados; dois, de 400 a 499; 2 com 600; e um com 800. Em 1910, em 24 tecelagens temos 307 operários por unidade; em 1918, só uma tecelagem ocupa mais de 2.000 operários, em três turnos" (Carone, 1972, p.192-3). Outros casos surgem, como o da Bahia, onde técnicas rudimentares acarretam uma grande concentração operária por fábrica, especialmente na indústria têxtil e do fumo (ibidem, p.193). Sinais dessa descentralização podem ser vistos também pela infinidade de locais de publicação de periódicos ligados a uma imprensa operária: basta olhar o acervo do Arquivo Edgard Leuenroth, onde o caráter fragmentário das coleções (na geografia ou na periodicidade dispersas e irregulares) soa como índice de um movimento operário recortado espacialmente.[11] De outro lado, as greves de trabalhadores, associações operárias e congressos nacionais indicam, da mesma forma, a dispersão espacial (e, simultaneamente, em boa dosagem, organizacional) da classe operária no Brasil. Os vícios da historiografia dominante, a pura repressão policial, o "centro-sul-centrismo" predominante entre os intelectuais têm contribuído, mais ou menos, para que o esquecimento dessa história contida se transforme no

---

10 Todos os dados baseados em: Simão (1966); Fausto (1970); Carone (1972).

11 Cf. Hardman & Leonardi (1982, caps.6 e 15). Exemplo surpreendente foi o levantamento que realizamos de uma significativa imprensa operária no Pará. Aliás, esses sinais foram um dos primeiros motivadores das reflexões em torno do "espaço operário" que aqui tratamos.

silêncio derradeiro de sua morte.[12] Voltando aos rastros, veja-se a participação de associações de trabalhadores no I Congresso Operário Brasileiro realizado no Rio de Janeiro em 1906: trinta e seis organizações operárias de 15 locais diferentes (Rodrigues, 1969, p.114-5). No limite, a própria tentativa de criar um partido comunista nacional, em 1922, originou-se da fusão precária de pequenos núcleos anarquistas ou marxistas de Maceió, Livramento (RS), Passo Fundo (RS), Porto Alegre, Cruzeiro (SP), Recife, Rio de Janeiro e Niterói (Carone, 1972, p.321-7; Pinheiro, 1975, p.119-31).

Nesse emaranhado de lugares-tempos por onde se houvera perdido a historicidade operária, fiquemos na cidade: o espaço das fábricas e os bairros operários (que muitas vezes coincidiam geograficamente) devem ter guardado bom pedaço daquela história. A densa concentração espacial da população trabalhadora ali é fato original no quadro descentralizado até então sugerido:

> a maioria das indústrias e do proletariado localizava-se em determinados trechos da cidade. Desde 1901 são eles apontados como os bairros tipicamente operários e se situam em uma área demarcada pela rede ferroviária dentro do município (Brás, Bom Retiro, Água Branca, Lapa, Ipiranga e São Caetano) (Simão, 1966, p.25).

> Nenhum conforto tem o proletário nesta opulenta e formosa capital... As casas são infectas, as ruas, na quase totalidade, não são calçadas, há falta de luz e esgotos (Bandeira Júnior, 1901, apud Simão, 1966, p.15).

> Ele (o operariado) se localiza preferencialmente em determinados bairros, Brás, Bexiga, Barra Funda em São Paulo; Jaboatão e São José no Recife; zona Sul (*sic*) da cidade do Rio de Janeiro. Segundo relato, eles são antros fétidos que servem de habitação a milhares de famílias (Carone, 1972, p.194).

Não é novidade o caráter típico desse espaço, dentro da paisagem urbana em que está inserido (ver Dollfus, 1972, p.89-92). Em grande parte, o "retrato de uma época" pode ser lido no seu traçado: já a literatura atinara para o fato, possibilidade quase-única de reconstruir o passado no interior

---

12 Inúmeros exemplos dessa tendência poderiam ser lembrados. Ver, entre tantos, Carone (1972, p.228, nota 159: "as informações que temos são totalmente incompletas e falhas, pois os grandes jornais de São Paulo e Rio mal informam sobre as numerosas greves estaduais e suas causas"). Ver ainda Dias (1962, p.315-6), em que o autor comenta a difícil tarefa de preservar seu arquivo particular de documentos.

dele mesmo; matéria bruta com que se defronta a ciência, neste exercício, a história ainda não se separou da crônica; nem o livro do jornal, nem os contos das notícias, nem o prefácio do artigo de fundo.[13]

Mas a busca do espaço operário traz-nos de volta à cidade. E a chegada à cidade leva-nos à política. Na Primeira República brasileira, seguindo-se a própria tradição ocidental, a cidade é o lugar especial da política. A sociedade viveu essa contradição: "o eixo político se deslocou do campo para a *cidade*, embora isso não fosse verdadeiro quanto ao eixo econômico da vida nacional" (Cardoso, 1972, p.49).

Já se disse algo contra uma certa visão comumente formulada em relação ao sistema político na Primeira República, que coloca o Estado como mero repositório dos interesses políticos oligárquicos, de cunho localista. O Estado é visto como reflexo da dominação regional dos proprietários de terra e da burguesia rural cafeeira. Seria necessário ir além e entender a natureza política própria a esse Estado: de que maneira o poder federal (relativamente autônomo ante os particularismos oligárquicos) articula e organiza a hegemonia das classes dominantes, *generalizando* frações de classe de caráter *regionais*. O Estado é um dos principais agentes *urbanizadores* do domínio político oligárquico de bases rurais. É da cidade, lugar da política e do Estado, que emerge a *auctoritas* (força coesiva emanada do consenso social): o urbano é o meio específico, via aparelho de Estado, que organiza politicamente a nação (sociedade global) sob o domínio oligárquico. O urbano propicia a passagem do âmbito regional para o nacional, pelos mecanismos políticos peculiares ao Estado. A autonomia que lhe é própria guarda os traços patrimonialistas presentes na sociedade; permanece soando a imagem do "Estado-protetor"; a centralização da política no Estado traduz a descentralização ou a "fragilidade orgânica" da sociedade.[14]

---

13 Ver o excelente *Brás, Bexiga e Barra Funda (notícias de São Paulo)* de António de Alcântara Machado (1927), em que o escritor destaca lucidamente este caráter possível de "conto-notícia" da criação literária. Trata-se de uma visada cinematográfica diante do social e da literatura: "Tudo são fatos diversos. Acontecimentos de crônica urbana. Episódios de rua". Mas o escritor também claudica, ante o lugar dos discursos e gêneros, ao delegar para o "historiador futuro" a análise "aprofundada" do que passou. Ver também Penteado (1962), cuja "história-memória-crônica" fala do bairro paulistano do Belenzinho por volta de 1910.

14 Sobre o quadro das relações Estado *versus* sociedade na Primeira República, baseio-me principalmente em: Cardoso (1972 e 1973); Fausto (1972); Werneck Vianna (1974, p.11349); Rowland (1974, p.5-40, em especial, p.9-12); Campello de Souza (1968).

Como pensar a articulação, nesse quadro, das classes trabalhadoras com a sociedade e o Estado? Parece que existe uma tensão pendular, um jogo permanente entre repentinas aparições dos setores operários na cena política dominante (sempre, é claro, vindos "de baixo"), que sussurram pela boca de elementos dissidentes "de cima", ou pela voz do paternalismo jurídico do Estado (concretizada em leis de "proteção" ao trabalho), e sua desaparição nos meandros do espaço operário ("isolamento" esse que pode revelar, ao mesmo tempo, consciência dos limites da ação parlamentar – cf. o anarquismo – e fragilidade organizacional). Um outro aspecto revelador da presença operária é a intensa repressão policial que constantemente sofria: *presença* paradoxal que se assinala no instante mesmo em que se dá o *afastamento* físico, pela aplicação direta da força material do Estado, do operariado em relação ao sistema político dominante. É claro que esse afastamento também produz seus efeitos no sistema, deixa sua marca: assim a "questão de polícia" se diz como "questão política".

O episódio das sucessivas greves dos ferroviários da Central do Brasil no Rio (1889, 1891 e 1893), conduzidas pelo tenente e deputado Augusto Vinhaes (Carone, 1972, p.199 e 217); a realização de um congresso operário "pelego" dirigido pelo filho do marechal Hermes da Fonseca, em 1912, no Rio, com participação de 66 associações de vários estados (ibidem, p.209); os fluidos contatos entre operários e os movimentos tenentistas dos anos 1920 (1922 e 1924) (p.215); e, enfim, a expressiva legislação social e trabalhista que se acumulou ao longo da Primeira República (Werneck Vianna, 1974, p.134-8; Carone, 1972, p.241-6; Simão, 1966, p.59-98; Barros, 1969, p.45-50), com as presenças em realce de personagens progressistas e ativistas da causa operária, como Evaristo de Moraes e Maurício de Lacerda,[15] todos esses exemplos ilustram a articulação das classes trabalhadoras, ora com setores dissidentes da ordem social, ora com segmentos de oposição no seio do aparelho estatal. Tal "entrelaçamento" deve diluir o mito que criou uma classe operária extremamente combativa e "autônoma" na Primeira República: o anarquismo redefinia-se, independente da vontade dos

---

15 O primeiro deles é pioneiro defensor do operariado, tendo escrito, já em 1905, obra precursora da legislação trabalhista no Brasil: *Apontamentos de direito operário*; o segundo, pai de Carlos Lacerda, destacou-se nos anos 1920 como radical porta-voz, no parlamento e na imprensa, dos trabalhadores.

atores, diante da realidade social brasileira e já mergulhava nela com novos contornos.

Isso conduz-nos à descoberta de duplo equívoco na crítica corrente à atuação do ideário anarquista nas lutas operárias do início do século XX. Primeiramente, o anarquismo brasileiro não estava tão alheio, ainda que o desejasse, ao que havia de específico na sociedade da época. Tome-se, exemplificando, o anticlericalismo: era uma posição que deve ser compreendida em face das raízes conservadoras da Igreja e do catolicismo no país.[16] Em segundo lugar, repita-se, as propostas de "autonomia" diante da ação parlamentar, por exemplo, se podem demonstrar desorganicidade ou falta de senso tático, não se esvaziam, todavia, de sentido político, revelando consciência, pelo menos parcial, dos limites da ação numa cena política que é, de antemão, definida pelos "reis do baralho". Porque, do contrário, o conceito de política se reduz à maior ou menor *eficiência* técnica dos meios postos em prática por diferentes setores da sociedade, na tentativa de controle do poder institucional.

É preciso reconhecer a política que se realiza na fábrica. Ver o sentido político que permeia o espaço operário: complique-se assim essa ideia, acrescentando-se a política invisível no mapa da geografia visível. O bairro operário é lugar de uma cultura própria, que se filtra pelos signos de um dialeto ítalo-português macarrônico,[17] por costumes intraduzíveis, pelo ritmo da vida demarcado ao apito da fábrica, pelos anúncios artesanais (imagens-ideias-objetos), teatros, centros de cultura e festas:[18]

a tendência dos militantes foi a de procurar organizar-se em Centros de Cultura [...]. Também se realizavam festivais no centro da cidade [...] iniciados por palestras doutrinárias e de crítica social, terminados por um baile, que servia de chamariz à juventude, mas mesmo assim não deixavam de ser cantados hinos de

---

16 Essa concepção de um anarquismo "alheio" ao país está bem presente em Martins Rodrigues (1966, p.121-37). Sobre o patrimonialismo-católico na América Latina, ver Cardoso (1972, p.52-3).

17 É o caso típico do escritor satírico paulista Juó Bananére (pseudônimo de Alexandre Ribeiro Marcondes Machado, autor de *La divina increnca*, 1966 [1924]).

18 Obra rica em informações sobre esta cultura operária no Brasil é a de Rodrigues (1972). Mas será, entre outros, o livro de Fausto (1976) que dará à pesquisa desse tema entre nós um estatuto acadêmico.

caráter socialista, entoados por grupos corais [...]. Quando havia companheiros que tocavam algum instrumento, improvisava-se um baile para a juventude, em que aliás todos tomavam parte. Lembro várias dessas festas ou convescotes na Vila Mariana na chácara de um companheiro socialista, alemão ou austríaco, onde era habitual a reunião aos domingos e dias festivos, de elementos germânicos social-democratas, bebendo cerveja preta, muito comum então, barata e gostosa e jogando bochas. Os elementos italianos reuniam-se habitualmente no Bom Retiro, em *botteghe* conhecidas de militantes ou simpatizantes [...] (Dias, 1962, p.42-3).

Na vida das associações de socorro mútuo, depara-se com o espaço operário que guarda as chaves de um tempo incomum. Num certo modelo de boné, esconde-se algum traço primordial dessa cultura, que configura espontaneamente, no movimento do cotidiano, essa imprecisa e difusa, porém autêntica, "consciência de classe". E, se algum pequeno-burguês veste o boné convencido de que penetrou o espaço operário, acaba por se afastar definitivamente:[19] a troca simbólica recria em faina incessante as significações sociais projetadas nos objetos, nas ideias, nas imagens e nas palavras. O processo de significação assim pensado, possuindo sentido histórico único, é paradigma apenas dele mesmo.

A declinação da política e da cultura no interior do espaço operário, entre tantas fontes, pode ser tentada por meio da literatura. Isto é, realizar um trabalho meio arqueológico, meio historiográfico, de todos os modos obstinado, de recolher os sinais dessa história subterrânea, expostos nos sedimentos fragmentários de camadas abruptas e superpostas de historicidades que se viabilizam nos canais variados da criação literária. E nessa busca já louca que redefine o-tempo-no-espaço-da-imaginação reencontra-se a cidade, amarela, e o movimento é uníssono. Na sinestesia perturbadora da ordem habitual das coisas, em rápida mágica da percepção, os espaços preenchem os estertores do tempo:

Eu não. Eu na manhã bem quente me aprontarei, sairei de casa andando firme, desejarei bom dia aos conhecidos da Rua Ana Cintra, entrarei no Largo

---

19 Ver a crítica ao elitismo da concepção de uma consciência de classe "aportada desde arriba" pelo Partido em Mallet (1974, em especial p.14-6).

de Santa Cecília e em frente da Igreja, no meio do Largo, subirei no refúgio me encostando no lampião esgalhado. Nos braços do lampião verde eu serei amparado quando chegar o momento. Como já disse: subirei no refúgio. Trinta centímetros sobre o nível dos paralelepípedos. Porém nesse instante trinta centímetros serão uma altura vertiginosa. Eu me sentirei no alto, mas muito no alto. São Paulo então não abandonará seu filho. Com cheiro de gasolina, com fumaça de fábrica, com barulho de bondes, com barulho de carros, carroças e automóveis, com barulho de vozes, com cheiro de gente, com latidos, cantos, pipilos, assobios, com barulho de fonógrafo, com barulho de rádio, campainhas, buzinadas, com cheiro de feiras, com cheiro de quitandas, todos os cheiros e também barulhos da vida, São Paulo encherá o silêncio da morte.[20]

O espaço operário, na Primeira República brasileira, repousa no abandono de suas ruínas por entre os restos submersos da história social esquecida.

Excurso: Ventos do mar

Não temo dizer: *Ventos do mar: trabalhadores do porto, movimento operário e cultura urbana em Santos (1889-1914)*, de Maria Lucia Caira Gitahy (1992), é dos mais bem documentados trabalhos sobre a história social e cultural da cidade de Santos, no período de que se ocupa. Malu Gitahy conseguiu reunir, aqui, as fontes historiográficas mais interessantes e pertinentes sobre a temática pesquisada, sem descurar dos elos menores, aparentemente esquecidos mas decisivos, tampouco das articulações entre o microcosmo local e as conjunturas nacionais e internacionais. Esse livro veio, pois, arejar, e muito, como verdadeira brisa atlântica, não só o panorama dos estudos monográficos sobre a cidade de Santos, mas, também, a história do trabalho e da cultura no Brasil do período 1889-1914, momento em que nosso maior porto de exportação esteve estrategicamente associado às principais transformações estruturais do país.

Ventos do mar: na leveza surpreendente dessa imagem, o desejo de liberdade repõe-se nos veículos vários da sociabilidade urbana, no processo

---

20 *Meditatio Mortis*: texto inédito de Alcântara Machado e recuperado postumamente por Luís Toledo Machado (ver Alcântara Machado, 1970, p.148).

de trabalho do porto, nas greves e nas expressões da cidadania. Uma brisa marítima embalada de promessas vitais – como queria o poeta – parece soprar nas praias de nossa contemporaneidade. Passados mais de cem anos de organização da Companhia Docas, persiste o dilema entre modernização do porto e reivindicações do mundo agitado do trabalho. Mais que atual, urgente, esse conflito reitera tanto o processo da história portuária mundial (Liverpool, Recife, Filadélfia, São Francisco, Barcelona, Gênova – os movimentos e impasses repetem-se, sim) quanto a cena singular dos sacrifícios e injustiças de todo dia, permeando o eterno jogo da chegada/partida dos barcos, do embarque/desembarque de riquezas, ideias e imigrantes.

Entre os diversos méritos desse volume – riqueza bibliográfica, pesquisa original de fontes primárias do movimento operário santista da virada do século, perspectiva comparatista bastante ampla na análise da cena local –, gostaria de destacar o estabelecimento de elos significativos entre, de um lado, o universo das lutas trabalhistas, o caráter marcadamente operário de toda uma tradição político-cultural do porto de Santos e, de outra parte, a dinâmica e a complexidade do modo de vida urbano, as "fontes subterrâneas da cultura santista", seu cosmopolitismo precoce, os efeitos da *belle époque* e do clima *fin de siècle* sobre a vida cotidiana, a experiência da modernidade filtrada nos processos moleculares e localizados de construção de espaço público.

Se os operários de Santos estiveram entre seus primeiros e mais atuantes modernistas, não compuseram sozinhos o caldo dessa cultura urbana. Sopravam, aí também, ventos da terra: dos quilombolas do Jabaquara, da intelectualidade radical e esclarecida dos movimentos abolicionista e republicano, dos social-democratas pioneiros aglutinados em torno do Centro Socialista dirigido por Silvério Fontes. Entre o parnasianismo feito de imagens "aereomarítimas", como na poesia de um Vicente de Carvalho, e o vulcanismo social dos versos empenhados de um Martins Fontes, os discursos buscavam sentidos e expressões, muitas vezes contraditórios, para a ideia de liberdade. Viver as ilusões do verbo, mas principalmente dos atos, já era, em Santos, como no resto do mundo naquele período, experimentar as vicissitudes dessa grande diáspora chamada tempos modernos.

Martins Fontes, c. 1910 (Penteado, 1968).

7
Os *SENZA PATRIA*:
IMIGRANTES, CLASSE OPERÁRIA E POLÍTICA NA ARGENTINA (1880-1920)[1]

Preliminares

Trata-se, aqui, de examinar, de forma breve e sumária, certos aspectos relevantes do processo de formação da classe operária e de suas relações com o Estado, com a sociedade nacional e com o sistema político dominante. Invertendo a ordem habitual das prioridades, o estudo concentrou-se no caso argentino, num período que pode ser considerado "pré-histórico" em relação ao populismo: como marcos concretos desse processo, o ano de 1878 (uma das primeiras greves operárias significativas: tipógrafos, em Buenos Aires) e o de 1918 (cisão de esquerda no interior do Partido Socialista argentino, criando, logo em seguida, o primeiro Partido Comunista latino-americano). Claro está que o interesse comparativo constitui o pano de fundo constante dessa breve análise. A escolha da Argentina não é casual, pois, por contraste ou semelhança, ilumina a análise de processos análogos ocorridos no Brasil, a começar da exploração de alguns meandros da história de formação das respectivas classes operárias. Ainda dessa perspectiva comparativa, a questão da bibliografia especializada a respeito do tema é de fundamental importância: ao que parece, a situação da historiografia e da análise política do movimento operário na Argentina é quase a mesma

---

1 Esse texto é uma versão modificada do artigo "Classe operária, sistema político e Estado na Argentina (1878-1918): elementos para uma análise comparativa", publicado na série *Textos de Debate* (1982a), bem como de uma variante traduzida para o italiano por Roberto Vecchi e publicada sob o título "I senza patria: immigrati stranieri e classe operaia in Brasile e Argentina (1880-1920)" no periódico *Storia e Problemi Contemporanei* (1996).

294 FRANCISCO FOOT HARDMAN

que no Brasil, isto é, ainda relativamente lacunar, sobretudo para o período anterior a 1930.[2]

Entre os textos dedicados ao tema, para o caso argentino, gostaria de assinalar a obra de Julio Godio (1973), que possui o raro valor de combinar, de maneira equilibrada e bem articulada, os momentos de análise teórica e de pesquisa histórica, em vaivém constante entre o exame específico do processo de formação da classe operária e suas relações com as demais classes e com o Estado. Além disso, o autor não perde de vista as relações entre o movimento operário argentino e outras conjunturas do movimento operário internacional, trazendo referências pormenorizadas a ideologias, militâncias, programas e formas organizacionais. No Brasil, um dos trabalhos que mais se aproximaram dessa perspectiva globalizante e integrativa de análise do mesmo tema e período histórico (que não abandona, mas, ao contrário, reafirma e dimensiona a especificidade dos processos estudados) foi o de Boris Fausto.[3]

No caso argentino, entretanto, pela própria existência de uma sociedade civil mais bem articulada, são inúmeros os depoimentos e memórias de militantes e operários, desde o final do século XIX. A documentação, quanto às fontes primárias, é muito mais rica que a do Brasil, seja no tocante a levantamentos e estatísticas oficiais do governo,[4] seja no que se refere à

---

2 Um balanço interessante da historiografia da classe operária argentina pode ser encontrado no artigo de Weinberg (1968, p.114-26). O autor, referindo-se à tendência geral dos estudos sobre a classe operária argentina, afirma: "Todos consideram de forma especial a 'história das organizações operárias' mais do que a evolução da situação objetiva em que viveu o proletariado argentino... todos dedicam muito pouco espaço ao processo de formação e desenvolvimento da classe operária em nosso país. Todos eles partem da consideração do movimento operário como um fato dado" (p.114). No caso da imigração italiana no Brasil, é inegável a valiosa contribuição, entre outros, dos trabalhos específicos de Michael Hall, Angelo Trento, Thomas Holloway e Zuleika Alvim. Mas o interesse desse artigo é de natureza diversa: indagar sobre alguns efeitos que a presença de uma massa proletária formada em grande parte por imigrantes estrangeiros produziu no processo de consolidação dos sistemas estatais nacionais de dominação política.

3 Fausto (1975), posteriormente editado pela Difel, em 1976, com o título *Trabalho urbano e conflito social.*

4 São famosos os levantamentos detalhados e anuais de greves operárias, feitos pelo Departamento Nacional del Trabajo; apesar disso, são pouquíssimo utilizados pelos pesquisadores. Essa série existe desde o início do século XX, para todo o território argentino: só há documentação disponível e equivalente em certos países europeus, como França ou Inglaterra. Ainda em 1904, o ministro do Interior encomendava ao engenheiro reformista Juan Bialet Massé um "Informe sobre o estado das classes operárias no interior da República". Segundo

NEM PÁTRIA, NEM PATRÃO! 295

imprensa operária, à documentação de congressos sindicais, aos programas de organizações etc.[5] O que parece entravar os estudos sobre a classe operária argentina, portanto, são muito mais processos políticos e ideológicos em que se movem os intelectuais que propriamente um estado de carência documental. Aliás, no Brasil, a ausência de material historiográfico foi muita vez utilizada como pretexto para justificar a acomodação em face da tarefa de recuperar e avaliar o passado operário.

Outra preocupação essencial, que deve constituir novo enfoque com relação ao estudo habitual tendo por temática as classes subalternas, refere-se à necessidade de situar a análise histórica no plano específico da classe, distinguindo-se, para tanto, os conceitos de *classe*, *movimento* e *organização*. Trata-se, assim, de evitar sobreposições daquelas três dimensões, o que redundou frequentemente em erros de avaliação histórica e de análise política. Tal preocupação, no que diz respeito à questão operária, tentando, simultaneamente, integrar e articular níveis específicos de análise, advém da necessidade de rever o tratamento das relações entre partido, sindicato e classe. Trata-se de recuperar a perspectiva teórica de uma ordem hierárquica na determinação, presente já nos textos de Marx relativos à sua participação na Primeira Internacional, que consiste em fazer do *plano da classe* o *determinante histórico*, em última análise, *do movimento e da organização*, e não o contrário.

Dentro dessa linha, o estudo de processos concretos culturais vividos e acumulados historicamente pela classe adquire importância real. Em sentido amplo, deve incluir manifestações estéticas peculiares, formas de vivência específicas (habitação, organização coletiva do espaço), além de se referir à própria experiência cotidiana, esta quase irrecuperável tessitura

---

Godio (1973), tratava-se de uma medida zelosa do Estado, em razão da crescente onda de greves nas províncias do interior. De qualquer maneira, tais atitudes revelam a imediata resposta do Estado à presença política da classe operária: o governo tentava reunir dados que racionalizassem a ação de mecanismos institucionais de controle e repressão.

5 Ver, a respeito, Spalding (1970). A imprensa operária argentina, em especial a anarquista, desde os primórdios, foi certamente a mais significativa da América Latina, tanto em número de títulos quanto em tiragem e periodicidade. Comprovam-no as coleções de periódicos existentes em Amsterdam (IIHS) e no Arquivo Edgard Leuenroth em Campinas (129 títulos). "Buenos Aires chegou a ser possivelmente a única cidade do mundo onde – além dos inumeráveis semanários, revistas e periódicos de aparição irregular – se publicavam em 1910 dois diários anarquistas com uma tiragem superior aos 15.000 exemplares" (Campo, 1971, p.83).

de pequenos atos anônimos e espontâneos que constituem o dia a dia operário, fora das cadeias da necessidade representadas pelos muros da fábrica e pelo mundo do trabalho. Trata-se de um outro lado do mundo operário, o espaço de sua vivência, não apreensível da ótica da historiografia tradicional, nem de um economicismo que se fixasse na mera reprodução reiterada da força de trabalho.

Aspectos históricos

Ao iniciar-se o último quartel do século XIX, o rótulo de "celeiro do mundo" ganhava raízes na Argentina. Um modo de produção definido em termos de capitalismo agrário dependente configurava a essência da formação social argentina. Buenos Aires, principal porto de escoamento das grandes exportações e centro estratégico do capital comercial e financeiro, tem seu processo de urbanização visivelmente acelerado. Configura-se o desenvolvimento desigual das regiões, a partir do incremento da capitalização das relações de produção, nos grandes latifúndios produtores de gado e cereais. Segundo Godio (1973, p.21-43), estabelecem-se três vias fundamentais de desenvolvimento do capitalismo a partir da segunda metade do século XIX:

a) inversões maciças de *capital estrangeiro*, especialmente destinadas ao controle das finanças, do comércio exterior, das obras de infraestrutura (transporte, energia e comunicações), dos serviços urbanos, das indústrias de transformação da produção pecuária (frigoríficos), bem como de enormes áreas de terra (companhias colonizadoras, montadas a partir das concessões ferroviárias);

b) *prussianismo capitalista agrário*, desenvolvido sob a égide do latifúndio agropastoril que subordina e redefine globalmente as relações de produção no campo e na cidade. Esse processo de desenvolvimento capitalista partindo de *dentro* do latifúndio cria condições para a consolidação de uma classe de grandes proprietários capitalistas, que constitui a base social da hegemonia política no período;

c) *indústrias nacionais* (afora o setor de frigoríficos, principal atividade industrial do país e controlado por capitais ingleses e norte-americanos):

c.1) Setor de indústrias extrativas, ligado a processos de transformação simples de matérias-primas (moinhos, fornos, engenhos, fábricas de vinho etc.);

c.2) Setor de indústrias leves de bens de consumo (têxtil, metalúrgica, química, alimentação, vestuário etc.);

c.3) O importante setor de oficinas artesanais, existentes anteriormente e que continua em expansão até 1914.[6]

Nesse quadro, configura-se uma hegemonia de poder dirigida pela fração dos grandes proprietários *ganaderos* do litoral em aliança com forças oligárquicas do interior e com interesses do capital estrangeiro. A organização política dessa classe nacional hegemônica deu-se pelo Partido Autonomista Nacional. O programa e a prática política contidas nessa hegemonia são explicitados ideologicamente pela chamada "geração dos anos 1980", que define um liberalismo oligárquico como expressão do próprio caráter contraditório do capitalismo agrário dependente. Aliás, no geral, essa formulação aproxima-se bastante da ambiguidade inerente ao liberalismo oligárquico-burguês da burguesia cafeeira no Brasil. Na Argentina, o pacto de dominação exerce-se, no nível específico das relações jurídico-políticas, pela presença de um *Estado Liberal Terrateniente*, na expressão de Godio (1973, p.49).[7]

---

6 O setor 1 logrou a maior concentração de capitais e maior crescimento, em razão de sua estreita vinculação com a produção agroexportadora e o capital estrangeiro. O setor 2, ligado ao mercado interno e dependente da importação de bens de capital, desenvolve-se pouco no período analisado, permanecendo como produção manufatureira e com baixa composição orgânica do capital. São os setores 2 e 3 que concentram a maioria da força de trabalho, em grande parte, portanto, submetida a traços de manufatura, artesanato e semiartesanato. Basta verificar a predominância de *ofícios* na composição da mão de obra. Ver Godio (1973, p.39). O peso significativo de um setor artesanal, até por volta da Primeira Guerra Mundial, parece marcar uma diferença fundamental com o caso brasileiro. Aqui, pelo contrário, já em 1901 tinha-se um peso maior (em termos de volume de capital e de produção) no setor de empresas fabris de tipo moderno (ver Silva, 1976). Este autor sugere que a industrialização brasileira, desde logo, baseou-se na grande indústria, sendo quase insignificante a presença da manufatura típica e do artesanato. Quanto à composição da classe operária, esse contraste é dos mais relevantes: talvez o maior peso do setor artesanal argentino possa explicar a penetração e a intensidade do movimento anarquista naquele país, em especial, da tendência anarcossindicalista (a qual valoriza demais a organização por ofícios). Fora da Europa, a Argentina foi, certamente, o maior reduto do anarquismo.

7 Sobre a evolução da história argentina para o período de consolidação, auge e crise dessa hegemonia (1875-1916), ver Gallo & Conde (1972). Os autores definem o regime político predominante nessa fase como *liberal-conservador*, sob a direção do PAN. Uma síntese sumária da formação histórica global da Argentina também pode ser encontrada em Conde & Gallo (1967).

Tal fisionomia da dominação política, válida em termos globais para o período 1875-1916, seria afetada apenas em 1890 por uma revolta política que expressava, simultaneamente, os novos interesses aglutinados pela recém-criada União Cívica Radical (setores das classes médias urbanas emergentes e da pequena burguesia tradicional excluída da aliança de poder) e os interesses de certas dissidências oligárquico-burguesas, descontentes com a desnacionalização crescente da economia argentina e com a perda acelerada da autonomia relativa da classe dominante hegemônica ante o capital estrangeiro. No entanto, ainda nessa crise, o Partido Autonomista Nacional conseguiria recompor a aliança conservadora, mantendo-se no poder até 1916, quando os radicais finalmente rompem com a hegemonia oligárquica.

A classe operária que tal processo engendrou seria composta, em grande parte, a partir dos contingentes da imigração europeia intensificada de forma vertiginosa com as novas fontes de trabalho, especialmente advindas da crescente urbanização polarizada de Buenos Aires.[8]

O cosmopolitismo de Buenos Aires nasce daí, definindo-se na época como cidade-porto, com seus operários estrangeiros e prostitutas importadas. O desemprego, necessário à formação de amplo exército industrial de reserva, e a carência de habitação – com o surgimento dos famosos *conventillos* – configuram uma ampla massa de desempregados e setores marginalizados. O tango nada mais foi que o signo dessa exclusão, dessa mistura de fumaça de porto, prostituição, crimes baratos e dramas romanescos. O tango é um signo claro da violência que esse processo carregou. Antes de ser convertido em objeto de consumo pelas elites locais e metropolitanas, o tango era o espelho do mistério sensual dessas ruelas escuras e bares suspeitos. A sensualidade do tango não era a da moral burguesa: explosiva e momentânea, ela guardava a atmosfera trágica de esquinas e pecados fugidios. As luzes dos arrabaldes portenhos confundiam ainda, naquele tempo, essas massas turbulentas da zona do cais, na condição geral de *explorados* e *estrangeiros*.[9]

---

8 Não me alongarei sobre os detalhes históricos de tal processo, já razoavelmente conhecido e bastante análogo, inclusive, no caso brasileiro. Buenos Aires e São Paulo aproximam-se nesse particular. Sobre dados e pormenores da formação e composição da classe operária argentina nessa fase, ver Bourdé (1973).

9 A respeito do ambiente interno desse universo de cais e prostíbulos, ver interessantes relatos contidos em Goldar (1971).

Como diz o título de uma peça teatral do anarquista Pietro Gori, era o tempo dos *senza patria*.

É sob a dupla condição de imigrante-explorado que se forma o proletariado urbano argentino: imigrante, não só pela origem, mas basicamente por permanecer "estrangeiro", *excluído* do sistema político-social. Nesse sentido, a exclusão e repressão a que esteve submetida grande parte dessa classe operária nascente, por parte do Estado e classes dominantes, acentuam sua condição de desterro: é *internamente*, portanto, à formação social argentina que se configura o caráter de exclusão a que nos referimos, acentuando-se a partir daí traços preexistentes de origem externa, o que viabiliza, inclusive, o florescimento de uma "cultura operária" relativamente autônoma.[10]

Assim, a contradição mesma da situação de classe do novo proletariado esteve mediada pelo longo processo de "aprendizado de classe", que implica a passagem da condição de imigrante para a de assalariado do capitalismo argentino. Vale dizer, trata-se da dialética entre a *questão social* (no sentido de classe) e a *questão nacional*, temas que se relacionam contraditoriamente no universo desse proletariado emergente.

No que diz respeito ao movimento, a greve operária será o instrumento marcante de luta ante o poder patronal e estatal, a manifestação espontânea desse processo de "aprendizado de classe". Será a expressão da violência e do caráter de repressão/exclusão que preside as relações Estado/classe operária no período. Será, também, um veículo de solidariedade, uma forma privilegiada de "ginástica revolucionária" ou de "escola de rebeldia", no dizer dos próprios anarquistas: a greve, assim, além de seu conteúdo político e social explícito, aparece como fenômeno de condensação de uma certa cultura das classes subalternas.[11]

---

10 É incrível a semelhança entre o padrão das festas libertárias e dos piqueniques operários anunciados pela imprensa operária argentina (*La Protesta*, por exemplo) e brasileira (*O Amigo do Povo*, por exemplo). Ver Campo (1971, p.54 e 86-7). O mesmo com respeito à criação de "escolas livres" (ibidem, p.85).

11 Sobre greves operárias no período, ver extensa cobertura em Godio (1973, passim). Em Campo (1971), há várias referências sobre o ritual de luta e de morte que acompanhou a espontaneidade das explosões grevistas, coordenadas em grande parte pelo movimento anarcossindicalista. Fausto (1976, p.149) acredita que haja uma semelhança entre os padrões de greves, no Brasil e na Argentina, no tocante aos resultados alcançados em razão da variável dimensão das empresas. Haveria semelhança também no apoio dos setores das classes mé-

Vista, nesse período, com moderação e distância pelos socialistas, e apoiada, quase de forma milenarista, mas combativa, pelos anarquistas, a greve operária, paradoxalmente, sintetiza, a um só tempo, a vitalidade espontânea e os limites econômico-corporativos do movimento operário: sua força maior, como demonstração da presença social da classe, a greve será também o indício revelador da relativa fragilidade de sua atuação em termos políticos e organizacionais.

Retomando a questão pelo lado das relações entre Estado e classe operária, nota-se a estreita semelhança entre Brasil e Argentina, pelo caráter comum de repressão e exclusão que predominou em ambos os casos, nos limites do período tratado. Tal afirmação contraria, por exemplo, os contrastes enfatizados por Boris Fausto (1972, p.17-9). Esse autor tem razão quando compara o desenvolvimento desigual da atividade econômica nos dois países, realçando a maior prosperidade relativa da economia argentina vinculada a um *boom* exportador mais significativo e a um processo mais acelerado e profundo de urbanização. Além disso, lá mais que aqui, o setor secundário passa a ter um peso crescente sobre a produção nacional; e, no espaço da cidade (em especial, Buenos Aires), a nova classe operária constitui um contingente dos mais representativos numa população urbana em grande parte formada a partir do processo imigratório. Tais condições estruturais diferenciadas, em seu conjunto, seriam mais favoráveis (mas jamais determinantes) ao avanço e relativo sucesso do movimento sindical de bases reivindicatórias econômicas na Argentina.

Entretanto, se essa constatação geral é válida como fixação de possibilidades estruturais, discordamos da avaliação que Boris Fausto faz da

---

dias a grevistas operários, especialmente no interior dos dois países: por exemplo, na greve da Cia. Paulista em 1906 (Jundiaí, Campinas) e no "Grito de Alcorta" em 1912 (Rosario) (Fausto, 1976, p.144).

Sobre o aspecto cultural das greves, duas fotografias reproduzidas em Gallo & Condé (1972, p.214-5) registram muito bem essa dinâmica do movimento. Numa greve de ferroviários (1902), dezenas de operários acotovelam-se às portas do sindicato, diante da câmera, em elegantes e sóbrias poses (chapéus ou bonés e ternos): várias crianças vestidas a caráter estão entre os grevistas. Na outra foto, concernente a uma assembleia de cigarreiros grevistas ocorrida em 1904, uma sala da associação de classe adornada com emblemas sindicais e um retrato de Marx é ocupada por cerca de 30 operários – dentre eles, 7 mulheres e 12 crianças, uma delas com não mais que 6 anos de idade. A participação regular de famílias operárias nos conflitos grevistas amedrontava terrivelmente as elites, pois apontava para a tendência à reprodução das greves, como contingência da própria reprodução da força de trabalho: sobre este paralelo, ver o filme *Metello* (1970), de Mauro Bolognini (ver o Cap.1 deste livro).

burguesia industrial argentina nesse período como "um setor marginal na sociedade", acrescentando ainda que o liberalismo econômico dominante era defendido "pela maioria das organizações sindicais", além do Partido Socialista. Tal avaliação, baseada em verdade na análise de E. Gallo e R. C. Conde, é bastante discutível (ibidem, p.18):

a) além da dubiedade da noção de "marginal", cumpre notar que nem todos os setores industriais se encontravam alijados da aliança de poder. O setor de transformação simples de matérias-primas, o que maior expansão e concentração de capital apresenta no período, estava estreitamente vinculado à oligarquia agroexportadora hegemônica e aos capitais estrangeiros, compondo na aliança conservadora;

b) se é verdade que, por um lado, o PS argentino e setores do sindicalismo apoiavam, em sua prática política reformista, o livre-cambismo vigente, pode-se dizer, por outro, que a maior parte das organizações sindicais, sob orientação hegemônica do anarcossindicalismo, nunca apoiou a política econômica do Estado, como de resto nenhuma outra política.

Em realidade, por trás daquela visão em parte equivocada e que chega a concluir, no caso argentino, que a "ação operária era conduzida menos para a transformação radical da sociedade e mais para a redistribuição dos benefícios" (ibidem), o que parece existir é uma confusão entre o *movimento operário* em seu conjunto (que em sua espontaneidade explosiva, típica de uma massa de explorados que nada tem a perder, tendeu sempre – ao contrário do reformismo – à negação, utópica mas radical, de toda a sociedade) e certas formas de organização e direção que tentavam conduzir as explosões espontâneas a um reformismo meramente corporativista e reivindicatório (por exemplo: os *sindicalistas*, como tendência; a UGT, organização sindical do PS; certos setores mais economicistas do anarcossindicalismo).

O próprio Boris Fausto (1976, p.246) atenua essa dicotomia proposta entre Brasil e Argentina, afirmando, desde logo, que "as diferenças entre um e outro caso são de grau e não de natureza. Em ambos, as restrições à concessão de uma cidadania social (para a classe operária) surgem como relevantes". De fato, na Argentina, a assimilação do movimento operário pelo Estado prepondera ante a repressão somente após 1916, com a subida do partido radical ao poder: a presença política da classe operária passa, então, a ser fator de legitimação da nova aliança hegemônica de poder.

É apenas a partir dessa data, e não antes, que a pré-história do populismo se esboça com maior clareza, como ensaio de aliança e cooptação entre forças sociais antagônicas, sob a égide do nacionalismo burguês e de alguns elementos do jacobinismo pequeno-burguês.

Em geral, portanto, até por volta da Primeira Guerra Mundial, apesar da coexistência de repressão e assimilação nas relações do Estado com a classe operária,[12] tanto na Argentina quanto no Brasil, o aspecto determinante dessas relações será o repressivo, com a exclusão sistemática das classes subalternas da participação política e o não reconhecimento institucional de sua existência social.

No caso brasileiro, a repressão e a exclusão dirigidas pelo Estado terão sua correspondência no caráter de negação radical do sistema político proposta pelo anarcossindicalismo.[13] No caso argentino, apesar do quadro mais complexo, pela presença prematura e significativa do Partido Socialista,[14] esquema análogo pode ser pensado. Godio (1973, p.209), nesse ponto, coloca de maneira exemplar e sintética a maior dificuldade dos

---

12 Parece que, nesse particular, finalmente superaram-se as visões simplistas que viam somente um lado da questão ("questão social como questão de polícia" ou o "Estado gendarme" argentino). A própria ideia de Estado, acompanhada de suas funções específicas numa sociedade de classes, obriga a considerar a presença simultânea desse duplo aspecto (repressão/assimilação), com a predominância de um sobre o outro, em função da natureza da hegemonia e da conjuntura política. Em outras palavras, trata-se das funções coercitiva e ideológica do Estado, que não podem existir em separado. Note-se que a assimilação, como no caso posterior das políticas populistas, significou também a desorganização das associações e dos movimentos próprios da classe operária. A respeito do caráter simultâneo e hierarquizado desse duplo aspecto, é interessante notar que tanto Godio quanto Fausto dedicam capítulos específicos à matéria em suas obras.

13 Para o caso brasileiro, remeto principalmente à análise de Fausto (1976). Paradoxalmente, o binômio repressão (estado)/anarquismo (movimento) compreendia, no fundo, fenômenos sistêmicos (aqui, a abstenção política anarquista adequava-se à exclusão encetada pelo Estado). Inversamente, o binômio assimilação/estratégia política permanece como extrassistêmico, porque toca num ponto central de garantia do sistema político dominante, isto é, a exclusão política da classe operária. Assim, apesar do reformismo inerente ao "trabalhismo" carioca, este, ao propor um programa de participação política do operariado, tornava-se virtualmente mais perigoso ao poder oligárquico que o radicalismo utópico do anarquismo.

14 Ver Godio (1973, passim). Em Fausto (1976, p.103-4), há um contraste com o caso brasileiro e indicação do maior êxito relativo do PS argentino. O autor recorre às mesmas causas estruturais que apontara no artigo já citado, "A primeira república"; note-se que, agora, a explicação prefere restringir-se especificamente a uma organização partidária e não se referir mais ao movimento operário como um todo. Fausto (1976, p.100-1) destaca a semelhança de programas políticos entre o PS argentino e o pequeno Partido Socialista criado em São Paulo, em 1902, responsável pela edição do jornal *Avanti!*.

social-democratas em perceber a natureza das relações Estado/classe operária e o seu consequente afastamento do movimento operário:

> A grande dificuldade com que se defrontavam os socialistas para estender sua influência entre os trabalhadores reside nesse trinômio *assalariados semiartesanais estrangeiros/marginalização política/exploração*, que marca as expectativas da maioria dos trabalhadores. Imigrantes, portanto estrangeiros, a maioria destes assalariados semiartesanais não mostrava grande interesse em participar da atividade política nacional. O Estado *terrateniente* burguês apoiava-se neste fenômeno para acentuar sua exclusão da política, medida que os oligarcas e grandes capitalistas consideravam necessária para manter o elemento estrangeiro algo próximo de uma força produtiva "pura". Mas a brutal exploração que sofriam levava-os a movimentos de protesto e resistência, às greves cada vez mais radicais em seus objetivos, ainda que, em última instância, radicalizavam-se, segundo as pautas anarquistas, como universalismo anticapitalista abstrato (Traduzimos).

Assim, pela maior correspondência entre as propostas do anarquismo e a condição operária concreta, naquele momento da formação social argentina, acabou por se constituir uma identidade mais próxima entre aquela nova classe operária e o movimento anarquista:

> O rechaço do imigrante à ordem existente encontrava no anarquismo uma resposta simples, mas satisfatória: os "grandes culpados" eram os patrões e o Estado em geral. Onde eles existissem, os males dos trabalhadores estavam presentes. Por isso, sua condição de explorados era ideologizada pelo anarquista como necessário cosmopolitismo de todo trabalhador. O internacionalismo proletário se transforma assim em uma espécie de universalismo obreirista, cujo sentido era a "irmandade universal dos explorados" (ibidem, p.137. Traduzimos).[15]

Como se vê, no período, embora houvesse tendências que apontavam na direção das alianças políticas de classe, mais ou menos análogas aos ensaios populistas, elas estavam submersas e, de qualquer modo, determinadas

---

15 Trata-se de uma excelente análise das relações anarquismo *versus* classe operária. Ver também p.138-9.

pelo aspecto principal de exclusão/repressão já referido. Quanto à classe em sua concretude, pelo contrário, observava-se um processo tal de exploração, que nenhuma veleidade de participação política "civilizadora" teria podido encontrar respaldo. O anarquismo, com sua radicalidade internacionalista, com seu revolucionarismo messiânico, com sua ingênua e utópica espontaneidade, conseguiu mais adeptos na ampla massa de desorganizados e explorados. Vinculando-se estreitamente à resistência cultural do imigrante, enriqueceu-a pelos valores próprios à constituição de uma "cultura proletária", que reafirmava a autonomia de classe ante a sociedade burguesa. Pela intensa propaganda libertária, o Estado, tanto em seus aparelhos repressivos (forças armadas) quanto ideológicos (Igreja, família, sistema educacional), era radicalmente negado. A palavra de ordem, baseada na tripla negação "Nem Deus, nem Pátria, nem Patrão", encontrava ecos na solidariedade operária de classe e no internacionalismo libertário.[16]

A euforia do anarcossindicalismo, entretanto, escondia profundas debilidades no plano teórico-político, com relação à natureza do Estado capitalista e das estratégias para sua superação. O aparecimento do Partido Comunista, já a partir de 1918, na cena política, redefiniria substancialmente o jogo de forças no interior do movimento operário. Os insucessos anteriores da social-democracia, em termos de audiência junto à maioria da classe, não podiam ser imputados apenas à questão dos limites da cidadania e da participação política dos operários: na verdade, tanto na Argentina quanto no Brasil, desde muito cedo, os social-democratas já davam sinais inequívocos de suas preferências históricas pela via do reformismo e do compromisso conciliador entre as classes. Era isso, fundamentalmente, que os primeiros contingentes da classe operária argentina e brasileira rejeitavam.

---

16 Ver as indicações de Fausto (1976, p.124) sobre tentativas concretas de contato entre os portuários argentinos e brasileiros, em 1904. A imprensa operária era, sem dúvida, o maior veículo de articulação internacional do movimento anarquista. De Buenos Aires, escrevia para *O Amigo do Povo*, algumas vezes, o anarquista C. Marchetti: a violenta repressão e a matança de operários, no Primeiro de Maio de 1904, por exemplo, é narrada em detalhes. Alguns militantes caracterizavam-se por sua mobilidade atuante em vários países: é o caso de Oreste Ristori, italiano, com atuação de peso na Argentina, no Brasil e no Uruguai. De certa feita, expulso de Buenos Aires, pulou do navio para o Rio da Prata, sendo resgatado por companheiros que o esperavam num barco. Em São Paulo, Oswald de Andrade, seu admirador, presenciou uma fuga de Ristori da polícia, em pleno centro da cidade, com seu boné, de bicicleta. Outro anarquista de relevo, na Argentina, foi Pietro Gori, cujas peças teatrais fizeram sucesso em Buenos Aires e em São Paulo (Larroca, 1971).

8
Imprensa operária, espaço público e resistência: notas de leitura[1]

História e classes subalternas

A revisão crítica empenhada em superar os ocultamentos da história oficial e dominante deve procurar alternativas que situem parâmetros adequados para a construção de uma "história do trabalho". Nesse sentido, há um artigo de Eric Hobsbawm (1974a) que representa um marco analítico de reavaliação dos mais decisivos. O autor realiza a desmontagem de vários dos procedimentos ideológicos mais comuns à historiografia corrente sobre o tema. Para tanto, estabelece uma distinção básica entre níveis de análise (classe, movimento e partido), ressaltando que os equívocos mais frequentes dos historiadores do trabalho são produzidos a partir da mescla e da identificação precipitada desses conceitos entre si. Hobsbawm, ao diferenciar esses termos, pretende sugerir uma dada hierarquia explicativa e uma ordem de determinação entre eles: assim, historicamente, as questões relativas à organização partidária do proletariado devem estar determinadas pela situação concreta da experiência real do movimento operário, considerado em suas formas de luta e manifestações, lideranças e ideologias. Por sua vez, o movimento operário é determinado pela natureza histórica da classe como tal, pelo processo de sua formação e sua composição atual.

---

1 Esse estudo é uma versão modificada de monografia inicialmente apresentada nos seminários de pós-graduação sobre história do trabalho dirigidos por Paulo Sérgio Pinheiro e Michael Hall junto ao curso de mestrado em ciência política do IFCH/Unicamp, em 1975. Uma versão anterior saiu publicada sob o título "Classes subalternas e cultura: São Paulo, 1889-1922", na revista *Ordem/Desordem* (1977).

Tanto movimento quanto partido, portanto, são expressões históricas e políticas da classe operária especificamente configurada.

Essa linha de preocupação localiza-se no interior dos debates, em certos setores políticos europeus, que tratam das relações partido-sindicato/classe diante dos impasses históricos do movimento operário em países capitalistas centrais, como França e Itália. Nesse sentido, vários autores, como Serge Mallet (1974) ou Angiolina Arru (1974), tentam recuperar, dentro da tradição marxista, um fio condutor que reaproxime os problemas da organização política dos interesses históricos da classe operária e das experiências concretas acumuladas em seu movimento real.

Assim, desde a participação de Marx e Engels na Primeira Internacional, passando pelas análises de Rosa Luxemburgo (1979) sobre a greve geral de massas e pela experiência revolucionária de um "poder operário" fundado nos sovietes, até os escritos de Antonio Gramsci (1974, p.25-42) anteriores aos "Cadernos do cárcere" sobre os conselhos operários de fábrica no movimento de Turim, o que se tenta é apreender uma mesma tradição: aquela que busca as bases da organização política na classe e em seu movimento. Ora, a retomada dos elos partido/classe, ressaltando-se o caráter determinante desta última, recoloca a importância dos estudos e debates em torno da própria *classe*, no que diz respeito a sua composição, formação histórica e práticas sociais específicas. Além da experiência própria e espontânea do movimento, é relevante ainda indagar os processos culturais peculiares à "massa majoritária dos não organizados" da classe operária sobre o "modo de vida" e as práticas sociais cotidianas que lhes conferem singularidade histórica.

É interessante notar como Marx, em 1871, recomendava ao Conselho Geral da Internacional a elaboração de "uma estatística geral da classe operária": longe de veleidade acadêmica, esse plano era tido como necessário e fundamental para a própria coordenação das lutas operárias, para a organização do movimento internacional, sendo, antes de mais nada, "uma questão de solidariedade que se tem de conhecer absolutamente" (Arru, 1974, p.47). Tal atitude lembra de perto a constante preocupação de Gramsci em torno da necessidade política de um "mapeamento cultural" da Itália, privilegiando as manifestações das classes populares. Rosa Luxemburgo (1979, p.34), ao analisar as explosões revolucionárias na Rússia de 1905, esteve atenta às condições históricas específicas do movimento operário local, desde as erupções grevistas iniciadas em 1896-1897, a partir dos operários têxteis de São Petersburgo; ressalta a existência de um "painel imenso e variado da batalha geral do trabalho contra o capital", e, citando uma jornalista que acompanhara os levantes do verão de 1903, destaca a atmosfera de festa que envolve a classe operária em luta, rompido o seu cotidiano fabril:

> Abraços fraternais, gritos de entusiasmo e contentamento, cânticos de multidão de milhares de pessoas indo e vindo através da cidade, de manhã à noite. Reinava uma atmosfera de euforia; quase se podia crer que uma nova e melhor vida principiara na terra. Espetáculo profundamente comovedor, idílico e enternecedor ao mesmo tempo (Luxemburgo, 1979, p.30-1).

Assim, estou querendo sugerir que o acento no enfoque específico sobre a *classe* nos estudos de "história do trabalho" subentende, de um lado, uma atitude política de reconsideração das questões atinentes à organização partidária (de uma perspectiva que recupere os pressupostos de uma "democracia operária") e, de outro, implica um esforço de desvendamento histórico dessas sombras que cobrem boa parte das práticas socioculturais vividas cotidianamente pela classe.

Claro está que parte significativa dessas sombras permanecerão como tais, dada a impossibilidade total de acesso a certas fontes, irremediavelmente perdidas. Seria ingênuo pretender uma reconstrução *contínua* de todo o processo histórico vivido pela classe. Há que se ter em conta o caráter necessariamente "desagregado e descontínuo" da história das classes subalternas, já que a unidade histórica das classes dirigentes se dá por intermédio do Estado: a condição de excluídos e de subalternos confere ao processo histórico de formação das classes operárias um caráter inerente de descontinuidade (Gramsci, 1974a, p.491-3). Assim, a rigor, a história que se fizer dos setores subalternos da sociedade sofrerá, de maneira inevitável, as vicissitudes dessa descontinuidade:

> A história dos grupos sociais subalternos é necessariamente desagregada e episódica. Não há dúvida de que na atividade histórica desses grupos há uma tendência à unificação, ainda que seja em níveis provisórios; mas essa tendência rompe-se constantemente pela iniciativa dos grupos dirigentes... Os grupos subalternos sofrem sempre a iniciativa dos dominantes, inclusive quando se

rebelam e se levantam. Na realidade, inclusive quando parecem vitoriosos, os grupos subalternos encontram-se em uma situação de alarme defensivo... Por isso, todo indício de iniciativa autônoma dos grupos subalternos tem de ser de inestimável valor para o historiador da totalidade; disso se depreende que uma história assim não pode tratar-se mais do que monograficamente, e que cada monografia exige um acúmulo muito grande de materiais frequentemente difíceis de encontrar (Gramsci, 1974a, p.493).

Nesse sentido, dada a própria concepção de classes sociais e suas relações com o Estado que norteia o campo teórico deste estudo, deve-se evitar igualmente o polo oposto àquele privilegiado pela historiografia dominante, isto é, o isolamento da análise da classe operária. A preocupação com qualquer "indício de iniciativa autônoma" (cultural e/ou política) verifica-se pelos sinais de sua efetiva atuação nas metamorfoses das relações de hegemonia vigentes na sociedade de classes. É, portanto, nesse confronto, e nas relações da classe operária com as classes dominantes e com o Estado, que se localiza a dinâmica da virtual unificação dos setores subalternos, pela passagem dialética de sua descontinuidade histórica à agregação mais continuada de suas práticas e políticas.

Classes subalternas e cultura

A rigor, não se pode falar em "cultura operária". Trotski (1969, cap. VI, VII, VIII) já demonstrara que é praticamente impossível a uma classe dominada, com reduzido tempo livre e sem condições materiais, produzir obras e ideias comparáveis ao acervo da cultura dominante. Portanto, entendendo-se "cultura" no sentido de uma produção mental e material de obras, ideias e artefatos de uma dada sociedade (como falamos, por exemplo, em "cultura ocidental"), está claro que a classe operária não possui condições mínimas para constituir um arsenal de "cultura" próprio e autônomo. Mesmo entendendo a noção de "cultura" em um sentido mais amplo, além da produção de artefatos ou de um "corpo de trabalho imaginativo e intelectual", cultura como "todo um modo de vida", como propõe Raymond Williams (1969, ver "Conclusões") a partir da análise do surgimento e da evolução desse conceito na literatura inglesa desde a Revolução

Industrial, permanece a dificuldade em se pensar um "modo de vida operário". Sabemos que uma das tendências do capitalismo industrial é a homogeneização dos hábitos de consumo, unidimensionalizando padrões de vida e comportamento social. Se a pobreza é um traço permanente de amplos setores subalternos, não poderíamos elegê-la, por si só, como um "modo de vida proletário": a miséria não é critério convincente para se definir uma "cultura operária", a menos que se assuma uma perspectiva burguesa de encarar de forma pitoresca o pauperismo advindo da exploração de classe. A pobreza não pode ser fundamento de um modo de vida autenticamente operário simplesmente porque a classe operária não a elegeu, sendo-lhe imposta como resultado de sua posição no processo de produção capitalista.

Por outro lado, como salienta ainda Williams, a produção industrial capitalista tende a uniformizar os campos do lazer, da habitação, do vestuário e, inclusive, o da língua. Nesse sentido, o autor lança a hipótese: "A distinção crucial está em formas alternativas de se conceber a natureza da relação social" (p.333). Em torno dessa assertiva, contrapõe o individualismo próprio à visão burguesa das relações sociais à solidariedade ou ao coletivismo inerente às concepções de mundo da classe operária. Parece que essa tendência de encarar o problema é, de certa forma, análoga à de Gramsci, ao referir-se este autor a "concepções do mundo e da vida" próprias às classes populares, apesar de seu caráter não elaborado, descontínuo e até mesmo contraditório.

De qualquer forma, ao lado dessa marca distintiva ligada à "concepção da vida social" (difícil de detectar por se encontrar confundida na prática e no discurso das classes operárias que incorporam, simultaneamente, aspectos das ideologias dominantes), a presença cultural das classes subalternas verificar-se-ia também, sempre segundo Williams, em sua contribuição difusa, porém real, à constituição do próprio processo cultural mais abrangente de toda a sociedade. Não se pode, da mesma maneira – no que diz respeito à criação cultural –, falar rigorosamente de uma "cultura burguesa"; como é produzida numa sociedade de classes, constitui exatamente esse cadinho de contradições. Claro está que a "cultura" assim gerada favorece globalmente os interesses das classes dominantes; revela, porém, nos interstícios de seu discurso, a presença efetiva das "aspirações coletivistas" próprias da contribuição operária. A análise que o autor faz da literatura inglesa examina em grande parte esse processo contraditório da "cultura":

como, enfim, uma literatura dominante acaba por assimilar valores, temas e significados muitas vezes sintomáticos da atuação real das forças dominadas, nos processos ideológicos de uma sociedade em transição.[2]

Estar atento ao problema da cultura específica das classes subalternas, ou constatar que há efetivamente contribuições do "coletivismo operário" incorporadas à "cultura dominante", não esgota, porém, a questão. É necessário tentar precisar melhor o sentido daquela "concepção de mundo" propriamente operária. Tim Patterson (1975), em artigo polêmico, faz uma avaliação crítica das alternativas para uma teoria cultural marxista, da perspectiva do interesse pela "cultura da classe operária", noção que é distinta de uma mera "cultura operária".

Situando a atualidade do tema a partir das contribuições de Thompson e Hobsbawm, que têm ressaltado a conexão entre fenômenos culturais e formação de classe,[3] Patterson faz uma síntese da contribuição oferecida pela vertente que denomina "análise ideológica", vinculada a Georg Lukács e Lucien Goldman, entre outros. Se se trata de uma abordagem útil para a análise de artefatos da "alta cultura", sua aplicação aos estudos da cultura entre as classes operárias é, contudo, problemática, por se tratar aqui de fenômenos habituais, efêmeros, semiarticulados e até mesmo não verbais – que requerem meios de análise mais adequados a sua especificidade.

Analisando, por outro lado, as principais linhas da Escola de Frankfurt, que chama, em seu conjunto, de uma abordagem "psicossocial", Patterson argumenta que, de início, essa perspectiva possui a vantagem de permitir um tratamento teórico do funcionamento e do conteúdo da cultura dominante (e da própria "indústria cultural" na concepção de Adorno); a análise frankfurtiana acaba, porém, segundo Patterson, por dificultar a consideração

---

2 Acredito que esse veio seja dos mais fecundos para se examinar a contribuição popular efetiva – independentemente das origens de autores e movimentos – à ruptura estética e ideológica que representou o modernismo na história cultural da sociedade brasileira. É nessa mesma linha, para citar outro exemplo, que Bakhtin analisa o significado da inovação de linguagem ocorrida com a obra de Dostoiévski. Ao analisar os gêneros literários carnavalizados, em suas modalidades do "diálogo socrático" e da "sátira menipeia", o autor salienta a forte tradição popular que informou a sua criação (Bakhtin, 1970, cap.IV).

3 Classe, no sentido de E. P. Thompson, entendida não como uma "estrutura" ou "categoria", mas como um "fenômeno histórico, unificando um número de eventos, dispersos e aparentemente desconectados, tanto na matéria-prima da experiência quanto na consciência", e, portanto, como "algo que de fato ocorre – e pode ser demonstrado ter ocorrido – nas relações humanas" (apud Patterson, 1975, p.258-9).

das questões atinentes à presença da consciência no coletivo da classe. A proposta dos autores ligados à abordagem "psicossocial" aproxima-se de uma teoria psicológica da alienação, faltando um alcance "antropológico" mais decisivo às suas análises, conforme a interpretação de Patterson.[4] O autor propõe, finalmente, considerar a contribuição de Gramsci em torno da interdependência entre os processos culturais e políticos como uma alternativa mais adequada para o estudo marxista dos fenômenos culturais entre as classes subalternas.

No interior da teoria gramsciana, Patterson privilegia a questão da necessidade que têm as classes subalternas de elaborar, utilizar e reter um estrato autônomo e próprio de intelectuais orgânicos em sua luta contra a hegemonia burguesa, a qual se configura não somente como série ideológica, mas, muito mais que isso, como experiência de vida. A superação da hegemonia dominante deve-se dar, portanto, no contexto da vida cotidiana (e não meramente no plano abstrato das ideias). A existência de um estrato de intelectuais, como recurso de classe, permite uma mediação básica entre a hegemonia burguesa e a consciência global da classe operária, tornando viável a emergência de uma concepção de mundo distinta, elaborada a partir da generalização e da compreensão da experiência concreta e peculiar da classe. Nesse sentido, entrelaçam-se luta cultural e luta política: "A alternativa gramsciana estabelece o mecanismo de proteção e resistência, socialmente, e mede liberdade e autonomia em termos de uma 'zona liberada' de atividades controladas e coordenadas por membros da classe" (Patterson, 1975, p.279). Além de traduzir, de forma simultânea, fenômenos políticos, a concepção de Gramsci deve facilitar o tratamento histórico da cultura da classe operária, por situar as "concepções do mundo e da vida" no processo concreto e coletivo da experiência cotidiana da classe.

Completando esse quadro, ressalto ainda os trabalhos de Michelle Perrot (1968, 1973), os quais, ao estudar as greves como formas de luta privilegiadas do movimento operário francês anterior à Primeira Guerra

---

4 Concordo apenas parcialmente com as considerações de Patterson sobre a Escola de Frankfurt: certos textos de Adorno, tais como "Discurso sobre lírica e sociedade" ou "Posição do narrador na novela contemporânea", acredito que ofereçam amplas perspectivas para aplicação de um enfoque mais "sociológico" ou "antropológico", tendo em vista a presença do coletivo nas produções culturais e artísticas. Quanto a Walter Benjamin, seria de todo injusto não reconhecer o alcance "antropológico" de sua crítica cultural.

Mundial, sublinham, de maneira radical, as questões relativas ao discurso dos operários e à sua vivência sociocultural imediata.[5] E, nesse sentido, a greve, fenômeno complexo, revela, simultaneamente, as determinações econômicas de certas conjunturas, o nível político e ideológico das correlações de força ante o Estado e as demais classes e também esse outro nível, não menos importante, das microtessituras socioculturais e cotidianas do mundo operário.

Uma cultura de resistência

O Amigo do Povo e *Aurora* representam, no Brasil, duas amostras significativas da chamada imprensa operária de cunho libertário. O primeiro, um jornal em forma de tabloide, impresso em 4 páginas a 4 colunas, publicado irregularmente em São Paulo, de início, como semanário, aos sábados; durante um certo período, na base da inscrição "sai quando pode"; depois, durante mais de um ano, como quinzenário, terminando assim sua existência, entrecortada, apenas, por uma tentativa frustrada de voltar a semanário. Durante a maior parte do tempo que durou sua publicação, esteve sob a responsabilidade de Neno Vasco ("toda a correspondência dirigida a"), substituído por Manuel Moscoso apenas entre junho de 1903 e março de 1904. A publicação chega a iniciar seu terceiro ano, indo de maio de 1902 (n.1) a novembro de 1904 (n.63), quando o jornal termina por agravamento da situação financeira, deficitária durante toda sua existência (o Arquivo Edgard Leuenroth, Campinas, possui a coleção quase completa).

Aurora, revista também sob a responsabilidade de Neno Vasco e redigida no mesmo local do antigo jornal (Rua Bento Pires, bairro do Brás, São Paulo), representa um esforço de continuidade do grupo editor anterior, no sentido de uma maior "especialização" da propaganda libertária. A revista sai mensalmente, autodefinindo-se como publicação "de crítica social e literatura". A coleção Leuenroth possui os exemplares de n.1 (fev./1905) aos n.8-9 (set.-out./1905), com exceção do n.7. Faltam-nos dados para saber se o periódico se extingue realmente em outubro. Parece claro, entretanto, em razão da situação crônica de penúria e da distribuição reduzida, que seu

---

5 Cf. também Julliard (1974).

período de existência não deve ter ido muito além de 1905. Era impressa em formato de caderno, tamanho pequeno (*in 8º*), com 16 páginas em 2 colunas.

A leitura desses dois periódicos possibilita uma visão significativa da própria atividade de propaganda anarquista em seus inícios (como os editores mesmos o reconheciam), a partir da constituição de pequenos grupos libertários em São Paulo. O período abrangido (1902-1905), justamente por não representar nenhum ascenso mais decisivo do movimento operário (pelo contrário, trata-se de uma fase generalizada de refluxo que antecede a conjuntura de ascenso verificada com as agitações operárias do período 1906-1908), torna-se exemplar para acompanhar o esforço de propaganda e de penetração no meio operário desenvolvido pelos anarquistas. Parece que esses primeiros cinco anos do século XX marcam um momento crucial de "instalação" do movimento anarquista em São Paulo, na tentativa de formação de bases sólidas de apoio na classe operária em seus primeiros movimentos, dentro e fora desse Estado. De maneira geral, nessa fase inicial pelo menos, parecem confirmadas amplamente as hipóteses de Michael Hall (1975): por um lado, tendência ao relativo isolamento das lideranças anarquistas em relação à classe operária como um todo e, por outro, relativa fragilidade dos níveis de consciência de seus interesses e de sua organização, ao contrário do que afirmam as mitologias heroicas que se têm construído em torno da inesgotável "combatividade" da antiga classe operária.

Essa produção cultural, materializada na atividade da imprensa de propaganda anarquista, representa o que chamarei de *cultura de resistência*, dado seu papel aglutinador, buscando manter a integridade ideológica e vivencial do operariado emergente, contra o sistema político dominante e em prol da chamada "emancipação social". Se existiu uma "política libertária" (oposta à política institucional, vista em seu conjunto como burguesa), esta consistiu basicamente nessas atividades de propaganda: quero dizer que estão imbricados de forma global o sentido cultural e o sentido político da prática anarquista.

Por outro lado, se a "subcultura" anarquista representou uma região privilegiada da cultura da classe operária nascente, ela não chegou a preencher o *espaço operário* em sua totalidade. Retornamos à ideia de que o anarquismo não é a expressão máxima e acabada da classe operária do período (nem mesmo em São Paulo): assim, também no plano cultural, ao lado dessa "cultura de resistência" propriamente libertária, há indícios da presença de outras práticas culturais, diversas e até antagônicas ao "puritanismo" dos anarquistas (Fausto, 1976).[6] Esses outros lados do espaço operário constituem sombras ainda mais espessas, soterradas não só pelo discurso das classes dominantes, mas também pelo discurso anarquista.

Logo num dos primeiros números de *O Amigo do Povo*, lê-se uma pequena nota que ilustra o caráter integrado das promoções culturais à propaganda libertária. O que é mais relevante, entretanto, é o tratamento indiferenciado que o Estado dava às atividades anarquistas, o caráter radical da exclusão, reprimindo um espetáculo beneficente da mesma forma que reprimia greves:

Crônicas

A polícia – Sábado, 7 do corrente, realizava-se, no Casino Penteado, um espetáculo em favor da propaganda pelo opúsculo em português, ouvia-se atentamente e pacificamente o *Primo Maggio*, de Gori, quando os mantenedores da desordem burguesa vieram perturbar o sossego. Disseram-lhes que o espetáculo era particular. Os homenzinhos teimaram em entrar; e como houvesse protestos, irromperam furiosamente, chamaram *tropas* – até cavalaria! – assustaram mulheres e crianças, revistaram os espectadores, declararam suspenso o espetáculo, prenderam três camaradas – Torti, Marconi e Cerchiari (n.6, p.4).

O jornal é um mosaico de pequenas notas, frases de Nietzsche, Shakespeare, Rousseau, Malatesta, Guerra Junqueiro etc., compondo uma visão comum contra os poderes estabelecidos e autoritários, paladinos da vontade individual e de uma genérica aspiração à liberdade. Um certo iluminismo próprio das tradições do enciclopedismo francês do século XVIII informa ainda a erudição e o pensamento dos artigos anarquistas, especialmente nas matérias de fundo doutrinal. Também o positivismo e o evolucionismo de cunho naturalista do século XIX permeiam boa parte dos discursos.

Não é fácil perceber os sinais do movimento operário concreto: são poucas as notícias sobre condições de vida e de trabalho, as informações

---

6 Baseio-me aqui em várias considerações do autor a respeito da "subcultura anarquista" (cf. 2ª parte, cap.1: "Correntes organizatórias e seu campo de incidência", com especial referência ao item "A subcultura").

pormenorizadas sobre greves, associações de classe e composição do proletariado. Aqui, deve ser levado em conta que isso não se deve a um mero desinteresse dos anarquistas, mas sim às condições concretas do momento, isto é, o próprio caráter estacionário do movimento operário àquela altura e, também, às dificuldades inerentes à cobertura dos eventos por parte de uma imprensa operária nascente e pequena, além de passível de repressão. Predominam, portanto, nessa fase, os artigos de propaganda libertária que em seu aspecto cumulativo revelam, além de uma retórica algo rebuscada que faria inveja aos parnasianos, redundância abusiva na forma, no estilo e nas temáticas. Diga-se que a maior parte desses artigos é traduzida dos teóricos anarquistas (Kropotkin, Malatesta, Reclus etc.). Há também notas regulares sobre o movimento operário na Rússia, na Itália, na França. Nesse sentido, percebe-se claramente a importância da imprensa operária como "material ideológico", nos termos de Gramsci, ou seja, como verdadeira correia de transmissão das ideologias internacionalistas do movimento operário por meio de intensa circulação e intercâmbio entre as lideranças anarquistas da Europa, da América Latina e do Brasil. Tal processo dava-se por meio da troca regular de periódicos, correspondência internacional, bibliotecas e notas bibliográficas, traduções de artigos e obras, viagens de lideranças etc. Numa época em que os grandes meios de comunicação de massa inexistiam, a imprensa, em especial o jornalismo, possuía um papel decisivo como veículo social de informação e formação: a imprensa operária, em particular, destaca-se por sua função de articuladora de interesses históricos de classe, como fator de agitação e propaganda, na tentativa de aglutinar elementos de uma consciência operária comum.

Nessa tendência predominante de matérias teóricas e doutrinárias, que embaralha as pistas que levam à classe operária no Brasil do período, minha leitura concentrou-se no sentido de descobrir pequenos fragmentos. Indícios nebulosos e retalhos que constituíssem alguns rastros do tema investigado: são "pequenas notas", avisos de reuniões ao pé da página, notificações de balanço sobre a "subscrição voluntária" para o jornal, "chronicas" e outras seções menores, regra geral impressa na última página. Assim, na pesquisa do que é esse painel de fragmentos (que oferecem, ao lado da periodicidade irregular do jornal, marcas expressivas da própria descontinuidade da história das classes subalternas), ressalte-se, nos primeiros números do jornal, a duplicidade linguística (português e italiano), fenômeno que tende a diminuir, para cessar quase por completo depois de alguns meses. A necessidade de propaganda em português revela a preocupação em penetrar os setores nacionais da classe operária (embora bastante reduzidos em São Paulo), muitas vezes explicitada pelo grupo editor. Deve-se levar em conta, também, a presença significativa de imigrantes portugueses entre o operariado emergente (é o caso dos próprios editores do jornal – Neno Vasco e Manuel Moscoso). Ainda na fase bilíngue, os primeiros números de *O Amigo do Povo* trazem uma interessante seção em italiano, que deixa de existir por ocasião da "unificação linguística": trata-se de *Parla l'Operaio* (*l magnati italiani al Brasile e il lavoro*), em que se narram, com certos detalhes, as condições de trabalho – inclusive salariais – de algumas categorias profissionais em que certamente predominavam os italianos, como os *pipeiros* e os *tijoleiros* (n.7, p.3) e os *carroceiros* (n.8, p.4).

O nascimento de grupos libertários ou de associações de classe aparece com alguma frequência, revelando bem o clima de "primórdios" que domina o período. Em julho de 1902, surge em São João da Boa Vista (SP) o "Grupo Germinal", sob a liderança de J. Jimenez (n.7, p.3). Em São Paulo, no mesmo momento, sobressaíam as atividades da "Liga de Resistência entre Chapeleiros e Annexos", em cuja ordem do dia de reunião incluía-se, ao lado da leitura de ata e problemas financeiros de uma greve no setor, uma indispensável *Festa social* (n.8, p.4).

A venda de livros e folhetos pelo grupo editor é permanente, incluindo desde os "clássicos" anarquistas, passando por *Germinal*, de Émile Zola, e chegando até *A Igreja e o proletariado*, de H. Salgado. Alguns artigos doutrinais utilizam a forma de diálogo "entre camaradas" para apresentação e defesa das ideias: cria-se, então, uma incoerência entre a forma – que, sendo dialógica, deveria abrir-se ao debate efetivo de concepções do mundo e da vida – e os temas, que repetem o mesmo refrão doutrinário usual de outros artigos. O diálogo não se expande: torna-se seco, estático, artificial. Outras vezes, as imagens naturalistas chegam ao extremo, como no caso de um artigo que identifica o Estado com o percevejo (n.8, p.3). Em agosto de 1902, um dos redatores do jornal, Alessandro Cerchiari, anuncia uma viagem ao interior paulista com fins de divulgação libertária, enquanto em São Paulo nasce o "Grupo Anarchico *Nuova Civiltà*". A Liga dos Chapeleiros anuncia, em italiano, uma *Festa operária*:

Sabato 9 corrente alle ore 8 1/2 pom. nel Casino Paulista (antigo Eldorado) la Societá Filodrammatica Andrea Maggi. *reappresentarà il dramma in 5 atti –* Una notte a Firenze *– de A. Dumas. Questo spettacolo é stato organizzato dalla* Liga di Resistenza fra Cappelai (n.9, p.4).

Nesse mesmo espaço, lê-se uma primeira nota sobre movimentos grevistas: uma greve dos marceneiros no Rio, quase geral nesse setor (800 grevistas em 1.000 trabalhadores da categoria), segundo o artigo de Mota Assunção. A greve é espontânea e motivada, ao que parece, por questões de remuneração do trabalho (diminuição da tabela de preços em 30% desde 1901) e de desemprego. O jornal desenvolve intensa campanha, com avisos bilíngues aos marceneiros de São Paulo, para não irem ao Rio substituir o trabalho dos grevistas (n.10). Enquanto isso, em São Paulo, carroceiros e carregadores reuniam-se na "Liga Democrática Italiana" a fim de criarem uma Cooperativa de Trabalho, Produção e Consumo. Perde-se o desfecho da greve carioca, pela falta dos números subsequentes do jornal, mas, ao que tudo indica, em razão da ausência de solidariedade (financeira e grevista) das "outras classes operárias", tendeu ao fracasso, apesar do apoio de Evaristo de Morais.

Nessa simultaneidade própria da linguagem jornalística, vejamos o que comenta o jornal, a respeito da festa dos chapeleiros em São Paulo:

Entre chapeleiros – Esplêndida a festa realizada, no Casino Paulista, na noite de sábado, 9 do corrente, pela Liga de Resistência entre chapeleiros. Representou-se o drama de A. Dumas – *Una Notte a Firenze* – que, francamente, estava ali um pouco deslocado. Em seguida, disseram algumas palavras, referindo-se sobretudo à greve da fábrica de Matano e Serricchio e à de Sorocaba, os companheiros Raimundo Valentim Diego e Benjamin Mota. Depois duma comédia num ato fechou a bela festa um baile familiar. Não havia um só lugar vago: foi uma enchente completa (n.10, p.1-2).

Outro local preferido pelos operários para realizar espetáculos era o Casino Penteado (Brás), onde o "Nucleo Filodrammatico Libertario" promoveu uma festa, em setembro de 1902, com o seguinte programa: "1) *Bozzetto* dramático social *Il Primo Maggio*, de P. Gori; 2) Conferência de B. Mota e V. Diego; 3) Rifa de objeto de valor e outros de surpresa;

4) Uma engraçadíssima farsa; 5) Baile familiar; (senhoras e crianças acompanhadas não pagam convite)" (n.11, p.2).

Na mesma data e horário, realizava-se outra festa no teatrinho Andrea Maggi (Rua dos Imigrantes, Brás) em comemoração ao primeiro aniversário do Circolo Educativo Libertário "Germinal", incluindo conferência de Elisabetta Valentim; entreato dramático *La Miseria* de A. Bandoni; loteria gastronômica artística e humorística; conferência de A. Bandoni, *Le piague sociale*; baile familiar (n.11, p.2).

A distribuição do jornal ampliava-se: a subscrição voluntária atinge Rio de Janeiro, Porto Alegre, Santa Catarina e Rio Claro (SP), entre outros locais. Em outubro, o jornal diminui seu tamanho pela metade, introduzindo uma epígrafe de Dante: "*Libertá va cercando che é si cara/Come sa chi per lei vita rifiuta*". Além disso, a subscrição torna-se permanente e, em lugar do "sai aos sábados", introduz-se o "sai quando pode".

Uma longa nota na seção "Crônicas" do jornal, intitulada *As nossas festas*, merece ser citada, por se tratar do melhor exemplo encontrado a respeito da concepção anarquista de festa operária (subordinada aos fins da propaganda, nunca puro lazer):

> Mais uma bela noite de propaganda: a de sábado passado, 18. Foi a primeira representação do drama em um prólogo e 2 atos do camarada G. Sorelli – *Giustiziere!*. O assunto ficará conhecido, dizendo nós que se baseia numa tragédia cujo prólogo se passa nas ruas de Milão e cujo epílogo se desenrola em Monza. *Giustiziere!* é Gaetano, aquele a quem tanta miséria, tanto sofrimento faz erguer o braço num gesto desesperado de protesto e de vingança.
>
> O nosso caro Sorelli não é um escritor, não é um dramaturgo; mas um operário e a vida que ele nos põe em scena conhece-a, vive-a. Por isso foi bem sucedido no prólogo, agradou e agradou muito, como lho mostraram os quentes aplausos que recebeu. Aí está um bocado de teatro que nos vai dar pretexto para muita propaganda.
>
> O desempenho foi bom. Especializemos apenas a *sig*. E. Camilli que esteve magnífica no seu papel de *Giuditta*. E vá lá: falemos também do Hirsch, que fez figura no seu papel de doutor (e ficou-lhe o nome!) e no de *cav*. Arnaldi, em que, juntamente com Pozzolo – o futuro comendador *sig*. Gervasi (que patife!), conseguiu fazer-se odiar pela sala. Valeu seres dos nossos, amigo Hirsch. Ainda assim fica-te o nome de *doutor*: quem não quer ser lobo, não lhe vista a pelle...

Depois do drama, a *sig.* Dacol e uma graciosa pequerrucha recitaram poesias. Falaram em seguida os camaradas Cerchiai e Morales. Ricardo Gonçalves disse ainda algumas palavras sobre Zola. Seguiu-se uma rifa de vários objetos e uma comédia, em que um padre se viu em palpos de aranha e fez rir toda a gente. Depois o baile do costume.

Quanto mais festas destas melhor (n.14, p.2).

Ao lado do anúncio da rifa de um grande retrato de Zola, "magnificamente encaixilhado", em benefício do grupo Nuova Civiltà, desponta a notícia de uma greve de 300 operários têxteis no Bom Retiro em repúdio a arbitrariedades dos contramestres. Para auxiliar o movimento paredista, realiza-se, no Eldorado, "uma grande festa *pro sciopero*" (greve e festa caminhando juntas), organizada pela Liga de Resistência entre Tecelões e Tecedeiras de São Paulo. O programa entrosa-se com a situação das grevistas, incluindo, além do baile e da conferência habituais, uma poesia de Ada Neri – "*Sciopero*" – e um drama social sobre uma greve: *Fine de festa*, de P. Gori (n.16, p.4).

No início de 1903, nota-se que o jornal enfrenta séria crise financeira. Realizam-se reuniões de anarquistas, com o intuito de revigorar a propaganda: o grupo editor do jornal estuda a fundação de um Centro de Estudos. Tudo indica uma maré de forte refluxo. Propõe-se o incremento da propaganda em língua portuguesa, apesar de se considerar necessária a manutenção de matérias em italiano. Por outro lado, nos pseudônimos escolhidos pelos assinantes para as listas de subscrição voluntária, percebe-se uma atitude brincalhona que convive com a seriedade dos ideais libertários: "*Un turco*", "*Io*", "*Viva l'Anarchia!*", "*Invoce de bonde*", "Um qualquer", "Um sobrinho dum cura vasco", "*Un sin verguenza*", "*Un que quiera la destrucción del edificio social*" etc. (n.20, p.4).

Já em junho de 1903, o jornal retoma seu formato anterior, sendo a "correspondência" (os anarquistas não usam por princípio o termo "direção") assumida por Manuel Moscoso. A redação transfere-se da Rua Guilherme Maw, no bairro da Luz, para a Rua Bento Pires, no Brás. Nesse mesmo momento, anuncia-se a fundação de um Centro de Estudos Sociais "Jovens Libertários", dedicado à propaganda libertária na Barra Funda, por meio de cursos, conferências, leituras e discussões (n.29, p.3). Ao que parece, nesse curto período, o movimento tenta reativar-se; depois de longo tempo sem notícias de greves, aparecem três: mais de 700 operários das oficinas do Lloyd Brasileiro no Rio, em protesto contra abusos do chefe, param o trabalho; greve na fábrica Carioca, no Rio (sem maiores informes); greve geral dos cocheiros, carroceiros e carregadores em São Paulo em protesto "contra disposições vexatórias da municipalidade", que dura quase uma semana e sofre violenta repressão policial (n.29 e 31).

Um ponto a ressaltar são as restrições feitas pelos anarquistas às festas operárias. Negam-se a encará-las como mera forma de diversão (cf. a crítica à representação de Alexandre Dumas, na festa dos chapeleiros). Um certo puritanismo extravasa também, por exemplo, na crítica ao drama escolhido para ser representado por um grupo filodramático de crianças (*"Attore Infantile"*):

> Todos os petizes muito bem. Pela dificuldade do papel, fez-se notar a menina que fez a Giorgina do drama; e a este propósito torna-se necessária uma observação: a peça é excessivamente trágica para crianças. Para elas, querem-se coisas alegres e ligeiras, com as quais também se pode fazer boa propaganda. Foram torturá-las obrigando-as a fingir dores que elas não sabem ainda fingir!... não abusem; a peça era absolutamente imprópria (*O Amigo do Povo*, n.31, 1903, p.4).

No final de agosto, estoura no Rio a greve mais importante no período abrangido pelo jornal, segundo as suas próprias fontes: trata-se de uma greve geral de várias categorias, que dura mais de uma semana e envolve cerca de 25 mil operários (o que é bastante, considerando que a população total da capital federal estava por volta de 1 milhão de habitantes, conforme dados do jornal). A greve alastra-se com uma rapidez e intensidade incríveis, a partir de duas fábricas têxteis (Cruzeiro, onde os "rapazitos" exigiram aumento salarial e receberam um espelhinho, apenas, como gratificação; e Aliança, onde se deu um conflito entre uma operária e um mestre que a despediu depois de tê-la engravidado). A greve é totalmente espontânea e atinge a totalidade dos tecelões, alfaiates e chapeleiros (que, em seu conjunto, somam cerca de 22 mil trabalhadores). Parece ter havido, também, solidariedade por parte dos carpinteiros, ourives, sapateiros, ferroviários, empregados de bondes e outros. O jornal *O Paiz* deu ampla cobertura ao acontecimento, sendo bastante simpático à causa dos grevistas.

Deputados, advogados e outros intelectuais das classes médias do Rio intervêm no conflito a favor dos operários. A greve é derrotada, segundo análise dos anarquistas, "pela insuficiência de solidariedade, pela falta de consciência, de orientação". Alcançaram-se algumas concessões salariais, mas 700 operários considerados responsáveis pelo conflito foram despedidos (n.33 e 34). Essa greve, ao que tudo indica, confirma as hipóteses de Boris Fausto a respeito da maior proximidade de certos setores sociais intermediários em relação ao movimento operário carioca (imprensa, militares, profissionais liberais, políticos), diferenciando de forma contrastante a realidade do Rio de Janeiro da situação paulista: tal aproximação entre setores médios e setores operários define-se pela maior diversificação da estrutura social no Rio, acompanhada de uma menor dependência de camadas médias e do aparelho repressivo local em relação ao poder oligárquico, além do peso maior dos setores nacionais e do emprego público, dentro do perfil de composição do operariado carioca.[7]

É logo depois desse conflito, em setembro de 1903, que o grupo editor de *O Amigo do Povo* se transforma em Centro Libertário de Estudos Sociais, como forma de desenvolver outras atividades paralelas de propaganda ("ensino mútuo"). Por essa época, o jornal publica um poema em espanhol, recitado por S. Collado durante uma festa; em verdade, trata-se de uma recriação, como atesta o título ("Poesia reformada e imitada"). Não apresenta grande novidade em relação aos outros poemas libertários: métrica solene, grandiloquência das imagens, redundância no tema e na forma (n.35, p.3). Ressalte-se a publicação, nessa fase, do romance social de Fábio Luz, *Ideólogo*, no Rio: o livro é bastante elogiado pelo jornal. A partir de novembro, anuncia-se o aparecimento, em breve, de uma "revista anarquista de propaganda revolucionária", também no Rio, editada por Elysio de Carvalho: *Kultur*. Oferece-se um prêmio aos encarregados de listas da subscrição, "um excelente retrato de Émile Zola, um dos últimos tirados pelo genial romancista: fotografia do célebre Nadar, formato grande, comprado em Paris" (n.38, p.3). A revista sairá no início de 1904, mas terá vida efêmera; seu anarquismo seria menos "operário" e mais decadista, filiado aos utopismos ultrarromânticos do fim de século.

---

7 Fausto (1976, cf. 2ª parte, cap.I, item sobre "O 'trabalhismo' carioca").

Entre a correspondência e os periódicos recebidos irregularmente pelo jornal, vindos do exterior, destacam-se as notas referentes à América Latina (Argentina, principalmente, Uruguai, Peru, Paraguai, Chile e outros). Os mineiros do salitre de Iquique, por exemplo, de certa feita cometem a gafe de colocar uma foto de Rodrigues Alves na primeira página de seu jornal como homenagem aos "companheiros do Brasil", sendo prontamente rebatidos pelos daqui. De Buenos Aires, onde o anarquismo constituía certamente um movimento mais forte, são recorrentes as notícias sobre greves, manifestações e festas libertárias. Oreste Ristori passa algum tempo em Montevidéu, de onde analisa a situação do movimento operário local.[8]

O início de 1904 é marcado por greves dos trabalhadores marítimos, em Fortaleza e no Rio de Janeiro. No Ceará, pelo menos seis grevistas são fuzilados pela polícia. No Rio, o movimento estende-se aos cocheiros e carroceiros, pressionados por um novo imposto sobre as bestas de tiro (n.42, p.1). Paralelamente, enquanto expulsava um italiano do Rio, sob a acusação oficial de "vagabundagem", o governo retirava do Congresso, ao mesmo tempo, o projeto de lei que oficializava a expulsão de estrangeiros, após protestos veementes de certos setores da grande imprensa carioca. No que concerne à organização operária, deve-se notar a fusão e a unificação de associações de classe, em São Paulo, no setor dos chapeleiros e dos gráficos. Não há maiores detalhes, mas parece que o movimento de fusão acabou favorecendo e ampliando a influência dos anarquistas nesses dois setores do trabalho (n.44, p.4).

Realiza-se, a partir de março, uma rifa em benefício de *O Amigo do Povo* e de sua biblioteca. Os prêmios são doados ao jornal: além dos inúmeros folhetos, opúsculos e livros de propaganda anarquista, aparecem alguns objetos nas listas dos prêmios que chamam a atenção por sua singularidade. São pequenos sinais de importante significado cultural, pois configuram certos gostos e valores próprios aos operários (que doam e recebem os prêmios). Vejamos alguns exemplos: "um lindo barquinho de adorno"; "uma colecção de bilhetes postais com gravuras sobre greve geral e o *Almanaque*

---

8 Ainda está por ser feito um estudo pormenorizado desses contatos latino-americanos e internacionais do movimento anarquista: tal tentativa deveria passar pela difícil reconstrução da biografia política das principais lideranças anarquistas, com ênfase em sua mobilidade geográfica constante.

de la Revista Blanca para 1902"; "uma bonita aquarela representando uma aventura de estudante"; "um chapéu de casca de árvore equatorial, oferecido pelos camaradas chapeleiros T. Soderi e Gismondo"; "um relógio despertador, oferecido pelo camarada C. Sonetti"; *"Lucíola*, romance de José de Alencar" e *Imperatore e Galileo*, "drama em duas partes de Ibsen"; "um violão oferecido por E. Nervo"; "um cinto de couro para mulher, oferecido por Attilio"; "uma estatueta"; e, finalmente, o que é considerado pelo jornal como sendo "o prêmio gordo": *uma cítara!...* (n.43, p.4; n.44, p.4; n.45, p.3; n.50, p.3).

A partir do número 45, toda a última página do jornal é dedicada a uma extensa "Bibliografia Libertária", com títulos variados e referências a bibliotecas de propaganda anarquista em várias línguas. Nota-se uma tentativa de incremento à atividade de divulgação de ideias, o que coincide com o reinício da fase de semanário. Revitalizam-se as "conferências contraditórias", isto é, que incluíam polêmicas entre anarquistas e socialistas, patrocinadas pelos primeiros.

No Rio, a 20 de março, ocorria um fato inusitado: a fundação da Universidade Popular de Ensino Livre, sob a direção de Elysio de Carvalho. Contava com um corpo docente bastante eclético e erudito, que incluía Silvio Romero, José Veríssimo, Rocha Pombo, Fábio Luz, entre outros. Vicente de Souza, líder operário de tendências populistas e presidente do Centro das Classes Operárias, esteve presente nas solenidades. Os discursos inaugurais são publicados na íntegra. A iniciativa fracassaria meses depois por falta de condições financeiras. Todo o projeto esteve muito distante das condições concretas da classe operária carioca, a quem especialmente era destinada a nova universidade. Nota-se o predomínio de intelectuais das classes médias, tanto no que se refere à iniciativa e participação quanto ao rebuscamento erudito dos discursos (n.48).

Em São Paulo, sucedem-se conferências e festas. Um momento privilegiado para a análise será, logicamente, o Primeiro de Maio. Os anarquistas criticam o caráter "comemorativo" que se dava à data, alegando que a luta deve ser travada todos os dias: o Primeiro de Maio é "um dia que passa como outro qualquer" (n.52, p.1). O próprio desenrolar das festas marca um contraste bem nítido entre São Paulo, Rio de Janeiro e Porto Alegre, indicando, ao mesmo tempo, a separação real existente entre as intenções menos festeiras dos anarquistas e a carnavalização da efeméride pelas massas operárias. A partir desse quadro de diferenças, pode-se atentar para a riqueza e a variedade de formas que os processos culturais da classe operária podem assumir, com relação a um mesmo evento histórico.[9] Assim, ainda no 1º de Maio de 1904, do Rio de Janeiro, por exemplo, escrevia Manuel Moscovo, num tom de contrariedade e ironia:

> Em breve percebeu (algum burguês) que toda aquela atividade era destinada a preparar coisas mais importantes do que todas as emancipações do mundo: os estandartes e as coroas, as bandeiras para as sedes das associações, as bandas de música da polícia, exército e marinha, as fitinhas – 500 rs. cada uma – para o braço ou para a lapela, as missas por alma de companheiros mortos, e assim por diante.
>
> Os trabalhadores interpretam aqui o 1º de Maio como qualquer festa religiosa. Nestas celebrações operárias como foi o 1º de Maio, há estandartes com frases alusivas a datas e pessoas (santos), coroas sobre andores carregados ao ombro por crianças, hinos à liberdade, à humanidade, à paz universal (outros tantos santos e virgens), inaugurações com profusão de bandeiras, sessões solenes, onde oradores *oficiais* (pregadores d'antemão designados) pregam sermões que terminam exortando os operários a *esperar*, a ter fé na sua Santa Causa, a mais justa de quantas existem por esse mundo fora, e que por isso, pela própria força da sua justiça, há de triunfar mais tarde ou mais cedo, e então será o *paraíso...* (n.53, p.1)

E, depois de criticar a "assimilação" da data por setores dominantes da sociedade (entre eles, o *Jornal do Brasil* e a maçonaria, que realizou sessão solene), prossegue o relato de Manuel Moscoso comprovando a predominância de tendências reformistas e populistas no movimento carioca da época:

> Uma das sociedades que mais se distinguiram foi a União Operária do Engenho de Dentro: às 5 da manhã, salva de 21 tiros; às 10, passeata até a resi-

---

9 Seria relevante um trabalho pormenorizado de história social que elaborasse o perfil do comportamento social da classe operária diante do Primeiro de Maio, no decorrer de um longo período histórico. Tal clivagem permitiria, certamente, o exame de implicações culturais e políticas decisivas para os próprios cortes de periodização da história do movimento operário.

dência do deputado Américo de Albuquerque para lhe entregar o diploma de sócio benemérito; depois coroas, hino nacional, *confetti...*

A União dos Artistas Sapateiros celebrou à noite uma sessão solene sendo convidado para falar o dr. Monteiro Lopes, intendente municipal. Que honra para os operários!

Os operários da fábrica de calçado "Globo" fizeram uma manifestação de apreço aos patrões, por estes não haverem aderido ao "Centro Industrial dos Fabricantes de Calçado", oferecendo-lhes uma linda cesta de flores artificiais, ao que os patrões corresponderam com um lauto *lunch*. E há quem julgue impossível a harmonia entre o capital e o trabalho!

A "Federação Artística (!) Operária" celebrou também o 1º de maio com uma sessão solene, elegendo para presidi-la o politicante dr. Irineu Machado. A emancipação dos trabalhadores, etc. (n.53, p.1)

Já em Porto Alegre, o quadro é bem distinto, de acordo com a narração dos festejos, feita também em tom de crítica pelo Grupo Anarquista dos Homens Livres. No Sul, as correntes libertárias, naquele momento, aparentemente perdiam a hegemonia do movimento operário em razão do maior alcance obtido pelos "socialistas democráticos":

Para verem o que será o 1º de maio aqui, leiam essa notícia extraída duma folha local. Esse aviltamento dos operários passaria sem comentário, se não nos lembrássemos do famoso apelo lançado pelos socialistas democráticos daqui no 1º de Maio de 1903. Devem estar satisfeitos: têm o seu dia de festa santificado por uma enorme bebedeira.

Para comemorar a data de 1º de Maio, os operários das oficinas da *Companhia Progresso Industrial* preparam animadas festas, durante as quais será observado o seguinte programa:

1º – Às 6 hrs. da manhã soltar-se-á uma girândola de foguetes em saudação à gloriosa data;

2º – Às 6 1/2, reunião dos operários defronte à fábrica;

3º – Às 7, partida do préstito com o estandarte da fábrica à sua frente e uma banda de música, seguindo em direção ao Prado, onde foi escolhido um aprazível local para as diversões a se efetuarem durante o dia;

4º – Chegada ao Prado, onde haverá churrasco, vinho e cerveja; DIVERSÕES: – Corridas em sacos; Jogo da frigideira; A galinha cega; O pau ensebado; O duelo de Cristófalo; – seguindo-se outras diversões *que não é preciso mencionar*;

5º – Ao escurecer, regresso do préstito com sua banda de música e iluminação a fogos de bengala, feitos especialmente para esta festa, e nesta ordem irá cumprimentar diversas redações de jornais, depois do que seguirá para a praça, ao lado da fábrica, onde assistirá à subida de um balão nunca visto nesta capital, expressamente feito pelo hábil profissional sr. Manoel M. das Neves, que gentilmente concorre para o brilhantismo destes festejos. O diretor da festa será o sr. Caetano G. da Fonseca, chefe das oficinas (n.53, p.1).

Fisionomia ainda oposta, tanto às festas cariocas quanto gaúchas, verifica-se em São Paulo, onde, ao contrário da mera diversão pontilhada de homenagens oficiais, predomina o tom de austeridade inerente aos propósitos de propaganda libertária dos anarquistas. Vejamos essas passagens do relato do próprio jornal:

> Passou o 1º de maio deixando de si boa recordação, e a ideia de que devia repetir-se a todos os dias e não somente cada ano.
>
> Diremos rapidamente quanto por parte dos anarquistas foi feito.
>
> Na noite de 30 de abril, no Eldorado, o grupo filodramático juvenil representou discretamente, mesmo bastante melhor que o costume entre os nossos amadores, as duas pequenas peças de P. Gori – *"Primo Maggio"* e *"Ideale"*. Nos intervalos falaram os camaradas A. Bandoni e O. Ristori; o primeiro, sobre o 1º de Maio, procurando o seu verdadeiro significado, mostrando como ele foi mistificado e inutilizado e como a ação deve ser quotidiana e não com datas prefixas; e o segundo, ocupando-se particularmente da mulher, do casamento, da educação infantil.
>
> A assistência era numerosíssima, e composta em partes aproximadamente iguais pelos dois sexos.

———

> Na mesma noite, no teatrinho do Cambuci, esse distante arrabalde onde contamos tantas simpatias, foi também representado o *"Primo Maggio"* por alguns moços de boa vontade, que foram bem sucedidos. Falou depois o amigo G. Sorelli, explicando a origem e o significado do Primeiro de Maio. Foi outra enchente, predominando o elemento feminino.

———

No dia 1º de Maio, às 3 hr. da tarde, começou o companheiro Ristori a sua anunciada conferência, perante um auditório composto sem dúvida de mais de 400 pessoas. Como a conferência fora bem anunciada assistiu grande número de pessoas estranhas às nossas ideias.

Ristori ocupou-se do governo, exemplificando com as oligarquias republicanas da Argentina, da América do Norte e do Brasil, cujas façanhas são já célebres. Ninguém aceitou o contraditório.

———

No mesmo dia, Bandoni foi a Piracicaba realizar uma conferência, conseguindo ser ouvido com interesse por uma boa concorrência.

———

Acrescentemos que em todos esses atos se distribuíram profusamente jornais e opúsculos em português e italiano, e teremos o balanço do dia. Boa propaganda, que deve ser continuada *todos os dias* (n.53, p.2).

Já em meados de 1904, a propaganda anarquista tentava penetrar o interior paulista, mormente Piracicaba. Enquanto isso, iniciavam-se as atividades da Escola Libertária "Germinal!", no Bom Retiro, dedicada à educação dos filhos dos operários. O jornal divulga a existência da escola, mas não traz grandes informes sobre seu funcionamento interno, em termos mais concretos. Esse tipo de experiência é dos mais relevantes na configuração de uma cultura de resistência, na medida em que pode ser tomado como indicador das práticas socioculturais que tentam reafirmar uma autonomia ideológica da classe operária ante os fatores de consenso da hegemonia dominante. A respeito dessas escolas libertárias, o jornal *A Lanterna* (São Paulo) chegou a fornecer uma cobertura mais ampla, incluindo dados sobre as atividades didáticas e contendo, inclusive, algumas fotografias de grupos de crianças operárias posando ao lado de seu mestre anarquista.

É também em meados de 1904 que surge, em São Paulo, o jornal *La Battaglia*, editado em italiano, como novo marco da atividade libertária. No Rio, edita-se o romance social *Regeneração*, de Curvello de Mendonça: o livro, de tendência tolstoiana (no que diz respeito à visão de mundo), é elogiado pela crítica anarquista. Aparentemente, o anarquismo conseguia já maior penetração.

No Rio de Janeiro, por outro lado, a situação parecia ser ainda mais lamentável, do lado dos anarquistas. Uma carta de Luís Magrassi, que visita o Rio depois de 12 anos de ausência, reclama da situação em que se encontra a classe operária carioca:

> A maioria embrutecida pelo trabalho excessivo, pelo álcool, pelo jogo, pela prostituição, imbuída de mil prejuízos (n.62, p.3).

Em setembro e em novembro de 1904, o jornal não circula, em razão das crescentes dificuldades financeiras. O último número explicita-se como tal. Ao mesmo tempo, o projeto de uma nova revista, *Aurora*, é divulgado. As redefinições do grupo editor ocorrem em função do meio operário que os anarquistas visavam atingir:

> Entre os camaradas que nos têm incitado a continuar, alguns quereriam um periódico de propaganda elementar, comezinha, local, ocupando-se dos fatos da vida brasileira, das prepotências das fábricas e das fazendas, etc.; outros, parecendo-lhes que *O Amigo do Povo* tem feito mais obra de revista do que de órgão de propaganda num meio atrasado como o nosso, aconselham-nos a publicação duma revista; outros ainda desejariam a revista e o quinzenário de propaganda popular (n.63, p.1).

A diferença de condição entre Rio de Janeiro e São Paulo é realçada:

> No Rio existe já *O Libertário*; e está bem porque lá é numeroso o proletariado brasileiro e português, e é escandalosa a exploração política (n.63, p.1).

Assim, "as necessidades do meio" e o déficit acumulado precipitam a criação de *Aurora*. Possivelmente de tiragem mais reduzida, a revista continuaria a tradição de precariedade material de *O Amigo do Povo*. Tentou manter um raio amplo de distribuição, pela colaboração isolada de companheiros anarquistas residentes fora de São Paulo: Jundiaí, Sorocaba, Santos, Piracicaba, Ribeirão Preto, no interior paulista e Rio de Janeiro e Curitiba. O problema maior parece localizar-se no conteúdo da revista, feita quase cem por cento à custa de artigos doutrinários traduzidos, afora as matérias do próprio Neno Vasco. Até as peças teatrais são traduções, como é o caso de *A escala* ("Fantasia num acto por Eduardo Norés" – os prenomes dos autores também são traduzidos), drama romanesco que se passa em Paris, envolvendo duque, servo, banqueiro e um cão. Os temas tornam-se mais ecléticos, em toda a revista, dando lugar a um artigo de Antonio Piccarolo ("O espiritismo") ou à proposta de uma língua internacional, a partir das notas musicais ("O solrésol", de C. Papillon).

A maioria das informações diz respeito ao movimento operário internacional (Rússia, Itália, França), pelas seções "Volta ao mundo em 30 dias" (assinada por Lucifer) e "Folheando a imprensa". Algumas notinhas sobre o Brasil aparecem na última página, de maneira esparsa e ligeira, pelo, por exemplo, "Registro de entrada", relativo a periódicos (aparecimento de *O Alfaiate*, no Rio, e de *Accordem!*, também no Rio, órgão dos carpinteiros – cf. n.5, p.16, jun./1905), ou ainda, por exemplo, das "Notas e avisos" (Grupo Dramático "Primeiro de Maio", de Santos, deseja intercâmbio de peças teatrais com outros grupos – cf. n.5, p.16).

Nessa fase, provavelmente, a cultura anarquista no Brasil permanecia relativamente afastada da cultura das classes operárias emergentes como um todo, alcançando uma maior proximidade apenas em São Paulo. Dentro do imenso mosaico descentralizado do operariado nascente, o espaço ocupado pelo anarquismo, em suas várias modalidades, era ainda diminuto, àquela altura. Essa constatação, porém, não deve negligenciar o esforço real desenvolvido pelas lutas libertárias. Dentro dos limites de uma república oligárquica e de uma sociedade avessa às vicissitudes do mundo operário, a resistência anarquista representava uma voz, de relevância considerável, a perturbar o exercício tranquilo da hegemonia das classes dominantes.

9
INCÊNDIOS SUBLIMES:
FIGURAÇÕES DA COMUNA NO BRASIL[1]

[...] os acontecimentos da Comuna, aumentados pelo eco, pro-
pagaram-se ao longe nas massas profundas dos povos como uma
garantia de emancipação e liberdade. Em todas partes, até no
fundo das prisões russas e das minas da Sibéria, renasceu a con-
fiança no porvir. A história de Paris proclamando a fraternidade
dos homens tomou proporções épicas.

(Élisée Reclus, *El hombre y la tierra*, 1908)

Gloriosa civilização esta, cujo grande problema funda-se em
saber como desprender-se dos montes de cadáveres feitos por ela
depois de terminada a batalha!

(Karl Marx, *La guerra civil en Francia*, 1971)

Acreditou-se até agora que o crescimento dos mitos cristãos du-
rante o Império Romano foi possível apenas porque a imprensa
ainda não fora inventada. É precisamente o contrário. A im-
prensa diária e o telégrafo, que em um instante difundem inven-
ções por todo o mundo, fabricam mais mitos (e o gado burguês
acredita neles e aumenta com base neles) em um dia do que antes
se fazia em um século.

(Karl Marx, *Carta a Kugelmann*, 27 de julho de 1871)

---

1 Este artigo contou com o apoio de Gabriela Vieira Campos, nas indicações iniciais sobre a
Comuna de Paris no periódico *O Novo Mundo*; de Flávio de Castro, do Cemarx/IFCH; e de
Carlos Fernandes, do CDC/Unicamp, na reprodução e edição de imagens; além da equipe

Elos perdidos

Quem buscasse repercussões diretas, imediatas ou visíveis, da Comuna de Paris na sociedade brasileira dos anos 1870, poderia sair algo decepcionado dessa missão. Em plena vigência da economia rural exportadora e do regime de trabalho escravo, o peso dos setores artesanais e manufatureiros urbanos e do trabalho assalariado livre era relativamente diminuto para ensejar um movimento operário física e numericamente mais expressivo. E a política de imigração de força de trabalho europeia, embora ensaiada e debatida, permaneceria, contudo, pequena até o final do decênio seguinte. No entanto, o exame combinado de algumas fontes indica-nos também que a suposição oposta poderia acarretar outro dissabor diante dos fatos: a ideia de que o Brasil tenha ficado inteiramente à margem dos acontecimentos de Paris naquela primavera quente e rubra de 1871 não corresponde aos sinais que vários registros da época vêm a evidenciar.

Sem pretender inquérito exaustivo, este artigo deseja homenagear os 130 anos da passagem dos *communards*, pensando, a partir de alguns textos e imagens, a maneira pela qual setores das classes dominantes reagiram à Comuna tão negativamente; e, por contraste, em certos movimentos de dissidência ou revolta contra as instituições do Império brasileiro, a eclosão, inclusive entre escritores canônicos, de figurações que repunham, seja como mito heroico, seja como exemplo de programa revolucionário e de ação direta, seja, enfim, como símbolo sublime de uma utopia legítima, os elos e ecos da Paris insurrecta e, depois, massacrada, na memória rejuntada das lutas sociais (Haupt, 1972; Hobsbawm, 1979; Lichtheim, 1976).

Uma primeira e óbvia incursão circunscritiva do tema diz respeito ao paradeiro e destino de militantes da Associação Internacional dos Trabalhadores (AIT) – a Primeira Internacional – após a derrota da Comuna, a onda de proscrições daí desencadeadas, o próprio exílio do Comitê Central

---

do Cedae/IEL. Ele serviu de texto-base à minha exposição no Seminário Internacional "Comuna de Paris, 130 Anos: 1871-2001", realizado em Campinas, no IFCH/Unicamp, em maio de 2001, sob coordenação de Armando Boito Júnior, do Centro de Estudos Marxistas (Cemarx). Foi incorporado como capítulo ao volume coletivo dele resultante, *A Comuna de Paris na história* (2001).

em Nova York em 1872, prenunciando-se, nos abalos políticos internos, o fim da entidade que, com efeito, ocorreria durante a Exposição do Centenário da Independência norte-americana na cidade de Filadélfia em 1876 (Arru, 1974; Rosal, 1975; Kriegel, 1977). Embora fossem organicamente débeis os laços de militância entre AIT e Comuna (muito mais forte, sem dúvida, é a presença de correntes como os proudhonianos e os blanquistas, tanto entre internacionalistas quanto entre *communards*), não há dúvida de que a repressão e o refluxo pós-1871 atingiram severa e indistintamente os quadros organizados do movimento operário europeu. E muitos trabalhadores e militantes migraram para as Américas do Norte e Latina.

Nesse contexto, merece interesse a referência ao possível desembarque de dois *communards* no Brasil, feita por Clovis Melo em artigo pioneiro sobre os ecos da Comuna entre nós, episódio que teria ocorrido em 1872, desencadeando inclusive pedido de extradição pelo governo Thiers, denegado por D. Pedro II a partir de intervenções dos senadores Cândido Mendes de Almeida, José Inácio da Silveira Mota e Francisco Otaviano sobre o "sigiloso caso".[2] Seria um fato por si só significativo, mas a dificuldade é que nenhuma outra fonte pesquisada alude a tal processo. Ao contrário: enquanto sobram referências à chegada de membros da AIT e ex-*communards* a Montevidéu ou Buenos Aires, não há mais pistas sobre experiências semelhantes em cidades brasileiras que pudessem abrigar essa modalidade de proscritos, como Rio Grande, Rio de Janeiro, São Paulo, Salvador, Recife ou Belém.[3]

Se a Revolução de 1848 provocara a vinda de alguns fourieristas e *quarante-huitards* para o Brasil, com ecos percebidos e personagens em ação no Recife (o engenheiro Vauthier), Rio de Janeiro e Minas Gerais (Charles Ribeyrolles, amigo de Victor Hugo e autor de uma narrativa clássica da

---

2 Melo (1968, p.268-9). Informação também reproduzida por Hardman & Leonardi (1982, cap.12). Creio, no entanto, que a informação é dificilmente corroborada pelas fontes primárias disponíveis. O interessante artigo de Fernando Lourenço demonstra que a ação dos parlamentares no Senado foi mais da ordem da condenação retórica e "preventiva" da Comuna (Boito Júnior, 2002).

3 Para a América Latina, cf. Freymond et al. (1968); Rama (1967); Rubio (1971); Segall (1972, p.325-69). Sacchi (1972); Marx & Engels (1972). Para o Uruguai, cf. Jacob (1973, p.35-45); para a Argentina, cf. Falcón (1984); para o Brasil, cf. Hardman & Leonardi (1982, cap.12); para Recife, cf. Melo (1968); para Belém, cf. Salles (1992).

literatura de viajantes, *Brasil pitoresco*), ou até no interior de Santa Catarina (refiro-me aos falanstérios de Saí e Palmital criados pelo médico Mure e por Derrion) (Chacon, 1965; Bandeira, Melo e Andrade, 1967; Melo, 1968; Hardman & Leonardi, 1982, caps.6, 7 e 12), nenhum registro análogo deu-se após a queda da Comuna, afora a menção de Melo àqueles dois misteriosos exilados. Situação que contrastava bastante, por exemplo, com a efervescência do movimento operário nascente no México – influenciado, ironias da história, por anarcossindicalistas, grevistas e *communards* estabelecidos nos EUA –, que editava periódicos de clara alusão às barricadas parisinas (*La Comuna*, 1874), ou de elevada longevidade nas condições daquela conjuntura (*El Socialista*, 1871-1888) (Sacchi, 1972), ou com a criação sucessiva de seções de imigrantes franceses, italianos e espanhóis da AIT em Buenos Aires, que teriam somado 273 membros, e de mais uma seção com menor índice de trabalhadores estrangeiros em Córdoba, Argentina, no período 1871-1874;[4] ou, ainda, com a mitológica seção uruguaia da AIT, criada em 1875 em Montevidéu com a presença de centenas de militantes que logo a tornaram maior, em membros filiados e cotizantes, que a soma das seções reunidas da Áustria-Hungria, dos países escandinavos, Rússia e Turquia, fazendo dela, predominantemente bakuninista, um caso de sobrevida da própria AIT, pois, tendo nascido já em seu refluxo final, edita em 1878 o semanário *El Internacional* e organiza um Congresso Operário em 1880, com 300 participantes (Rama, 1967; Segall, 1972; Hardman & Leonardi, 1982, cap.12; Jacob, 1973, p.42-3).

Nesse roteiro desigual do internacionalismo proletário, vale a pena reportar-se à expansão da AIT e a alguns ecos da Comuna na Península Ibérica, já que dali, pelos laços históricos e linguísticos, deveriam organizar-se os núcleos de militância e a correspondência com os países hispano-americanos e com o Brasil. Em trocas de cartas entre Marx, Engels e Sorge, por exemplo, ficava claro o interesse em implantar uma seção da AIT em Buenos Aires. Em 1871, antes que se efetivasse a própria criação de qualquer seccional na América Latina, Engels recomendava ao Conselho Federal

---

4 Falcón (1984, p.41-8). Sobre a AIT na Argentina é esse, a nosso conhecimento, o estudo mais extenso, sobretudo pela pesquisa de documentos inéditos nos arquivos do IISG (Instituto Internacional de História Social) de Amsterdã.

Espanhol da AIT maiores contatos com os sindicalistas da Sociedad Tipográfica de Buenos Aires. Para o federativismo anarcossindical e republicanista na Espanha, muitos militantes lançaram sua atenção após o fim da Comuna, entre eles Élisée Reclus. E, em Portugal, foi a partir de um núcleo de exilados espanhóis da AIT – Francisco Mora, Morago e Lorenzo, fixados em Lisboa após a derrota da Comuna – que se iniciaria a organização da Internacional. Com a adesão decisiva de importantes escritores portugueses, como José Fontana, Oliveira Martins – que publicava, em 1872-73, os ensaios *Teoria do socialismo* e *Portugal e o socialismo* – e o poeta Antero de Quental – que escrevia em 1871 o panfleto anônimo *O que é a Internacional?*, cuja edição visava dar suporte aos exilados internacionalistas – estabelecem-se elos entre esses jovens intelectuais, o movimento em torno da AIT e algumas das primeiras associações operárias lusitanas, como o Centro Promotor, a Associação Protetora do Trabalho Nacional e a Fraternidade Operária, todas com vínculos internacionais e também divididas entre as polêmicas e as várias correntes que opunham anarquistas e socialistas nos programas de ação e organização, em especial após a queda dos *communards*.[5]

Dessa conjunção, nasce o periódico internacionalista hebdomanário *O Pensamento Social*, editado em Lisboa por J. Fontana e que contou com a participação regular de Antero de Quental e Oliveira Martins, entre outros intelectuais. Circularam 51 números entre fevereiro de 1872 e abril de 1873. Em carta ao Conselho Geral da AIT em Nova York, datada do último mês da publicação do jornal, Engels – que lera *Don Quijote* no original e, portanto, podia "arranhar" no idioma de Antero – referiu-se à folha como "excelente". Em suas páginas, encontram-se referências esparsas ao Brasil e à necessidade de criar aqui um núcleo internacionalista, mas tal intenção não foi confirmada até hoje por nenhuma outra fonte. Aliás, desde 1865, no Congresso da AIT realizado em Londres, já se fazia referência ao interesse de trazer a organização ao Rio de Janeiro; depois, num relatório de Francisco Mora de julho de 1871 sobre a recém-criada seção portuguesa, assinalava-se: "seguramente a Internacional se estenderia a

---

5 Sobre Portugal e Espanha, cf. Sousa (1976); Cabral (1981); Quental (1981); Martins (1953 e 1981); Hardman & Leonardi (1982); Freymond et al. (1968); Reclus (1908, t.V).

outro grande país de língua portuguesa, o Brasil" (Hardman & Leonardi, 1982, cap.12).

Mas essas vozes e esses registros parecem muito mais atos descontínuos de uma vontade militante. Seus ecos e sinais na paisagem social ou política das principais cidades brasileiras permaneceriam praticamente invisíveis.

Figurações sublimes

José Veríssimo, no compêndio histórico que publicava nas páginas da *Gazeta de Noticias* em 1899, fazendo o inventário do século XIX, realçava o peso da chamada questão social não resolvida e aproximava-se do internacionalismo da social-democracia reformista. Em suas palavras,

> teve a economia política a utilidade de manter desperta a atenção para o grande problema da chamada questão social, cuja solução o século XIX lega aos seus sucessores.
>
> E se a economia política não logrou encaminhá-la de modo eficaz, é que, salvo o positivismo, o spencerianismo e algumas escolas revolucionárias, pretendeu resolvê-lo dentro das condições da sociedade atual quando, a sua solução, se solução tem, depende da transformação radical dessa sociedade.
>
> É com efeito a série de questões, problemas, casos políticos, sociais, econômicos, e ainda morais, que constitui o que se chama a questão social, a feição mais característica e distinta e peculiar do século XIX (p.117).

Num contexto de reacionarismo reinante, a síntese de Veríssimo, que aponta rumo ao socialismo, merece destaque. Antes de se tornar um dos maiores críticos literários do Brasil da virada dos oitocentos, o autor fora grande militante da instrução pública no Pará, naquele cenário marcado pelos ecos das lutas sociais e ideológicas da década de 1870. Wilson Martins, nada entusiasta, falará na efervescência intelectual e literária daquela conjuntura no Brasil – início do movimento republicano; questão religiosa; recrudescimento do abolicionismo; presença maior do modernismo das teorias científicas e filosóficas materialistas; poesia de forte apelo social, não só na vertente hugoana, mas já sob eflúvios anterianos –, como marcada pela "voz da Revolução".[6] Anos particularmente agitados em Belém,[7] é plausível que José Veríssimo tenha desde logo temperado ali sua formação positivista com uma incursão no campo das teorias socialistas. A situação do proletariado é central em sua síntese histórica na passagem dos séculos:

> É política e socialmente, a situação do proletariado é ao cabo do século XIX a mesma que a do terceiro Estado no final do XVIII, são idênticas as suas aspirações, as suas necessidades e as suas reclamações. Ela é também a maioria sempre crescente, a maioria que não é mais o bruto povo de 89, e como os estadistas, saídos da burguesia, de fato privilegiada pelas próprias condições em que afeiçoou a sociedade, se não ocupam de remediar a esta situação, o conflito é inevitável, e o seu resultado não é duvidoso. O século XIX herda, pois, ao XX, essa tremenda questão a resolver.
>
> De sorte que, em meio da corrupção oficial que lavra em toda a parte as classes governantes e dirigentes, da sua sistemática oposição à evolução no sentido das verdadeiras, embora confusas, aspirações populares, de todos os males, grandes e reais, que ainda nos assoberbam, do fundo desgosto das massas consideráveis e sofredoras, fica ainda lugar para a esperança de um futuro melhor (Veríssimo, 1899, p.118-20).

Poderia ser esse mais um vago discurso socializante, embora claramente diferenciado, na conjuntura de acomodação e reação oligárquica da República brasileira do final do século XIX. Cotejando, no entanto, essa esperança numa transformação radical da sociedade (embora conduzida pela estratégia do reformismo social-democrata) com o juízo que o autor faz, no mesmo texto de síntese e intervenção jornalística, do significado da Comuna de Paris, o ensaio ganha em densidade crítica e dissidente no horizonte da política nacional de então. Vejamos a perspectiva de seu relato, algo positiva aos *communards*:

---

6 Cf. Martins (1978, v.III, p.419ss). Estamos aqui tratando dos ecos da Comuna apenas nos meios letrados e intelectuais. No movimento operário das décadas seguintes, contudo, a referência simbólica à data de 18 de março (início da Comuna) esteve presente em várias manifestações por diferentes cidades brasileiras.

7 Cf. Salles (1992). Esse livro faz uma excelente reconstituição dos movimentos sociais e operários em Belém na segunda metade do século XIX e na Primeira República.

Eleita, ainda, em guerra, uma assembleia, já cheia de elementos monarquistas, recusou-se a proclamar a república, que apenas existia pela proclamação revolucionária de Paris. Limitou-se a eleger um chefe do poder executivo, que foi o orleanista Thiers. Feita a paz, o partido revolucionário de Paris insurgiu-se com a guarda nacional que se conservara armada e era inspirada pelas tradições de 93. E o governo da assembleia reunida em Versailles teve de combater essa insurreição, fazendo-o desapiedadamente, com violação da justiça e da mesma humanidade. *Mas vencidos os comunistas, que não eram, quaisquer que hajam sido os seus desvairamentos, senão os legítimos herdeiros e continuadores da tradição republicana francesa, da política social da Convenção*, a luta se ia travar entre os republicanos e os monarquistas de todos os matizes, apoiados no espírito conservador do país, receoso da revolução (ibidem, p.80-1, grifos meus).

Não seria o caso de estabelecer uma linha direta de vetor único entre a Comuna de Paris e os confrontos sociais, ideológicos e literários que pareciam fazer ecoar a "voz da Revolução" no Brasil. Várias outras questões confluíam e, internamente, assumiam dinâmica própria os desdobramentos da guerra contra o Paraguai e da questão religiosa sobre a crise do Estado monárquico, de que as lutas republicana e abolicionista eram a expressão mais contundente. Mas é certo, também, que a guerra franco-prussiana e o assalto ao céu das massas parisienses – com todas as consequências imediatas no campo da política internacional das potências europeias de uma parte e, de outra, no campo oposto das teorias e dos movimentos das classes operárias – acabavam rebatendo e atuando nos ideários, representações e enfrentamentos regionais ou nacionais.

Alguns títulos de obras surgidas naquela quadra revelam-se sintomáticos. Assim, por exemplo, Luís Francisco Veiga publicava uma "represália poética" à derrota da França – o antiprussianismo sobrepunha-se como sentimento predominante na opinião pública – intitulada *A capitulação de Paris: ao gênio da França* (1871), espécie de desagravo não destoante no debate intelectual. E a emergência do proletariado como novo personagem irrecusável na cena social ficava evidenciada em poesias pioneiramente obreiristas, de matiz romântico, muito anteriores à literatura social dos anarquistas da virada do século, como em *As musas proletárias* (1877), do desconhecido Francisco Moura Coutinho Bastos, ou nessas *Peregrinas* (1874), de Octaviano Hudson, tipógrafo desde os 16 anos e depois jornalista, saudado por Fagundes Varela, no prefácio, como "o homem do povo, o poeta dos operários" (apud Martins, 1978, v.III, p.448). Em um de seus poemas, retoma o tema da estátua equestre a Pedro I, erguida na mesma praça em que fora enforcado Tiradentes (motivo também de antigos versos de seu prefaciador), fazendo, entretanto, interessante paralelo com a derrubada da Coluna de Vendôme pelos *communards*:

Do rei bifronte a estátua
Ei-la erguida sobre a praça,
Qual abutre que esvoaça
Por sobre morta nação;
Inda mais, ostenta cínica,
Com o braço alevantado
Que o Brasil escravizado
Lhe deve emancipação!
Toda aquela massa brônzea
Que negreja pelo espaço
Foi um lacaio do paço
Que tanta infâmia ideou!
Mas a mentira metálica
Na porvir revolução
Há de rolar pelo chão
Como Vendôme rolou!
(apud Martins, 1978, v.III, p.449)

Nesse ambiente, entende-se e situa-se melhor o evento de solidariedade internacional a que acorreu Castro Alves para sua última declamação em público, a 9 de fevereiro de 1871 (o poeta morreria em julho, com 24 anos, e já estava bastante doente na ocasião), que não terá sido ato isolado na conjuntura brasileira da época.[8] Partindo de iniciativa da colônia francesa

---

8 Cf. notícias sobre comissão brasileira de "socorro às populações inermes da França vítimas da guerra", liderada pelo conde do Bonfim e outros barões do café do Vale do Paraíba: in *Diario de Pernambuco* (24 mar. 1871); *Jornal do Commercio* (10 mar. 1871). Em 21 fev. 1871, *O Novo Mundo* lança campanha de solidariedade, sob o título "A fome em Paris", inspirada em iniciativa da Câmara de Comércio de Nova York e exortando à adesão dos fazendeiros, comissários do café e açúcar e jornais do Império (cf. p.66). Cf. ainda: "Socorro às vítimas

estabelecida em Salvador, a reunião promovida pelo Comité du Pain na Associação Comercial da capital da Bahia parece ter obtido sucesso em sua campanha de coleta de fundos em socorro às crianças de Paris vítimas da guerra franco-prussiana. Entre alguns dos vários relatos que restaram do episódio, sublinha-se a marca visionária do poema "No *Meeting* do *Comité du Pain*", já que, antiprussiano e favorável aos ideais de liberdade de Paris, anteciparia algo do conflito franco-germânico no horizonte das duas guerras mundiais do século XX. Além disso, ressaltam-se seu tom de insubmissão e de revolta romântica bem ao estilo hugoano, coerente com o caráter militante e social de toda a sua poética (Leão, 1960), e, igualmente, os protestos contra o vencedor e invasor, o desagravo dos vencidos, o lirismo à infância órfã, a convocação do espírito panamericano e republicanista em torno da justiça e da razão. Segundo um de seus biógrafos, Castro Alves teria ido a cavalo até o local da manifestação, sendo recebido com entusiasmo; figura muito popular, sua doença também era de conhecimento do público. Grande orador – sua poesia ganha em força de eloquência quando declamada –, não terá sido difícil obter "um delírio de aplausos" depois da recitação, tendo sido "carregado como um herói olímpico".[9] Acompanhemos algumas imagens deste derradeiro poema:

> Já que a Rousseau sucede Machiavelo
> Já que a Europa de altar fez-se escabelo,
> > Da guerra meretriz,
> Já que o sonho de Canning era falso,
> Já que após abolir-se o cadafalso
>
> > Crucificaram Paris.
> [...]
> Filhos do Novo Mundo! ergamos nós um grito
> Que abafe dos canhões o horrísono rugir,
> Em frente do oceano! em frente do infinito
> Em nome do progresso! em nome do porvir.

---

francesas" (editorial), in *O Artista*, Rio de Janeiro, III, 14 (26 fev. 1871, p.1-2); "As vítimas da guerra", in *Gazeta de Campinas*, II, 145 (6 abr. 1871, p.2).

9 Calmon (1947, p.248-51). Sobre o episódio e a importância desse poema, ver também Peixoto (1976, p.126-8); Passos (1971, p.118-9); Lima (1942, p.128-9).

[...]
Nós, que somos a raça eleita do futuro,
O filho que o Senhor amou, qual Benjamin,
Que faremos de nós... se é tudo falso, impuro,
Se é mentira – o Progresso! e o Erro não tem fim?

Não; clamemos bem alto à Europa, ao globo inteiro!
Gritemos liberdade em face da opressão!
Ao tirano dizei: Tu és um carniceiro!
És o crime de bronze! – escreva-se ao canhão!
[...]
E, se acaso alta noite, em noite de invernada,
Enquanto no horizonte a chama lambe o ar,
Uma débil criança, esquálida e gelada,
Por ti, Pátria, encontrar abrigo, pão e lar...

Quando aquele inocente, a sós no campo escuro,
Abençoar de longe os brasileiros céus...
Sabe que este menino – é o símbolo do futuro!
E aquela frágil mão... oculta a mão de Deus...
(Alves, 1986, p.474-6)

Se, por um lado, a escravidão afastava a questão operária do primeiro plano, é certo, por outro, que o abolicionismo podia muita vez aproximar--se de um ideal de solidariedade planetária aos despossuídos. Na cidade de Belém, por exemplo, uma onda de inquietação intelectual e de militância pró-trabalhadores urbanos (especialmente artesãos, mas também operá-rios) manifesta-se em alguns jornais como *A Tribuna*, antilusitano e repu-blicano, que circula a partir de 1870 e iria acompanhar, com certa simpatia, no calor da hora, ideias da Comuna de Paris. Ecos de proudhonianismo e blanquismo misturavam-se ao jacobinismo em poetas e publicistas, como Luís Demétrio Juvenal Tavares, Joaquim Francisco de Mendonça Júnior e Ignácio Baptista de Moura (Salles, 1992, p.166-77). O historiador Vicente Salles sugere mesmo que, entre as associações mutualistas criadas à época, o Club Popular Beneficente, de 1873, teria estabelecido laços com a Pri-meira Internacional (pelo menos era o que noticiavam jornais católicos e da grande imprensa, ao denunciar o aparecimento dessa "sociedade secreta para os operários"). De todo modo, a efervescência revelava-se num folhetim de crítica de costumes, "A comédia paraense", que teve sua publicação ' no *Diario do Gram-Pará* suspensa por suas ideias "incendiárias e socialistas-niilistas", aparecendo mais tarde, em 1884, em folheto. No ano anterior, mencionava-se um suposto Club Revolucionário Abolicionista, que faz publicar um anúncio no *Diário de Notícias*, jornal simpático à causa, sob o título "Niilistas". Embora constituindo provavelmente entidade imaginária e anúncio falso, seu texto é muito significativo porque, irônico, faz ao mesmo tempo campanha pela abolição e satiriza o reacionarismo predominante em outras folhas, estabelecendo um elo entre a luta contra o escravismo e os ideais da Comuna:

> Pelo correio recebemos a seguinte carta:
>
> Pará, 29 de maio 83.
>
> Ilmo. Sr.
>
> A associação secreta *Club Revolucionário Abolicionista* resolveu hoje em sessão extraordinária intimar a v. ou a quem suas vezes fizer, não aceitar publicação alguma, sobre venda, fuga ou qualquer outra a favor dos escravocratas, sob pena de morte.
>
> Creia v. que executaremos a promessa, se não cumprir o apelo que fazemos em prol das mais santa das causas; e para que possamos conhecer dos seus sentimentos, pedimos que no dia imediato ao recebimento desta declare em sua folha que fará o que ordenamos.
>
> A comissão
>
> Rochefort
>
> Louise Michel
>
> Blanqui

> Por nossa parte, julgamo-nos livres da terrível morte, porque há bastante tempo que não publicamos anúncios de escravos.
>
> Preparem-se, porém, os colegas da *Constituição* e do *Belém*: vão morrer, de *morte macaca*, coitados.[10]

---

10 *Diário de Notícias*, Belém (2 jun. 1883, p.3), apud Salles (1992, p.178-9).

Essa encenação de tipo dramático-cômica em que as temporalidades dos conflitos locais, regionais, nacionais e internacionais se imbricavam de forma indissociável, ninguém melhor que o poeta Joaquim de Sousândrade representou, em seu longo e admirável conjunto de cantos épicos denominados *O Guesa*, conduzidos, em algumas passagens famosas, aos paroxismos da experiência fragmentária na poética romântica. Ali, quando da entrada do herói Guesa em Nova York – o presente da história narrada coincidindo com a estada do escritor em Manhattan, entre 1871 e 1885, como colaborador regular e um dos editores do periódico *O Novo Mundo* –, cruzam-se cenas da guerra franco-prussiana, greves ferroviárias norte-americanas, episódios de notícias de jornal, personagens mitológicos, literários e históricos, tudo sob o signo triunfante do "inferno de Wall Street", eivado em ideário panamericanista, antimonarquista, republicano radical e abolicionista (Williams, 1976; Williams & Moraes, 1970; Sousândrade, 1893). A dramatização da história contemporânea faz-se sob as marcas da catástrofe. Mas a tragédia desponta sublimada na sucessão cômico-satírica descontínua de quadros tensos, caricatos e com desfecho em aberto. Vejamos duas estrofes, em que a Comuna surge como cenário e entidade dramática e os comunistas – na época associados aos *communards*, mas também à Primeira Internacional – aparecem numa procissão planetária de credos religiosos, grevistas, escroques do capitalismo e mitos da chegada febril à era do espetáculo:

(Comuna:)
– *Strike*! do Atlântico ao Pacífico!
– Aos Bancos! ao Erário-tutor!
– *Strike*, Arthur! Canalha
       Esbandalha!
Queima, assalta! (Reino de horror!)
…
(Procissão internacional, povo de Israel, Orangianos, Fenianos, Budas, Mórmons, Comunistas, Niilistas, Farricocos, Railroad-Strikers, All-brokers, All-jobbers, All-saints, All-devils, lanternas, música, sensação; Reporters; passa em LONDON o "assassino" da RAINHA e em PARIS "Lot" o fugitivo de SODOMA:)
– No Espírito-Santo d'escravos

Há somente um Imperador;
No dos livres, verso
Reverso,
É tudo coroado Senhor![11]

Se, na segunda estrofe, a procissão internacional caótica cruza-se ime-diatamente com a questão do Império brasileiro e sua base escravista, na primeira, conforme bem apontado no estudo crítico de Augusto e Haroldo de Campos, a cena da Comuna é atualizada nessa imagem fulgurante capaz de fusionar diferentes espaços-tempos na realidade presente do movimento operário norte-americano: em 1877, ocorreu uma sangrenta greve ferro-viária que paralisou grandes companhias por todos os EUA, como a Erie e a Pennsylvania. Assim, o incêndio das barricadas de Paris é refeito na imagem vulcânica (e moderna) da *strike* geral.[12]

Num outro caso de vulcanismo literário, acompanhando os últimos ecos dessa "voz da Revolução", encontra-se, numa geração seguinte à dos últimos românticos, o escritor Euclides da Cunha. Até mais claramente que em Veríssimo, seu socialismo aproximou-se bastante da social-democracia reformista da Segunda Internacional. Da amizade com Francisco Escobar, jurista e socialista estabelecido em São José do Rio Pardo, teriam resultado, em 1899, colaborações para a redação de um manifesto do Primeiro de Maio e do programa do jornal *O Proletário*, órgão do Clube Democrático Interna-cional "Filhos do Trabalho", textos de teor social-democrata cuja autoria, embora discutível, permanece atribuída a Euclydes. Em *Os sertões*, além da denúncia dos "crimes da nacionalidade", há ênfase na visão do desam-paro das comunidades sertanejas mais isoladas. Tendência que radicaliza,

---

11 Sousândrade (1888, p.237) (estrofe 38 do Canto X) e 248 (estrofe 106). Essas estrofes já apa-reciam na edição parcial anterior de *O Guesa*, editada em Nova York, com prefácio datado de 1877 (cf. Canto VIII). No mesmo Canto, ver ainda – cf. edição londrina – a estrofe 26 (p.235), em que Napoleão, *le Petit*, é satirizado; a 159 (p.257), em que Thiers é vaiado e desqualificado como "cérebro nico", em meio às "gargalhadas à autópsia dos cadáveres", possível alusão ao massacre da Comuna; e a 169 (p.259), em que ironiza a dicotomia civiliza-ção ("entrando em Paris") *versus* barbaria ("saindo do Ceará"). Estas duas últimas estrofes citadas só aparecem na edição de Londres.

12 Campos & Campos (1982, p.49). Já o nome Arthur refere-se ironicamente ao líder sindical da Associação dos Maquinistas de Trem, fundada em 1863, Peter Arthur, de perfil mais conservador: cf. Campos & Campos (1982, p.329).

quando de sua viagem à Amazônia, no artigo "Entre os seringais", publicado na revista *Kosmos* em 1906, no qual propugna claro programa mínimo de direitos trabalhistas para os trabalhadores da borracha. De todo modo, anos mais tarde, Jean Jaurès, por ocasião de sua visita ao Brasil em 1911, traçaria rasgados elogios póstumos ao escritor e à sua obra-prima.

Assim é que, no conhecido artigo "Um velho problema", publicado em *O Estado de S. Paulo* a propósito do Primeiro de Maio de 1904, e depois inserido na coletânea de ensaios *Contrastes e confrontos* (1907), Euclydes privilegia o gradualismo das conquistas jurídico-políticas em relação a qualquer processo revolucionário mais violento. Num enquadramento determinista que lembra, entre outros, o de Élisée Reclus de *Évolution et révolution* e os ensaios socialistas de Oliveira Martins, sob os auspícios da ideologia do progresso, inclui as irrupções "dramáticas e ruidosas de outrora", como o fora a Comuna, apenas como manifestações incontroláveis daquelas demandas e tendências com que, mais cedo ou mais tarde, a sociedade terá que se defrontar e responder. Valendo-se de metáforas como as dos cataclismos geológicos, Euclides faz o elogio das festas reivindicantes do Primeiro de Maio, do Congresso Socialista de Paris de 1900 e, numa alusão direta a Edouard Vaillant, para quem "os privilégios econômicos e políticos devem cair ao choque de uma revolução violenta", contra-argumenta: "É o socialismo demolidor que, entretanto, menos aterroriza a sociedade burguesa".[13]

Duas décadas antes, ainda adolescente, num caderno de poemas manuscritos inéditos, Euclides escrevera um soneto de homenagem a Louise Michel, datado de 1884 e muito provavelmente marcado pela crescente heroização da antiga militante da Comuna, que retornara à França em 1882, anistiada, depois de mais de uma década de exílio na Nova Caledônia, destino de muitos dos *communards* condenados ao degredo (talvez, por isso, o ano posto entre parênteses logo após o título). Fortemente assinalado por imagens eloquentes extraídas de Victor Hugo e Castro Alves, entre

---

13 Cunha (1966, v.I., p.195). O artigo completo encontra-se na p.190-6. Essa concepção mitigada de revolução encontrava-se já num contemporâneo da Comuna como Oliveira Martins, muito lido por Euclides. Cf. Martins (1953, p.3-47). E, por volta de 1885, o escritor português amigo de Antero de Quental e fundador de *O Pensamento Social*, órgão pró-Primeira Internacional, assim se referia à experiência *communarde*: "Imaginar, por outro lado, que podem ser fecundas as revoluções teatrais, que a face do mundo se altera de um dia para o outro, é vão. Vitoriosas por surpresa, as plebes operárias cairiam vítimas da sua própria incapacidade. É de ontem o exemplo de Paris" (Cf. Martins, 1981, p.420).

Desenho de Louise Michel, "La Virginie", barco da deportação para Nova Caledônia, 1873 (Froumov, 1958).

os navios-fantasmas de escravos ou de proscritos da Comuna – a própria Louise Michel desenharia, toscamente, o navio que a deportara –, o soneto euclidiano antecipa, em seu elogio do sublime, o fascínio que a fealdade e a chama da revolta no olhar febril dos grandes líderes populares (naqueles anos de juventude, Louise Michel, pouco além de uma década mais tarde, em 1897, Antônio Conselheiro...) exerceriam sobre o imaginário poético romântico do escritor:

> Luísa Michel
> (1882)
> Das férvidas paixões – na sonora procela
> Que das turbas agita a alma brava, *feérica*
> Ela banhou febril a face cadavérica
> – Sublimemente feia, horrivelmente bela...

> Devia ser sublime – audaz – erguida pela
> Febre brava e fatal da multidão colérica
> Aquela alma tão grande – em feia forma histérica
> – A noute é negra, é feia e – tem no seio – a estrela...
>
> E n'essa insânia – à qual – nada há que dome ou quebre
> Enlameada e nua a populaça em volta
> Bebendo-lhe no olhar os incêndios da febre!
>
> Devia ser grandiosa – ela – entre a glória e o crime
> Erguendo ao lábio murcho os cantos da revolta
> Pálida, magra, feia, hedionda, hirta... sublime![14]

Entre representações culturais recorrentes daqueles anos atravessados pela estética romântica do sublime, a necessidade de ocultar a feiura seria tema frequente. Atraído pelos avatares da barbárie que o século confinava, o futuro autor de *Os sertões* expunha nessas imagens irregulares o que a ideologia do progresso pretendia cada vez mais afastar da cena. Ele mesmo ambíguo, entre a sedução e a repulsa, como logo mais se verá diante da figura do Conselheiro, em sua crônica do Primeiro de Maio de 1892, publicada na série "Dia a Dia" em *O Estado de S. Paulo*, condenava a via revolucionária "anárquica" em prol do socialismo reformista, bastante inspirado no ideal positivista de uma consciência humana gradativa, que tornaria o Exército, no futuro, instituição obsoleta. Considerando o socialismo como "uma ideia vencedora", assevera:

> O quarto Estado adquirirá, por fim, um lugar bem definido na vida universal. Nem se lhe faz para isto preciso agitar o horror da anarquia ou fazer saltar a burguesia a explosões de dinamite. Fala todas as línguas e é de todas as pátrias.
>
> Toda a sua força está nessa notável arregimentação, que ora desponta à luz de uma aspiração comum; a anarquia é justamente o seu ponto vulnerável – quer se defina por um caso notável de histeria – Luísa Michel, ou por um caso vulgar de estupidez – Ravachol (Cunha, 1966, v.I, p.607).

---

14 Cunha (1883-1884). Essa pesquisa é parte de um projeto coletivo para reunião e edição das poesias inéditas e dispersas de Euclides da Cunha, em colaboração com Frederick Amory e Leopoldo Bernucci.

No próximo item, a feiura se revelará como sinônimo de má conduta, até os limites da loucura ou do crime. Deverá ser afastada de nossas imagens refletidas, de nossas impressões faciais. Escorrega para a crônica policial. Ou para o retrato naturalista da mulher histérica e ameaçadora. Ou, em outra dimensão, para a arte dissidente, prenúncio das deformidades expressionistas. Ou ainda para a imprensa militante proletária. O feio precisava ser descoberto para melhor se ocultar.

Espelhos morais e vida nua

Na imprensa burguesa e pequeno-burguesa brasileira, o tom predominante em relação à Comuna parecia ser o condenatório. Mesmo em jornais francamente republicanistas ou abolicionistas prevalecia a posição de que o movimento de Paris se situava "fora da ordem", devendo, pois, ser reprimido, independente do mérito próprio de algumas de suas ideias. Da leitura de vários jornais de maior circulação em algumas capitais do país durante os meses da guerra franco-prussiana e da Comuna, é possível cogitar que terá sido naqueles meses, diante do espetáculo derradeiro das barricadas, que começavam a se forjar as imagens de incendiário, terrorista ou irracional associadas ao léxico "comunistas", empregado invariavelmente como sinônimo de *communards*. Nessa acepção original – que mais tarde encontraria, sobretudo depois da Revolução Russa e durante a Guerra Fria, amplo terreno para expandir-se no discurso das classes dominantes e na maquinaria de propaganda dos Estados ocidentais em escala planetária –, ainda não se verificava a identificação entre comunismo e partido internacional ou "ideologia marxista": os "comunistas" eram simplesmente os aderentes ou dirigentes da Comuna, com toda a diversidade social aí implicada; eram os participantes de um movimento sem dúvida radical, mas não partidários de uma agremiação ou programa político definido, embora, em várias matérias, fossem já associados indistintamente à Internacional e ao conflito capital *versus* trabalho. Raras as sutilezas semânticas, como a de uma matéria de abertura do *Jornal do Commercio*, do Rio de Janeiro, na coluna "Exterior", de caráter editorial, intitulada muito judiciosamente "Comunistas e Comunalistas" (24.4.1871, p.1). De todo modo, esses *comunistas* ou *comunalistas* eram uma multidão de *apartados*, quando não pela geografia da cidade, pelas tropas de Bismarck ou pelo assalto final de Thiers. E, afinal, como *apartados* da ordem, esses "comunistas" possuíam ideias estranhas, modos medonhos, corpos horrendos. Variações dessa fabulação reacionária apareciam com frequência nos jornais urbanos de espírito burguês mais correntes da época. O *Jornal do Recife*, por exemplo, divulgava despacho de correspondente português em Paris, datado de 8 de abril de 1871, em que se resumia o vaticínio da reação: "A Europa não consente no centro do continente um vulcão de delírios e crimes" (24.4.1871, p.2). Na mesma linha, o *Diario de Pernambuco* publicava, em duas partes, longo artigo anti-Comuna subscrito por Pinheiro Chagas, "Os insurgentes de Montmartre", que concluía lançando suspeita sobre o simbolismo da cor vermelha, associada a ação sanguinária, numa emblemática inversão retórica, operação tão corriqueira nas lutas políticas do Brasil atual: "A rubra cor do sangue ostenta-se igualmente, como símbolo de uma hedionda fraternidade, na bandeira dos demagogos e na púrpura dos tiranos" (15.4.1871, p.8).

Num outro exemplo significativo, uma notícia intitulada "Vandalismo", do mesmo *Diario de Pernambuco*, criticando a demolição da Coluna de Vendôme, "um dos mais belos monumentos da capital de França", como "uma profanação antipatriótica", atribui o gesto à "fúria vandálica dos comunistas" (28.5.1871, p.8). E noutra variante do motivo incendiário da Comuna, o *Jornal do Commercio*, em artigo editorial datado do final de março de 1871, subscrito de Genebra e sob o título "A República e a Revolução", advertia: "Em França o espírito da revolução tudo vence e tudo arrasta: governo, instituições, leis, costumes públicos e particulares" (28.4.1871, p.1).

Muitas vezes os "insurgentes da Comuna" foram identificados com massas do submundo, marginais, delinquentes, até mesmo com presidiários, sobretudo depois do grande massacre. No periódico ilustrado *O Novo Mundo*, em setembro de 1871, ao lado de uma litogravura tendo por legenda "Os prisioneiros da Comuna – As *pétroleuses*", publicava-se uma longa matéria explicativa, sugestivamente denominada: "Os Prisioneiros Comunistas". Ali, narram-se as peripécias de um correspondente do jornal *Graphic*, autor do desenho, durante uma visita à prisão de Versalhes. Uma série de atributos físicos e morais vão compondo a degradação feminina das *communardes*:

"Os prisioneiros da Comuna – As *pétroleuses*."

O desenho dá ideia da sala de visitas em que as mulheres recebem suas amigas. Como se vê, elas podiam ser mais bonitas. Quase todas pertencem às classes menos favorecidas de Paris, às *tricoteuses* e *vengereuses* das revoluções anteriores, e às *petroleuses* da insurreição comunal de 1871. Todavia o correspondente crê que não perderam de todo o sentimento, pois recebiam então as suas visitas com todo o fogo de que é capaz uma Francesa de Paris (v.I, n.2, p.188, 24 set. 1871).

Não se reserva melhor identidade para os homens, nesse mesmo relato. Três mil prisioneiros recolhidos no setor oposto da prisão apresentavam-se no anonimato de corpos espalhados:

> O chão estava cheio de colchões, alguns ocupados por seus donos, outros apinhados em montes e formando assentos, para essa população de presos que riam-se, jogavam os safanões e fumavam – ainda que o fumo fosse proibido (ibidem).

Tal relato, que serve como narrativa sob forma de crônica da própria imagem litogravada, termina com o visitante-desenhista frustrado por não ter conseguido localizar ali um certo capitão da Comuna que conhecera apenas "pela inicial e não pelo nome de batismo!". A única cena tocante e humanitária, a de um encontro entre filho e mãe prisioneira, que "descreve no seu desenho", serve apenas para aguçar o aspecto dissoluto e reprovável da conduta das *pétroleuses*, cujo fogo também destrói laços de família. Essa cena de isolamento sociocultural dos antigos construtores de barricadas vem consolidar o mecanismo de exclusão e criminalização montado durante toda a existência da Comuna. Ainda nas páginas de *O Novo Mundo*, um longo artigo de caráter editorial era publicado logo após a derrocada do governo *communard*. Intitulado simplesmente "Os comunistas", o tom é peremptório: "o que é certo é que os Comunistas de Paris teriam tido melhor sucesso, se não tivessem sido tão impacientes pelos resultados da sua combinação. O que eles conseguiram foi pôr o mundo de sobreaviso sobre o ânimo e os intentos da 'Internacional'". Feita a filiação, o texto conclui com a tentativa de isolar socialmente os "inimigos": "O terem eles tentado reduzir a cinzas uma grande cidade mostra também que eles são inimigos de todas as classes. Agradeçamos, pois, aos Comunistas, por terem ao menos informado de antemão ao mundo sobre as medidas desesperadas que a sua organização se propõe realizar algum dia" (v.I, n.9, p.130-1, 24.6.1871).

Essa tipificação da barbárie *communarde* como um "outro" a ser eliminado passava até mesmo por uma preconcebida operação de *apartheid* discursivo. Numa coluna editorial do "Exterior", por exemplo, o *Jornal do Commercio*, em artigo intitulado "Espécimen do Estilo dos Periódicos Comunistas de Paris", exibia sua concepção do que classificava como "linguagem desabrida e virulenta de que se servem os órgãos da comuna". E transcrevia passagens de um artigo extraído de *L'Affranchi*, como prova material de um caráter criminoso tão ambíguo quanto a própria linguagem costuma ser:

> No seio da noite negra e profunda renovava-se a velha luta do passado contra o futuro, do mal contra o bem. Era o último ato dessa tragédia sanguinolenta...
>
> Políticos traidores e perjuros, ministros astutos e criminosos, estadistas ambiciosos e vulgares, generais covardes e desleais, e oficiais servis e ferozes (29 maio 1871, p.1).

Nada mais revelador da construção claudicante da sanha incendiária e assassina dos *communards* que essa sucessão de lugares-comuns da retórica romântica tão ao gosto da eloquência hugoana. Passado, poucos meses após, o furor do massacre dessas vozes "desabridas e virulentas" pelo governo Thiers, com a eliminação física, a prisão ou a deportação de dezenas de milhares de pessoas, era preciso tematizar o medo e a culpa, incorporando os perigos externos e internos de morte na prática da "razão de Estado" da civilização ocidental moderna. A metáfora organicista do corpo social doente e a linguagem biomecânica da cirurgia ganham espaço, e o verbo "extirpar" naturaliza-se na retórica do poder de Estado burguês, na institucionalização legal e na legitimação moral do monopólio da violência por seus aparatos. Era preciso redobrar o esforço de contenção das lágrimas, abafando vozes e apagando elos da contramemória. Diante dos cadáveres insepultos da Comuna, a soberania do Estado só poderia vingar valendo-se da era do espetáculo que viria a compor, admiravelmente, a estratégia da vida nua dos subalternos com os disfarces dos espelhos morais. Nesse contexto, soa bastante didática a apologia da "cura pela guerra", interna ou externa, na França ou no Brasil, que *O Novo Mundo* lançava, sem cerimônia, em seguida à formação do governo da Comuna, numa seção chamada curiosamente de "Tópicos do mês":

> que o governo de M. Thiers possa aplacar todas as dificuldades do momento e, forte e confiado, ombrear a obra ingente da regeneração do seu nobre país!
>
> Verdade é que um país são que sustenta uma guerra, por cruenta e custosa que seja, sara muito depressa. É o que aconteceu neste país depois da guerra

civil[15]; é o que está acontecendo ao Brasil apesar da longa e porfiosa guerra do Paraguai (v.I, n.7, p.102, 24 abr. 1871).[16]

Se leitores da Comuna, em registros históricos e contextos políticos tão diversos quanto os que marcaram a obra de Marx (1971), no calor dos incêndios do século XIX, e, depois, já no século XX, a de Benjamin (1986, 1993), na cena dos anos 1930, e a de Guy Debord (2000), no final dos 60, convergiram em ressaltar o aspecto vivo, concreto e imprevisível, na sua singularidade, da ação coletiva desencadeada por trabalhadores, despossuídos e simpatizantes na constituição da experiência de um novo polo de poder, é forçoso também reconhecer que, ao lado do velho poder do Estado-Nação, a derrota dos revolucionários inaugura uma política de extermínios internos em massa, em caso de perigo – não importa tanto se real ou imaginário – que ponha em risco a permanência da ordem burocrática ou econômica vigente.

O artesanato da guerra converte-se em grande indústria, com ela advindo seus aperfeiçoamentos inerentes. E, internamente, será preciso sempre renovar a legenda dessa figura da morte, do poder despojado do Estado soberano sobre a "vida nua", a "barbárie civilizada",[17] isto é, o controle sobre os corpos despidos das populações, vítimas de procedimentos técnico-científicos a serviço da polícia, das fichas fotográficas, das impressões digitais, como também sujeitáveis, sempre ao sabor do arbítrio da autoridade detentora da informação, à tortura, ao apagamento do nome e à "queima de arquivo" – expressão hoje tão consagrada na crônica político-criminal brasileira –, seja

---

15 Possível referência ao período de prosperidade capitalista que se seguiu à Revolução de 1848.

16 Paralelos entre a guerra franco-prussiana e a guerra contra o Paraguai também são algo frequentes na imprensa brasileira do período. Até numa fugaz revista semanal "literária chistosa e ilustrada", *O Acáçar*, editada em Salvador, encontram-se várias caricaturas satirizando a criação do inimigo externo, a Prússia lá, o Paraguai, aqui (cf. v.I, n.1, p.4-5 e 8, 1º jan. 1871).

17 Valho-me aqui das reflexões sempre radicais e argutas do filósofo italiano Giorgio Agamben sobre a forma concentracionária dos campos de prisioneiros, refugiados ou condenados à morte como regra, e não exceção, na organização do poder soberano dos Estados modernos ao longo do século XX (Cf. Agamben, 1995 e 1996). Creio que a repressão brutal que se abateu sobre e seguiu-se à Comuna é a primeira evidência eloquente desse modelo de exclusão radical e de eliminação física da dissidência coletiva, inaugurando uma modalidade de gerenciamento biopolítico da vida dos povos e classes subalternos. Sobre a noção de barbárie civilizada na história mundial desde o século XIX, cf. Löwy (2000, p.46-56).

na fossa comum das execuções coletivas e nos cemitérios clandestinos, seja nas câmaras de gás e nos crematórios dos campos de extermínio.

Seria sem dúvida exagerado atribuir todo o sistema de controle e repressão maciça e seletiva que os Estados nacionais desenvolveram desde o final do século XIX até aqui ao efeito único e direto do massacre da Comuna. Mas há que considerar, por outro lado, a enorme inspiração desse modelo de assalto total e impiedoso a massas de dissidentes, mediante emprego de máquinas mortíferas as mais modernas, aceleradas e impessoais, na eliminação simultânea de grupos de indivíduos – era o tempo da estreia das *mitrailleuses* – e na repressão metódica e sistemática, ancorada em tecnologias e burocratas especializados, numa linha de continuidade macabra que se estenderia a vários conflitos posteriores tão diferentes, como a Guerra de Canudos, nos primeiros anos da República brasileira, a derrota da Revolução Russa, de 1905, e o esmagamento do movimento revolucionário da chamada Comuna de Cantão, na China, em 1927, os massacres na Catalunha da Revolução na Espanha, a invasão de Budapeste, em 1956, e de Praga, em 1968, pelos tanques soviéticos, os golpes militares de Pinochet, no Chile, e de Videla, na Argentina, o genocídio de populações camponesas indígenas rebeldes na Guatemala, durante pelo menos duas décadas, ou ações mais localizadas como a repressão aos estudantes na praça de Tlatelolco, no México, em 1968, ou o movimento insurrecional da praça Tiananmen, em Pequim, em 1989, visto por muitos como uma nova Comuna; em todas essas situações de configuração efetiva de duplo poder, ou de sua iminência concreta, o Estado tem lançado mão da brutalidade legal e fulminante para preservar intacta a ordem. Parece mesmo dedicado à humanidade póstera, a irônica e trágica figura da morte, conduzindo a carruagem de 1871, com que o caricaturista Daumier alegorizava o desastre da Comuna, apondo-lhe a legenda: "A ordem triunfou" (apud Belmartino, 1984, v.2, p.65-96).

Essa representação perderia, contudo, muito de sua eficácia se figurasse apenas com as faces tenebrosas da morte. A ordem, para se aliar ao progresso, necessita de espetacularização. A dor, o horror, o feio, o grotesco, o grito de revolta, a lágrima e o sangue são fluxos humanos que precisam ser contidos, sublimados, interiorizados. Todos os sinais públicos e exteriores da utopia romântica anticapitalista que os revolucionários vulcânicos praticaram de modo tão belo e digno devem ser mitigados e incorporados numa única fisionomia facial, num gesto mudo de resignação melancólica,

"A ordem triunfou", caricatura de Daumier, 1871 (Belmartino, 1984).

num olhar que já não deve contemplar o mundo, mas apenas os "espelhos morais" da culpa silenciosa e da anestesia dos sentimentos, que é, também, analgésico para os corpos abandonados a essa moderna solidão em sociedade.

Na mesma conjuntura daqueles meses agitados e incandescentes da guerra franco-prussiana e da Comuna, nas páginas de *O Novo Mundo* – que tinha por subtítulo a expressão mais que sintomática "Periódico Ilustrado do Progresso da Idade" (noção ambígua ainda mais significativa do espírito burguês por referir-se num só tempo e palavra, tanto à idade histórica como "época" quanto à idade biológica da vida dos leitores) – despontam algumas imagens muito sugestivas desse crescente movimento de incorporação e interiorização, no espaço privado, dessa pedagogia dos sentidos, no gesto fingido e na expressão facial estudada: numa palavra, o exercício da máscara, que forja o distanciamento do mundo tumultuado dos incêndios vorazes, das barricadas labirínticas e das guerras sem fim.

Desse mosaico de imagens veiculadas no referido periódico seleciono três litogravuras significativas do movimento ideológico aqui descrito. A primeira delas, ainda estampando uma imagem do assédio de Paris pelas tropas prussianas, e tendo como legenda a frase "Um tiro certeiro" (v.I, n.5, p.76, 21 fev.1871), mostra a parede de uma habitação bombardeada, com um rombo que torna vulnerável a privacidade do ambiente interior; a ameaça à mulher, que olha aflita para os sinais de ruína deixados pela guerra, parece muito próxima; já o bebê em seu berço, distante do primeiro

"Um tiro certeiro."

"Meu bravo."

"A campônia francesa."

plano da cena, protegido pelo corpo da mãe, sugere medo, mas também relativa e instável segurança: em toda a composição, afinal, é o espaço interno da casa que sobressai sobre o externo, apesar da hostilidade visível e do maior impacto deste. Na segunda imagem, subtitulada "Meu bravo", a mulher, sem nenhum sinal aparente de desespero ou revolta, apenas defronta-se com o retrato do homem que não retornou do confronto bélico entre França e Prússia. E na pequena nota explicativa ao lado da litogravura, lê-se: "culto do amor à imagem de um bravo, que caiu vítima na última guerra" (v.I, n.8, p.124, 24.5.1871).

Significativo, nesse fetichismo do retrato quase fazendo as vezes do espelho – que produz um culto amoroso como gesto de moda, como sutileza de toucador –, que tal imagem surja anacrônica em relação ao rumo dos acontecimentos, pois era estampada em maio de 1871, quando a Comuna já entrava em sua fase descendente. Mas isso só reforçava o efeito pedagógico pretendido, pois ao lado dessa dama urbana era impressa outra imagem, essa pastoril de "A campônia francesa", talvez irmanada com a mulher de "Meu bravo" nesse alheamento pleno do espaço público e do cenário bélico; clima de interiorização pequeno-burguesa, em que a figura da camponesa realçava-se mais em seu "deslocamento", no contraste com outra imagem gravada e exposta na página seguinte do mesmo jornal, em que se surpreendia a cena negada àquelas mulheres: "A guerra em Paris – A praça do Hôtel de Ville fortificada pelos comunistas" (v.I, n.8, p.125, 24.5.1871).

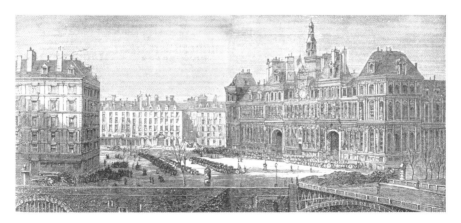

"A guerra em Paris – A praça do Hôtel de Ville fortificada pelos comunistas."

A terceira litogravura passível de contraponto ideológico, publicada com destaque na primeira página, faz-se acompanhar de longo texto explicativo de abertura da revista, cerca de um mês depois da derrubada da Comuna. Os títulos da matéria escrita e da imagem – respectivamente, "Oh! Que cara feia!" e "Oh! Vejam só como parece feio!" (v.I, n.9, p.129, 24.6.1871) – são quase idênticos, reforçando-se mutuamente no efeito editorial buscado com tal ênfase exclamativa.

O caráter formador das consciências de toda a montagem da página fica evidente ao longo do texto, que narra uma espécie de fábula moral sobre a dor como apanágio da humanidade: "A criança olha para seu rosto no espelho e como que se envergonha da figura que faz, chorando, e a sua expressão ali delineada é a da transição entre o riso e o choro, tão comum na infância e, na verdade, em todas as idades do homem. E, se nós todos pudéssemos olhar num espelho os nossos gritos, lágrimas, e queixas tão abundantes, é provável que antes rir-nos-íamos do que chorássemos. O que dá intensidade às nossas dores e fraquezas é não cuidarmos que a dor não nos tem escolhido por seu único alvo neste mundo – que ela é a partilha de toda a espécie humana, e é o cadilho em que se purifica a santidade e em que se gera a Esperança de vida melhor".

Depois de ressaltar o papel da "obediente resignação" nesse naturalizar dos sofrimentos no mundo, o texto apela para a vergonha como um estado desejável de neutralização dos impulsos de quem não aprendeu a sofrer e a esperar. E compara, por fim, a reação de "nós todos" (leitores e editores irmanados no espírito de contenção da culpa burguesa) à do bebê da gravura: "Assim tivéssemos nós todos um espelho moral em que pudéssemos ver tão limpo como o em que aquela criança se vê ali. Assim pudéssemos também nós ter o ouvido moral bem atilado para nunca perder aquelas palavras que o espírito da verdade segreda-nos sempre no meio da maior parte de nossas lamentações: 'Oh! vejam ali que criatura tão feia!'" (ibidem). A frase final reintroduz o título dessa crônica textual e imagética e, com ele, o espectro desse "espírito da verdade", que se associa à repressão do "feio", seja da fisionomia espelhada, seja das muitas cenas que ficaram fora desse quadro de intimidade doméstica e de cujos rastros restam cinzas por toda a Paris. Para afastar o feio das aparências faciais e também da vida coletiva, da história enfim, há que sublimar suas memórias recentes e remotas. A prescrição de conduta que imobilize o risco de qualquer "derramamento" revelador, pela

"Oh! Que cara feia!"

"Oh! Vejam só como parece feio!"

face, do interior do corpo e das lamentações da alma, passa pela contenção das lágrimas e pelo esquecimento do sangue. Esse aprendizado da resignação corporal e da vergonha introjetada, veiculado por um periódico, é ainda mais notável em sua hipocrisia mal fingida diante dos cadáveres empilhados ao lado de cada barricada.

De Nova York para o Brasil, mas certamente sob os eflúvios de Paris, na contrafacção internacional de imagens que predominava na imprensa ilustrada, o protestantismo panamericano e o republicanismo abolicionista dos editores de *O Novo Mundo* moldavam um jogo de espelhos morais que, em face da tragédia da guerra externa e, na sequência, do massacre da Comuna, ali também sempre noticiados, fazia contraponto e contrapeso, treinava a sensibilidade sobretudo feminina, fabricava um padrão mental e corpóreo de pudores, revalorizando as funções da maternidade em face dos campos ceifados e da cidade em ruínas. Estes últimos, já aqui, nessa sublimação em que a dor parece em definitivo abolida, ficam no entredito, saem da perspectiva na cena litografada; ou, quando reaparecendo noutra seção, é como se parecessem conter e contar histórias de outro mundo, de outra galáxia. É essa produção da distância e do alheamento, talvez, o grande efeito de ilusão que o distrair das imagens proporciona: entreter-se nos interiores vazios de espelhos ou retratos como forma não só desviante da realidade mais absurda que não deve ser refletida, mas sobretudo como disciplina da concentração no interior da casa, da moda decorativa como atributo de uma civilização que evita cada vez mais as ruas, os incêndios repentinos e os apagões imprevistos, de uma civilização que deve, ao mesmo tempo, temer e esquecer a morte; ou, para voltar à epígrafe de Marx, de *A guerra civil na França*, com que abri este texto, sina de uma civilização que deve "desprender-se dos montes de cadáveres feitos por ela depois de terminada a batalha!". Há que livrar-se dos mortos por essa operação generalizada e indolor de esquecimento e distância. Seria impossível contá-los. E, mais impossível ainda: nomeá-los.

10
Duas sobreviventes[1]

Os inventores desconhecidos[2]

Mas o que se passa nas salas dessa velha casa de quase vinte janelões e uma dezena de portas que talvez tenham abrigado, num passado remoto, os diamantes, as rendas e a porcelana de Macau de alguma senhora das minas?

Percorrendo as altas paredes amarelas desse sobradão, chega-se ao interior da atual sede própria da União Operária Beneficente de Diamantina. Em seus noventa anos de vida, muitas palavras foram ditas, lidas e escritas ali dentro: grande parte delas perdeu-se no momento mesmo em que foram proferidas. Seus operários, contudo, têm exata consciência da importância histórica da União. Um deles disse ser necessário guardarem a memória de seus antepassados, pois é "nesta tradição do passado que a União é que nem uma escola dos operários", arquivando suas raízes e clarificando sua própria posição na sociedade. Um outro velho associado, oitenta anos de idade e mais de cinquenta na União, completou a ideia de seu companheiro,

---

1 "Duas sobreviventes" reúne monografias em torno de antigas associações operárias redigidas originalmente em meados dos anos 1970: "Os inventores desconhecidos: história social e memória operária" apareceu em versão inicial nos *Cadernos de Comunicação e Realidade Brasileira* (1982b); "Lyra da Lapa: acorde imperfeito menor" saiu na revista *Remate de Males* (1985), reaparecendo depois no livro organizado por Antônio Arnoni Prado, *Libertários no Brasil: memória, lutas e cultura* (1986).

2 Estas notas baseiam-se em pesquisa de campo realizada em 1975 na antiga União Operária Beneficente de Diamantina, Minas Gerais. Agradeço à diretoria daquela entidade o acesso às informações historiográficas contidas neste relato. A pesquisa, na ocasião, contou com o apoio material da Fapesp.

afirmando a necessidade de os operários terem "clarividência, para enxergar o seu presente e o seu futuro".

Em todo o caso, contrariando a aparente "clarividência" esquemática e estereotipada que se faz em torno da periodização do movimento operário em certos círculos acadêmicos, o fato é que a União Operária Beneficente, de caráter tipicamente mutualista, está viva ainda hoje, tendo acompanhado quase todas as aventuras da república brasileira, muito além dos marcos históricos em que esse tipo de associação foi considerado "característico" da organização operária (segunda metade do século XIX, até 1890). Sob o solo que afirma o reconhecimento oficial de uma história do Brasil única e dominante, outras histórias permanecem ocultadas e esquecidas.

Hoje em dia, quando a tônica dominante em matéria de associações operárias são os sindicatos segmentados por categorias profissionais e atrelados ao Ministério do Trabalho por meio da estrutura corporativista implantada desde o Estado Novo, não deixa de ser significativa a presença de uma associação mutual genericamente operária, organizada de forma autônoma como "sociedade civil". Sua localização, na boca dos sertões de Guimarães, surpreende as mentes de intelectuais que, quando falam em "classe operária brasileira", pensam apenas nos operários industriais dos grandes centros urbanos. Talvez aí esteja uma pista interessante a indicar o caráter mais descentralizado e heterogêneo das classes trabalhadoras no Brasil do que, com frequência, certas análises e certas práticas supuseram.

Os associados da União de Diamantina, ao contrário de certos mitos e esquemas fechados, têm consciência de sua existência; há uma forte solidariedade social e um sentimento coletivo de "ser operário" em seu discurso. Assim, nos próprios estatutos da União, exige-se que o candidato a sócio efetivo "seja operário... tenha uma profissão industrial ou siga uma arte que se relacione com a indústria". Um dos membros definiu o operário exatamente como "o trabalhador que trabalha com algum tipo de máquina ou ferramenta". Acrescentou ser ele próprio, agora, um "burocrata" (empregado de um escritório), mas que entrara para a União quando ainda trabalhava com a máquina (fora datilógrafo). Assim, soldados ou balconistas não são aceitos. E houve, durante anos, sérias discussões em torno da admissão dos garimpeiros (trabalho ainda predominante na região de Diamantina): "eles são como aventureiros – vão e voltam –, não têm estabilidade no serviço, não são propriamente operários". Acabaram sendo aceitos, pois afinal valeu o critério da "ferramenta".

Atualmente, a União conta com cerca de quatrocentos associados, em sua maioria pedreiros, marceneiros, carpinteiros, serralheiros, outros trabalhadores da construção civil, ferroviários, datilógrafos e garimpeiros. Toda semana, aos domingos, realiza-se uma sessão ordinária, em que se resolvem problemas correntes da associação, de forma democrática e pouco usual em nossa época: a palavra é franca a todos os membros presentes. A diretoria, composta de oito membros e mais um conselho fiscal e outro consultivo, é eleita anualmente em assembleia geral, por ocasião do aniversário da União (junho). Além dessa data, vivamente comemorada com uma grande festa, os operários celebram mais dois eventos, também festejados por todas as famílias dos associados: o Primeiro de Maio (chamado de "Festa do trabalhador", nos estatutos) e o dia das "mães operárias". São nesses dias, efemérides diferentes da história oficial, que o primeiro e o segundo oradores fazem uso da palavra, saudando os companheiros reunidos com discursos que somente eles mesmos sabem proferir. Além dessas celebrações que reafirmam a cada ano os laços de solidariedade e os elementos de uma cultura segregada, os operários da União comemoram, com repetida pontualidade, todos os aniversários de seus associados, com saudações dos oradores nas sessões semanais. E os sócios com mais de trinta anos de casa (há vários deles vivos) passam à categoria de "remido", com homenagens coletivas (recebem um diploma e têm seu retrato afixado para sempre na sala de sessões) e isenção da mensalidade.

Fundada por dez ourives de uma pequena oficina de Diamantina em 1891 (ao que parece, imigrantes portugueses já empregados como assalariados), a União não esconde seus antigos laços artesanais e, possivelmente, libertários.[3] Por exemplo, o Hino da União composto pelo ourives e funda-

---

3 Na verdade, o mutualismo esteve estreitamente vinculado às concepções de Proudhon no movimento operário europeu de meados do século XIX. Os proudhonianos foram importantes, em especial no movimento operário francês durante as revoluções de 1848; são considerados uma tendência específica do chamado socialismo utópico e estão nas raízes históricas do surgimento do anarquismo. Posteriormente, outras tendências libertárias, como o anarcossindicalismo (hegemônico no movimento operário brasileiro, pelo menos entre 1906 e 1920), desenvolverão violentas críticas ao mutualismo, opondo ao caráter beneficente de suas associações a necessidade das ações diretas – como a greve geral – coordenadas pelos sindicatos, que passam a ter na persistente luta contra o capital sua tática prioritária.

dor Joviano de Aguiar aproxima-se bastante, em sua forma parnasiana e em seu conteúdo solidarista, dos sonetos anarquistas do início do século XX:

> Já tremula no horizonte
> sobre o prado e sobre o monte
> o Estandarte da União
> É a luz da liberdade
> um sorriso de amizade
> um conforto de irmãos
> [...]

Ou, então, alguns velhos volumes empoeirados da biblioteca atestam uma preocupação intelectual eclética, bem própria dos anarquistas; por exemplo, livros de medicina do século XVIII, impressos em tipos góticos. Os operários herdeiros desse acervo erudito preferem, aliás mais pragmaticamente que seus antepassados, trocar essas raridades com o MEC, recebendo manuais didáticos de maior utilidade a seu aprendizado. Por outro lado, se a biblioteca se transforma, as insígnias mantêm-se até hoje como símbolo de uma história subterrânea de quase cem anos: um círculo azul em fundo branco, contendo dez estrelas (os fundadores) e um fio de prumo (a ferramenta) ao centro; um ramo de louro de cada lado do círculo, que é contornado pelos dizeres "Deus, Honra e Trabalho" e pela data da fundação (1º.6.1891). Até hoje, sinal de orgulho dessa tradição abandonada pela historiografia dominante, os sócios usam na lapela um anel de prata preso a uma fita branca, com uma reprodução da insígnia e dos dizeres do lema.

Das prateleiras do arquivo de atas manuscritas das reuniões, retiram com entusiasmo o primeiro livro de atas (1891), guardado numa caixa, encadernado em azul e gravado a ouro na capa, seguindo o antigo fausto do costume local. Subindo as escadas ressonantes, chega-se ao amplo salão de sessões, onde se destaca, numa das paredes, uma verdadeira galeria de retratos e nomes desconhecidos: por trás das antigas molduras ovais aparecem fotografias dos fundadores e de alguns velhos associados da União. São marcas de personagens anônimos que não constam, é claro, em nenhum manual de história do Brasil.

Fachada e emblema da União Operária Beneficente de Diamantina, MG, 1975 (Fotos do autor).

Entre os vinte e tantos retratos, só dois rostos são conhecidos: a já mitológica imagem de Getúlio Vargas, tão comum ainda em casas do interior brasileiro, e um retrato de Juscelino Kubitschek, com a dedicatória do ex-presidente à União. O primeiro, segundo disseram, como homenagem a Vargas pelo muito que fez à "causa operária". O segundo, nascido em Diamantina (cf. "Samba do crioulo doido"), acabou como sócio honorário da União, tendo-a visitado em várias oportunidades.[4] Zelosos de sua coleção, alguns operários informam sobre a organização de álbuns para arquivar, de forma sistemática, as inúmeras fotografias existentes. Na entrada do salão, dois altos-relevos em gesso, talhados em um plano de fundo circular, representando figuras femininas aladas e bucólicas em bom estilo neoclássico (foram esculpidos por um artista-operário anônimo no começo do século XX), acabam por recolocar a história da União dentro da vida da cidade dos diamantes, e tudo isso dentro do passado mineiro, talvez o mais latino-americano Estado do Brasil.

Dentro desse espaço perdido para a modernidade, a solidão de noventa anos nem sequer foi quebrada. O século XVIII permanece ainda vivo nas sombras dos becos tortuosos e dos fantasmas barrocos de Diamantina. Como entender esse entrecruzar de tempos, essa mistura de épocas em um único espaço que desafia nossa própria noção de história? Se o passado teima em viver no presente, talvez a última das celebrações da União seja um sinal de consciência viva dessa tensão. Pois a morte dos operários é outro acontecimento-chave a que se dedica a entidade: além da assistência financeira aos funerais e das pensões aos familiares, reza-se uma "Oração fúnebre à beira do túmulo", no enterro que deve ser acompanhado por todos os associados. Essa oração, poética e sábia, da autoria do operário Manoel Rosa da Silva, sintetiza muito bem a questão do tempo, concebido

---

4 Apesar dessas contradições, tanto no que diz respeito à influência de certas lideranças "populistas" do nacionalismo burguês quanto à presença de traços da ideologia religiosa própria à concepção católica da "beneficência", as associações mutualistas preservaram a autonomia sindical, como entidades organizadas pelos e para os trabalhadores, sem nenhum vínculo orgânico com o Estado ou organismos patronais, tampouco com a Igreja. Um elemento decisivo na manutenção dessa independência, no plano organizativo, é o fato de que a estrutura financeira das mutualistas dependia somente da contribuição voluntária de seus associados; no caso dos sindicatos corporativos de Estado, posteriores a 1935, o imposto sindical compulsório e centralizado pela burocracia do Ministério do Trabalho modificou o próprio funcionamento e o conteúdo político de classe dos antigos sindicatos operários.

diferentemente por eles: "Sentimos profundamente a tua ausência. Tu nos deixas um vácuo de saudade, amigo, embora o seu lugar seja imediatamente ocupado no seio do povo por um outro filho do povo, como tu". Depois de cantar "os verdadeiros heróis são os trabalhadores", porque "a grande fecundação se faz no silêncio", a oração recita:

> Os profundos pensadores, companheiro, os verdadeiros inventores, os construtores do mundo saíram do Povo como tu, e como tu, ficaram desconhecidos...

É justamente nesse emaranhado de pequenos atos de criação anônima que toda uma nova cultura e uma nova sociedade podem se forjar. Por isso mesmo, nas lonjuras centrais do interior brasileiro, no bojo dessa história ainda não escrita, a celebração da morte pode ser percebida como primordialmente afirmação da vida. Uma certa história se diz no silêncio: a morte é o começo, passado igual a presente.

Lyra da Lapa: acorde imperfeito menor

O concerto é a morte da música, dizia Proudhon, ao defender os princípios de uma "arte em situação". Com as cidades modernas, a música ganhou também as ruas. Tocadores de instrumentos apareceram da noite para o dia. Estavam por toda parte, embora hoje quase invisíveis. Lá vinham os realejos, os pregões, os circos fantásticos. Entre as sonoridades que se afirmam no novo espaço urbano, a banda ocupa lugar privilegiado. Não se trata, nesse caso, de nenhuma tradição operária "pura" (Vicinus, 1974). Tampouco se pretende, aqui, perseguir as raízes de um idealizado e conservador núcleo do "nacional-popular". A presença musical das bandas – incluindo-se aí as bandas operárias – refundiu-se, na verdade, numa tradição cultural muito mais ampla e diversificada, em que veios contraditórios de manifestações sonoras anônimas e nômades inscreveram suas marcas nas esquinas da cidade, reelaborando, por sua vez, as oposições rural/urbano, europeu/nacional, erudito/popular etc. (Tinhorão, 1976).

Outra coisa é que a música, como não poderia deixar de ser, esteve sempre presente na trajetória do movimento operário. Não como fator decorativo, externo, mas como elemento constitutivo do ritmo das manifestações, desenhando formalmente os contornos do ritual político e fazendo o contraponto exato ao discurso verbal – aspectos decisivos no andamento do clima e no encaminhamento simbólico da catarse.

Os exemplos são intermináveis. Pertencem a um mosaico internacional de compassos e acordes. No Brasil, em particular, a relação música/movimento operário difunde-se por todo lado. Não só os grandes centros industriais registram essa confluência, mas igualmente as pequenas cidades do interior, as capitais de regiões menores. Claro que o que restaram são fragmentos. Sua pontilhação, entretanto, permite vislumbrar um mundo que, apesar de definitivamente perdido, ecoa notas dispersas, caóticas, sobre a ordem aparente da história que se assentou depois.

Não estou me referindo diretamente a hinos revolucionários (VV.AA., 1923). Outros sons ouviam-se tocar: marchas, dobrados, ranchos, sambas rurais. O jornal *O Operário*, de Teresina, anuncia a presença de três bandas no acompanhamento do préstito em celebração ao Primeiro de Maio, no ano de 1906. Em outro momento, as correntes social-democratas do Ceará patrocinam uma comemoração da Tomada da Bastilha, tradição comum a essa tendência política. Segundo o jornal *Ceará Socialista*, de Fortaleza, em julho de 1919, entre as bandeiras brasileira e francesa, o estandarte dos alfaiates, dos carpinteiros e a flâmula rubra do Partido Socialista Cearense, centenas de operários chegam ao Palácio do Governo, ao som da banda de música do Batalhão Militar. Na falta de uma banda própria, recorria-se até mesmo a instituições oficiais, embora seja difícil acreditar que isso sucedesse em se tratando de mobilizações organizadas por anarcossindicalistas (Hardman & Leonardi, 1982).

Dessas últimas pode-se fixar, por exemplo, a manifestação realizada em São Paulo por ocasião do segundo aniversário da execução do anarquista e criador das escolas livres, Francisco Ferrer, pelo governo espanhol. Estamos em 13 de outubro de 1911: a narrativa do *meeting* ocorrido no Largo de São Francisco, no relato do jornal *A Lanterna*, representa um ponto alto na captação cinematográfica da cena, em que o movimento introduzido pela música desempenha função primordial. O recorte é vivo e singular:

> Um outro companheiro dispunha-se a falar, quando todas as atenções foram atraídas para o Largo do Ouvidor, de onde vinha a

Coluna do Brás

que, precedida por uma banda de música e de muitos cartazes, entrou no Largo de S. Fco., por entre os aplausos calorosos e vivas entusiásticos da massa de povo que ali estava.

As palavras do articulista encerram a matéria, coincidindo com as notas musicais da banda operária que se inscrevem no desfecho memorável do evento:

E aí terminou o comício por entre vivas à liberdade e à emancipação humana formando-se, em coluna, os companheiros do Brás que, incorporados e com a sua música à frente, regressaram ao bairro, onde se dissolveram (Hardman, 1983, cap.2).

A existência de bandas e outros conjuntos musicais entre operários não constitui fenômeno restrito às manifestações políticas, mas antes um aspecto geral e inerente à formação da classe. Reunia trabalhadores por fábrica, bairro, categoria profissional ou nacionalidade, sendo uma prática muitas vezes vinculada às entidades sindicais e, sem dúvida, ao próprio lazer operário. Um antigo memorialista baiano, por exemplo, assinalava, ainda no final do século XIX, em Salvador, a presença do Recreio Musical União dos Chapelleiros:

Foi fundada nesta cidade em 5 de fevereiro de 1885. Conta ela 125 sócios, sendo: efetivos, 59 e *dillettanti*, 66. O seu capital é atualmente de 3:970$000. Esta sociedade tem por fim ensinar e aperfeiçoar o ensino musical entre seus associados (apud Vianna, 1893).

Em cidades afastadas do interior brasileiro, frequentemente bandas operárias tornaram-se elos importantes da vida social do município. Na longínqua Montes Claros, às margens do sertão mineiro, cidade típica do fim da linha (ou do começo, nunca se sabe), apesar do incipiente núcleo fabril, havia, no início do século XX, duas associações de trabalhadores: a União Operária de Montes Claros (1894), que nasceu junto com um jornal – *O Operário* – e com uma banda de música chamada também *Operária*; e a Liga Operária Beneficente (1906), surgida de uma dissidência da primeira, mas dissolvida três anos depois, a mando do governo estadual, por sua oposição às oligarquias locais. Nessa curta existência, a Liga não dispensou a composição de um hino, que tinha letra do poeta Mendes de Oliveira, música do maestro Francisco Flores e orquestração de José Maria Fernandes. Os festejos de seu aniversário, em 1908, ocasião em que a Liga, florescente, possuía 140 sócios, foram abrilhantados pela Banda Euterpe Montesclarense, outro patrimônio municipal. Quanto à União, sua Banda Operária atuou de modo tão marcante na política local – em contraposição aos membros da Euterpe – que os apelidos das facções em luta derivaram das duas corporações musicais: "pelados" e "estrepes". Anuncia ainda um memorialista local que a União Operária, a partir de 1931, adquiriu sede própria e, além da banda musical, passou a manter uma orquestra, servindo de palco para reuniões sociais e festivas dos associados, em sua maioria trabalhadores (Paula, 1957).

Processo análogo verifica-se em São José do Rio Pardo, onde o engenheiro Euclydes da Cunha viveu, construiu uma ponte metálica de fino acabamento e escreveu *Os sertões*. Ali, nos primeiros anos do século, o movimento operário foi intenso, dando colorido especial à vida da cidade, que não permaneceu assim tão pacata. Do Club Socialista dos Operários, fundado em 1900, nasceram, já em 1901, duas associações: o Club dos Operários 1º de Maio – Honra e Trabalho, de caráter mutualista, e o Club Democrático Internacional "Filhos do Trabalho", de tendência socialista, que possuía em sua direção, além de membros da colônia italiana, intelectuais como Ignácio de Loyola e Francisco Escobar, amigos de Euclydes. Mantendo estreitos laços com o grupo social-democrata editor de *Avanti!*, em São Paulo, os "Filhos do Trabalho" atuaram até 1909, publicando o jornal *O Proletário* ("Periódico Socialista") e constituindo sua própria banda, a Internacional, presença obrigatória nas manifestações de Primeiro de Maio, Abolição da Escravatura e Tomada da Bastilha. Havia outras bandas na cidade: a do Circo Pinho, a Philarmonica Italiana, a Carlos Gomes. Às vezes, somavam seus instrumentos. Relata o memorialista José Aleixo Irmão (1960):

> Em comemoração à data de 1º de Maio (1908) as corporações musicais Carlos Gomes e Internacional percorreram as ruas desta cidade executando o hino dos trabalhadores.

Em 1º de maio de 1906, *O Proletário* informa:

Executando o programa anteriormente organizado, o "Club Socialista Internacional Filhos do Trabalho" comemorou a data de 1º de Maio com uma alvorada pela banda *Internacional*, distribuindo, à tarde, a número especial d'*O Proletário*, órgão da Casa do Povo. Os festejos terminaram com um pic-nic no alto do Bom Sucesso, onde reuniram-se muitos operários.

Em 1901, um encontro na mitológica ponte de ferro:

Constando do programa que o Club dos Operários 1º de Maio iria à nova ponte do Rio Pardo, de fato às onze horas, mais ou menos, para lá seguiu – crescido número de pessoas acompanhadas pela banda Philarmonica Italiana – a fim de receberem os operários que na ponte trabalhavam e que também iam tomar parte nas festividades do dia 1º (de Maio).

Símbolo maior do caráter fragmentário e descontínuo do movimento social, o registro da dissolução da Banda Internacional é o último vestígio daquele núcleo, quando, "vendidos os instrumentos musicais..., dividiu-se o produto entre os portadores das ações daquela entidade". A dispersão dos instrumentos marca também o fim de uma época, a ruína de uma experiência coletiva. Impossível ouvi-los juntos outra vez; impossível reunir em torno deles as mesmas pessoas e arregimentar o mesmo entusiasmo coletivo de outrora.

* * *

A Corporação Musical Operária da Lapa foi fundada em torno de 1881, por um imigrante italiano, conhecido como maestro Chinarelli. Seu nome inicial era Lyra da Lapa. Daquela época, pouca coisa sobreviveu: a lira, por exemplo, permanece até hoje como emblema da banda.

Após a Proclamação da República, a Banda da Lapa – como é popularmente denominada – passou a chamar-se Banda Musical 15 de Novembro. Conforme pequena memória sobre a vida da corporação, assinada por Vítor Barbieri, seu antigo maestro, no primeiro aniversário do novo regime, a banda saiu às ruas para comemorar junto com o povo. Ao chegarem os músicos ao largo da Estação (já em torno da linha ferroviária gravitava toda a vida daquele bairro paulistano, na região da chamada Lapa de Baixo), "originou-se um conflito de grandes proporções entre republicanos e monarquistas, misturando-se os músicos em meio aos contentores". Acrescenta Barbieri:

Com a intervenção da polícia, foram todos para atrás das grades, inclusive os músicos. Em sinal de protesto pela prisão, resolveram os músicos tocar o Hino à Bandeira. O povo ao ouvir os acordes iniciais da música, armou-se de inteiro entusiasmo e exigiu o relaxamento da ordem de detenção dos músicos. Não teve o delegado outra alternativa senão atender ao apelo dos lapeanos. Assim, continuaram as manifestações de regozijo até altas horas da madrugada.

Partindo de depoimentos orais que foi reconstituindo, Vítor Barbieri afirma que, alguns anos mais tarde, visto ser a maioria dos componentes da banda composta de empregados da São Paulo Railway Company, resolveram, em assembleia, adotar o nome de Banda de Empregados da SPR, esperando, quem sabe, contar com o apoio da empresa, o que, afinal, não se verificou.

O tempo passava, São Paulo tornava-se metrópole, as fábricas cresciam. Surgiam bandas por toda a cidade. Nova assembleia, em 1914, mudou mais uma vez o nome da banda para Corporação Musical Operária da Lapa (CMOL), designação que atravessou o tempo e firmou-se como definitiva. Por aquela época, o maestro Valeriani retirou-se da Lyra e fundou a Banda da Vidraria Santa Marina, no bairro vizinho da Água Branca, levando com ele diversos músicos que trabalhavam naquela fábrica. De sua curta existência, restou pelo menos uma fotografia, da qual o Museu da Lapa conserva uma reprodução. Poucos anos depois, a Banda da Vidraria foi dissolvida e alguns músicos remanescentes retornaram à Operária, entre eles João Leite, Primo Cerni e Domingos Baraldi. Data de 1906 a entrada do Sr. Vítor Barbieri para a corporação, na qualidade de maestro assistente. Ele mesmo conta:

> Clubes de renome empolgavam São Paulo e a Banda passou a comparecer nas reuniões dos Argonautas, Fenianos, Tenentes do Diabo. Democráticos, no centro da cidade, e Carnavalesco Lapeano, Flor do Mel, Luz e Esperança, Grêmio da Lapa, 1º de Maio Club, União Lapa e Rugerone, aqui no bairro. Considerada uma das melhores bandas civis da Capital, a corporação compareceu às festas religiosas da rua Tabatinguera, Praça da Liberdade, nas festas de Santa Cruz dos Enforcados, na igreja de Santa Generosa, no Largo Guanabara. Esteve presente no lançamento da pedra fundamental na igreja da Freguesia do Ó, Matriz da Lapa, Hospital Corações Unidos (à praça Antônio Prado), quando da venda dos terrenos da City.

Fachada da Corporação Musical Operária da Lapa, São Paulo, 1976 (Foto do autor).

Membros da Corporação Musical Operária da Lapa, São Paulo, 1934 (Museu da Lapa).

Em 1930, a Lyra conseguiu uma sede própria, por doação de Nicola Testa, cuja filha, segundo consta, namorava um integrante da banda. O terreno ficava ao lado do córrego do Mandi, hoje canalizado. Uma grande inundação teria destruído, em certa época, os arquivos da banda, que até então ainda se utilizava de cadernos escritos por seu primeiro maestro.

Vale a pena fixar-se um pouco mais na geografia do bairro em que se originou a Lyra, um dos últimos vestígios de uma tradição cultural em grande parte soterrada. A Lapa de Baixo ("baixo" em relação aos trilhos da estrada de ferro e à estação ferroviária), zona mais antiga e formadora do próprio bairro, foi também, entre o final do século XIX e o início do XX, um dos espaços primordiais do surto industrial de São Paulo, ao lado, entre outros, da Água Branca, do Brás e da Mooca. A passagem da ferrovia era um marco decisivo na localização e na concentração dessas primeiras unidades fabris. E ficava exatamente ali, na Lapa, uma oficina mecânica da São Paulo Railway, que pode ser considerada verdadeiro marco na origem dos contingentes operários no bairro, responsáveis pela expansão de seu povoamento. Seguindo a tendência geral da cidade, eram imigrantes es-trangeiros, em especial italianos, os que davam o tom na composição inicial desse operariado da Lapa.

A aparição da Lyra da Lapa está vinculada, de forma profunda, assim, aos processos culturais específicos que acompanharam a formação da classe operária em São Paulo. Nesse caso, a tradição musical dos imigrantes italia-nos deve ser levada em conta como fator expressivo na configuração dessas experiências culturais coletivas (Hardman, 1983).

Tudo ali perto são signos. Meu primeiro contato com a Lyra foi em 1974. Em 1976, com a ajuda de vários amigos, realizei uma pesquisa de campo, participando dos ensaios e conversando com seus componentes. Tratava-se de uma associação inteiramente voluntária (na ocasião, contando com cerca de 25 membros), composta por músicos amadores, em sua maioria operá-rios assalariados ou velhos artesãos (alfaiate, sapateiro). Encontrei-me lá com o Sr. Adelino Gonçalves, o mais antigo músico da Lyra, então com 83 anos, clarinetista e ex-operário das oficinas da "Cia. Inglesa" (São Paulo Railway).[5] Havia também um ex-motorneiro de bondes da Light, imigran-te italiano, com mais de setenta anos e uma força narrativa incomum.

---

5 A parte mais pungente de seu relato transcrevi no cap.1 deste livro.

Vários integrantes demonstravam ter exata consciência do valor coletivo dessa atividade musical que, por sua natureza, nega o caráter compulsório e fragmentado da jornada de trabalho. Pois, na realidade, trata-se de uma assembleia livre, reunida quase espontaneamente pelo simples prazer musical. A prática cultural da entidade nasce, então, do desenvolvimento imperfeito de uma vontade coletiva. Do prazer de tocar, partilhado em comum, cresce a música. Do ritual de sua execução, vibram os acordes menores da história perdida de um bairro.

As decisões administrativas são votadas democrática e informalmente nos intervalos dos ensaios. A diretoria, composta de músicos da banda, é eleita anualmente. Quanto ao passado, pouca coisa ficou de documentação escrita, além do registro já assinalado de Vítor Barbieri. Fotografias antigas da banda, um indescartável retrato de Vargas. O elo mais rico da memória pertence mesmo à tradição oral de seus membros remanescentes. Possui um acervo de partituras amarelas e rotas: marchas, dobrados e sambas rurais formam a maior parte desse repertório mais tradicional. Entre os compositores preferidos, destaca-se Pedro Salgado, de origem popular, que vivia em Perus, subúrbio próximo à Lapa conhecido pela fábrica de cimento ali instalada.

Uma energia não usual ecoa da saleta de ensaios: o entusiasmo do conjunto supera a fadiga comum. Sopram os instrumentos com força, dando uma cadência estranha à harmonia. Desafinam e recomeçam. Parece que um gato ronda todas as tubas. O ensaio é uma caixa de surpresas, em que sons se soltam como bolhas de sabão, como nuvens de fumaça entre tempos intranspassáveis. Um dos músicos (baixo de sopro) sopra baixinho no meu ouvido:

> A nossa reunião, em qualquer praça por aí, é uma *retreta*, uma coisa assim do povo, à vontade, meio de improviso. Já as bandas oficiais e militares, o que fazem é um *concerto*.

Não sabe da frase de Proudhon, mas isso não vem a calhar. Entre uma semana e outra, os velhos instrumentos da Lyra (pratos, bumbos, tambores, baixos de sopro, tubas, trombones, trompas, clarinetas, pistons etc.) ficam guardados no sótão de madeira improvisado, na parte superior da sala de ensaios. O espaço da necessidade separa, durante sete dias, os músicos dos instrumentos, para depois, por algumas poucas horas, dar-se o reencontro. E ali, em meio a sonhos que as notas e os compassos desiguais podem forjar, esse pequeno grupo de operários reúne a vontade de todos para exercer, no trânsito daqueles instantes e sons, a prática de uma liberdade reprimida.

Lá fora, perto dali, rente aos trilhos e à estação de subúrbio, ainda se podem ouvir os barulhos maquinais da antiga manufatura de tabacos de A. Fantini. Do alto sobradão da esquina que abriga a fábrica, escuta-se também o arrulhar contínuo do pombal no forro. Sente-se de longe o odor forte do tabaco, vê-se a certa distância a fumaça erguendo-se no céu da Lapa. As operárias que ali trabalham não tocam na banda. Mas fabricam marcas raríssimas de cigarros baratos: Parker, Douglas, Damasco. Em alguma localidade remota do interior paulista, nesse mesmo instante, um homem, andando a esmo, acende um daqueles cigarros. Não faz a mínima ideia da frase de Proudhon. Nunca ouviu falar da Lyra da Lapa.

PARTE III
A LUTA CONTINUA!

1
EM QUE ANO NÓS ESTAMOS? EM QUE ANO NÓS ESTAMOS?[1]

Introito – A gente se lembra para não esquecer. A gente se lembra de novo para não repetir. Entrei na graduação no IFCH da Unicamp em pleno governo Médici. Precisa falar mais? Precisa. No tempo breve deste encontro feliz em tempos sinistros, quero só esboçar um exercício de memória. Como irmão mais novo da geração de 1968, evoco aqui a memória de uma mulher e de um homem que foram vítimas da ditadura militar. Ela, eu não conheci pessoalmente; ele, sim, embora de passagem. Falemos de Inês Etienne Romeu e de José Montenegro de Lima.

INÊS – Sua história, entre tantas vítimas, sempre me pareceu das mais tocantes. Suas colegas da época do ensino médio em Belo Horizonte, entre elas Dilma Rousseff, Eleonora Menicucci, minha colega e amiga na Universidade Federal da Paraíba e futura ministra das Mulheres, e Maria Amélia de Almeida Teles, a incansável Amelinha de tantas batalhas, sempre diziam que, entre todas elas, Inês se destacava pelo brilho de uma inteligência notável, pelo espírito fraterno, pelo gosto incomparável pelas fontes históricas e por sua memória incrível. Depois do seu falecimento em 2015, em Niterói, após tantos martírios, se o país fosse outro, seria de justiça considerá-la heroína do povo brasileiro. Quando eu estava em Bolonha, em

---

1 Texto apresentando na mesa-redonda "1964 x 2021: a história contra o mito", realizada no Instituto de Estudos da Linguagem (IEL) da Unicamp, a 29 de março de 2021, e que contou com a participação dos colegas João Quartim de Moraes e Marcelo Ridenti, professores do Instituto de Filosofia e Ciências Humanas (IFCH) na mesma universidade. Agradeço ao então diretor do IEL, colega Jefferson Cano, por esse convite, e o cumprimento pela iniciativa.

2016, atuando na recém-criada Cátedra Capes-Universidade de Bolonha, sugeri, na falta de um nome associado a esta nova cadeira, que passasse a ser denominada Cátedra Inês Etienne Romeu. Proposta recusada. Em 2009, Inês havia recebido, do governo Lula, um prêmio em Direitos Humanos, categoria Direito à Memória e à Verdade. Mas ainda haverá dia em que se possa reconhecê-la, com a justiça devida, como heroína nacional. Seu arquivo pessoal encontra-se disponível no Arquivo Público do Estado de São Paulo desde 2018, quando foi doado por sua irmã Anita. Inês trabalhou como historiógrafa e arquivista naquele Arquivo desde 1982, chegando a ser sua diretora entre 1988 e 1990, e atuando depois em vários outros organismos de cultura e memória em São Paulo, até 2002.

Pois aqui se ressalta o papel da memória única, da testemunha única, porque Inês Etienne Romeu, guerrilheira presa em 1971, foi a única vítima sobrevivente da Casa da Morte em Petrópolis, centro de detenção, tortura, extermínio e desaparição mantido pelo I Exército. Submetida durante mais de 3 meses a torturas constantes, estupros e humilhações, conseguiu gravar, com precisão impressionante de detalhes, os codinomes de seus algozes, a planta da casa e até o número do telefone local. Condenada, em seguida, à prisão perpétua, com base na Lei de Segurança Nacional, ficou presa até a Anistia, em 1979, e, ao sair do cárcere, foi capaz de denunciar e reconstituir a identidade de seus principais verdugos, inclusive do famigerado médico psicanalista Amílcar Lobo, o "Dr. Carneiro", que dava assistência técnica aos comandantes e agentes da Casa da Morte. E, acompanhada de advogados da OAB e de jornalistas, refez com precisão o trajeto do Rio de Janeiro à casa de horrores, propriedade de um antigo nazista amigo de oficiais militares.

Mas a sobrevida de Inês nunca foi bem assimilada por seus torturadores. Em 2003, em seu apartamento na Vila Buarque, São Paulo, foi atacada com vários golpes na cabeça por um pretenso marceneiro que conseguiu adentrar a casa, e ainda assim mais uma vez sobreviveu, mas desta feita com sequelas neurológicas permanentes. Assim mesmo, em 2014, um ano antes de falecer, fez reconhecimento fotográfico de vários dos agentes da Casa da Morte, em depoimento à Comissão Nacional da Verdade. O atentado sofrido por Inês em 2003, até hoje não esclarecido, apenas revela, em sua barbaridade, que um sistema de autoproteção dos perpetradores da ditadura continuou intacto e ativo depois da queda do regime militar, e alguns de seus tentáculos podem ser vistos com facilidade, desde o golpe que derrubou Dilma Rousseff, passando pelo governo Temer, no qual a tutela militar voltou a se fazer presente, e chegando, de forma escancarada, aos dias atuais.

MAURÍCIO – Nunca esquecerei da figura carismática do Camarada Maurício. Estivemos com ele duas ou três vezes, não mais, eu e o amigo Dinho, colega de ginásio, colégio e companheiro, ainda adolescente, de nossas primeiras incursões ao mundo da resistência à ditadura. Alto e magro, pardo, com forte sotaque do sertão cearense, mais exatamente de Itapipoca, onde nascera em família humilde, Maurício é o que se poderia chamar de missionário da Revolução. Era carismático, gentilíssimo, solidário ao extremo, até mesmo com os antigos companheiros do movimento estudantil que adotaram a "via equivocada", segundo ele, da luta armada. Maurício era dirigente do Partido Comunista Brasileiro e responsável pelo setor da Juventude. Lembro-me da última vez que o vi, já na Unicamp, numa cena do bandejão, lá pelas alturas de 1971, 1972. Trocamos olhares e nos cumprimentamos a certa distância. Ele estava acompanhado de outra pessoa e, naqueles tempos, por razões de segurança, era impossível se aproximar desavisadamente. Depois, nunca o revi, mas soube-o em andanças por Santiago do Chile, que chegou a congregar milhares de exilados brasileiros. E onde estive com minha namorada, então, visitando amigos, no verão de 1973. Maurício era José Montenegro de Lima. Com a repressão intensa sobre os quadros do PCB, a partir de 1974, ele também se incumbiu do trabalho gráfico clandestino que ainda editava milagrosamente o jornal *Voz Operária*.

Camarada Maurício nunca reclamou do destino. Aluno de escola técnica em Fortaleza, formou-se em edificação. Esta antiga escola abriga hoje o Instituto Federal de Educação, Ciência e Tecnologia do Ceará, cujo DCE adotou o nome de José Montenegro de Lima em sua homenagem. Também há uma rua na periferia sul de São Paulo, no Grajaú, e outra no Rio de Janeiro, no bairro da Paciência, que possuem seu nome.

Maurício foi preso no final de setembro de 1975, em São Paulo, na Bela Vista. Levado diretamente a outra Casa da Morte, em Itapevi, ou para uma fazenda em Araçariguama, na rodovia Castello Branco, foi submetido, durante dias, a torturas ininterruptas, sendo executado pelos seus algozes com uma injeção para sacrificar cavalos. Sabedores de que guardava cerca de 60 mil dólares por conta do trabalho gráfico clandestino que realizava, foram até sua residência e lá completaram o butim, dividindo o produto do roubo entre si.

O corpo de Maurício foi levado, segundo um de seus carrascos, até uma ponte numa estrada na altura de Avaré, sendo lançado ao rio. Seus restos mortais nunca foram localizados. Ele é uma das centenas de Desaparecidos da ditadura militar. Mas sua face sempre jovial, seu sorriso gentil e sua amizade revolucionária ficarão para sempre no coração dos que tiveram o privilégio de conhecê-lo, nem que por breves e arriscados momentos.

Epílogo – A gente se lembra para ensinar. A gente se lembra para educar os sentidos de quem nos ouve ou nos lê. Para que se veja o tamanho da atual tragédia. Para que a história nos forneça fontes e instrumentos para superar os mitos da mentira, os fogos-fátuos das ilusões provocadas, a violência dos porões e casas da morte a serviço do terrorismo de Estado, a violência das milícias convertidas ora em poder do Estado. A gente se lembra para resistir. E para lutar contra os rosnados dos que só sabem rosnar.

A gente lembra dos mortos para prranteá-los. Dizem antropólogos que este é um traço distintivo de nossa espécie. Não sei. Isso também tem sido questionado, inclusive, a seu modo, pela escritora polonesa Olga Tokarczuk, prêmio Nobel de Literatura e autora de *Sobre os ossos dos mortos*. Peço licença não poética, mas política, a essa autora, para continuar, aqui, reivindicando nossa empatia para com os humanos mortos. E nossas lágrimas. Aos mortos de qualquer guerra. Por exemplo, as de agora, no Brasil, contra o Capitão da Morte genocida e seus comparsas. Registro, pois, aqui, e homenageio a memória de dois orientandos meus que morreram recentemente, vítimas da Covid. Arnóbio Alves Bezerra, morto em Manaus, professor de ciências sociais na Ufam, fez mestrado comigo na Federal da Paraíba, em 1985, na área de Política e Trabalho no Brasil. Patrícia Inês Garcia, morta em Belém do Pará, fez mestrado comigo aqui no IEL, em Teoria e História Literária, em 1999. Manaus é aqui, Belém é aqui.

A gente se lembra para reunir as melhores vontades na determinação de que, como universidade pública e autônoma, não deixaremos que o arbítrio, a repressão, as ameaças turvem o nosso cotidiano e o nosso trabalho, incluindo a liberdade de cátedra e o livre curso da pesquisa e das críticas a elas inerentes. No início dos anos 1980, ainda na ditadura militar, um interventor nomeado pelo governador Maluf bem que tentou tomar posse como novo diretor do IEL, mas foi rechaçado por toda a comunidade – docentes, funcionários e estudantes – e teve que sair com o rabo entre as pernas e, assim, a ação truculenta foi derrotada em seu nascedouro. Tenhamos este exemplo na memória, vamos continuar nosso trabalho que por si só já representa uma contraposição a arbítrios de toda ordem. Vamos dizer, com nossa unidade e coragem: Fora, Bolsonaro! Fora milícias e fora militares da política! Fora o fascismo! Viva o IEL! Viva a Unicamp!

2
MEMÓRIAS CONTRA A HISTÓRIA[1]

Em depoimento dado no dia 13 de novembro de 2013 a integrantes da Comissão Nacional da Verdade, no Rio de Janeiro, o general reformado Álvaro de Souza Pinheiro, um dos principais operadores da repressão militar à guerrilha do Araguaia, entre os anos 1972 e 1975, afirmou:

> É uma guerra inglória tentar saber onde estão enterrados, um desperdício de tempo. Vai procurar eternamente e não vai encontrar coisa alguma.

Perguntado se houve decisão das Forças Armadas para executar presos da guerrilha que já estavam sob custódia do exército, bem como sobre destruição deliberada de documentos e transferência de restos mortais enterrados na selva de modo a não serem localizados, respondeu:

> Não vou confirmar nada a comissão nenhuma. Nem o papa me obrigaria. [...] Tô rindo. Não tenho nenhum interesse nisso. O que me interessa é que o exército resolveu o problema grave de um foco terrorista num ambiente de selva.

Ainda sobre queima de arquivos, disse:

> Quem garante que não tem termo de destruição? O problema é que nenhuma instituição quer alimentar a canalha e inescrupulosa indústria das indenizações.

---

1 Texto apresentado oralmente no Encontro "A Cinquant'anni dal golpe militare del 1964: memoria, letteratura, critica", organizado pela Università La Sapienza e realizado na Fondazione Lelio e Lisli Basso, em Roma, em 10 dez. 2013.

Disse também que a Comissão Nacional da Verdade "é uma farsa, que carece de legitimidade e de credibilidade". E acrescentou: "Morrer pela pátria é amadorismo. Matamos pela pátria!".

Valendo-se da inimputabilidade de crime assegurada por uma lei de anistia decretada ainda em 1979, no período da ditadura, em flagrante contradição com resoluções de organismos internacionais de direitos humanos da ONU e da OEA, dos quais o Brasil é signatário, este tipo de reação por parte de antigos agentes da repressão policial e militar do regime vigente entre o golpe de 1964 e a volta ao poder civil em 1985 tem sido, infelizmente, comum.

Em período recente, em vários países da América Latina, inclusive o Brasil, vivemos certa glamourização da literatura de testemunho, com claros componentes morais ou até religiosos, na esteira dos estudos sobre a memória do holocausto do povo judeu na II Guerra Mundial. Recentemente, também, a crítica argentina Beatriz Sarlo, num ensaio intitulado *Tiempo pasado: cultura de la memoria y giro subjetivo* (2005, editado no Brasil em 2007), polemizou contra o que considera uma fé arriscada na memória testemunhal das vítimas das ditaduras na América Latina, pelo seu caráter vulnerável e passível de apagamento na contínua e perversa guerra das versões. Diante de uma supervalorização da testemunha oral, sujeita ela própria às armadilhas do esquecimento e da reelaboração subjetiva, Beatriz Sarlo, crítica cultural tão ciosa do poder transfigurador das palavras e imagens, defendeu o caráter insubstituível das fontes historiográficas mais tradicionais, como a dos arquivos públicos, como forma de garantir, a longo prazo, que a desconstrução crítica da história oficial não seja apenas uma disputa mais ou menos fervorosa de opiniões.

Se, na construção do trabalho historiográfico, as memórias não garantem nem veracidade estável, nem tampouco impedem a erosão do esquecimento, que dizer da literatura ou, se quiserem, das artes em geral? Se um testemunho ganha foros de "literário", passível de concorrer a futura canonização, não estaria aí, nesse processo, sua morte como traço humano indelével e rebelde à cristalização histórica? Quando a vítima se torna arauto ou herói não estaria com isso, também, apagando-se a marca mais intraduzível e também mais preciosa de uma determinada experiência?

Qual a voz dos que ficaram sem voz, inapelavelmente?

Qual a cara dos que foram desfigurados, não só em possíveis representações, mas digo desfigurados fisicamente, no corpo torturado ou perfurado em que não se reconhece mais a pessoa que ali viveu, naquele corpo, naquele rosto, que não é mais nem rosto nem corpo nem nada passível de uma lembrança inteiriça? Assim me ficam aquelas fotos no final do livro de Urariano Mota, *Soledad no Recife* (2008), sobre uma linda paraguaia, Soledad Barrett Viedma, neta do grande escritor anarquista catalão Rafael Barrett, a Sol nos seus 27 anos, que escolheu o homem errado e o país errado para continuar sua guerra. E que dizer dos outros cinco militantes mortos na mesma ocasião, naquele janeiro de 1973, os corpos fotografados pela equipe de matadores chefiada pelo delegado Fleury, naquela chácara de Paulista, grande Recife? Entre eles, outra linda mulher, irreconhecível, a jovem judia tcheca-paulistana Pauline Reichstul, 25 anos, de quem um amigo e ex-guerrilheiro da Vanguarda Popular Revolucionária ainda me traz doces tristes memórias, não escritas, não publicadas, que serão esquecidas daqui a pouco?

Como era viver dentro e fora? Já não lembro mais se era janeiro, mas o ano era aquele mesmo, terrível e intenso ano de 1973, e um dia Pedro Japonês entregou-me aquele texto, feito com o esmero de sempre, na sua velha máquina Olivetti, era uma cópia em carbono num papel de seda amarela, em duas folhas, a segunda só começada, e ali se podia ler:

De como viver dentro e fora

Tome uma fita métrica e meça o diâmetro da mente, faça o mesmo com o coração e a garganta. Se qualquer protuberância se revelar aguda e incômoda em qualquer uma das partes aumentando-lhe as dimensões ditas normais, use então os dedos maciamente adestrados, aperte a mente, o coração, ou a garganta, com carinho mas sem compaixão. Com a leveza de um assalto, procure sentir a espessura da protuberância: na mente a maior ou menor rigidez revelará o provisório decadente ou a definitiva corrosão da sua normalidade. Se pouco espessa, não se aflija, mas é grave: ferva um copo de água com detergente e esfregue com esponja de pedra a excrescência; o sol vai nascer sangrando como na infância, inofensivo e apenas luz. Se ao contrário, houver rigidez, a coisa também é grave: nenhum corrosivo te devolverá a antiga forma da mente: talvez não tenhas percebido, mas o sol já lhe é um espelho, nele se fixou o reverso do mundo e enxergas ali não mais a luz da infância, enxergas apenas a normalidade sem máscara, como se tudo não passasse de um longo edifício sem paredes nem lantejoulas. Não tens sono, mas deves dormir.

Que texto estranho, pensei. Seria este o texto que ele pretendia enviar para aquela obra coletiva improvável, que outro Pedro, o Souza, exilado português, ex-porteiro num hoteleco do Quartier Latin, desembarcado em São Paulo por conta de uma japonesa fatal, este exímio jornalista e editor estava organizando em Lisboa, numa casa editorial nanica de sua família? Este livro que nunca saiu iria se chamar *Antologia arbitrária*, reunia pelo menos uma dúzia de colaboradores e textos de difícil classificação. Ironicamente, a Revolução dos Cravos trouxe a liberdade de expressão, mas também a falência daquele projeto, junto com o arbitrário fechamento daquela pequena editora, tudo assim meio sem explicação, que até duvidar de sua existência se poderia.

Lembro que, quando li a primeira vez "De como viver dentro e fora", eu não conseguia dormir. Talvez pelo andamento daquele manual de existência, que continuava deste modo:

No coração a coisa se passa assim: a rigidez te dá simplesmente o definitivo. Como na mente se fixa assim a inutilidade de qualquer consolo. Ganhas desse modo o paraíso: aqui não sentes mais o transitório do sol nascendo, mas a solidez do nascente. Não há cura: já renunciaste a infâncias. És o futuro definitivo. Acho que deves dormir. Mas se a protuberância for mole, a solução não será o detergente: assim ela não se esvai. Os dedos vão servir para sugá-la de dentro e um rio vai se escorrer dela. Como uma enchente. Agora volta os dedos até a garganta e lá você vai ver que a protuberância será mole e doce: prenda a respiração por sete vezes. Depois faça os dedos penetrarem pela boca até lá e arranque como um vômito o coágulo: você vai ver o rio correr e inundar seu quarto: nade à vontade; o exercício atlético lhe dirá depois como esvaziar a piscina improvisada. Mas se na garganta se fixar a dureza de uma pedra o jeito é dinamitá-la para que sua voz pelo menos saia límpida e fluida: e a palavra – independente do coração e da mente – deleite as gentes familiares.

Mas se você mantém intactos e tesos os três órgãos, seus dedos serão inúteis. Então, corte-os. Saia até a porta e tente pintar esse mesmo sol do meio-dia.

Mas talvez este seja o tema forte de hoje: amputação, não só das mãos, mas da memória. Esquartejamento, não só dos corpos, mas da verdade. Se toda morte por um ideal é amadorismo, nas palavras provocadoras do general que matou no Araguaia, sobreviver ao inferno talvez seja o desafio de quem atravessou o tempo de guerra ou o horror genocida como aquele que se abateu na Argentina, na Guatemala, em tantos espaços e momentos atrozes que a história mal assinala. Talvez porque o destino dos que ficaram no Sul seja este mesmo, o do silenciamento sem rastro, ou na expressão sumária e poética pelo índice de ausência que se expressa neste *Il Sud è niente*, título feliz de um filme triste que se passa na Reggio-Calabria, dirigido pelo jovem regista Fabio Mollo, mas que poderia ser no Cone Sul, no Hemisfério dos índios, na Lampedusa dos aflitos árabes e africanos, malditos em suas naves--fantasmas, malditos todos os jovens exterminados nas ditaduras do Sul.

Não, esta não é uma fuga do tema. É o nada que resulta da consideração de memórias corroídas pelo azar do Alzheimer ou pela má sorte de seu sensacionalismo. Ficamos então assim, sem objeto determinado, pois determinados estamos a perceber como a história é arma de poucos, como a literatura é falso dispositivo de uma catarse de há muito impraticável.

Volto então os olhos para alguns poemas avulsos do jornalista paulistano Celso Lungaretti, outro militante maldito da VPR, um dos "arrependidos" que, em 1971, aos 19 anos, ameaçado de morte pelos militares depois de barbaramente torturado no DOI-CODI do Rio de Janeiro, já com o tímpano perfurado, foi levado à cadeia nacional de rádio e TV para dizer aos jovens brasileiros que não embarcassem na ilusão da guerrilha. A partir daí, foi estigmatizado à direita e à esquerda, até suas memórias impressionantes, que intitulou *Náufrago da utopia: vencer ou morrer na guerrilha, aos 18 anos* (2005). Porque na condição de sobrevivente encontra-se uma única via de acesso àquilo que a história travou e que a literatura excluiu. Extraio estes versos de seu blog homônimo (cf. Lungaretti, s.d.). Compartilhamos, afinal, este espírito do tempo, este clima vivido por toda aquela geração. Por isso, muito antes de ler este poema, já seria capaz de compreendê-lo, não como objeto literário, mas como traço de existência, ou melhor, de sobrevivência:

MOSAICO

Graça a sacra, a engraçada,
a mui gangrenada família,
a sábia pomposa latrina,
a velha meretriz assassina,
a Graça sangrando chacina.

Peço espaço pra espalhar sopapos,
solapar o supra-sumo saber palhaço,
expectorar o pus mofado das patriapatices,
empalhar o solene símio embandeirado
e morder a vagina da divina musa.

Falo no embalo dos claros de tudo que calo,
mas o embalo clareia os fatos que calo
e só calo aquilo que todos já têm claro,
mas falarei um dia a corpos límpidos claros,
que jamais calarão o embalo dos fatos que falo.

corre escorre o homem que morre,
corre escorrendo e chega morrendo,
correndo para o córrego vai tudo que morre
e o homem escorre como lágrimas que correm,
o homem lavado-secado-passado-escorrido-morrido.

A musa muda na mesa como uma mula
e a velha sangra em pomposa chacina,
o supremo lambe a vagina mofada
e nenhum homem escorre corrido-morrido.

No embalo dos fatos falarão todos que calam
e os libertos sonhos de terra, sol, eros, mar e ar
implodirão a mula sagrada família.

Mas quem se lembra dos jovens secundaristas que entravam na luta armada para em geral morrer sem deixar rastros? Quem se lembra de suas vozes e de seus rostos? Estes são retratos frágeis, fugazes, de fatos e faces que vêm e vão como o vento, como a noite:

FORMATURA

Era uma vez
jovens amigos
na luta perdida.

Era uma vez
primícias de vida,
arrojo e perigo.

Era uma vez
passeatas na rua,
estilhaços de vidro.

Era uma vez
tiros faiscando,
vagalumes na noite.

(Foi tão rápido,
dos sonhos grandiosos
ao pesadelo escondido!)

Diego
Hombre de España,
existencialista e
meia-armador.
Bisou o pai,
lutou uma guerra.

Eremias
Era mau aluno,
treinava judô.
Sorriso moleque,
morreu em pedaços,
35 balaços.

Edmauro
Sonhava o amor,
matraqueava demais.
Tanta inocência
levou aos porões,
acabou no exílio.

Gerson
Nem no inferno
perdeu a coragem.
Nem na trégua
repensou a viagem.
Seu olhar brilhava.

Teresa
Só ela sabia
se era por Gerson
ou pela causa.
Companheira igual
nunca vi.

Mané
Cantava sua fé,
imitava Vandré.
Quando o épico
resultou trágico,
se desencontrou.

Gilson
O que fazia
um bancário
na revolução?
Terno e gravata,
pólvora e graxa.

* * *

Hoje ninguém lembra
destes e tantos mais –
assassinados uns,
amargurados outros.
Era uma vez meus amigos,
era uma vez 68.

Será possível inventariar uma época traumática? Se a história tenta respostas no concerto das civilizações, tenta colocar ordem causal no imensurável universo da dor, ficamos, aqui, com este "Inventário" de Celso Lungaretti, que assim interpela o tempo:

INVENTÁRIO

Em cada encontro
me perco,
em cada palavra
me calo.

Sou eu, ainda?
Sou outro, já?

É o mesmo sangue
na veia
ou borra vermelha?

É a mesma raiva
altaneira
ou pálido esgar?

É o mesmo amor
guerrilheiro
ou tesão outonal?

As ruas não levaram
às praças,
os rios não chegaram
aos mares.

Restamos nós
com a lucidez,
restamos sós

com a altivez,

restamos pós

com a aridez.

Quem se atreveria, agora, a pintar o sol da arte ou da história com as mãos ainda sujas de sangue?

3
Nós, que amávamos tanto a revolução: dos sonhos de **68** aos pesadelos de **2018**[1]

À memória dos amigos e "companheiros de viagem" de minha geração, Ricardo "Pajé" Rizek, músico e compositor; Alberto Marsicano, músico e poeta; Paulo Décio de Arruda Mello, sociólogo e boêmio; Eduardo "Godô" Fantini, médico e palmeirense (Palmeiras era nossa equipe de futebol favorita); Guilherme "Pata Choca" Rando, caminhoneiro e drogado. Todos eles expressões, cada um a seu modo, do melhor espírito de 1968. Todos já mortos.

O ano de 1968: realmente foi "epocal", foi um ano-era, mas essa compreensão devemos ter se nos afastarmos desde logo das barricadas de Paris, se ampliarmos nossos olhares para além da *rive gauche*, da margem esquerda do rio Sena, para além das revoltas estudantis na França e mesmo de sua memorável greve geral operária, e percebermos que, pelo mundo afora, antes que qualquer conceito de globalização virasse moda e dogma, havia movimentos revolucionários, guerras e guerrilhas. Havia utopias de uma

---

1 Este texto resultou de diversas comunicações que fiz durante o ano de 2018. Em Belém do Pará, no início de junho, participei da 22ª. Feira Pan-Amazônica do Livro, além de dar uma conferência no Núcleo de Estudos da Amazônia. Sou grato às professoras Marinilce Coelho e Rosa Acevedo Marin. Em Londres, entre 15 e 17 de junho, fui convidado, como expositor sobre o Brasil, do Simpósio Internacional "1968 and its legacies", realizado no King's College London. Fico grato aos colegas David Treece e Mark Shiel. E em agosto, no IFCH- -Unicamp, estive em mais um colóquio internacional sobre utopias e distopias, organizado pelo meu colega Carlos Berriel, a quem também agradeço.

grande virada. Havia desejos reais de mudança, revolucionários, revoltosos, rebeldes e profetas de um novo tempo e de novos espaços compartilhados entre seres humanos neste planeta Terra. Planeta Terra que ainda parecia, naquelas alturas, eterno e capaz de suportar todas os delírios de expansão e conquista da nossa arrogante espécie, de nossos modos de produção e consumo predatórios. Pareciam sonhos íntegros e imunes a qualquer espoliação. Parecia que a imaginação podia alcançar os podres poderes dos Estados e aboli-los ou revertê-los em benefício de todos. Parecia tudo questão de vontade e de atitude. Mesmo que estivéssemos a um triz da demência, parecia que tudo era razoável, factível, ilimitável.

Assim, esqueçamos de Paris por alguns instantes, deixemos nossos galicismos e francesismos renitentes lá na prateleira que, com as demais prateleiras deveria ser derrubada, como no verso conhecido da canção-ícone de Caetano Veloso, "É Proibido Proibir", de 1968, uma das várias razões para sua prisão pela ditadura militar brasileira no ano seguinte, e posterior exílio em Londres:

> Derrubar as prateleiras
> As estátuas, as estantes
> As vidraças, louças, livros, sim...

Um detalhe historiográfico: *é proibido proibir* tem este título inspirado num slogan pichado numa parede de uma rua qualquer de Paris. E mais recentemente, num blog de um grupo de militares e agentes da repressão durante a ditadura militar, Ternuma (Terrorismo nunca mais), um coronel escreveu uma contrafacção a esta palavra de ordem, "É proibido proibir", em protesto pela proibição de comemorações do golpe de 1964 nos quartéis. A extrema direita fascista usa desse fraudulento apelo a uma pretensa "liberdade de expressão" para renovar seu golpismo de cada dia.

Pois é: no Brasil, nossa história de 1968 começou com o golpe de Estado que instalou a ditadura militar em 1964. Eu era adolescente e começava o ensino médio, mas a memória permanece viva, não só tanto pelo que eu vivi, mas sim pelos muitos brasileiros que sofreram na tortura, na prisão política, no exílio, no "desaparecimento" e no extermínio desencadeados com muito cálculo e deliberação por parte do governo militar. No ano da "virada", entre tantos movimentos que combatiam o regime autoritário e repressivo, que se tornou ainda mais violento e antipopular a partir de 13 de dezembro de 1968, com a edição do AI-5 (Ato Institucional n.5, uma lei de exceção aparentada a regimes nazifascistas), quero lembrar das memoráveis greves operárias de Osasco (na Grande São Paulo) e de Contagem (na Grande Belo Horizonte, Minas Gerais).

Eram greves que, como grande novidade, desenvolviam a experiência de uma democracia de base, os comitês de fábrica, que de fato tomavam as decisões a partir de cada local de trabalho, questionando não só os pilares do poder do Estado e do Capital, mas igualmente o poder das burocracias sindicais. Foi uma experiência riquíssima, que foi reprimida diretamente pelo Exército com ocupação das fábricas paradas, mas que deveria ser sempre revisitada se ainda acreditamos em qualquer coisa como sindicalismo de base e democracia direta. Esse talvez um dos maiores legados de 1968: as novas e ricas formas de participação popular e de representação das vontades coletivas e individuais.

E isso, claro, no plano da política, mas também da cultura... Ou, melhor, das contraculturas políticas e das "contrapolíticas" culturais. Interessante, a palavra contracultura foi plenamente incorporada, e está hoje dicionarizada. O mesmo não ocorreu com "contrapolítica", embora seu significado seja plenamente apreensível e diga respeito àquilo que o filósofo Herbert Marcuse, em *O homem unidimensional*, intitulou de "a grande recusa".

O que mais me vem na memória daqueles espaços-tempos é essa simbiose fantástica entre as lutas culturais e as lutas políticas. Na luta maior de resistência contra um governo e um Estado antissociais, havia uma guerrilha a se travar em cada âmbito da vida, no teatro, na poesia, na música, no pensamento, nas linguagens, nos movimentos e nos processos de invenção e reinvenção da vida comum. Era preciso sonhar e fazer. Era preciso negar, radicalmente, os mecanismos e os organismos do grande sistema de acumulação, escravidão, colonização, dominação e destruição da vida humana e planetária que vinham se expandindo pelo mundo a partir da Europa Ocidental, nos últimos duzentos anos.

Mas, claro, o que de melhor nos apresentou 1968 talvez tenha sido essa mistura, essa interação entre diferentes códigos estéticos, entre diferentes classes sociais, entre diferentes discursos. Estudantes queriam de fato conhecer o que camponeses e operários faziam e como pensavam a luta e a vida. E vice-versa. Operários tentavam ingressar na universidade, mesmo as mais elitistas como a USP, Universidade de São Paulo. Eram movimentos em sincronia, em sinergia ampla. Do que me consta, 1968 fica como grande momento da ligação imediata entre arte, cultura e política, ou melhor, entre contracultura e revolução.

Não havia fio condutor, não havia pensamento único. Era proibido proibir. É verdade que não podemos mistificar o poder inovador da juventude, quando pensamos nas juventudes fascistas e fanáticas de todos os tempos. Os jovens franquistas, fascistas da Espanha, diziam: "Morte à inteligência". Que horror! Mas é preciso, por outro lado, reconhecer que sem a energia transformadora da juventude, nenhuma revolução parece ser digna desse nome. Essa é a maior tradição que nos vem até hoje, digo sempre para meus jovens estudantes. A única intolerância que podemos e devemos admitir é a intolerância contra qualquer censura, qualquer preconceito, qualquer violência moral, psicológica e física. Intolerância contra todas as intolerâncias, esse legado de nossos irmãos mais velhos, aqueles que viveram e morreram por 1968, deveria ser agora e aqui nossa bandeira.

Para além do rótulo "drogas-sexo-rock-and-roll" será preciso sempre inventar e reinventar as fronteiras sem fronteira da vida em comum que deve perseguir a igualdade radical, a liberdade que não se deve confundir jamais com meras *ego trips*, a fraternidade livre do manto de religiões sectárias, fraternidade que se traduz em solidariedade, para com o próximo, mas sobretudo para com o "estrangeiro", qualquer estrangeiro, sobretudo aqueles vindos de mais longe, solidariedade para com a natureza ameaçada, para com a Mãe Terra, Pacha Mama em agonia. Solidariedade para com os direitos humanos universais, reescritos em 1948, setenta anos atrás, vinte anos antes de 1968, para a humanidade esquecida de si mesma depois da hecatombe da Segunda Guerra Mundial. Solidariedade para com os Direitos da Natureza, natureza como sujeito de direito, tópico fundamental que nossos irmãos da Bolívia e do Equador foram sábios e vanguardistas, no melhor sentido da palavra, em inscrever, em anos muito recentes, em suas respectivas Constituições.

Mas essa narração não pode ser linear. Desde lá, em torno de 1968, os sinais e marcas distópicos eram mais que evidentes. Se o 1968 começou com a ofensiva do Tet (ano novo lunar) vietnamita (Vietnã do Norte e vietcongues contra o exército agressor norte-americano), mostrando a virada de curso na guerra, o massacre e os bombardeios químicos com napalm das plantações e da população civil já expunham, depois de Hiroshima e Nagasaki e antes do Afeganistão, do Iraque, do Iêmen, da Líbia e da Síria, a desordem mundial imposta pelo despótico mundo das corporações bélico-financeiras, mal disfarçadas em representantes da ordem liberal, depois neoliberal, e do cada vez mais insustentável nome de "mundo livre".

Uma sociedade da aceleração em termos de devastação de ecossistemas naturais e humanos se firmava já naquelas alturas. A lógica da expulsão se assentava com graves consequências. Hoje convivemos com 65 milhões de refugiados internacionais e deslocados internos em função das guerras, secas prolongadas e escassez hídrica de forma crônica, perseguições étnicas, raciais, políticas e religiosas, além das migrações econômicas agravadas. A polaridade centro-periferia não se sustenta mais. Se é que de fato essa formulação serviu para entender processos de dependência nos anos 1960-1970 (tenho sérias dúvidas), são evidentes, hoje, os sinais de seu esgotamento como modelo explicativo. O desenvolvimento desigual e combinado de um capitalismo globalizado, mas fracionado planetariamente, atualiza-se como modo de organização/desorganização permanente dos espaços-tempos nacionais, regionais e locais (cf. Davidson, 2017).

Hoje nosso pesadelo se faz em grande parte acordados, vigilantes de nós mesmos, autoexploradores de nossas melhores energias a serviço do totalitarismo digital. Já que a transparência, ou sua ditadura plana e plena, é apenas uma forma reificada da violência de uma sociedade do controle, da vigilância e autovigilância de amplos espectros e do gregarismo superficial e acelerado que produz, no excesso de informação, a censura, e no excesso de comunicação, a pós-política que paralisa as vontades individuais e coletivas e garante o domínio das corporações donas do capital improdutivo (Cf. Ladislau Dowbor), da palavra-imagem e das tecnologias digitais. Essas são as forças que, orquestradas, destroem o planeta e qualquer sistema de vida comunitária.

Transparência e verdade não são idênticos. A verdade é uma negatividade na medida em que *se* põe e impõe, declarando tudo o *mais* como falso. Mais informação ou um acúmulo de informações, por si sós, não produzem qualquer verdade; faltam-lhes direção, saber e o *sentido*. É precisamente em virtude da falta de negatividade do verdadeiro que se dá a proliferação e massificação do positivo. A hiperinformação e hipercomunicação geram precisamente a *falta de verdade*, sim, *a falta de ser*. Mais informação e mais comunicação não afastam a fundamental *falta de precisão do todo*. Pelo contrário, intensifica-a ainda mais (Han, 2017, p.24-5).

Mas o legado de 1968 ensina-nos sempre a nos voltarmos para o "mínimo e escondido" das memórias pessoais e coletivas. Assim, para não os entediar com exercícios autobiográficos (que em geral reproduzem a ideologia midiática e mercadológica de transparência, tão ilusória quanto investida de uma impostação falseadora do real e contraposta a qualquer sentido de verdade, e, por isso, a autobiografia nunca foi meu gênero dileto, nem como leitor, nem como autor), fico com alguns poemas de dois dos nossos "irmãos mais velhos" da geração de 1968, os poetas rebeldes Torquato Neto (Teresina, Piauí, Nordeste brasileiro, 1944 – Rio de Janeiro, 1972, talvez o maior poeta e letrista de canções do movimento tropicalista); e com Paulo Leminski (Curitiba, 1944-1989, talvez o melhor representante da chamada "poesia marginal", cuja revalorização data de anos bem mais recentes). Como carma de todo grande artista rebelde, ambos nascidos no mesmo ano e mortos muito jovens, Torquato aos 28 anos de idade, e Leminski aos 44. Mas permanecem, aqui e agora, entre nós, não só como legado, mas espíritos vivos encarnados em cada palavra.

Porque, como já disse, se uma coisa me ficou forte na minha sensibilidade e memória daquele tempo, foi essa: a verdadeira arte, necessariamente independente de tudo, é também, necessariamente, revolucionária. E a verdadeira revolução, necessariamente inovadora e radicalmente voltada ao bem viver e aos melhores desejos da vida-em-comum-conosco-e-com-a-natureza, deve ser, a um só tempo, em todos os espaços, também, uma revolução poética.

Termino minha exposição com os poemas "para a liberdade e luta", de Paulo Leminski, e "Poema do aviso final", de Torquato Neto. Porque me parecem extremamente significativos ao nosso tema. Porque são muito belos. Porque são, cada um a seu modo, revolucionários.

para a liberdade e luta

me enterrem com os trotskistas
na cova comum dos idealistas
onde jazem aqueles
que o poder não corrompeu

me enterrem com meu coração
na beira do rio
onde o joelho ferido
tocou a pedra da paixão

Poema do aviso final

É preciso que haja alguma coisa
alimentando o meu povo;
uma vontade
uma certeza
uma qualquer esperança.
É preciso que alguma coisa atraia
a vida
ou tudo será posto de lado
e na procura da vida
a morte virá na frente
e abrirá caminhos.
É preciso que haja algum respeito,
ao menos um esboço
ou a dignidade humana se afirmará
a machadadas.

4
A LUTA CONTINUA: TRÊS EXEMPLOS

Sobre alguns arquitetos da ordem anárquica[1]

Quando se observa, agora, a crise generalizada dos modos institucionais de representação política nos países do mundo contemporâneo – ricos ou pobres, mais democráticos ou mais autoritários, com economias de mercado ou estatizadas –, todos eles dominados pelos dispositivos do que Giorgio Agamben chamou de a regra do Estado de exceção, torna-se urgente, por dever de justiça, dar mão à palmatória: os anarquistas, em meio a seus devaneios utópicos, tiveram sempre bons bocados de razão...

E no Brasil de mensaleiros e sanguessugas nem é bom falar: de há muito a falência múltipla dos três poderes escancara para toda a sociedade as cabeças monstruosas da Hidra de Lerna de nosso estatismo patrimonialista. Sejam quais forem as ilusões creditadas ao pensamento e à ação anarquistas, ao menos de um delírio essencial da modernidade seus militantes se afastaram radicalmente: da loucura das razões de Estado, da violência "legítima" cotidiana contra coletividades e indivíduos.

Patrizia Piozzi, ou simplesmente "A Italiana", como costumávamos chamá-la nas lutas contra a ditadura militar do final dos anos 1970, oferece-nos, neste belo ensaio *Os arquitetos da ordem anárquica*, exemplo notável de independência intelectual e de filosofia política aplicada aos impasses das lutas libertárias, desde o final do século XVIII até a cena atual dos levantes

---

1 Texto originalmente escrito para a orelha da obra de Patrizia Piozzi *Os Arquitetos da Ordem Anárquica: de Rousseau a Proudhon e Bakunin* (2006).

urbanos antiglobalização. Para tal, ensaia uma genealogia dessa tradição moderna do antiestatismo igualitário e das utopias ácratas, mostrando a diferença crucial entre as ideologias liberal e libertária, desde Rousseau até Proudhon e Bakunin, além de passar em revista obras revolucionárias de pensadores radicais, hoje um tanto esquecidos, embora decisivos às linhagens libertárias do Setecentos e Oitocentos, como o foram Morelly e Deschamps.

A fina e despojada erudição de Patrizia Piozzi possui endereço certo: desmascarar os aparelhistas de todos os tempos, partidos e Estados, aqueles que escondem sua gana de poder e sua mediocridade parasitária sob o moto mecânico das tecnoburocracias. Ou, nas palavras de Rousseau, a propósito da profusão de intelectuais e artistas na Grécia: "Desde que os sábios começaram a aparecer entre nós, diziam os próprios filósofos, as pessoas de bem sumiram."

Pietro Gori no exílio sul-americano: sem-pátria e sem-fronteiras[2]

As leitoras e os leitores estão diante de um livro muito especial. A pesquisa inteiramente original que Hugo Quinta realizou sobre a viagem e a longa estadia do lendário anarquista italiano Pietro Gori (1865-1911) na América do Sul, entre 1898 e 1902, é surpreendente sob vários ângulos que desvela, da vida irrequieta e militante do protagonista a seus múltiplos interesses e atividades entre a política revolucionária e operária, a literatura e as artes, as ciências jurídicas e a modernidade, o positivismo e a utopia humanista de um novo mundo.

O autor, sob a batuta sempre irreverente e nem por isso menos exigente de seu orientador, o antropólogo Andrea Ciacchi, soube dar vida a esse Gori latino-americano muito para além das exigências formais acadêmicas de um mestrado. Ao mesmo tempo, justificou-se aqui, plenamente, essa outra bela utopia da constituição e da *raison d'être* do projeto da Universidade Federal da Integração Latino-Americana (UNILA). Porque, a rigor,

---

2 Prefácio da obra de Hugo Quinta *A trajetória de um libertário: Piero Gori na América do Sul (1898-1902)* (2018, p.18-20).

esse *Trajetória de um libertário* seria mesmo inimaginável em outro espaço acadêmico que não fosse esse, o de uma universidade interdisciplinar, de cooperação interfronteiriça e aberta a um diálogo hoje infelizmente cada dia mais raro em centros universitários convencionais.

Quando pesquisei, há várias décadas, os inícios do movimento operário no Brasil e a presença forte de uma literatura e cultura anarquistas, chamou-me sempre a atenção, no âmbito da experiência riquíssima do teatro operário – um dos filões mais promissores do modernismo nas artes cênicas entre nós –, o sucesso cativante de duas obras teatrais de Pietro Gori, espécies de campeãs de audiência nas festas e encenações libertárias: *Senza Patria* e, principalmente, *Primo Maggio*, peça de um ato subtitulada pelo autor como "esboço dramático", na verdade escrita e publicada inicialmente nos Estados Unidos, durante sua estadia na América do Norte, mais exatamente em Paterson, New Jersey, reduto anárquico onde se alojou por volta de 1896, num de seus vários exílios. E, hoje, devo admitir, talvez tenha sido mesmo o nome da primeira das peças acima citadas que inspirou o título do livro que publiquei a respeito: *Nem pátria, nem patrão!*

Figura intelectual e militante tão inspiradora, Gori teve passagem rápida como um raio pelo Brasil. No mesmo navio que o conduziu de Marselha, em 1898, até Buenos Aires, ele teria feito escalas na ilha da Madeira e, depois, no Rio de Janeiro e em Santos, mas pouco se sabe delas. Não se descartam contatos com militantes anarquistas nessas duas cidades, pois já no fim do século XIX se pode falar de rede extensa, mesmo que difusa, do internacionalismo libertário aqui na América do Sul.

Hugo Quinta fez exaustivo trabalho de pesquisa de fontes primárias em arquivos argentinos. Entre eles, destaco os levantamentos efetuados no CeDInC1 (Centro de Documentação e Investigação da Cultura de Esquerda na Argentina), situado no aprazível bairro de Flores, Buenos Aires. Quanto aos periódicos, revisitou *La Protesta Humana*, fundado em 1897, um dos jornais anarquistas mais importantes do mundo, que circulou diariamente durante muito tempo, e *La Vanguardia*, fundado em 1894 como "jornal socialista científico defensor da classe trabalhadora" e, a partir de 1896, tornado órgão oficial do Partido Socialista da Argentina, corrente política que, lá, foi desde logo muito mais enraizada que no Brasil.

Mas sua maior descoberta e seu maior trabalho de análise dá-se em torno da revista *Criminalogía Moderna*, fundada e dirigida por Gori na

Argentina, e que circulou entre o final de 1898 e o início de 1901. Os vários anexos e tabelas dão conta do trabalho meticuloso do pesquisador ao revelar essa faceta menos conhecidas de nosso intrépido anarquista: a do estudioso do crime como um dos fenômenos inerentes às condições da vida moderna e sua vinculação com causas socioeconômicas. Na verdade, em Buenos Aires, Gori dava sequência ao tema que o perseguia desde sua tese de graduação em Direito na Università di Pisa, uma década antes, em 1889: *La Miseria e i Delitti*. Essa afinidade temática não era exclusiva do autor. Tanto na vertente socialista quanto na anarquista, foram muito frequentes, à época, as aproximações entre uma visão científica e positivista do crime e a crítica social mais radical.

Mas é, afinal, o Gori andarilho e viajante que sobressai. A cultura libertária nasce, em grande parte, desse desprendimento que, antes de qualquer razão estética, reside no constrangimento da expulsão, da deportação e do exílio como marcas, antes de tudo, de uma "razão nômade". Em seus cerca de quatro anos na América do Sul, tendo feito de Buenos Aires sua principal morada, Gori viajou por muitas cidades do interior argentino, inclusive à Patagônia, atingindo a partir daí o Chile, até aportar em Valparaíso e Santiago. Mas também esteve no Uruguai (o núcleo anarquista em Montevidéu sempre foi muito ativo e solidário) e no Paraguai. No caso da expedição ao extremo sul austral, acrescente-se a incrível parceria do autor com o pintor A. Tommasi e o poeta G. Pascarella, com patrocínio da Sociedad Científica Argentina. Algumas das ilustrações que enriquecem este volume sobremaneira podem sugerir-nos a singularidade dessa viagem, suas paisagens geográficas e seus registros antropológicos de populações nativas.

Da trajetória de Hugo Quinta ressalta-se a experiência única de um mundo desaparecido. Já não se fazem anarquistas como antigamente. Muito menos juristas humanistas abertos ao desconhecido da razão humana. Hoje está tudo dominado. O jogo parece o mesmo, já soprado o resultado de antemão. Os refugiados internacionais de agora são os expulsos de ontem e de sempre. Os encarcerados em curva exponencial mostram a face mais obscura e perversa do direito e da justiça. Entre eles, em Curitiba, há um ex-presidente da República de origem operária e sindical, cuja perseguição política, jurídica e midiática ainda será um dia devidamente narrada. A história sempre se repete como tragédia. E a luta de Pietro Gori continua aqui e agora.

Sorocaba não foge à luta:
contra as oligarquias de ontem e de hoje[3]

Num estado campeão do reacionarismo nacional como é, de fato, o estado de São Paulo, é muito bom receber a brisa de ar renovado das lutas sociais que este volume coletivo e engajado nos proporciona.

Escrito a 30 mãos (são 15 autoras e autores, jovens e talentosos pesquisadores) e composto em 15 capítulos (vários deles em coautoria) e 3 seções temáticas (correspondentes aos três momentos históricos de lutas sociais tratados), o esforço conjunto dos artigos aqui reunidos concentra-se na cidade de Sorocaba, um dos núcleos urbanos pioneiros na industrialização fabril moderna e na constituição de uma classe operária paulista e brasileira.

A primeira e mais longa parte do livro (8 capítulos) trata da greve geral de 1917 e de sua força significativa naquela cidade. Essa experiência de um movimento operário jovem e pujante, com presença hegemônica da tendência anarcossindicalista, deixará legados importantes. Como eu próprio já enfatizei no meu livro *Nem pátria, nem patrão! – memória operária, cultura e literatura no Brasil* (2002), a imbricação entre cultura libertária e confronto político é a melhor herança das lutas operárias anarquistas. Por outro lado, a recusa absoluta da luta político-institucional tem produzido um hiato de difícil resolução e, no mais das vezes, contribuído, involuntariamente, para a reorganização do poder oligárquico e dos aparelhos repressivos do Estado.

A segunda parte (4 capítulos), focalizada nos anos 1930, desenvolve-se em torno da polarização entre o movimento de extrema direita, identificado com o fascismo integralista que tantos adeptos encontrou, naqueles anos, em estados como São Paulo e Rio Grande do Sul e, de outra parte, as lutas de setores populares, operários e progressistas, como foram as dos ferroviários combativos da Sorocabana e dos militares tenentistas mais afins ao socialismo reformista. Esse *intermezzo* é bastante útil para as reflexões que possamos fazer na atualidade, acerca do recrudescimento de movimentos autoritários nacionalistas de corte protofascista. De todo modo, lá como agora será importante pontuar os limites claros do liberalismo paulista, que sempre não tem tido escrúpulo nem disfarce para se aproximar ou buscar

---

3 Apresentação da obra *Lutas sociais em Sorocaba/SP ontem e hoje: Greve Geral de 1917, embate antifascista de 1937 e mobilizações atuais*, organizada por Marcos Francisco Martins (2018, p.13-16).

apoios em ideologias e movimentos de viés verde-amarelista, no mais das vezes truculentos e avessos a qualquer pacto democrático, além de laços nada edificantes com regimes ditatoriais.

Os três últimos capítulos que compõem a parte final tentam estabelecer esse diálogo trans-histórico entre as temporalidades percorridas. Pareceu-me bastante pertinente e elucidativa a análise da emergência dos movimentos direitistas na cena brasileira pós-Jornadas de Junho de 2013, sobretudo ao detectar, na estrutura, na ideologia e no funcionamento do chamado Movimento Brasil Livre, aspectos presentes, oitenta anos antes, na trajetória do Integralismo como modalidade de fascismo nativo. Já o paralelo traçado entre a greve geral de 1917 e o chamamento à greve geral de 2017 (que a rigor não se efetivou como tal), contra o Golpe de 2016 e o governo antipopular de Temer, careceria de melhor adequação. O que apenas está a indicar a permanente imprevisibilidade e descontinuidade entre diferentes experiências históricas e contextos sociais.

O que, sim, as melhores tradições do Ensino Livre e da educação libertária nos ensinam é a liberdade do duro combate à complexa regressão política, econômica, socioambiental, educacional e cultural do Brasil de hoje.

Quando arautos do obscurantismo fazem da falácia da "escola sem partido" sua bandeira e seu projeto de futura lei, com a complacência generalizada de autoridades, mídias e amplos setores sociais; quando uma justiça seletiva e partidária impõe um verdadeiro regime de exceção, com esfacelamento arbitrário dos mecanismos do direito; quando legislativo e executivo chafurdam no fisiologismo do tráfico de interesses e no desgoverno de brutos e mandões; quando as forças armadas, para além do palavrório sobre "intervencionismo", passam de fato a tutelar o governo central, a ocupar o segundo estado mais importante do país e a impor a sombra da "lei e da ordem" ao diapasão do Estado; quando um ex-militar e deputado ultra-direitista candidato a presidência da República, apologista da tortura, do estupro e do extermínio de quilombolas e favelados torna-se viável e competitivo; quando os exterminadores políticos da vereadora Marielle Franco permanecem soltos e impunes, passados 120 dias de seu brutal assassinato:

É hora sim, de dizer: Basta! E de continuar a luta, deixando de lado as divergências menores, de princípios, e fazendo convergir a mobilização unificada das esquerdas na resistência ao colapso democrático e na configuração de uma nova utopia socioambiental. Que, necessariamente, terá que ser, a um só tempo, sorocabana, paulista, brasileira, latino-americana e mundial.

5
Sonhos anarquistas:
o SOS do Titanic ecoa pelos sete mares[1]

Em Berkeley e em San Francisco, em boas e velhas livrarias como a Moe's ou a City Lights, você ainda encontra prateleiras dedicadas a livros sobre Revolução ou Anarquismo. Elas não serão as únicas, mas certamente estão entre os raros e últimos lugares em que é possível, numa livraria não especializada, de amplo espectro, cruzar com esse interessante recorte temático. Respira-se ali, em atmosfera algo decadente, os ares do movimento *beat*, dos hippies pacifistas, ares que se ligam diretamente, se quisermos, ao levante de 1999 nas ruas de Seattle contra o capitalismo globalizado, ou às edições do Fórum Social Mundial em Porto Alegre, no início deste século e milênio.

Em outro cenário, também nesta última primavera, vivi em Chicago os eflúvios da memória de seus mártires do Primeiro de Maio, da luta pela jornada de oito horas de trabalho,[2] a geração de operários imigrantes euro-

---

1 Versão original em português do artigo publicado em inglês sob o título de "Anarchist Dreams: The SOS of the Titanic Echoes Throughout the Seven Seas", em número da revista *Vanitas* dedicado ao dossiê "Anarchisms" (cf. Hardman, 2006). Agradeço ao poeta e editor Vincent Katz pela tradução em inglês.

2 Durante o Primeiro de Maio de 1886, em Chicago, um movimento grevista de milhares de operários levou a confrontos violentos com a polícia, com a morte de oito policiais e de dezenas de operários. Oito líderes editores da imprensa operária, a maior parte imigrantes alemães, são processados arbitrariamente, acusados dos distúrbios. Cinco deles serão condenados à morte por enforcamento, que ocorrerá a 11 de novembro de 1887: Lingg (suicidou--se na véspera), Parsons, Spies, Engel e Fisher. Serão imortalizados como "Os Mártires de Chicago". Em 1893, o governador de Illinois declara-os inocentes e publicamente reabilitados, bem como os operários Schwab e Fielden (condenados à prisão perpétua) e Neebe (condenado a quinze anos), que são libertados. Este episódio é a causa principal da transformação

peus, um dos berços americanos fortes do anarcossindicalismo, a cidade do antigo Printers Row, centro das principais revoluções tecnológicas no mundo da tipografia, do trem urbano aéreo tão presente em meu imaginário cinematográfico, dessa *downtown* tão carregada de jazz e *working class*. Ali, numa feira anual de livros, dei de cara com a banca de uma pequena editora libertária, sobrevivente do final do século XIX, desse internacionalismo fácil de se reencontrar, de surrealistas redivivos, e lá perto o rio e o lago cercando a arquitetura dos arranha-céus modernos e pós-modernos, a libido de uma metrópole acolhedora de *blacks* e estrangeiros, a cidade de paredes e fachadas vermelhas, e sempre a música que toca perfeita no claro instante, como perfeitos e vermelhos os cheiros de suas muitas mulheres distraídas.

Pois quero perseguir aqui os rastros desse anarquismo não catalogável, difuso, que se espraia pelo mundo contemporâneo mesclado a tantas expressões e manifestos, em geral da juventude, por uma nova humanidade livre de todos os aparatos estatais. Se existe uma linha fronteiriça mais clara entre os vários socialismos revolucionários e o anarquismo, ela será sempre a que separa movimentos mediados pelo apelo às instituições estatais (incluindo aí a ação de partidos políticos) das ações diretas de auto-organização sob formas variadas, individuais e/ou coletivas, que vão da cooperativa ao sindicato livre, das comunidades libertárias à margem do Estado aos movimentos pacifistas e antiglobalização, de grupos ecologistas autogestionários a rebeldes e dissidentes individuais, sem pátria e sem patrões.

Além de não reconhecerem a legitimidade de nenhuma autoridade de natureza estatal, os anarquistas são laicos, não se filiando a igrejas ou sistemas religiosos instituídos. Toda uma tradição forte de anticlericalismo vinda do Iluminismo e da Revolução Francesa misturou-se a movimentos anarquistas, sobretudo em países católicos como França, Espanha, Itália, Brasil e Argentina. Por outro lado, não se pode confundir o espírito anarquista com o de muitas ONGs (organizações não-governamentais) existentes, dado seu caráter muitas vezes corporativo ou empresarial. Do mesmo modo, sindicatos estatais ou corporações capitalizadas como algumas das grandes centrais sindicais de hoje contrapõem-se antagonicamente aos princípios anarcossindicalistas. Já o multiculturalismo de tribos e minorias

---

da data de Primeiro de Maio no dia internacional de luta, memória e manifestação da classe operária (cf. Dommanget, 1953).

classificadas em termos étnicos, nacionais, regionais, de gênero, etc. também não se combina com a perspectiva anarquista, pois esta se funda no sentido de um humanismo universalista, sem fronteiras nem segmentações identitárias.

Chicago trouxe-me São Paulo da memória de paisagens industriais perdidas, eu que nasci aqui e aqui me criei há mais de cinquenta anos, e as linhas do meu afeto citadino também se cruzam com a maravilhosa Buenos Aires, menos aquela que se tem hoje à mostra e mais a que ficou em muitos sinais do passado, por exemplo, no belo filme *Herencia*, de Paula Hernández (2001). A linha de ligação pode me levar também a Nova York, aquela do velho e generoso Village, dos tijolinhos vermelhos, talvez também a do Brooklyn, ou a das lágrimas pró-Bronx de Marshall Berman, fazendo-me tudo tão familiar naquele outono inesquecível de 1998. Essas linhas tênues refazem percursos de utopias libertárias e aqui, sem dúvida, a marca desse anarquismo internacionalista transcendente é fundamentalmente urbana, metropolitana, cosmopolita. Pois são essas nossas cidades americanas, ao Sul e ao Norte, todas feitas de imigrantes fervilhantes.

Parece também que países de territórios continentais aguçaram a imaginação utópico-anarquista de um "novo mundo" possível fora dos cânones da civilização industrial ocidental e fora da jurisdição dos tentáculos dos Estados nacionais modernos: Rússia, Brasil e Estados Unidos talvez sejam os melhores exemplos de algumas dessas experiências de comunidades rurais libertárias. Da Rússia, poderíamos lembrar os ensaios de Tolstoi, por exemplo, voltado para o cristianismo primitivo e igualitário das comunas camponesas do *mir*,[3] e que tanta influência tiveram na literatura anarquista e social no Brasil do início do século XX. Aqui, uma comunidade fourierista organizada em Santa Catarina, ainda em meados do século XIX, ou a famosa Colônia Cecília, fundada no interior do Paraná pelo médico anarquista italiano Giovanni Rossi, no começo da década de 1890, são marcos históricos muito interessantes desse desejo de criar uma sociedade nova e livre nos rincões mais distantes e ainda relativamente despovoados do Brasil. Mas os contatos com a sociedade civilizada e o Estado envolvente, mais cedo ou mais tarde, puseram a perder esses núcleos libertários.

---

3 *Mir* é um tipo de comunidade agrícola de pequenas dimensões, coletiva e pré-capitalista, que existia na Rússia.

Nos EUA, várias experiências utópico-socialistas e libertárias se sucederam pelo Sul e Meio Oeste, entre, aproximadamente, as décadas de 1830 e 1890. Acho que estudos mais acurados sobre tais viagens e comunidades ainda estão por ser feitos.[4] Mas lembremos apenas, aqui, que em 1833 registra-se o fracasso de um projeto saint-simoniano na Louisiana. E que, em 1855, o próprio Victor Considérant, autor de *Phalanstère* (1832) e grande herdeiro de Fourier, chegava ao Texas para criar a colônia fourierista Réunion, lá permanecendo até 1869, quando dá por extinta a comunidade e retorna à França.

Além dessas referências, porém, o caso mais notável terá sido o dos seguidores de Cabet, autor da importante utopia *Voyage en Icarie* (1840) e criador de um movimento cujos seguidores serão por isso chamados icarianos. Partindo de Havre, França, um primeiro grupo vanguardista viaja ao Texas em 1848 para fundar ali, no território de Cross-Timber, sua Icária. Já uma segunda expedição, ainda no mesmo ano, transfere as bases dessa utópica cidadela para Shreveport e New Orleans, na Louisiana. Em 1849, há surtos de malária e cólera entre os icarianos, além de muitas dissidências: Cabet volta à França, doente. Os remanescentes decidem transferir-se de novo, dessa vez para Nauvoo (Illinois). Cabet retorna a essa sua Icária móvel, em 1852. Em 1856, novas dissidências: Cabet é expulso da comunidade de Nauvoo e instala-se com companheiros fiéis em St. Louis, Missouri, morrendo em seguida. O movimento permanece dividido: de um lado, o cabetista Mercadier fixa-se com seu grupo em Cheltenham, também no Missouri, até a dissolução da comunidade em 1864; de outro, a maioria que havia ficado em Nauvoo muda-se para Corning, Iowa, em 1860, onde sobrevive como a derradeira Icária até 1898.

Essa fuga radical do núcleo civilizado rumo à promessa de espaços distantes e fronteiras marginais tem outras representações. Em registro bem diverso, veja-se, a propósito, o poeta brasileiro "da morte e da melancolia", Augusto dos Anjos (Engenho Pau D'Arco, Paraíba, 1884 – Leopoldina, Minas Gerais, 1914). Seu único livro publicado em vida, *Eu* (1912), pode

---

4 As informações resumidas aqui se baseiam no belíssimo ensaio de Jacques Rancière, *La Nuit des Prolétaires: archives du rêve ouvrier* (1981). Fui consultor de sua tradução brasileira, *A Noite dos Proletários: arquivos do sonho operário* (1988).

ser lido como uma elegia à civilização humana, como "Gemidos de Arte" (título de um poema seu) diante da decadência inexorável da vida e do espírito. Para além das imagens simbolistas e decadistas evidentes, eivadas numa linguagem que mistura estranhamente vocabulário cientificista e drama expressionista, sua poética nos remete a matrizes românticas, e a partir daí a certo anarquismo niilista muito presente na atmosfera *fin-de-siècle* que, desde a França e a Alemanha, chegava com força ao ambiente cultural brasileiro.

É muito mais um anarquismo metafísico, em que a afirmação radicalizada da subjetividade carrega em conotações de protesto contra a civilização do dinheiro e do valor de troca: a poesia de *Eu* manifesta-se contra a arrogância e o complexo de superioridade do ego burguês e ocidental. Contra a pretensão vaidosa do *Homo sapiens*, ele nos apresenta seu *"Homo infimus"*. Lembremos de fontes remotas como Max Stirner, ou mais próximas, como Schopenhauer e Nietzsche. Mas a poesia de Augusto dos Anjos não é nem científica, nem filosófica, seu estilo é singular e único, tornando-o um dos maiores poetas modernos do Brasil e, apesar do texto difícil, também um dos mais populares.

Poucos notaram os traços libertários e ácratas na obra de Augusto dos Anjos, entre eles o filólogo e poeta anarquista José Oiticica, seu contemporâneo e avô do artista plástico tropicalista Hélio Oiticica. O fundo de crítica social e histórica está presente sutilmente na poesia de *Eu*. Em poemas como "Os Doentes" e "O Lázaro da Pátria", tematiza, de modo trágico, o extermínio genocida dos povos indígenas ao longo do processo colonial e civilizatório brasileiro. Em "O Canto dos Presos", fala do lamento anônimo dos presidiários. Seu poema *"Ricordanza della mia Giuventù"* vale-se, com ironia, de um título em italiano para tecer um libelo antiescravista, a partir da memória infantil de sua ama-de-leite, a escrava negra Guilhermina. E já na conferência que profere no Teatro Santa Rosa, em João Pessoa, a 13 de maio de 1909 (em comemoração aos 21 anos da Abolição da Escravatura), o poeta, numa linguagem barroca, insurge-se contra a entidade do Estado moderno, seu caráter opressivo e desnecessário para a autonomia da humanidade no século XX – os traços anarquistas, aqui, ficam evidentes.

Como também evidentes nos versos quase finais do seu longo poema-manifesto "As Cismas do Destino", em que a ordem cósmica, caminhando para a destruição, apresenta-se ao revés, e igualmente a ordem social e estatal:

O mundo resignava-se invertido
Nas forças principais do seu trabalho…
A gravidade era um princípio falho,
A análise espectral tinha mentido!
O Estado, a Associação, os Municípios
Eram mortos. De todo aquele mundo
Restava um mecanismo moribundo
E uma teleologia sem princípios (Anjos ([1912; 1920], 2005, p.80).

Os sinais de catástrofe eram iminentes. Vivíamos, no início do século XX, a chegada da "era dos extremos" (Hobsbawm), a idade das "guerras e revoluções" (Lenin). Em um dos seus últimos poemas, "Guerra", publicado em jornal de Leopoldina em agosto de 1914, Augusto dos Anjos trata da barbárie moderna. Vem-me, aqui, outro paralelo. No mesmo ano em que saía o livro *Eu*, 1912, o anarquista judeu alemão Gustav Landauer publicava um artigo sobre o naufrágio do transatlântico *Titanic*, "The Titanic's Message". Landauer foi um grande revolucionário, autor do famoso panfleto utópico-messiânico *Die Revolution* (1905), texto dos mais lidos pelo movimento operário da época. Humanista radical e heterodoxo, apologista, ao mesmo tempo, de Jesus de Nazaré e de Walt Whitman, ele iria morrer lutando contra o exército prussiano, na Baviera, em 1919, durante o massacre da revolução operária na Alemanha. Nesse texto pouco conhecido de 1912, em contraponto aos significados daquele desastre simultaneamente natural e tecnológico, Landauer persegue os sentidos simbólicos e espirituais dos sinais de SOS emitidos pelo *Titanic* antes de ir a pique. São sinais incompreensíveis pelas estrelas distantes ou na vastidão dos oceanos e do éter, porque são sinais humanos:

The Titanic's message is only one of the many indicators that humankind is evolving. Humanity hasn't yet fully arrived, though it is alive in the Becoming.[5]

---

5 "A mensagem do Titanic é apenas um dos muitos indicadores de que a humanidade está evoluindo. A humanidade ainda não se realizou completamente, embora esteja viva no Devir".

E conclui, adiante:

Living unjustly is living falsely; the false life is living death. That we must go on, courageously and passionately, to live life, the humane life, that is the message the Titanic leaves us.[6]

---

6 "Viver injustamente é viver falsamente; viver uma vida falsa é viver a morte. Que continuemos, com coragem e paixão, vivendo a vida, a vida humana, essa é a mensagem que o *Titanic* nos deixa." Cf. Landauer (s.d., p.35).

BIBLIOGRAFIA

Periódicos

Acáçar, O. Salvador, 1871.
Alba Rossa. São Paulo, 1919.
America. Rio Grande, 1870.
Americano, O. Recife, 1870-1871.
Amigo do Povo, O. São Paulo, 1902
Artista, O. Rio de Janeiro, 1871.
Aurora. São Paulo, 1905.
Batalha, A. Lisboa, 1919.
Battaglia, La. São Paulo, 1904-.
Diario de Pernambuco. Recife, 1871.
Echo Operário. Rio Grande (RS), 1896.
Folha do Braz. São Paulo, 1898-.
Folha do Povo. São Paulo, 1908-.
Gazeta de Campinas. Campinas, 1871.
Guerra Social, A. Rio de Janeiro, 1911.
Internacional, O. São Paulo, 1912-.
Jornal do Commercio. Rio de Janeiro, 1871.
Jornal do Recife. Recife, 1871.
Lanterna, A. São Paulo, 1901-.
Livre-Pensador, O. São Paulo, 1903-.
Metallurgico, O. São Paulo, 1920-.
Nova Era, A. Taboleiro Grande (MG), 1906-.

Nova Era. Rio de Janeiro, 1919-.

Novo Mundo, O. Nova York, 1870-1872.

Novo Rumo. Rio de Janeiro, 1906.

Obra, A. São Paulo, 1920.

Operário, O. São Luís (MA), 1892.

Operário, O. Terezina (PI), 1906.

Pensamento Social, O. Lisboa, 1872.

Plebe, A. São Paulo, 1917-.

Proletário, O. São José do Rio Pardo (SP), 1901-.

Propaganda, A. São Paulo, 1871.

Protesta Humana, La. Buenos Aires, 1897 (posteriormente, passará a ser publicado com o título: *La Protesta*).

Questão Social, A. Santos (SP), 1895-.

Socialista, O. São Paulo, 1895-.

Terra Livre, A. São Paulo/Rio de Janeiro, 1905-.

Vanguarda, A. São Paulo, 1921-.

Voz do Povo. Rio de Janeiro, 1920-.

Documentos, relatos, opúsculos e álbuns

ASSUNÇÃO, M. *O infanticídio* (Drama social em 5 Actos). São Paulo: Tip.da "Terra Livre", 1907.

BANANÉRE, J.; PAES, A. *Galabáro*. São Paulo: [s.n.], 1917.

BATINI, T. *Depoimento*. Entrevista dada a F. F. Hardman. São Paulo, fevereiro de 1976.

CAPRI, R. *O Brasil e seus Estados – São Paulo*. São Paulo: Pocai-Weiss, [s.d.] (Álbum ilustrado).

CORPORAÇÃO MUSICAL OPERÁRIA DA LAPA. *Depoimento*. Documento assinado por Vitor Barbieri, [s.d.], 3p.(Datil.).

CUNHA, E. da. *Ondas*. Rio de Janeiro, 1883-1884 (Caderno de poemas). In: Arquivo do Grêmio Euclydes da Cunha, São José do Rio Pardo, Ms.: "Luiza Michel".

DANIELE, G. P.di. *Ne L'Impero delle Merde... (sonetti inodori)*. São Paulo, março 1905.

FÓSCOLO, A. *O Semeador* (Drama em 3 actos). Taboleiro Grande (MG): Tip.de "A Nova Era", [s.d.].

GONÇALVES. A. *Depoimento*. Entrevista dada a F. F. Hardman e M. E. S. Boito na sede da Corporação Musical Operária da Lapa. São Paulo, 17 out. 1975.

LEUENROTH, E. *A poesia social na literatura brasileira* ("Documentário da questão social no Brasil"). São Paulo, 1968 (?). (Originais inacabados e inéditos).

LIGA ARTÍSTICO-OPERÁRIA NORTE-RIOGRANDENSE. *Acta de Fundação.* Natal, 28 de fevereiro de 1904.

_____. *Estatutos.* Natal: Tip.Expressa, 1953.

LIVRO DE OURO COMMEMORATIVO DO CENTENÁRIO DA INDEPEN-DÊNCIA DO BRASIL E DA EXPOSIÇÃO INTERNACIONAL DO RIO DE JANEIRO (1822 A 1922-23). Rio de Janeiro: Annuario do Brasil, Almanak Laemmert, 1923.

LUZ, F. *Nós e os outros...* São Paulo: Biblioteca Social "A Innovadora", 1922a.

MOTA, M. *História em rótulos de cigarros (a litogravura no antigo Recife).* Recife: IJNPS, MEC, 1965.

MUSEU DA IMAGEM E DO SOM. *Memória paulistana.* São Paulo: MIS, 1975.

MUSEU DE ARTE MODERNA. *Cronologia cinematográfica brasileira (1898-1930).* 2.ed. Rio de Janeiro: Cinemateca do MAM, 1979. 128p.(Mimeog.).

MUSEU DE ARTE DE SÃO PAULO. *Itália-Brasil*: relações entre os séculos XVI e XX. São Paulo: MASP/Fondazione Giovanni Agnelli, 1980.

PIRES, C. *O Monturo* (Poemeto). São Paulo: Pocai-Weiss, 1911.

REQUERIMENTO de José Ponciano de Oliveira e outros aos Membros do Congresso Nacional, propondo-se, mediante certos favores, a construir um Bairro Operário... em zona do Distrito Federal. Rio de Janeiro, 15.10.1891. 10 fls. (Brasília, Arquivo Histórico da Câmara dos Deputados, Ano 1891, etiqueta 3687, orig. manuscrito).

SILVA, A. F. *Liga artístico-operária norte riograndense – fundada a 28.2.1904 – 75 anos de atividades.* Natal, 28.2.1979, 3 fls. (Datil.)

SILVA, J. A. *A honra do operário* (Drama em 3 atos – imitação). São Paulo: Teixeira, n.142, [s.d.].

SOCIEDADE ANONYMA SCARPA. *Álbum sobre o Cotonifício Scarpa e a Vila Ope-rária (Maria Zélia).* São Paulo, *c.* 1925.

TEIXEIRA & Cia. *Bibliotheca Dramatica Popular.* São Paulo: Ed. Teixeira (Coleção de peças teatrais em folhetins), [s.d.].

TOCANTINS, M. S. Partido Operário e Sindicato Reivindicativo: uma única estraté-gia. (inédito), 72p.(Mimeog.), [s.d.].

UNIÃO OPERÁRIA BENEFICENTE DE DIAMANTINA. *Estatutos.* Diaman-tina (MG): Tip.de "A Estrela Polar", 1959.

VV.AA. *Hymnos e canticos libertarios e indicador das associações operárias.* Rio de Janeiro: [s.n.], 1923.

VASCONCELOS, J. C. de. *A "Liga" e a greve da "Central" em 1920.* Natal (RN), 1953.

VICTORIA, F. N. de. *Operários em greve.* São Paulo: Teixeira, [s.d.].

Livros e artigos

ABENDROTH, W. *História social del movimiento obrero europeo.* Barcelona: Laia, 1975.

ABENSOUR, M. W. Benjamin entre mélancolie et révolution. Passage Blanqui. In: WISMANN, H. (Ed.). *Walter Benjamin et Paris*. Paris: CERT, 1986.

ADORNO, T. W. *Notas de literatura*. Barcelona: Ariel, 1962.

AGAMBEN, G. *Homo sacer*: il potere sovrano e la nuda vita. Torino: Einaudi, 1995.

_____. *Mezzi senza fine*: note sulla politica. Torino: Bollati Boringhieri, 1996.

ALCÂNTARA MACHADO, A. *Brás, Bexiga e Barra Funda (notícias de São Paulo)*. São Paulo: Helios, 1927.

_____. *Cavaquinho e saxofone*. Rio de Janeiro: J. Olympio, 1940.

_____. Meditatio Mortis. In: MACHADO, L. T. *António de Alcântara Machado e o modernismo*. Rio de Janeiro: J. Olympio, 1970.

_____. *Novelas paulistanas*. 3.ed. Rio de Janeiro: J. Olympio, 1973.

ALI, T. *Medo de espelhos*. Tradução de Moacir Werneck de Castro. Rio de Janeiro: Record, 2000.

ALVES, C. *Obra completa*. 5.ed. Rio de Janeiro: Nova Aguilar, 1986.

ALVES DE SEIXAS, J. *Mémoire et oubli*: anarchisme et syndicalisme révolutionnaire au Brésil. Paris: Éditions de la Maison des Sciences de l'Homme, 1992.

ANDERSON, B. *Nação e consciência nacional*. São Paulo: Ática, 1989.

ANDERSON, P. *A crise da crise do marxismo*. São Paulo: Brasiliense, 1984.

ANDRADE, R. S. *Ordem política e conflito na constituição do estado brasileiro, 1889-1937*. São Paulo, 1981. Tese (Doutorado) – Faculdade de Filosofia, Letras e Ciências Humanas, Universidade de São Paulo.

ANDRADE, M. de. *Contos novos*. 4.ed. São Paulo: Martins, 1973.

_____. *Poesias completas*. 4.ed. São Paulo: Martins, 1974.

ANDRADE, O. *Marco zero*. 2.ed. Rio de Janeiro: Civilização Brasileira, 1974 (Obras Completas, 3-4).

_____. *Os condenados*. São Paulo: Monteiro Lobato, 1922._____

_____. *Um homem sem profissão*: sob as ordens de mamãe. Rio de Janeiro: Civilização Brasileira, 1974.

ANJOS, A. dos. *Eu e Outras Poesias*. São Paulo: Ática, 2005 [1912; 1920].

ANÔNIMO. Fogo! [1916]. In: ARNONI PRADO, A., HARDMAN, F. F. (Org.). *Contos anarquistas*: antologia da prosa libertária no Brasil (1901-1935). São Paulo: Brasiliense, 1985. p.29-31.

ARANHA, G. *Canaã*. Rio de Janeiro: H. Garnier, 1902.

ARAÚJO, A. M. C. *Trabalho, cultura e cidadania*: um balanço da história social brasileira. São Paulo: Scritta, 1997.

ARAÚJO, V. P. *A bela época do cinema brasileiro*. São Paulo: Perspectiva, 1976.

ARÊAS, L. B. *A redenção dos operários*: o Primeiro de Maio no Rio de Janeiro durante a República Velha. Dissertação (Mestrado em História) – Instituto de Filosofia e Ciências Humanas, Universidade Estadual de Campinas. Campinas, 1996.

ARENDT, H. *Da revolução*. São Paulo: Ática, Brasília: Editora da UnB, 1988.

ARNONI PRADO, A. *Lima Barreto*: o crítico e a crise. Rio de Janeiro: Cátedra/INL-MEC, 1976.

ARNONI PRADO, A. Mutilados da *Belle-Époque*. In: SCHWARZ, R. (Org.). *Os pobres na literatura brasileira*. São Paulo: Brasiliense, 1983.

_____ (Org). Libertários & militantes: arte, memória e cultura anarquista. *Remate de Males (Campinas)*, v.5, ed. especial, 1985.

_____ (Org.). *Libertários no Brasil*: memória; lutas; cultura. São Paulo: Brasiliense, 1986.

ARNONI PRADO, A.; HARDMAN, F. F. (Org.). *Contos anarquistas*: antologia da prosa libertária no Brasil (1901-1935). São Paulo: Brasiliense, 1985.

ARNONI PRADO, A.; HARDMAN, F. F.; LEAL, C. (Org.). *Contos Anarquistas*: temas e textos da prosa libertária no Brasil, 1890-1935. São Paulo: WMF Martins Fontes, 2011.

ARRU, A. *Clase y partido en la Primera Internacional*. Madrid: A. Corazón, 1974.

ASSIS BARBOSA, F. de. *A vida de Lima Barreto (1881-1922)*. Rio de Janeiro: Civilização Brasileira, 1964.

AZEVEDO, A. *O cortiço*. Rio de Janeiro: Garnier, 1890.

AZEVEDO, F. de. A poesia social no Brasil. In: _____. *Ensaios*: crítica para *O Estado de S. Paulo* (1924-1925) e outros estudos literários. São Paulo: Melhoramentos, 1929. p.90-101.

_____. A poesia social no Brasil. In: _____. *Máscaras e retratos*: estudos literários sobre escritores e poetas do Brasil. 2ª Ed. rev. aum. São Paulo: Melhoramentos, 1962. p.84-90. (Obras Completas, V).

BACHELARD, G. *A poética do espaço*. São Paulo: Abril Cultural, 1974. (Os Pensadores, XXXVIII).

BAKHTIN, M. *La poétique de Dostoievski*. Paris: Seuil, 1970.

BANANÉRE, J. *La divina increnca*. São Paulo: Folco Masucci, 1966 [1924].

BANDEIRA, M. *Meus poemas preferidos.* Rio de Janeiro: Edições Ouro, 1966.

BANDEIRA, M.; MELO, C.; ANDRADE, A. T. *O ano vermelho*: a Revolução Russa e seus reflexos no Brasil. Rio de Janeiro: Civilização Brasileira, 1967.

BANDEIRA JÚNIOR, A. F. *A indústria no Estado de São Paulo em 1901*. São Paulo: Tip.do Diário Oficial, 1901.

BARRANCOS, D. B. *Os últimos iluminados*: ciências para trabalhadores na Argentina de princípios do século. Tese (Doutorado em História) – Instituto de Filosofia e Ciências Humanas, Universidade Estadual de Campinas. Campinas, 1993.

BARRANCOS, D. *Destruir é construir!*. Dissertação (Mestrado em Educação) – Universidade Federal de Minas Gerais. Belo Horizonte, 1985.

BARRETO, L. *Impressões de leitura*. São Paulo: Brasiliense, 1956.

_____. *Bagatelas*. 2.ed. São Paulo: Brasiliense, 1961.

BARROS, A. R. *Origens e evolução da legislação trabalhista*. Rio de Janeiro: Laemmert, 1969.

BARTHES, R. Introduction à l'analyse structurale des récits. *Communications (Paris)*, n.8, p.1-27, 1966.

_____. El discurso de la história. In: *Estructuralismo y literatura*. Buenos Aires: Nueva Visión, 1970.

BATINI, T. *E agora, que fazer!* São Paulo, Rio de Janeiro: Civilização Brasileira, 1941.

_____. *Filhos do povo.* São Paulo: Brasiliense, 1945.

BELMARTINO, S. La Comuna de París. In: *Historia del movimiento obrero.* V.2. Buenos Aires: Centro Editor de América Latina, 1984. p.65-96.

BENEVOLO, L. *Orígenes del urbanismo moderno.* Madri: H. Blume, 1979.

BENJAMIN, W. *Parigi, capitale del XIX secolo*: i "passages" di Parigi. Turim: Giulio Einaudi, 1986.

_____. *Paris, capitale du XIXe siècle*: le livre des passages. 2.ed. Paris: Les Éditions du Cerf, 1993.

BESANCENOT, O.; LÖWY, M. *Affinités Révolutionnaires*: Nos étoiles rouges et noires. Pour une solidarité entre marxistes et libertaires. Fayard; Mille et Une Nuits, 2014.

_____. *Afinidades Revolucionárias*: Nossas estrelas vermelhas e negras. Por uma solidariedade entre marxistas e libertários. São Paulo: Editora UNESP, 2016.

BERNARDET, J.-C. *Filmografia do cinema brasileiro*: 1900-1935 (jornal "O Estado de S. Paulo"). São Paulo: Comissão de Cinema, Secretaria da Cultura, 1979.

BERRIEL, Carlos Eduardo. *Mario de Andrade hoje.* São Paulo: Ensaio, 1990.

BLANQUI, A. *Instructions pour une Prise d'Armes; L'Eternité par les Astres.* Paris: La Tête de Feuilles, 1972.

BLOCH, E. *El principio esperanza.* T.II. Madrid: Aguilar, 1979.

BLOCH, G. Marxisme et Anarchisme. *Études Marxistes*, n.1, p.2-11, jan. 1969.

_____. *Marxismo e anarquismo.* São Paulo: Kairós, 1981.

BOGGS, J. *La Revolución americana.* Barcelona: Nova Terra, 1968.

BOITO JÚNIOR, A. *A Comuna de Paris na história.* São Paulo: Xamã, Campinas: Cemarx, Unicamp, 2001.

BOSI, A. *O pré-modernismo.* São Paulo: Cultrix, 1966.

_____. *História concisa da literatura brasileira.* São Paulo: Cultrix, 1970.

_____. As letras na Primeira República. In: FAUSTO, B. (Dir.). *O Brasil Republicano* (2). São Paulo, Rio de Janeiro: Difel, 1977. p.293-319. (Hist. Geral Civ. Bras., 9).

BOSI, E. *Cultura de massa e cultura popular*: leituras de operárias. 2.ed. Petrópolis: Vozes, 1973.

_____. *Memória e sociedade (lembranças de velhos).* São Paulo: T. A. Queiroz, 1979.

BOURDÉ, G. La condition ouvrière à Buenos Aires à la fin du XIX et début du XXème siècle. *Le Mouvement Social*, n.84, juil./sept. 1973.

BRANDÃO LOPES, J. R. *Crise do Brasil arcaico.* São Paulo: Difel, 1967.

BRANDÃO, O. *Véda do mundo novo.* Rio de Janeiro, 1920.

BRASIL, Comissão Nacional da Verdade. *Relatório Final E-Pub.* Brasília: CNV, 2014, 3v.

BRITO, J. S. *Entre neblinas.* Rio de Janeiro, 1919.

BRITO, M. S. *História do modernismo brasileiro*: 1) Antecedentes da Semana de Arte Moderna. 2.ed. rev. Rio de Janeiro: Civilização Brasileira, 1964.

BROCA, B. *A Vida literária no Brasil – 1900.* Rio de Janeiro: José Olympio, 1956.

BUONFINO, G. *La politica culturale operaia.* Milão: Feltrinelli, 1975.

BUCCI, E. Uma alegria invisível, *Jornal do Brasil*, 7 fev. 2002. Caderno B, p.8.

CABET, É. *Voyage en Icarie*. Paris: Au Bureau du Populaire, 1848 [1840].

CABRAL, M. V. *O desenvolvimento do capitalismo em Portugal no século XIX*. 3.ed. rev. Lisboa: A Regra do Jogo, 1981.

CALMON, P.*História de Castro Alves*. Rio de Janeiro: J. Olympio, 1947.

CAMPELLO DE SOUZA, M. C. O processo político-partidário na Primeira República. In: MOTA, C. G. (Org.). *Brasil em perspectiva*. São Paulo: Difel, 1968.

CAMPO, H. *Los anarquistas*. Buenos Aires: Centro Editor de América Latina, 1971.

CAMPOS, A.; CAMPOS, H. de (Org.). *ReVisão de Sousândrade*. 2.ed. rev. e aum. Rio de Janeiro: Nova Fronteira, 1982.

CANDIDO, A. *Literatura e sociedade*. São Paulo: Ed. Nacional, 1965.

_____. A personagem do romance. In: CANDIDO, A. et al. *A personagem de ficção*. 4.ed. São Paulo: Perspectiva, 1974. p.51-80.

_____. *Teresina etc*. Rio de Janeiro: Paz e Terra, 1980.

CANELAS RUBIM, A. A. *Movimentos sociais e meios de comunicação – Paraíba 1917-1921*. João Pessoa: DAC/UFPb, 1980. (inédito).

_____. *Meios de produção simbólica proletários – Bahia 1917-1921*. João Pessoa: MCS/UFPb, 1984 (série Debates, 1).

CARDOSO, F. H. A cidade e a política. In: *A cidade e o campo*. São Paulo, 1972. (Cadernos Cebrap, 7).

_____. Estado e sociedade no Brasil. In: *Notas sobre Estado e dependência*. São Paulo, 1973. (Cadernos Cebrap, 11).

CARONE, E. *A República Velha (instituições e classes sociais)*. 2.ed. rev. e aum. São Paulo: Difel, 1972.

_____. *Movimento operário no Brasil*: 1877-1944. São Paulo: Difel, 1979.

CARVALHO FRANCO, M. S. O tempo das ilusões. In: _____. *Ideologia e mobilização popular*. São Paulo: Cedec, Paz e Terra, 1978a. p.151-209.

_____. Organização social do trabalho no período colonial. *Discurso*, Universidade de São Paulo, n.8, p.1-45, maio 1978b.

CARVALHO, E. de. *Delenda Carthago (manifesto naturista)*. Rio de Janeiro: Laemmert, 1901.

_____. *As modernas correntes estheticas na literatura brasileira*. Rio de Janeiro: H. Garnier, 1907.

_____. *Barbaros e europeus*. Rio de Janeiro: H. Garnier, 1909.

_____. *Gíria dos gatunos cariocas*. Rio de Janeiro: Imprensa Nacional, 1912.

_____. *Brasil, potência mundial*. Rio de Janeiro: Monitor Mercantil, 1919.

CASTRO, A. B. A industrialização descentralizada no Brasil. In: _____. *7 ensaios sobre a economia brasileira*. V.II. São Paulo, Rio de Janeiro: Forense, 1971.

CHACON, V. *História das ideias socialistas no Brasil*. Rio de Janeiro: Civilização Brasileira, 1965.

CHALMERS, V. *3 linhas e 4 verdades (o jornalismo de Oswald de Andrade)*. São Paulo: Duas Cidades, Secretaria da Cultura, 1976.

CHALMERS, V. A literatura fora da lei (um estudo do folhetim). In: ARNONI PRADO, A. (Org). *Libertários & militantes*: arte, memória e cultura anarquista. Campinas, 1985. (col. Remate de Males, 5).

CHAUÍ, M. Apontamentos para uma crítica da ação integralista brasileira. In:_____. *Ideologia e mobilização popular*. São Paulo: Cedec, Paz e Terra, 1978. p.17-49.

_____. Notas sobre cultura popular. *Arte em Revista (São Paulo)*, n.3, p.15-21, 1980.

CONDE, R. C., GALLO, E. *La formación de la Argentina moderna*. Buenos Aires: Paidós, 1967.

CONNIFF, M. *Voluntary Associations in Rio, 1880-1930*: A New Approach to Urban Social Dynamics. Stanford University, 1973. (Mimeogr.).

CONSIDÉRANT, V. *Description du phalanstère et considérations sociales sur l'architectonique*. Paris: Hachette Livre Bnf, 2012 [1848].

CORTÁZAR J. Las babas del diablo. In: *Las armas secretas*. Buenos Aires: Sudamericana, 1959.

COUTO, P.do. *Caras e caretas*. Rio de Janeiro: Garnier, 1912.

CRESPO, R. A. *Crônicas e outros registros*: flagrantes do pré-modernismo (1911-1918). Dissertação (Mestrado em Teoria Literária) – Instituto de Estudos da Linguagem, Universidade Estadual de Campinas. Campinas, 1990.

CUNHA, E. da. *Contrastes e confrontos*. 2.ed. Porto: Lello, 1907.

_____. *Os sertões*. 16.ed. Rio de Janeiro: Francisco Alves, 1942.

_____. *Obra completa*. V.I. Rio de Janeiro: José Aguilar, 1966, p.195.

CURVELO DE MENDONÇA, *Regeneração*. Rio de Janeiro: Garnier, 1904. p.31, 145-6 e 183-4.

CRUZ, H. de F. *São Paulo em papel e tinta*: periodismo e vida urbana – 1890-1915. São Paulo: Educ, Fapesp, Arquivo do Estado, Imprensa Oficial, 2000.

DANTAS, I. *Imprensa Operária em Sergipe (1891-1930)*. Aracaju: Editora Criação, 2016.

DAVIDSON, N. RS21, Revolutionary socialism in the 21st century. fev.-mar. 2017. Disponível em: https://www.rs21.org.uk/. Acesso em: 7 abr. 2023.

DEAN, W. São Paulo em 1900. In: *Vila Penteado*. São Paulo: FAU/USP, 1976. p.22-7. (Álbum a propósito de uma exposição).

DEBORD, G. *A sociedade do espetáculo*. Comentários sobre a sociedade do espetáculo. 3.ed. Rio de Janeiro: Contraponto, 2000.

DIAS, E. *Memórias de um exilado (episódios de uma deportação)*. São Paulo: [s.n.], 1920.

_____. *História das lutas sociais no Brasil*. São Paulo: Edaglit, 1962.

DOLLFUS, O. *O espaço geográfico*. São Paulo: Difel, 1972.

DOMMANGET, M. *Histoire du Premier Mai*. Paris: Société Universitaire d'Éditions et de Librairie, 1953.

_____. *História del Primero de Mayo*. Barcelona: Laia, 1976._____

_____. Présentation. In: _____. LAFARGUE, P.*Le droit à la paresse*. Paris: F. Maspero, 1977.

DOWBOR, L. *A Era do Capital Improdutivo*: a nova arquitetura do poder, sob dominação financeira, sequestro da democracia e destruição do planeta. São Paulo: Autonomia Literária, 2018.

DROZ, J. (Org.). *Historie générale du socialisme*. Paris: PUF, 1972-74. 3v.

DUARTE, P.(trad. e introd.). *Trilussa*. São Paulo: Marcus Pereira, 1973.

DUARTE, R. H. *A imagem rebelde*: a trajetória libertária de Avelino Fóscolo. Campinas: Editora da Unicamp; Pontes, 1991.

DURAND, X. L'art social au théâtre: deux expériences (1893, 1897). *Le Mouvement Social*, n.91. avr.-juin. 1975.

DUVEAU, G. *La Classe Ouvrière en France sous le Second Empire*. Paris: Gallimard, 1946.

ENGELS, F. Los Obreros de Wuppertal, 1839. In: _____. *Escritos*. 2.ed. Barcelona: Península, 1974.

_____. *A situação da classe trabalhadora na Inglaterra*. Lisboa: Presença, 1975.

ENZENSBERGER, H. M. *O curto verão da anarquia*: Buenaventura Durruti e a Guerra Civil Espanhola – romance. São Paulo: Companhia das Letras, 1987.

ERIBON, D. *Michel Foucault*. Paris: Flammarion, 1989.

FACCIO, L. *Libertários no teatro*. Dissertação (Mestrado em Teoria Literária) – Instituto de Estudos da Linguagem, Universidade Estadual de Campinas. Campinas, 1991.

FALCÓN, R. *Los orígenes del movimiento obrero (1857-1899)*. Buenos Aires: Centro Editor de América Latina, 1984.

FAUSTO, B. *A revolução de 1930*. São Paulo: Brasiliense, 1970.

_____. A Primeira República. In: _____ . *Pequenos ensaios de história da República. 1889-1945*. São Paulo: Cebrap.1972. p.17-9.

_____. Conflito social na república oligárquica: a greve de 1917. *Estudos Cebrap*, n.10, p.79-109, out./dez. 1974.

_____. *Trabalho urbano e conflito social (1890-1920)*. São Paulo: Difel, 1976.

FEIJÓ, M. C. *O revolucionário cordial*: Astrojildo Pereira e as origens de uma política cultural. São Paulo: Boitempo; Fapesp, 2001.

FENERICK, J. A. *O anarquismo literário*: uma utopia na contramão da modernização do Rio de Janeiro – 1900-1920. Dissertação (Mestrado em História Econômica) – Faculdade de Filosofia, Letras e Ciências Humanas, Universidade de São Paulo. São Paulo, 1997.

FERREIRA, A. *Lazer operário*. Salvador: Progresso, 1959.

FERREIRA, M. N. *A imprensa operária no Brasil*: 1880-1920. Petrópolis: Vozes, 1978.

FERRER Y GUARDIA, F. *La escuela moderna*: póstuma explicación y alcance de la enseñanza racionalista. 3.ed. Barcelona: Tusquets, 1978.

FIGUEIREDO, R. O teatro e a Igreja. *A lanterna*, n.28, 28 fev. 1916.

FONTES, A. *Os Corumbas*. Rio de Janeiro: Schmidt, 1933.

FONTES, M. *Vulcão*. Santos: Tip.do Inst. D. Escholastica Rosa, 1926.

_____. *Nós, as abelhas*: reminiscência da época de Bilac. São Paulo: J. Fagundes, 1936.

_____ . *Fantástica*. São Paulo: J. Fagundes, 1937.

FÓSCOLO, A. *O caboclo*. Belo Horizonte: Imprensa Oficial, 1902.

_____. *O mestiço, A capital*. Minas Gerais: [s.n.], 1903.

FÓSCOLO, A. *Morro Velho*: romance. Edição, apresentação e notas de Letícia Malard e José Américo Miranda. Belo Horizonte: UFMG, PosLit, 1999.

_____. *O jubileu*. Juiz de Fora: [s.n.], 1920.

_____. *A vida*. Sete Lagoas (MG): [s.n.], 1921.

_____. *Vulcões*. Livraria Católica Portuense: [s.n.], 1920.

FOSTER, J. *Class Struggle and the Industrial Revolution*. London: Methuen & Co. Ltd., 1977.

FOUCAULT, M. *El orden del discurso*. Barcelona: Tusquets, 1973.

FRANZINA, E. Introduzione. In: _____ . *Merica, Merica*. Milão: Feltrinelli, 1979.

FREYMOND, J. (Dir.). *La Primera Internacional (1864-1868) – Documentos*. T.I. Madrid: Zero 1973.

FREYMOND, J. et al. *La Première Internationale – l'institution; l'implantation; le rayonnement*. Paris: CNRS, 1968.

FROUMOV, S. *La Commune de Paris et la démocratisation de l'école*. Moscou: Eds. du Progrès, [s.d.] (1.ed. russa: 1958).

FUENTES, C. *La nueva novela hispanoamericana*. México: Joaquín Mortiz, 1972.

GALLO, E.; CONDE, R. C. *La república conservadora*. Buenos Aires: Paidós, 1972.

GALVÃO, M. R. E. *Crônica do cinema paulistano*. São Paulo: Ática, 1975.

GERAS, N. *Masas, partido y revolución*: expresión literaria y teoria marxista. Barcelona: Fontamara, 1980.

GIROLETTI, D. *Industrialização de Juiz de Fora, 1850-1930*. Juiz de Fora: Edufjf, 1988.

_____. *Fábrica convento disciplina*. Belo Horizonte: Imprensa Oficial, 1991.

GITAHY, M. L.C. *Ventos do mar*: trabalhadores do porto, movimento operário e cultura urbana em Santos (1889-1914). São Paulo: Editora UNESP, Prefeitura de Santos, 1992.

GODIO, J. *Inmigrantes asalariados y lucha de clases, 1880-1910*. Buenos Aires: Tiempo Contemporáneo, 1973.

GOLDAR, E. *La "mala vida"*. Buenos Aires: Centro Editor de América Latina, 1971.

GOMES, A. C. Elvira Boni: anarquismo em família. In: _____ (Coord.). *Velhos militantes*: depoimentos. Rio de Janeiro: Jorge Zahar, 1988a.

GOMES, A. C. (Coord.). *Velhos militantes*: depoimentos. Rio de Janeiro: Jorge Zahar, 1988b.

GONÇALVES, A.; SILVA, J. E. (Orgs.). *A imprensa libertária do Ceará (1908-1922)*. São Paulo: Imaginário, 2000.

GONÇALVES, R. *Ipês*. São Paulo: Monteiro Lobato, [s.d.].

GONZÁLEZ, R. *Los obreros y el trabajo*. Buenos Aires: [s.n.], 1901.

GONZALES, H. *A Comuna de Paris*. Os assaltantes do céu. São Paulo: Brasiliense, 1981.

GORDON, E. *Anarchism in Brazil*: theory and practices (1890-1920). New Orleans: Tulane University, 1978.

GORDON, E.; HALL, M.; SPALDING, H. A survey of Brazilian and Argentine materials at the *Internationaal Instituut voor Sociale Geschiedenis* in Amsterdam. *Latin American Research Review*, v.VIII, n.3, p.27-77, Fall 1973.

GORI, P. *La miseria e i delitti*. A cura di M. Antonioli; F. Bertolucci. Pisa: BFS Edizioni, 2011.

_____. *Opere*. v.IX, X, XI e XII. Spezia: La Sociale, 1912.

GRAMSCI, A. *Literatura e vida nacional*. Rio de Janeiro: Civilização Brasileira, 1968.

_____. Apuntes sobre la história de las clases subalternas. Criterios Metódicos. In: _____. *Antologia*. 2.ed. Madrid: Siglo XXI, 1974a.

_____. *Obras escolhidas*. V.II. Lisboa: Estampa, 1974b.

GUZZO DE DECCA, M. A. *A vida fora das fábricas*: cotidiano operário em São Paulo, 1920-1934. Rio de Janeiro: Paz e Terra, 1987.

HAN, B.-C. *Sociedade da transparência*. Petrópolis: Editora Vozes, 2016.

HALL, M. Immigration and the Early São Paulo Working Class. Campinas: IFCH, Unicamp, 1975. (Mimeogr.).

HALL, M. M.; PINHEIRO, P.S. Alargando a história da classe operária: organização, lutas e controle. In: ARNONI PRADO, A. (Org). *Libertários & militantes*: arte, memória e cultura anarquista. *Remate de Males*, Campinas, v.5, 1985.

HARDMAN, F. F. Amargo trem-fantasma, *Amargo Obrero*: uma pobre expedição a caminho do desconhecimento. *Sibila*, São Paulo, n.6, jan.1974.

_____. Anarchist Dreams: The SOS of the Titanic Echoes Throughout the Seven Seas. *Vanitas 2*: *Anarchisms*, New York, p.6-10, 2006.

_____. Apresentação: Sorocaba não foge à luta: contra as oligarquias e ontem e de hoje. In: MARTINS, Marcos Francisco (Org.). *Lutas sociais em Sorocaba/SP ontem e hoje*: Greve Geral de 1917, embate antifascista de 1937 e mobilizações atuais. São Paulo: Edições Hipótese, 2018. p.13-16.

_____. Classe operária, sistema político e Estado na Argentina (1878-1918): elementos para uma análise comparativa. *Textos de Debate*, n.2, p.56-70, jul. 1982a.

_____. A classe operária vai ao Planalto. *No Mínimo*, 28 out. 2002.

_____. Classes subalternas e cultura (São Paulo, 1889-1922). *Ordem/desordem*, Belo Horizonte: PUC-MG, p.36-58, 1º sem. 1977.

_____. *A estratégia do desterro (situação operária e contradições da política cultural anarquista/Brasil, 1889-1922)*. Campinas, 1980. Dissertação (Mestrado em Ciência Política) – Instituto de Filosofia e Ciências Humanas, Universidade Estadual de Campinas.

_____. Gramsci e a literatura. *Política e trabalho (João Pessoa)*, n.4, p.7-15, abr. 1985.

_____. História do trabalho e cultura operária no Brasil (1889-1930): um campo de estudos em construção. *Política e Trabalho*, João Pessoa, MCS/UFPb, v.III, n.5, p.7-16, abr. 1987.

_____. O impasse da celebração. *Almanaque*: Cadernos de Literatura e Ensaio. São Paulo: Brasiliense, n.6, p.21-37, 1978.

HARDMAN, F. F. Os inventores desconhecidos: história social e memória operária. *Cadernos de Comunicação e Realidade Brasileira*, João Pessoa: Oficina de Comunicação/UFPb, n.1, p.57-61, jun. 1982b.

_____. Lyra da Lapa: acorde imperfeito menor. *Remate de Males*, Campinas: DTL--IEL/Unicamp, n.5, p.61-68, 1985.

_____. Lyra da Lapa: acorde imperfeito menor. In: PRADO, Antonio Arnoni (Org.). *Libertários no Brasil*: memória; lutas; cultura. São Paulo: Brasiliense, 1986.

_____. O movimento operário e a Revolução de 30. In: _____. *Brasil história*: texto e consulta. V.4. São Paulo: Brasiliense, 1981.

_____. *Nem pátria nem patrão*: vida operária e cultura anarquista no Brasil. São Paulo: Brasiliense, 1983.

_____. *Nem Pátria, Nem Patrão!*: memória operária, cultura e literatura no Brasil. 3ª Ed. rev. ampl. São Paulo: Editora UNESP, 2002.

_____. [Orelha]. In: PIOZZI, Patrizia. *Os Arquitetos da Ordem Anárquica*: de Rousseau a Proudhon e Bakunin. São Paulo: Editora UNESP, 2006.

_____. Palabra de oro, ciudad de paja. Tradução de Jorge Aguadé. *Escritura*: teoría y crítica literarias, Caracas, v.XIV, n.27, jan.-jun. 1989.

_____. Prefácio: Piero Gori no exílio sul-americano: sem pátria e sem-fronteiras. In: QUINTA, Hugo. *A trajetória de um libertário*: Piero Gori na América do Sul (1898-1902). Foz do Iguaçu: Edunila, 2018. p.18-20.

_____. I senza patria: immigrati stranieri e classe operaia in Brasile e Argentina (1880-1920). *Storia e Problemi Contemporanei*, Bolonha, v.IX, n.18, p.91-101, 1996.

_____. Trabalho urbano e vida operária. In: _____ . *Brasil história*: texto e consulta (República Velha). V.3. São Paulo: Brasiliense, 1979. cap.LXXV.

_____. Traços culturais do trabalho urbano no Brasil (1850-1930): resultados & perspectivas. *História em Cadernos*, Rio de Janeiro: IFCS/UFRJ, v.IV-V, n.1-2, p.22-26, jul. 1986 a jun. 1987.

HARDMAN, F. F.; LEONARDI, V. *História da indústria e do trabalho no Brasil*: das origens aos anos vinte. São Paulo: Global, 1982.

HAUPT, G. La Commune como symbole et comme exemple. *Le Mouvement Social*. (*Paris*), n.79, p.205-26, avr.-juin. 1972.

_____. Pourquoi l'histoire du mouvement ouvrier? In:_____. *L'historien et le mouvement social*. Paris: Librairie François Maspero, 1980. p.17-44.

HEBLING, C. *O sonhar libertário*: movimento operário nos anos 1917 a 1921. Campinas: Pontes, 1988.

HENDERSON, W. O. *A Revolução Industrial*: 1780-1914. São Paulo: Verbo, Edusp, 1979.

HOBSBAWM, E. As classes operárias inglesas e a cultura desde os princípios da Revolução Industrial. In: BERGERON, L. (Org.). *Níveis de cultura e grupos sociais*: Colóquio da Escola Normal Superior de Paris (7 a 9 de maio de 1966). Lisboa: Cosmos; Santos: Martins Fontes, 1974b. p.239-63. (edição francesa, 1967).

_____. *A era do capital*: 1848-1875. 2.ed. Rio de Janeiro: Paz e Terra, 1979.

HOBSBAWM, E. *Era dos extremos*. São Paulo: Companhia das Letras, 1995.

_____. Labor History and Ideology. *Journal of Social History*, v.7, n.4, p.371-81, summer, 1974a.

_____. *Rebeldes primitivos*: estudo sobre as formas arcaicas dos movimentos sociais nos séculos XIX e XX. Rio de Janeiro: Zahar, 1970.

_____. *Os trabalhadores*: estudos sobre a história do operariado. Rio de Janeiro: Paz e Terra, 1981. (edição inglesa, 1964).

HOGGART, R. *As utilizações da cultura*. Lisboa: Presença, 1973-1975. 2v.

HUDSON, O. *Peregrinas*. Rio de Janeiro: Typ.da Gazeta Juridica, 1874.

HUGO, V. *Os trabalhadores do mar*. São Paulo: Círculo do Livro, [s.d.].

IRMÃO, J. A. *Euclides da Cunha e o socialismo*. São José do Rio Pardo: Casa Euclidiana, 1960.

JACOB, R. Aux origines du mouvement syndical en Uruguay: les mutuelles et la section régionale de l'AIT (1817-1880). *Le Mouvement Social (Paris)*, n.84, p.35-45, 1973.

JULLIARD, J. Pourquoi la grève est aussi une fête. *Le Nouvel Observateur*, n.500, p.74-5, 10-10 juin. 1974.

KOCHER, B.; LAHMEYER LOBO, E. M. *Ouve meu grito*: antologia de poesia operária (1894-1923). Rio de Janeiro: Marco Zero, UFRJ-Proed, 1987.

KRIEGEL, A. *Las internacionales obreras*. Barcelona: Martinez Roca, 1977.

KROPOTKIN, P. *La conquista del Pán*. Buenos Aires: Publ. del Grupo Juventud Comunista Anárquica, 1895.

KUCZYNSKI, J. *Evolución de la clase obrera*. Madrid: Guadarrama, 1967.

LAFARGUE, P. *Le droit à la paresse*. Paris: F. Maspero, 1977.

_____. *O direito à preguiça; A religião do capital*. 3.ed. rev. e aum. São Paulo: Kairós, 1983.

LANDAUER, G. *Anarchism In Germany and Other Essays*. San Francisco: Barbary Coast Collective, [s.d].

_____. *La revolución*. Barcelona: Tusquets, 1977.

LARROCA, J. Gori, un anarquista en Buenos Aires. *Todo es Historia*, v.IV, n.47, mar. 1971.

LEAL, C. F. B. *Anarquismo em verso e prosa*: literatura e propaganda na imprensa libertária em São Paulo (1900-1916). Dissertação (Mestrado em Teoria Literária) – Instituto de Estudos da Linguagem, Universidade Estadual de Campinas. Unicamp, 1999.

LEÃO, A. C. *Victor Hugo no Brasil*. Rio de Janeiro: J. Olympio, 1960.

LEFRANC, G. *O sindicalismo no mundo*. Lisboa: Publicações Europa-América, 1974.

LEITE LOPES, J. S. Fábrica e vila operária: considerações sobre uma forma de servidão burguesa. In: _____. *Mudança social no Nordeste*. Rio de Janeiro: Paz e Terra, 1979. p.41-98.

_____. *A tecelagem dos conflitos de classe na cidade de Chaminés*. Brasília: UnB-CNPq; São Paulo: Marco Zero, 1988.

LEMINSKI, P.para a liberdade e luta. In: *Caprichos e relaxos*. São Paulo: Comp. Letras, 2016.

LEONARDI, V.; HARDMAN, F. F. Tecnologia e história industrial do Nordeste: algumas questões metodológicas. *Textos de Debate*, João Pessoa, n.3, p.13-24, 1983.

LEONARDI, V. *Origines historiques du sindicalisme brésilien*. Dissertation Maîtrise, Université Paris VIII. Paris, 1973.

LEUENROTH, E. *A poesia social na literatura brasileira*. São Paulo, [s.d.] (originais inacabados e inéditos).

_____. *Anarquismo – roteiro da libertação social*. Rio de Janeiro: Mundo Livre, 1963.

LICHTHEIM, G. *Breve história do socialismo*. V.I e II. Lisboa: Iniciativas Editoriais, 1976.

LIMA, H. F. *Castro Alves e sua época*. São Paulo: Anchieta, 1942.

LIMA, J. G. W. B. R. In: _____. *Obra completa*. Rio de Janeiro: Aguilar, 1958.

LINHARES, H. *Contribuição à história das lutas operárias*. Rio de Janeiro: [s.n.], 1955.

LITVAK, L. *Musa libertaria*: arte, literatura y vida cultural del anarquismo español (1880-1913). Barcelona: Antoni Bosch, 1981.

LOBO, M. (pseud. de Patrícia Galvão). *Parque Industrial*. São Paulo: Alternativa, 1933. (Ed. fac-similar da original).

LOPREATO, C. da S. R. *O espírito da revolta*: a greve geral anarquista de 1917. Annablume; Fapesp, 2000.

LOWENTHAL, L. *Literature, popular culture and society*. Palo Alto (Califórnia, EUA): Pacific Books, 1968.

LÖWY, M. *Redenção e utopia*: o judaísmo libertário na Europa central (um estudo de afinidade eletiva). São Paulo: Companhia das Letras, 1989.

LÖWY, M. Barbárie e modernidade no século XX. In: LÖWY, M., BENSAÏD, D. *Marxismo, modernidade e utopia*. São Paulo: Xamã, 2000. p.46-56.

LÖWY, M. et al. *Introdução do movimento operário brasileiro no século XX*. Belo Horizonte: Vega, 1980. (Assinada pelo Coletivo "Edgard Leuenroth").

LUCAS, F. *O caráter social da literatura brasileira*. Rio de Janeiro: Paz e Terra, 1970.

LUIZETTO, F. V. *Presença do anarquismo no Brasil*: um estudo dos episódios literário e educacional – 1900-1920. Tese (Doutorado em História) – Faculdade de Filosofia, Letras e Ciências Humanas, Universidade de São Paulo. São Paulo, 1984.

LUNGARETTI, C. *Náufrago da utopia*: vencer ou morrer na guerrilha, aos 18 anos. São Paulo: Geração Editorial, 2005.

_____. *Náufrago da Utopia*. [s.d.]. Disponível em: https://naufrago-da-utopia. blogspot.com/. Acesso em: 27 abr. 2023.

LUXEMBURGO, R. A participação socialista do poder na França. In: . *Reforma ou revolução?* São Paulo: Elipse, [s.d.].

_____. A crise do movimento socialista na França. In: _____. *Reforma ou revolução?* São Paulo: Elipse, [s.d.].

_____. *Greve de massas, partido e sindicatos*. Coimbra: Centelha, 1974.

_____. *Greve de massas, partido e sindicatos*. São Paulo: Kairós, 1979.

LUZ, F. *Novelas*. Rio de Janeiro: Garnier, 1902.

_____. *Ideólogo*. Rio de Janeiro: Typ.Altina, 1903.

_____. *Os emancipados*. Rio de Janeiro: [s.n.], 1906.

_____. *Virgem Mãe; Sérgio; Chloé*. Rio de Janeiro: Garnier, 1910.

_____. *Elias Barrão; Xica Maria*. Rio de Janeiro: Francisco Alves, 1915.

_____. *A paizagem (no conto, na novella e no romance)*. São Paulo: Monteiro Lobato, 1922.

_____. *Nunca!...* Rio de Janeiro: Leite Ribeiro, 1924.

_____. *Ensaios*. Rio de Janeiro: Tip.São Benedicto, 1930.

_____. *Dioramas (aspectos literários – 1908/1932)*. V.I. Rio de Janeiro: Canton & Reile, 1934.

_____. *Manuscritos de Helena (Diagramas de uma paixão)*. 2.ed. Rio de Janeiro: Graf. Olímpica Edit., 1951. (Título da 1.ed., 1938: *Holofernes*).

MACHADO DE ASSIS, J. M. *Memórias póstumas de Brás Cubas*. São Paulo: Ática, 1975.

_____. *O alienista e outras histórias*. São Paulo: Saraiva, [s.d.].

MAGALHÃES, A. *Obras Completas*. Rio de Janeiro: Editora Aguilar, 1963.

MALARD, L. *Hoje tem espetáculo*: Avelino Fóscolo e seu romance. Belo Horizonte: UFMG, Proed, 1987.

MALLET, S. Control obrero, partido y sindicato. In: _____. *Economia y politica en la acción sindical*. Buenos Aires: Siglo XXI, 1974. (Cuadernos de Pasado y Presente, 44).

MARCUSE, H. *O Homem Unidimensional*. São Paulo: Edipro, 2015.

MARAM, S. *Anarquistas, imigrantes e o movimento operário brasileiro (1890-1920)*. Rio de Janeiro, Paz e Terra, 1979.

MARTINS, M. F. (Org.). *Lutas sociais em Sorocaba/SP ontem e hoje*: Greve Geral de 1917, embate antifascista de 1937 e mobilizações atuais. São Paulo: Edições Hipótese, 2018.

MARTINS RODRIGUES, L. *Conflito industrial e sindicalismo no Brasil*. São Paulo: Difel, 1966.

MARTINS, O. *Portugal e o socialismo*. 2.ed. Lisboa: Guimarães & Cia., 1953.

_____. *Temas e questões*: antologia de textos. Lisboa: Imprensa Nacional-Casa da Moeda, 1981.

MARTINS, W. *História da inteligência brasileira*. São Paulo: Cultrix, Edusp, 1977-79. 7v.

MARX, K.; ENGELS, F. *Materiales para la historia de América Latina*. Córdoba: Pasado y Presente, 1972.

_____. *O partido de classe*. Porto: Escorpião, 1975. 2v.

_____. *El sindicalismo*. Barcelona: Laia, 1976a. 2v.

_____. *Les utopistes*. Paris: F. Maspero, 1976b.

_____. *Utopisme & communauté de l'Avenir*. Paris, F: Maspero, 1976c.

_____. *Crítica da educação e do ensino*. Introd. e notas por R. Dangeville. Lisboa: Moraes, 1978.

MARX, K. *La guerra civil en Francia*. 3.ed. Madrid: Ricardo Aguilera, 1971.

MARX, K. *Miséria da filosofia.* Lisboa: Estampa, 1978.

MARX, K. et al. *A questão do partido.* São Paulo: Kairós, 1978.

MEDEIROS, M. de *O ensino racionalista.* Rio de Janeiro: [s.n.], 1910.

MELO, C. A Comuna de Paris e o Brasil. In: TROTSKI, L. et al. *A Comuna de Paris.* Rio de Janeiro: Graf. Ed. Laemmert, 1968. p.268-9.

MENDONÇA, M. C. de. *Regeneração.* Rio de Janeiro: H. Garnier, 1904.

MIGUEL-PEREIRA, L. *Prosa de ficção – de 1870 a 1920.* 3.ed. Rio de Janeiro: J. Olympio, INL-MEC, 1973.

MORAES, E. de. *Apontamentos de direito operário.* Rio de Janeiro: Imprensa Nacional, 1905.

MOREIRA LEITE, M. *Outra face do feminismo*: Maria Lacerda de Moura. São Paulo: Ática, 1984.

MOTA, U. *Soledad no Recife.* São Paulo: Boitempo, 2009.

MULLER, H. I. *Flores aos rebeldes que falharam – Giovanni Rossi e a Utopia Anarquista*: Colônia Cecília. Tese (Doutorado em História Social) – Faculdade de Filosofia, Letras e Ciências Humanas, Universidade de São Paulo. São Paulo, 1990.

NASCIMENTO, Rogério H. Zeferino. *O mestre revoltado*: vida, lutas e pensamento do anarquista Florentino de Carvalho. Dissertação (Mestrado em Sociologia) – Universidade Federal da Paraíba. João Pessoa, 1996.

NEGRI, A.; HARDT, M. *Empire.* Cambridge, MA: Harvard University Press 2000.

NEVES, M. C. B. Greve dos sapateiros de 1906 no Rio de Janeiro: notas de pesquisa. *Revista de Administração de Empresas (FGV)*, v.13, n.2, p.49-66, jun. 1973.

NEVES, R. Introdução. In: OITICICA, J. *Ação direta*: meio século de pregação libertária. Rio de Janeiro: Germinal, 1970.

NOSSO Século. *A era de Vargas.* Vol. IV. São Paulo: Abril Cultural, 1981.

NOVAES, A. (Org.). *O desejo.* São Paulo: Companhia das Letras, 1990.

OITICICA, J. *Ação direta*: meio século de pregação libertária. Sel., introd. e notas de Roberto das Neves. Rio de Janeiro: Germinal, 1970.

OITICICA, José. *Sonetos (1905-1911).* Rio de Janeiro: Typ Carvalhaes, 1911.

OLIVEIRA MARTINS, J. P.*Portugal e o socialismo*: exame constitucional da sociedade portuguesa e sua reorganização pelo socialismo. Lisboa: Guimarães Editores, 1990.

_____. *Teoria do socialismo*: evolução política e económica das sociedades na Europa. Lisboa: Guimarães, 1974.

OSAKABE, H. *Argumentação e discurso político.* São Paulo: Kairós, 1979.

_____. *De como viver dentro e fora.* Campinas, Doc. Ms., inédito, 2 fls. datilo., 1973 (Cedae-IEL, Fundo Haquira Osakabe).

PACHECO, R. J. C. O Imigrante na literatura brasileira de ficção. *Sociologia*, v.XVIII, n.3, p.201-32, ago. 1956.

PALHANO, L. *O Gororoba (cenas da vida proletária).* Rio de Janeiro: Terra de Sol, 1931.

PALMEIRA, M. R. S. S. *Poeta, isto é, revolucionário*. Dissertação (Mestrado em Teoria Literária) – Instituto de Estudos da Linguagem, Universidade Estadual de Campinas. Campinas, 2000.

PAMPONET SAMPAIO, J. L. *Evolução de uma empresa no contexto da industrialização brasileira*: a Companhia Empório Industrial do Norte (1891-1973). Dissertação (Mestrado) – Universidade Federal da Bahia. Salvador, 1975.

PANETTIERI, J. *Los trabajadores*. 3.ed. Buenos Aires: Centro Editor de América Latina, 1982.

PARAGUASSU, C. *Memória sobre o jogo do bicho*. Rio de Janeiro: Pongetti, 1954.

PASSOS, A. *O humanismo de Castro Alves*. 2.ed. rev. e aum. Rio de Janeiro: Livraria São José, 1971.

PATTERSON, T. Notes on the Historical Application of Marxist Cultural Theory. *Science & Society*, v.XXXIX, n.3, p.257-91, Fall 1975.

PAULA, H. de. *Montes Claros*: sua história, sua gente e seus costumes. Rio de Janeiro: Serviço Gráfico IBGE, 1957.

PAULILLO, M. C. R. A. *Penumbrismo e participação social*: Afonso Schmidt e a literatura paulista (1906-1928). Tese (Doutorado em Teoria Literária) – Faculdade de Filosofia, Letras e Ciências Humanas, Universidade de São Paulo. São Paulo, 1999.

PAZ, O. *Signos em rotação*. São Paulo: Perspectiva, 1972.

_____. O escritor e a política. *Cadernos de Opinião* (*Rio de Janeiro*), n.1, p.82-3, 1975.

PAZERA JUNIOR, E. *Caieiras*: um município da faixa periférica da metrópole paulistana. Dissertação (Mestrado em Geografia) – Faculdade de Filosofia, Letras e Ciências Humanas, Universidade de São Paulo. São Paulo, 1982.

PEIXOTO, A. *Castro Alves*: o poeta e o poema. 5.ed. São Paulo: Editora Nacional, Brasília: INL, 1976.

PENTEADO, J. *Belenzinho, 1910* (*retrato de uma época*). São Paulo: Martins, 1962.

_____. *Martins Fontes, uma alma livre*. São Paulo: Martins, 1968.

PEREIRA, A. *Interpretações*. Rio de Janeiro: CEB, 1944.

_____. *Crítica impura*. Rio de Janeiro: Civilização Brasileira, 1963.

PERROT, M. Grèves, grevistes et conjoncture. Vieux problèmes, travaux neufs. *Le Mouvement Social*, n.63, p.109-23, avr./juin. 1968.

_____. Les ouvriers en grève (France, 1871-1890). *Le Mouvement Social*, n.83, p.3-16, janv./mars 1973.

_____. *Les ouvriers en grève* (*France, 1871-1890*). Paris: Mouton, 1974. 2v.

PETERSEN, S. R. F. *Que a união operária seja nossa pátria!*: história das lutas dos operários gaúchos para construir suas organizações. Santa Maria: UFSM; Porto Alegre: UFRGS, 2001.

PETRILLI SEGNINI, L. *Ferrovia e ferroviários*: uma contribuição para a análise do poder disciplinar na empresa. São Paulo: Cortez & Moraes, 1982.

PINHEIRO, P.S.; HALL, M. M. *A classe operária no Brasil* (*1889-1930: documentos*). V.I. São Paulo: Alfa-Ômega, 1979.

PINHEIRO, P.S.; HALL, M. M. The Clarté Group in Brazil. *Le Mouvement Social*, n.111, p.217-34, avr.-juin. 1980.

_____. *A classe operária no Brasil (1889-1930: documentos)*. V.II. São Paulo: Brasiliense, Funcamp, 1981.

PINHEIRO, P.S. *Classes médias urbanas*: formação; natureza; intervenção na vida política. Campinas: FCH/Unicamp, jun. 1974.

_____. Trabalho Industrial no Brasil: uma revisão. *Estudos CEBRAP*, n.14, p.119-131, out.-dez. 1975.

PIOZZI, P.*Os Arquitetos da Ordem Anárquica*: de Rousseau a Proudhon e Bakunin. São Paulo: Editora da Unesp, 2006.

_____. *Natureza e artefacto*: a ordem anárquica – algumas considerações sobre a gênese da ideia socialista libertária. Tese (Doutorado em Filosofia) – Faculdade de Filosofia, Letras e Ciências Humanas, Universidade de São Paulo. São Paulo, 1991.

PLUM, W. *Relatos de operários sobre os primórdios do mundo moderno do trabalho.* Bonn: Friedrich-Ebert-Stiftung, 1979a.

_____. *Utopias inglesas, modelos de cooperação social e tecnológica.* Bonn: Friedrich-Ebert-Stiftung, 1979b.

POMBO, R. *No hospício.* Rio de Janeiro: H. Garnier, 1905.

_____. *Contos e pontos.* Porto: Magalhães & Moniz, 1911.

_____. *História de São Paulo.* Rio de Janeiro, 1918.

PRATA, R. *Navios iluminados.* 3.ed. Rio de Janeiro: O Cruzeiro, 1959 [1937].

PROUST, M. *No caminho de Swann.* 2.ed. Porto Alegre: Globo, 1957.

QUAINI, M. *Marxismo e geografia.* Rio de Janeiro: Paz e Terra, 1979.

QUEIROZ, E. *A cidade e as serras.* Rio de Janeiro: Edições Ouro, [s.d.] (Col. Prestígio).

QUENTAL, A. de. *Poesias.* Org. M. Madalena Gonçalves. Lisboa: Seara Nova, Ed. Comunicação, 1981.

QUINTA, H. *A trajetória de um libertário*: Piero Gori na América do Sul (1898-1902). Foz do Iguaçu: Edunila, 2018.

RAGO, M. *Entre a história e a liberdade*: Luce Fabbri e o anarquismo contemporâneo. São Paulo: Editora UNESP, 2001.

RAGON, M. *Historie de la littérature ouvrière.* Paris: Eds. Ouvrières, 1953.

RAMA, C. M. *Historia del movimiento obrero y social latinoamericano contemporáneo.* Buenos Aires, Montevidéu: Palestra, 1967.

_____. *Utopismo socialista (1830-1893).* Caracas: Ayacucho, 1977.

RANCIÈRE, J. *A noite dos proletários*: arquivos do sonho operário. São Paulo: Companhia das Letras, 1988.

_____. *La Nuit des Prolétaires*: archives du rêve ouvrier, Paris, 1981.

REBERIOUX, M. (Apres.). Critique littéraire et socialisme au tournant du siècle. *Le Mouvement Social*, n.59, avr./juin. 1967.

_____. Culture et Militantisme en France: de la belle époque au Front Populaire. *Le Mouvement Social*, n.91, avr./juin. 1975.

RECLUS, É. *Nouvelle Géographie Universelle. La Terre et les Hommes*. Paris: Hachette, 1887-1894. XIXv.

_____. *Estados Unidos do Brasil (geografia-etnografia-estatística)*. Rio de Janeiro: H. Garnier, 1900.

_____. *El hombre y la Tierra*. Barcelona: Escuela Moderna, 1908. t.V.

_____. *Evolución y revolución*. Madrid: Jucar, 1979.

RELAÇÃO DE JORNAIS E REVISTAS do Arquivo Astrojildo Pereira. *Memória & História*, São Paulo, n.1, p.147-210, 1981.

REICH, W. *O que é a consciência de classe?* Porto: H. A. Carneiro, 1976.

RESZLER, A. *La estética anarquista*. México: Fondo de Cultura Económica, 1974.

RIBEIRO FILHO, D. *Sê feliz*. Rio de Janeiro, 1904.

_____. *Cravo vermelho*. Rio de Janeiro: M. Piedade & Cia, 1907.

_____. *Vãs torturas*. Rio de Janeiro: Liv. Luso-Brasileira, 1911.

RODRIGUES TORRES FILHO, R. O simbólico em Schelling. *Almanaque*: Cadernos de Literatura e Ensaio, n.7, p.86-97, 1978.

RODRIGUES, E. *Socialismo e sindicalismo no Brasil (1675-1913)*. Rio de Janeiro: Laemmert, 1969.

_____. *Nacionalismo & cultura social (1913-1922)*. Rio de Janeiro: Laemmert, 1972.

_____. *Novos rumos: pesquiza social, 1922-1946*. Rio de Janeiro: Mundo Livre, [s.d.].

RODRIGUES, J. A. *Sindicato e desenvolvimento no Brasil*. São Paulo: Difel, 1968.

ROMANI, Carlo. *Oreste Ristori*: uma aventura anarquista. Dissertação (Mestrado em História) – Instituto de Filosofia e Ciências Humanas, Universidade Estadual de Campinas. Campinas, 1998.

ROMANO, R. *Conservadorismo romântico*: origem do totalitarismo. São Paulo: Brasiliense, 1981.

ROSAL, A. del. *Los congresos obreros internacionales en el siglo XIX*. Barcelona: Grijalbo, 1975.

ROUSSEAU, J.-J. *Rousseau – Discurso sobre as Ciências e as Artes*. São Paulo: Edipro, 2018.

ROWLAND, R. Classe operária e estado de compromisso. *Estudos Cebrap*, n.8, p.5-40, 1974.

RUBIO, J. L. *Las internacionales obreras en América*. Madrid: Gráficas Reunidas, 1971.

SACCHI, H. M. *El movimiento obrero en América Latina*. Buenos Aires: Centro Editor de América Latina, 1972.

SALLES, V. *Memorial da Cabanagem*: esboço do pensamento político-revolucionário no Grão-Pará. Belém: Cejup, 1992.

SANTANA, E. Introdução. In: SOUZA, M. J. *O sindicalismo em Portugal*. 5.ed. Porto: Afrontamento, 1976.

SANTOS, B. de S. *A crítica da razão indolente*: contra o desperdício da experiência. São Paulo: Cortez, 2000.

SANTOS, B. *Pela mão de Alice*: o social e o político na pós-modernidade. São Paulo: Cortez, 1995.

SARLO, B. *Tempo passado*: cultura da memória e guinada subjetiva. Trad. Rosa Freire d'Aguiar. Belo Horizonte, UFMG, 2007.

_____. *Tiempo Pasado*: Cultura de la memoria y giro subjetivo. Una discusión. Buenos Aires: Siglo XXI, 2005.

SCHMIDT, A. *O dragão e as virgens*. São Paulo: Brasileira, 1927.

_____. *Bom tempo*. São Paulo: Clube do Livro, 1956.

_____. *Colônia Cecília*: uma aventura anarquista na América. 2.ed. São Paulo: Anchieta, 1942.

_____. *Poesia*: Edição Definitiva. São Paulo: Companhia Editora Nacional, 1945.

_____. *Saltimbancos*. São Paulo: Saraiva, 1950.

_____. *São Paulo dos meus amores*. São Paulo: Clube do Livro, 1954.

SCHNAIDERMAN, B. *Leão Tolstói*: antiarte e rebeldia. São Paulo: Brasiliense, 1983.

SCHWARZ, A. (Org.) *Breton/Trotsky*. Paris: Union Générale d'Éditions, 1977.

SEGALL, M. En Amérique Latine: développement du mouvement ouvrier et proscription. *International Review of Social History*, Amsterdam, v.XVII, p.325-69, 1972.

SEGAWA, Hugo. *Prelúdio da metrópole*: arquitetura e urbanismo em São Paulo na passagem do século XIX ao XX. São Paulo: Ateliê, 2000.

SEMPRÚN, J. *Autobiografia de Federico Sánchez*. Rio de Janeiro: Paz e Terra, 1979.

SERGE, V. *Revolução e cultura proletária*. Amadora, Portugal: Fronteira, 1977.

SEVCENKO, N. *Literatura como missão (tensões sociais e criação cultural na Primeira República)*. São Paulo: Brasiliense, 1983.

SILVA, P.da. *Vae Soli!* Curitiba: "Imp.Paranaense", 1903.

SILVA, S. *Expansão cafeeira e origem da indústria no Brasil*. São Paulo: Alfa-Ômega, 1976.

SILVEIRA, M. *A contribuição italiana ao teatro brasileiro (1895-1964)*. São Paulo: Quiron, INL-MEC, 1976.

SIMÃO, A. *Sindicato e Estado*. São Paulo: Dominus, USP, 1966.

SINGER, P.I. *Desenvolvimento econômico e evolução urbana*. São Paulo: Ed. Nacional, Edusp, 1968. p.320-8.

_____. Campo e cidade no contexto histórico latinoamericano. In: *A cidade e o campo*. São Paulo, 1972. (Cadernos Cebrap, 7).

SOUSA, M. J. de. *O sindicalismo em Portugal*. 5.ed. Porto: Afrontamento, 1976.

SOUSÂNDRADE, J. de. *O Guesa*. London: Cooke & Halsted, The Moorfields Press, c. 1888.

_____. *Novo Eden*: poemeto de adolescencia (1888-1889). São Luís: Typ.a vapor de João d'Aguiar Almeida & C., 1893.

SOUZA, M. J. *O sindicalismo em Portugal*. 5.ed. Porto: Afrontamento, 1976.

SPALDING, H. *La clase trabajadora argentina*. Documentos para su história (1890-1912). Buenos Aires: Galerna, 1970.

SCHWARZ, R. (Org.). *Os pobres na literatura brasileira*. São Paulo: Brasiliense, 1983.

TÁCITO, H. *Madame Pommery*. São Paulo: Est. Graph. "Mário de Andrade", 1919.

_____. *Madame Pommery*. Campinas: Unicamp; Rio de Janeiro: FCRB, 1992.

TOKARCZUK, Olga. *Sobre os ossos dos mortos*. São Paulo: Todavia, 2019.

TOLEDO, E. *O Amigo do povo*: grupos de afinidade e a propaganda anarquista em São Paulo nos primeiros anos deste século. Dissertação (Mestrado em História) – Departamento de História, Instituto de Filosofia e Ciências Humanas, Universidade Estadual de Campinas. Campinas, 1993.

TORQUATO NETO. Poema do aviso final. In: *Torquatália*: do lado de dentro. Rio de Janeiro: Rocco, 2004.

THOMPSON, E. P.*La formación histórica de la clase obrera*. Barcelona: Laia, 1977. 3v. (London, 1963).

_____. Eighteenth-century English Society: Class Struggle without Class. *Journal of Social History*, v.3, n.2, 1978.

_____. *Tradición, revuelta y consciencia de clase; estudios sobre la crisis de la sociedad preindustrial*. Barcelona: Crítica, 1979.

_____. *A miséria da teoria ou um planetário de erros*. Rio de Janeiro: Zahar, 1981.

TINHORÃO, J. R. *Música popular*: os sons que vêm da rua. Rio de Janeiro: Ed. do Autor, 1976.

TRAGTENBERG, M. Francisco Ferrer e a Pedagogia Libertária. *Educação e Sociedade (São Paulo)*, v.I, n.1, p.17-49, set. 1978.

TRENTO, A. *Do outro lado do Atlântico*: um século de imigração italiana no Brasil. São Paulo: Editora Unesp, 2023.

TROTSKI, L. *Literatura e revolução*. Rio de Janeiro: Zahar, 1969.

_____. *Les questions du mode de vie*. Paris: Union Générale d'Éditions, 1976.

_____. *Escritos sobre sindicato*. São Paulo: Kairós, 1978a.

_____. *A questão do partido*. São Paulo: Kairós, 1978b.

_____. *Questões do modo de vida*. Lisboa: Antídoto, 1979.

_____. Programa de transição. In: _____. *Lenin/Trotski*: a questão do programa. São Paulo: Kairós, 1979.

VARGAS LLOSA, M. *A guerra do fim do mundo*. Rio de Janeiro: Francisco Alves, 1981.

VARGAS, M. T. (Org.). *Teatro operário na cidade de São Paulo*. São Paulo: Secretaria Municipal de Cultura, Idart, 1980.

VÁRIOS AUTORES. *50 poemas de revolta*. São Paulo: Comp.Letras, 2017.

VV.AA. *Introdução a uma história do movimento operário brasileiro no século XX*. Belo Horizonte: Vega, 1980.

VERÍSSIMO, J. *O século XIX*. Rio de Janeiro: Typ.Da *Gazeta de Notícias*, 1899.

_____. *Estudos de literatura brasileira*. V.V e VI. Rio de Janeiro: H. Garnier, 1905-1907.

VIANNA, F. V. *Memória sobre o Estado da Bahia*. Bahia: Typ.e Encad. do *Diário da Bahia*, 1893.

VICINUS, M. *The Industrial Muse (a study of nineteenth century british working-class literature)*. London: Harper and Row, 1974.

WEFFORT, F. C. El populismo en la política brasileña. In _____. *Brasil hoy*. 2.ed. México: Siglo XXI, 1970.

WEINBERG, P.D. Una historia de la clase obrera. *Revista Latinoamericana de Sociologia*, v.IV, mar. 1968.

WEID, E. von der; BASTOS, A. M. R. *O fio da meada*: estratégia de expansão de uma indústria têxtil (Cia. América Fabril, 1878-1930). Rio de Janeiro: Fund. Casa de Rui Barbosa; CNI, 1986.

WERNECK VIANNA, L. J. Sistema liberal e direito do trabalho. *Estudos Cebrap*, n.7, p.113-49, 1974.

WERNER, H. P.*Raízes do movimento operário em Osasco*. São Paulo: Cortez, 1981.

WILLIAMS, F. G.; MORAES, J. (Org.). *Sousândrade*: inéditos. São Luís: Dep.Cult. Est., Sioge, 1970.

WILLIAMS, F. G. *Sousândrade*: vida e obra. São Luís: Sioge, 1976.

WILLIAMS, R. *Cultura e sociedade*: 1780-1950. São Paulo: Cia. Editora Nacional, 1969 (Londres, 3.ed., 1960).

_____. *Marxismo e literatura*. Rio de Janeiro: Zahar, 1979.

WISNIK, J. M. *Dança dramática (poesia/música brasileira)*. Tese (Doutorado em Teoria Literária) – Faculdade de Filosofia, Letras e Ciências Humanas, Universidade de São Paulo. São Paulo, 1980.

WOLF, E.; SACCOMANNO, G. *El folletin*. Buenos Aires: Centro Editor de América Latina, 1972.

WOODCOCK, G. *O Anarquismo*. Lisboa: Meridiano, 1971.

ZOLA, E. *Germinal*. Lisboa: Publicações Europa-América, 1971.

Filmografia

Herencia. Produção: Azpeitia Cine, Instituto Nacional de Cine y Artes Audiovisuales (INCAA), Rojo Films. Diretora: Paula Hernández. Local: Argentina, 2001.

Metello. Produção: Documento Film. Diretor: Mauro Bolognini. Local: Itália, 1970.

Il Sud è niente. Produção: b24 Film, Madakai, Rai Cinema. Diretor: Fabio Mollo. Local: Itália, 2013.

SOBRE O LIVRO

Formato: 16 x 23 cm
Mancha: 27,5 x 49 paicas
Tipologia: Horley Old Style 11/15
Papel: Off-white 80 g/m² (miolo)
Cartão Triplex 250 g/m² (capa)

4ª edição Editora Unesp: 2024

EQUIPE DE REALIZAÇÃO

Capa
Negrito Editorial

Edição de texto
Marcelo Porto (Copidesque)
Pedro Magalhães Gomes (Revisão)

Editoração eletrônica
Eduardo Seiji Seki

Assistente de produção
Erick Abreu

Assistência editorial
Alberto Bononi
Gabriel Joppert

Camacorp Visão Gráfica Ltda

Rua Amorim, 122 - Vila Santa Catarina
CEP:04382-190 - São Paulo - SP
www.visaografica.com.br